복음

영생

구원

로마서 강해

차종순 지음

한국장로교출판사

위대한 스승

작은 아버지

고(故) 차남진 목사님께 드립니다.

머리글로 하는 말

어릴 때부터 여행할 때에는 성경을 가지고 다녔다. 1975년도 회사에 재직 당시 미국과 남미를 다닐 때에도 성경을 휴대하였으며, 비행기를 기다릴 때, 호텔에 들어와 혼자 있을 때에 로마서를 읽고 또 읽었다. 그때에 느꼈던 감동과 깨달음이 오늘의 나를 만들어 가는 하나의 겹(layer)을 이루었다. 회사를 그만두고, 신학을 공부하고, 목사가 되고, 신학교에서 가르치는 교수가 되었지만 로마서는 더욱 더 깊고 큰 감동으로 다가왔으며 "언젠가는 나도 로마서를 나름대로 설교해야지……." 하는 나짐이 쌓여 갔다.

그런데 목사, 선생으로서 신학교에서 배운 대로 '설교하기'는 참으로 두렵고 떨리는 일이다. 가나안 농군학교의 김용기 장로는 하나님의 부르심을 받기 1년 앞서서 신문기자와 긴 인터뷰를 마친 다음 "마지막으로 후배들에게 하실 말씀이 무엇입니까?"라는 질문에 "하라고 말하는 사람이 되지 말고 하는 사람이 되십시오."라고 대답하였다.

"먼저 배운 대로 하십시오!"라는 말씀에 따라 배운 대로 해 보려고 하였다. 로마서를 설교하기에 앞서서 로마서를 지금까지 읽으며 받았던 감동들을, 저 밑바닥에 겹겹이 쌓여 있는 그것들을 한 겹 한 겹 벗겨 가면서 찾아냈다. 그 다음으로 대학 노트를 사서 가운데 줄을 긋고 한쪽에는 헬라어 원문을, 다른 쪽에는 라틴어 원문을 손으로 써 내려갔다. 그 다음으로 헬라어 각 단어들을 헬라어 「렉시콘」에서 찾고, 또 「키텔」의 신학사전에서 찾아보았다. 헬라어만으로는 뜻이 통하지 않을 때에는 라틴어 큰사전을 찾고 한문 옥편에서도 찾았다. 이렇게 3~4절 정도 공부하면 설교해야 할 내용이 눈에 들어오고 제목도 들어왔다. 설교를 써 내려가면서 혼자서 웃기도 하고, 울기도 하였다. 그리고 설교하면서 또한 웃기도 하고 울기도 하였다.

이 설교들은 1989년 8월부터 설교하기 시작했던 전원교회 설교들이다. 그리고 동일한 설교들을 호남신학대학교 기숙사 새벽기도 시간에 한 주일에 4회씩 설교하였다. 교회와 신학대학교에서 행하였던 설교들이기 때문에 다소 딱딱한 느낌을 주지만 그래도 신학교에서 배운 대로 원문에 충실한 설교를 해 보려고 노력하였다는 소리를 듣는 것으로 족하다.

솔직히 말해서 설교집을 낸다는 것은 두렵고 떨리는 일이다. '무수히 많은 설교집 가운데 하나가 되는 것은 아닐까?', '괜히 전공도 아닌 부분을 건드렸다가 쏟아지는 비난은 어떻게 하려고…….'라고 망설이면서 고이 간직해 두었던 설교의 원문들이 호남신학대학교 새벽기도 시간에 참석하여 설교를 들었던 정기철 교수의 후원에 찬 격려로, 한국장로교출판사 사장 박노원 목사와 의논한 끝에 책으로 나오게 되었다.

이 설교집을 출판하도록 결정한 박노원 목사, 채형욱 목사, 그리고 편집과 교정을 맡아서 수고하신 모든 분들께 감사드린다. 전원

교회 교우들과 호남신학대학교 학생들과 설교집을 출판하도록 부추겨 준 정기철 교수에게 감사드린다. 마지막으로 매주 토요일을 그리고 주일날 새벽부터 예배시간 조금 전까지 책상에 앉아 씨름하는 나를 옆에서 지켜보면서 참아 주었던 가족들에게 특히 감사드린다.

2007년 7월

호남신학대학교 선지동산에서

차종순

제1장

제2 ~ 3장

제4 ~ 5장

차례

제6 ~ 7장

제8 ~ 10장

제11 ~ 16장

제1장

두 종류의 종

언제부터인지는 몰라도 사람이 사람을 종으로 부리는 역사는 오래전부터 있어 왔습니다. 구약성서 시대인 아브라함 시대에도 종이 있었고, 희랍 시대의 이솝(Aesop)으로부터 로마 시대의 스토아 철학자 루크레티우스(Lucretius), 그리고 중국의 원나라의 6대 황비는 조선에서 공녀로 팔려간 기(奇)씨 처녀였습니다. 이렇게 신분을 바꾼 종도 있었지만 대다수의 조선 시대의 종들은 천역에 종사하는 무리로서 가장 낮은 계층을 이루었습니다. 그리고 종보다도 더 낮은 계층에는 백정이 있었습니다. 우리나라에서 백정은 이성계의 반역에 반대하였던 두문동 70현인들이 짐승을 잡고 가죽제품을 만들어서 생계를 유지함으로써 유래되었다는 설이 있고, 또 하나는 이성계가 여진족을 잡아다가 백정으로 삼았다는 설도 있습니다.

종이라는 존재의 특징은 '자발적인 의사결정권'이 없다는 것입니다. 항상 자기보다 높은 존재가 시키는 일을 한다는 것을 의미합니다. 특히 희랍의 도시국가에서는 '자유민'(free citizen)이 통치와

문화와 군인의 영역에 있었던 반면에, 종들은 그들이 자유롭게 통치하고 싸우고 문화를 생성할 수 있도록 낮은 천역을 도맡아 했던 것입니다.

구약성서 시대로부터 종은 주인이 원하는 것을 하기만 하면 의식주에 대해서는 걱정하지 않아도 되는 신분이었으므로, 종은 의식주를 남에게 의존한다는 개념이 강했습니다. 종은 의존하는 자입니다. 자신의 생명과 삶을 전체적으로 주인에게 맡기고, 드리고, 의존하는 신분입니다.

기독교 신앙인에게 종(δοῦλος)이라는 말은 아주 중요한 개념입니다. 즉, 종이라는 신분을 가진 기독교인은 "내가 섬기는 주인이 누구인가?"를 확실히 해야 합니다. 그리고 내가 주인에게 얼마나 순종하는가, 또한 무엇을 행해야 하는가, 그리고 어떻게 행해야 하는가 등의 문제를 결정해야 합니다.

오늘 본문에서 사도 바울은 자신을 종이라고 말하면서 자신의 주인이 예수 그리스도라고 말하고 있습니다. 헬라어에서 '소유'는 명사의 소유격을 사용합니다. 바울은 1절에서 '예수 그리스도의 종'(Παῦλος δοῦλος Χριστοῦ Ἰησοῦ)이라고 밝힘으로써 "나는 예수 그리스도의 소유물이다."라고 분명하게 밝혔습니다.

그렇다면 여기에서 바울이 사용한 예수 그리스도라는 말의 의미는 무엇이겠습니까? 예수는 인간으로 오신 하나님의 아들을 말합니다. 하나님께서 인간을 죄에서 구원하시기 위해서는 자신의 아들을 인간으로 보내서 인간이 알아들을 수 있는 말로 하나님의 구원의 계획을 몸소 말해야 합니다. 이것은 하나님께서 사람의 죄를 용서하시는 사랑의 실천인 것입니다. 하나님께서 사람들에게 직접 하나님의 음성으로 혹은 말로써, 혹은 직접 나타나셔서 말하게 되면 사람은 다 죽을 수밖에 없습니다. 왜냐하면 죄 많은 인간이 온전하게 깨끗하신, 선 그 자체이신 하나님을 직접 보게 되면 죽을 수밖에 없기 때문입니다. 그리하여 모세가 하나님께 모습을 보여 달라고 기도했지만 하나님은 항상 자기를 구름 속에 감추셨으며, 나타나시더라도 얼굴이 아니라 등만 보여 주셨을 뿐입니다.

하나님께서 사람에게 나타나시기 위해서는 가리셔야 합니다. 하나님의 감추임(covering, veiling)을 우리는 하나님의 사랑의 표현이라고 합니다. 그리고 오늘 본문에서 하나님은 우리 인간들에게 자신의 사랑의 실천으로써 예수라는 인간으로 세상에 오셨습니다. 이렇게 하나님께서 자신을 다 보여 주시지 않고 감추신 상태로 보여 주시는 것을 '계시'(revelation)라고 합니다.

또한 그리스도라고 말한 것은 하나님께서 자신이 하시는 일을 아들 예수님에게도 맡기셨기 때문에 아들 예수님에게 하나님의 능력이 있음을 말하는 것입니다. 즉, 아들은 하나님께서 하시는 제사장으로의 기름 부음을 받아 죄사함의 능력이 있음을 말합니다. 그리고 이 세상에서 왕으로서 통치하는, 심판하고 다스리는 지배자의 능력이 있음을 말하는 것입니다.

성경은 예수님께서 종의 형체를 지닌 인간으로 오신 목적을 분명하게 밝히고 있습니다. "자녀들은 혈과 육에 속하였으매 그도 또한 같은 모양으로 혈과 육을 함께 지니심은 죽음을 통하여 죽음의 세력을 잡은 자 곧 마귀를 멸하시며 또 죽기를 무서워하므로 한평생에 매여 종 노릇하는 모든 자들을 놓아주려 하심이니…… 그가 시험을 받아 고난을 당하셨은즉 시험 받는 자들을 능히 도우실 수 있느니라"(히 2 : 14-15, 18).

이렇게 인간을 죽음의 권세를 가진 자들에게 종 노릇하는 데서 놓아주실 수 있는 그분 예수 그리스도를 섬기지 않고 사람들이 섬기는 다른 존재는 성경에서 말하는 '세상의 영'(고전 2 : 12), '공중의 권세 잡은 자'(엡 2 : 2), '미혹하는 영'(요일 4 : 6) 등의 다양한 이름을 가진 사탄입니다. 이렇게 예수 그리스도를 주인으로 섬기지 않는 자들은 '죄'(ἁμαρτία)에게 종 노릇하는 것(롬 6 : 6)이기 때문에 깨끗하지 못한 불법한 자들입니다(ἀνομία, 롬 6 : 19). 이렇게 예수 그리스도에게 종 노릇하지 않은 자들은 "어리석은 자요 순종하지 아니한 자요 속은 자요 여러 가지 정욕과 행락에 종 노릇한 자요 악독과 투기를 일삼은 자요 가증스러운 자요 피차 미워한 자"이었으므로 형벌을 받아 마땅하며(ἐπιθυμία, 딛 3 : 3), "하나님이 아닌 자들에게 종 노릇"하였으며(φύσει μὴ οὖσιν θεοῖς, 갈 4 : 8) 또한 "세상의 초등 학문 아래" 있었습니다(στοιχεῖα τοῦ κόσμου, 갈 4 : 3).

이렇게 사람은 하나님을 섬기는 종이 되든지 아니면 하나님이 아닌 존재를 섬기는 종이 되어 항상 속아 살아야 하는 것입니다. 예수 그리스도께서 이 세상에 오신 것은 바로 이러한 속임에서 우리를 자유하게 하는 것입니다. 그리고 이 자유로움을 느낄 때에 비로소 우리는 자유로울 수 있습니다.

구약성경에는 무르기(redeem)라는 것이 있습니다. 레위기 25장에는 히브리 사람이 땅을 팔았을 때에는 언제라도 판매 대금을 되돌려 줌으로써 자기 소유의 땅을 되찾아 올 수 있다고 했습니다. 그리고 돈이 없어서 되사 올 수 없으면 희년(Jubilee)에 되돌아 올 수 있었습니다. 마찬가지로 자기가 돈이 없어서 종을 돈을 받고 팔았으면 나중에 돈을 가지고 가서 되사 올 수 있었던 것입니다.

하나님께서 하나님이 아닌 존재에게 종 되었던 사람을 예수 그리스도를 몸값으로 지불하시고 되사 오셨으며, 이렇게 하나님께서 되사 온 종은 이제 종의 신분(δουλεία)이 아니라 아들의 신분(υἱοθεσία)으로 바뀌는 것입니다(갈 4 : 5, 롬 8 : 15, 23). 이것이 자유입니다. 매인 상태에서 놓인 상태로 바뀐 것입니다.

세상의 종이었을 때에는 자유롭게 자신을 종의 상태에서 해방시킬 수 없었지만, 하나님께서 개입하셔서 세상의 종의 상태에서 해방시키시고 아들의 신분을 수여하심으로써 하나님과의 긴장관계와 분리의 상태를 벗어나서 유기적인 연결을 회복한 것입니다. 그렇다고 해서 자신이 완전한 자기 통치를 할 수 있는 것이 아니라 하나님을 잘 섬기는 과정을 통해서 옛날과 아주 다른 상태를 유지할 수 있다는 것을 의미합니다.

이것이 하나님의 부르심을 받는 것이며, 또한 구별되는 것입니다. 이것이 좋은 소식입니다. 복된 좋은 소식은 우리가 과거 세상의 종 되었던 상태로부터 놓임을 받아서 이제는 예수 그리스도의 종이 되었다는 소식이며, 동시에 그것도 하나님께서 강제로 개입하셔서 우리를 부르시고 구별하셨기 때문이라고 선포하는 것입니다.

하나님께서는 우리를 과거에 세상의 종 되었던 상태로부터 강제로 구별하실 수도 있었지만 필히 아들을 세상에 보내셔서 구속하신 것은 세상 사람들이 땅을 무르고, 재산을 무르는 것처럼 세상 사람들이 쉽사리 알아들을 수 있는 방법을 택하신 것입니다. 이렇게 복음은 하나님께서 아들을 세상을 보내셔서 이름을 예수라 하시고 또한 우리의 그리스도가 되게 하시는 것입니다.

이 세상의 종 노릇하던 상태에서 인간 스스로의 힘으로는 결코 벗어날 수 없습니다. 그 연결고리를 깨뜨릴 수 있는 강력한 힘은 예수가 지신 십자가밖에 없습니다. 오로지 십자가만, 골고다 언덕의 그 십자가만이 우리를 세상의 종 노릇에서 해방시킬 수 있으며, 아들의 신분을 되찾아 줄 수 있습니다.

아들 됨과 자유함은 무엇을 의미합니까? 고대 시대에 아들에게는 아버지의 신분을 승계할 수 있는 자격과 동시에 아버지의 재산을 승계하는 자격이 주어집니다. 따라서 아버지가 할 수 있는 일을 아들도 할 수 있다는 것을 의미합니다. "영접하는 자 곧 그 이름을 믿는 자들에게는 하나님의 자녀가 되는 권세를 주셨으니"(요 1 : 12). "너희가 죄의 종이 되었을 때에는 의에 대하여 자유로웠느니라 너희가 그 때에 무슨 열매를 얻었느냐 이제는 너희가 그 일을 부끄러워하나니 이는 그 마지막이 사망임이라 그러나 이제는 너희가 죄로부터 해방되고 하나님께 종이 되어 거룩함에 이르는 열매를 맺었으니 그 마지막은 영생이라"(롬 6 : 20-22).

과거와의 단절, 완전한 끊음, 그리고 더 나아가서 내가 나를 신뢰할 수 없다는 자기 자신에 대한 실망은 십자가에 달리신 예수님을 볼 때에만 가능합니다. 바울은 예수 그리스도를 아는 지식이 너무나도 좋고 고상하고 귀해서 예전의 세상 지식을 '배설물'로 여겼습니다(빌 3 : 8). 어거스틴은 로마 황제의 문서작성관과 국립수사학대학교 교수직을 버리고, 엄청난 부자 상속녀와도 파혼하고 평범한 수도사로 살았습니다. 초기 한국교회의 어떤 분은 돈으로 관직을 사려고 서울에 왔다가 오히려 예수님을 사서 고향에 교회를 세우고 선교사를 초청하여 세례를 받았습니다.

여러분도 마찬가지입니다. 오로지 예수님만 여러분을 과거 종 되었던 상태로부터 단절시킬 수 있습니다. 과거로부터의 자유, 습관으로부터의 자유는 바울이 만난 예수님이어야 합니다. 여러분의 눈을 멀게 하고, 여러분의 눈에서 비늘이 벗겨지게 하는 뜨겁고 환한 빛으로 오시는 예수님을 만나야 합니다.

종은 명령 받은 것을 행하는 존재입니다. 로마의 속담에도 "명령 받은 어떤 것을 행하는 자가 불행한 것이 아니라, 하기 싫은 일을 하는 자가 불행하다."(non is est miser qui iussus aliquid facit, sed is qui invitus facit.)라고 했습니다. 세상에게 종 노릇하여 하기 싫은 일을 할 수밖에 없는 사람이 참으로 불쌍한 사람입니다. 그러나 하나님께서 하라는 일을 하는 사람, 하나님의 일을 하도록 부르심을 받고 구별됨을 받아서 보내심을 받은 사람은 가장 행복한 사람입니다.

왜냐하면 종은 맡은 일을 시킨 그대로만 하면 주인이 먹여 주고, 재워 주고, 입혀 주고, 칭찬해 주고, 보상을 해 주기 때문입니다. 종은 명령 받은 것에 '무엇을?'이라는 자신의 생각을 덧붙일 필요가 없습니다. 종은 '어떻게?'를 생각할 필요가 없습니다. 종이 이러한 것을 생각하게 되면 그것은 신분을 뛰어넘은 주책이기 때문에, 건방지다고 꾸지람을 들을 수밖에 없습니다.

종이 '무엇을', '어떻게'를 생각하면서 과연 우리를 주인이 먹이고, 재우고, 입히겠는가를 생각하는 것은 주인의 신분과 능력을 의심하는 것으로 이것만큼 주인을 얕잡아 보는 경멸은 없습니다. 종은 주인의 신분과 능력을 십분 믿고, 그분께서 내가 한 일에 대한 대가를 필히 지불해 주실 수 있다고 신뢰할 때에 주인의 인격도 존중하게 되고 내가 맡은 일에도 성과가 납니다. 주인을 의심하는 것은 주인을 배반하는 것입니다. 주인을 의심하는 것은 내가 다시 세상에게 종 노릇하겠다는 것을 의미합니다.

미국 프로야구에서 감독이 시킨 대로 번트를 대지 않고 홈런을 때리면 감독과 구단주에게 칭찬을 받기보다는 감봉을 당합니다. 군대에서도 상관이 시킨 그대로 하지 않으면 아무리 작전에 성공해도 영창에 가게 됩니다. 그러므로 종은 윗사람이 시킨 그대로 자기의 생각을 보태거나 빼지 말고 그대로 하는 것입니다. 흰 백지에 내가 그림을 그리는 것이 아니라 그림이 그려진 그대로 하는 것이 종의 태도입니다.

이것이 순종입니다. 종의 태도는 순종(ὑπακούω)입니다. '듣다', '귀를 기울이다', '따르다', '복종하다', '응하다', '예속되다'는 뜻을 가진 이 동사는 종의 신분에 어울리는 단어입니다. 종은 순종하는 자입니다.

여러분, 이제 우리가 예수 그리스도의 종이 되면 유혹의 욕심을 따라 썩어져 가는 구습을 좇는 옛 사람을 벗어 버리고 오직 심령으로 새롭게 되어 하나님을 따라 의와 진리의 거룩함으로 지으심을 받은 새사람을 입을 수 있습니다(엡 5 : 22-24). 이것이 생명의 복음입니다.

약속의 복음

조선 말기에 백성들 사이에서 각종 유언비어가 나돌았습니다. 이러한 유언비어를 '와언' 혹은 '요언'이라고 하는데, 이것들의 핵심은 예수님 탄생 직전의 유대 나라처럼 새로운 지도자의 탄생으로 새로운 시대가 도래한다는 내용이었습니다. 이 와언과 요언은 민중의 분노를 하나로 결집시켜서 운동으로 이어지게 하는 힘을 가지고 있었습니다.

마찬가지로 이스라엘의 역사에서도 항상 외국에서 이민생활을 해 오면서 억압과 눌림으로 힘을 쓰지 못하였던 이스라엘에게 보이지 않는 하나님의 약속이 백성들 사이에서 예언으로 전해져 왔으며, 그 예언은 온갖 어려움을 이겨 내는 원동력이 되었습니다.

그러나 성경의 예언은 한국 등에서 유행하던 와언이나 요언과는 달리 하나님이라는 인격적인 신이 택한 백성들에 대한 사랑의 표현으로써 메시야를 약속하시고 보내 주신다는 것이었습니다. 이러한 의미에서 성경의 예언은 와언이나 요언과는 달리 출처가 분명하였으며, 그 예언의 전달자도 '선지자'라고 분명하게 밝혔습니다.

이렇게 하나님께서 선지자들의 입을 통해서 말씀하시고 책에 기록하여 후대의 사람들에게 약속하신 예언이 곧 복음입니다. 그리고 복음의 내용은 아들에 관한 소식입니다. 하나님께서 아들에 관한 소식을 복음으로 삼으신 것은 인간을 구원하시려는 계획 때문입니다.

아직 스스로의 의에 도취되어 있는 인간들(유대인)에게 그리고 아직 죄의 종으로 지내던 인간들에게(헬라인) 하나님께서 아들을 통하여 인간의 의의 완성도 아니고 또한 다른 신을 예배하는 것도 아닌 제3의 진정한 해방과 자유의 길을 주시려는 것입니다. 그것도 구약의 선지자들을 통하여 오래전부터 약속하신 것을 이제 성취하시려는 것이었습니다.

하나님께서 아들을 주시면서 복음이라고 하신 것은 실은 우리 인간들에게는 좋은 소식이지만, 극히 인간적인 표현으로 하자면 하나님 자신에게는 가슴이 찢어지는 아픔의 결단이었습니다. 그러나 인간의 구원을 위해서 하나님은 사랑으로 아들을 주셨고, 아들은 순종하셨습니다. 하나님은 아들을 기꺼이 버리셨으며, 아들은 죽기까지 순종하셨습니다. 이것이 우리에게는 좋은 소식입니다. 오늘은 이 복음이 무엇인가를 소개하는 내용입니다.

저는 군대에 입대해서 논산훈련소 후반기 교육대(27연대) 인사과 사병계를 맡았습니다. 군기 엄하기로 유명한 이곳에서 날마다 식사당번, 내무반 청소, 빨래를 하느라 손이 다 텄고, 업무를 잘 몰라서 날마다 얻어터졌습니다. 그러던 어느 날 헌병대 파견대장이 저를 찾는다고 했고, 조금 있다가는 연대장이 찾는다고 했습니다. 알고 보니 저희 누나가 헌병 소령과 결혼하기 때문에 휴가증 받아서 집에 가라는 것이었습니다. 여러분은 그 기분을 모를 것입니다. 그 소식은 바로 복음이었습니다.

인간들에게 복음이란 인간 스스로 현재적인 상황을 개선할 능력이 없는데 외부적인 힘이 개입해서 가능하게 해 주는 것입니다. 나

혼자의 힘으로 도저히 벗어날 수 없는 상황을 나와는 무관하게 외부적인 힘이 더 세게 작용해서 가능하게 해 주는 능력, 소식을 복음이라고 합니다.

그렇다면 선지자들은 누구입니까? 이 하나님의 특별개입이 사실이라는 것을 경험한 사람들입니다. 아니, 하나님과의 관계에서 하나님께는 시간이 없다는 것을 안 사람들입니다. 그리하여 평범한 보통 사람들이 "하나님이여, 언제입니까?"라고 안타깝게 외치고 부르짖을 때에, 선지자들은 "이 묵시는 정한 때가 있나니 그 종말이 속히 이르겠고 결코 거짓되지 아니하리라 비록 더딜지라도 기다리라 지체되지 않고 반드시 응하리라 보라 그의 마음은 교만하며 그 속에서 정직하지 못하나 의인은 그의 믿음으로 말미암아 살리라"(합 2 : 3-4)고 말했던 것입니다.

믿음으로 기다림을 가르쳤던 선지자들은 기다림이 없는 사람들에게 하나님의 사랑과 약속과 신실함을 외쳤던 것입니다. 당시 유대인들은 율법에 의한 인간의 의의 성취를 자랑으로 삼으면서 아들에 관한 소식을 거부했으며, 헬라인들은 우상을 예배하면서 하나님과 아들에 관한 소식을 조롱했습니다.

여러분과 저에게 한 가지 기다림이 있습니다. 그런데 문제는 이 기다림의 시간을 자신이 정하려 한다는 것입니다. 내가 원하는 시간에, 내가 원하는 기준으로 하나님께서 기다림을 성취시켜야 할 의무가 있는 것처럼 생각하고 믿으려 합니다.

그렇기 때문에 하나님은 언제나 나에게는 섭섭한 분이십니다. 아브라함이 그러했으며, 출애굽한 이스라엘 사람들이 광야에서 그러하였듯이 모두 다 기다림의 대상인 우리 인간이 기다림의 주체인 하나님을 규정하려고 합니다.

여러분, 기다림이 자신이 원하는 시간에 이루어지지 않는다고 해서 토라지지는 않았습니까?

아들을 기어이 보내셨던 그 하나님께서 여러분의 기다림을 성취시켜 주실 것이며, 그때에는 “내게 주신 모든 은혜를 내가 여호와께 무엇으로 보답할까 내가 구원의 잔을 들고 여호와의 이름을 부르며 여호와의 모든 백성 앞에서 나는 나의 서원을 여호와께 갚으리로다”(시 116 : 12-14)라고 노래할 것입니다.

인류의 기다림의 대상이신 그 아들은 두 가지 면에서 사람들에게 충족되어야 했습니다. 하나는 사람들과 대화할 수 있어야 하고, 다른 하나는 하나님과 대화할 수 있어야 하는 것입니다.

처음 우리가 성경을 읽을 때에 구약성경에서 아담이 930세를 살고, 므두셀라는 969세를 살았다는 기록들과 신약성경에서는 낳고, 낳고, 낳고라고 쓰인 부분이 도대체 무슨 의미를 가진 것인지 의아해할 때가 많았습니다. 그러나 결국 인류의 역사는 아담에서 아브라함으로 좁혀지고, 이삭과 야곱과 그의 열두 아들 가운데에서 유다로 좁혀집니다. 유다는 며느리 다말에게서 베레스를 낳고, 출애굽과 가나안 정착 과정에서 베레스의 후손인 살몬이 여리고 성 기생 라합과 결혼하여 보아스를 낳고, 보아스는 모압 여인 룻과 결혼하여 오벳을 낳고, 오벳은 이새를 낳고, 그 이새는 다윗을 낳았으며, 다윗은 베들레헴에서 대대로 목축업을 하면서 살았습니다. 다윗은 우리야의 아내 밧세바에게서 솔로몬을 낳았는데 그 씨에서 예수님이 탄생했습니다. 이렇게 구약성경은 하나님의 아들 예수님이 다윗의 혈통에서 태어나게 되는 이야기로 이어집니다.

예수님이 다윗의 혈통으로 베들레헴에서 태어나신다는 것은 이미 오래전부터 예언된 것이며, 갈릴리에 살던 요셉이 정혼한 아내 마리아를 데리고 호적하기 위하여 베들레헴으로 가서 마구간에서 아기 예수님을 낳으신 것도 모두 다 예언의 성취입니다. 이렇게 예수님이 인간의 육체를 입으신 것은 ‘우리와 한결같이 시험을 받은 자로되 죄는 없으신 분’이심을 나타내기 위함이었습니다(히 4 : 15). 그렇기 때문에 죄 있는 우리 인간을 이해하시고 구원하실 수 있었던 것입니다.

예수님이 다윗의 후손으로 육체적인 고통과 아픔과 부족함을 아셨기 때문에 나사로가 죽었다는 소식에 가슴 아파하시면서 눈물 흘리시고, 사마리아 수가 성 우물가에서는 목말라 하시고, 갈릴리 바다를 건널 때에는 피곤해 하시면서 잠을 자야 했던 것입니다. 그리고 가장 크게는 모세처럼 자기를 세우신 이에게 사환처럼 충성하셨으며(히 3 : 2), 육체로 계실 때에 자기를 능히 죽음에서 구원하실 이에게 심한 통곡과 눈물로 간구와 소원을 올렸고, 그의 경외하심을 인하여 들으심을 얻었던 것입니다(히 5 : 7). 이러한 예수님은 인간으로서 죽기를 싫어하셨던 것입니다. 이렇게 본인이 인간으로서 스스로 육체적 연약에 쌓여 있었기 때문에 "저가 무식하고 미혹된 자를 능히 용납할 수 있는 것은 자기도 연약에 휩싸여 있음이니라"(히 5 : 2)고 했습니다. 예수님께서 다윗의 혈통에서 인간으로 태어나신 것은 순전히 우리 인간을 이해하고 용납하고 받아들이기 위한 배려였습니다.

예수님은 다윗의 씨에서 인간으로 태어나셨기 때문에 "사람이 친구를 위하여 자기 목숨을 버리면 이보다 더 큰 사랑이 없나니"(요 15 : 13)라고 하신 것처럼 우리의 좋은 친구이며 또한 구세주가 되실 수 있는 것입니다.

사람은 선택하는 존재입니다. 악과 선, 죄와 의, 사망과 생명, 불순종과 순종 등 이렇게 양자택일적인 선택을 통하여 우리는 스스로의 위치를 결정해 갑니다. 예수님께서 이 땅에 오셔서 우리에게 보여 주신 결과도 마찬가지입니다. 인간으로서는 죽으셨으나 동시에 하나님으로서 예수님은 죽음에서 부활하셔서 승천했습니다. 예수님이 이 세상에 오셨다는 소식의 핵심은 인간의 최대의 적이며, 인간이 지은 죄의 대가인 죽음을 이긴다는 것입니다. 즉, 죄의 대가인 사망에 휩싸이지 않고 다시 살아난다는 부활의 소식입니다. 이것을 영생의 소식이라고 합니다. 이 영생을 하나님께서 영원 전부터 약속하신 것입니다(딛 1 : 2).

예수님께서 죽음에서 살아나신 것은 하나님의 아들로서 하나님과 동일한 신분이시며 동시에 능력을 소유하셨음을 말하며, 하나님께서 죽음에서 영원한 생명으로 부활하셔서 우리의 구세주가 되실 수 있음을 말해 줍니다.

헬라어에는 '사람을 놀라게 하다'라는 단어가 크게 3가지 있는데, 하나는 '세메이온'(σημεῖον : 표, 표식, 비상한 현상, 이적, 기사)이 있고, '테라스'(τέρας : 놀라움, 징조, 기사, 이적)와 '두나미스'(δύναμις : 힘, 세력, 권능, 기적, 병력, 군대)라는 단어가 있습니다. 이 가운데에서 하나님은 우리 인간들에게 세메이온을 보여 주시고 두나미스로 일을 이루시지만, 마귀는 사람을 테라스해서 자신에게 굴복시킵니다.

예수님에게는 하나님의 힘(δύναμις)이 있습니다. 그래서 죽음에서 일어나셔서 완전히 새로운 존재가 되셨습니다. 여기에서 죽음이란 썩어서 냄새나는 '부패되다'라는 뜻을 지닌 단어 '네크론'(νεκρῶν)을 사용했습니다. '정신을 잃고 쓰러지다, 마취되다, 죽다'라는 단어인 '싸나토스'(θάνατος)를 쓰지 않고 네크론이라는 단어를 쓴 것은 예수님께서 우리 인간들이 죽어서 썩어 냄새나게 될 그 죽음을 미리 맛보셨으며, 동시에 그 죽음의 상태에서 일어나심으로써 새로운 존재가 되실 수 있음을 보여 주신 것입니다.

우리 인간들의 소망은 육체가 죽음에 넘겨져서 썩어 냄새나게 될지라도 우리의 영혼이 죽음에서 일어나서 새로운 존재로 바뀌는 부활에 대한 소망입니다. 부활의 몸이 됨으로써 우리는 하늘의 천사와 동등하게 될 것이며 동시에 천사까지 심판하게 되고, 그리스도의 신부로서 영원한 천국에서 살 것이며, 이 우주의 영원한 통치자로 참여하게 될 것입니다. 이렇게 허황되게 보이는 이야기를 우리는 사실이라고 믿습니다. 아니, 이 희망이 있기 때문에 우리는 이 세상에서 가장 바보스러운 일, 사람이 죽었으나 다시 살아날 수 있다는 것을 믿는 것입니다.

예수님은 이렇게 인간으로는 다윗의 혈통에서 태어나시고 영으로는 죽음에서 부활하심으로써 하나님의 아들로 구별되셨습니다. 우리말 성경에는 '인정되셨으니'라고 하였지만 헬라어 원어 성경은 'set limits to', 'define', 'explain', 'appoint', 'determine' 등의 뜻을 지닌 '호리조'(ὁρίζω)라는 단어를 사용했습니다. 그리고 그분께서는 우리에게 은혜를 주시고 또한 택하여 보내시는 직분, 사도라는 칭호까지 주셨습니다.

그 가운데에서도 가장 좋은 것은 예수님께서 우리를 자기의 것, 자기의 소유로 삼아 주셨다는 것입니다. 우리 집 식구, 내 집안사람, 나에게 속한 사람으로 불러내 주셨습니다. 제가 처음 예수님을 따를 때에 "너는 내 것이다."라는 음성이 자주 들렸습니다. 그래서 저는 "내가 왜 당신 것입니까? 나는 나지요!"라고 매우 반항했습니다. 그러다가 군대에서, 월남 전투 등의 경험을 통해서 목숨을 건진 다음에 하나님께서 나를 생명싸개로 안아 주셨기 때문이라는 느낌을 받았습니다. 그리고 이사야 43 : 1~3에서 이렇게 말씀하셨습니다. "야곱아 너를 창조하신 여호와께서 지금 말씀하시느니라 이스라엘아 너를 지으신 이가 말씀하시느니라 너는 두려워하지 말라 내가 너를 구속하였고 내가 너를 지명하여 불렀나니 너는 내 것이라 네가 물 가운데로 지날 때에 내가 너와 함께할 것이라 강을 건널 때에 물이 너를 침몰하지 못할 것이며 네가 불 가운데로 지날 때에 타지도 아니할 것이요 불꽃이 너를 사르지도 못하리니 대저 나는 여호와 네 하나님이요 이스라엘의 거룩한 이요 네 구원자임이라 내가 애굽을 너의 속량물(ransom)로, 구스와 스바를 너를 대신하여 주었노라."

아, 놀라운 발견이었습니다. 하나님의 약속은 결국 저를 하나님의 소유물로 삼아서 저를 자기 것으로, 천국의 시민으로, 하늘나라에서 저를 자기 백성으로 받아 주신다는 것을 의미했습니다. 여러분과 저는 이 약속을 가지고 있습니다. 이것이 하나님의 은혜입니다. 이 약속이 곧바로 우리에게는 선물입니다. 하나님께서 이렇게 말로만 하신 약속을 실재로 믿는 믿음을 가진 자에게 많은 선물을 주실 것입니다. 여러분과 저는 이 선물을 받기에 합당한 자들입니다. 왜냐하면 우리는 한 번도 하나님의 말씀을 의심해 보지 않았으며, "그럴까?"라고 고개를 좌우로 흔들어 보지도 않았기 때문입니다.

이렇게 하나님과 우리의 생각이 하나로 일치하게 될 때에 평강이 있을 것입니다. 여러분도 이 믿음으로 하나님과 생각이 하나 되어 마음의 평화를 누리시게 되기를 바랍니다.

나는 빚진 자다

오래전에 상영되었던 "미션"이라는 영화가 지금까지도 우리의 기억에서 사라지지 않고 남아 있는 이유는 남미의 이과수 폭포라는 웅장한 모습과 아름다운 음악 때문이 아니라 어느 정도 사실에 근거한 이야기라는 인식 때문입니다. 어떤 힘이 그토록 험한 오지로 선교사들을 가게 했을까? 또한 선교와 정치가 무슨 상관이기에 그렇게 무자비하게 죽이려 했을까? 또한 무엇 때문에 선교를 통한 원주민들의 개화를 그렇게 막아야만 했을까?

우리나라에 와서 선교하였던 초기 선교사들에게도 동일한 질문을 던질 수 있습니다. 당시 미국 인구의 1%가 대학을 나왔는데, 이들은 대학 이후 대학원 혹은 의학까지 공부하여 미국 인구의 0.5% 이내에 드는 엘리트들이었고, 나름대로 편한 삶을 살 수 있었던 사람들이었습니다. 그런데 왜 굳이 한국이라는 후진국에 꼭 와야만 했을까요? 한국에 오지 않으면 안 되었던 그 힘이 무엇이며, 어떠한 마음 상태에 있었기에 그들은 지속적으로 한국으로 향하였을까요?

오늘 본문을 쓴 저자 사도 바울(Apostle Paul)은 60세에 가까운 나이이고, 지금 고린도에서 3년여 가까이 선교한 사람으로서 자신이 로마인들에게 편지하는 목적을 세 가지로 밝힙니다. "나는 이방인의 사도이다. 남의 터 위에 건축하지 않으려 한다. 그리고 마지막으로 이제는 이 지방(고린도)에 일할 곳이 없다"(롬 15 : 16, 20, 23). 바울은 비교적 중년에 기독교로 개종한 사람이었기 때문에 개종 이후에 느끼는 감정은 개종까지 상당히 많은 시간을 '허비했다'라는 아쉬움과 그로 인해 남은 시간에 대한 '최대한의 효율적 사용'이라는 주제를 떠올리게 되는 것입니다.

바울은 이러한 주제와 함께 자신이 "하나님 앞에 서는 날 과연 부끄러움이 없을까?"라는 종말론적인 인식이 있었습니다. 하나님 앞에 서는 날을 연상하면서 바울은 자신이 현재적으로 하는 일을 계산하였던 것입니다. 그래서 '끝까지', '최선을 다해서', '죽을지라도' 등의 표현을 아끼지 않으면서 자신이 맡았던 일을 하였던 것입니다.

여러분, 우리도 중도에 예수님을 믿었던 사람들입니다. 그런데 바울과 우리의 차이는 "종말론적인 인식이 과연 바울처럼 철저한가?"라는 심리적인 느낌의 강도입니다. 하나님은 햇빛과 비를 악인이나 선인에게 동일하게 주시는 분이시듯, 사람마다 우열이 되도록 은혜를 주시지 않으십니다. 평등하시고 공평하신 하나님은 은혜를 동일하게 주시지만 받아들이는 우리가 차등으로 받아들이면서 하나님이 사람에게 다르게 주신다고 말하는 것입니다.

하나님께서 사람들에게 허락해 주신 좋은 선물 가운데 하나가 '이성'입니다. 그리고 이성의 기능 가운데 하나가 '계산'입니다. 모세도 시편 90 : 12에서 "우리에게 우리 날 계수함을 가르치사 지혜로운 마음을 얻게 하소서"라고 말했습니다. 사람이 자신의 남은 날을 계산할 줄 아는 것이 지혜로운 마음입니다. 그리하여 한국의 현인이라고 일컬어지던 유영모 선생은 자신이 살았던 날짜를 계산하였습니다.

저도 예수님을 알고서 제일 먼저 느꼈던 감정이 그것이었습니다. 이제 남은 날이 총 얼마인데 그 많은 시간을 허송세월하면서 보냈던 것이, 그 힘 있고 지혜로웠던 시절을 하나님을 위해서가 아니라 나를 위해서 허비했던 것이 그렇게 죄송스럽고 안타까웠습니다. 그리하여 이제 남은 시간은 나를 위해서가 아니라 하나님을 위해서, 바울이 고백했던 것처럼 "우리가 살아도 주를 위하여 살고 죽어도 주를 위하여 죽나니 그러므로 사나 죽으나 우리가 주의 것이로다"(롬 14 : 8)라는 인식이 있었습니다. 그러나 제아무리 주를 위해서라고 마음을 굳게 다질지라도 항상 부족하고, 항상 안타깝고, 항상 부끄럽기 때문에 "어쩔 수 없는 죄인이다."라는 반성으로 사는 것입니다.

바울은 오늘 본문에서 이러한 심정을 '나는 빚진 자'(ὀφειλέτης εἰμί, debitor sum)라고 표현했습니다. 헬라어의 '빚진 자'라는 의미는 "법적으로 갚을 의무가 있다. 이것을 갚지 못하면 수감생활을 해야 한다."입니다. 그리고 라틴어에서는 "내 회계장부에서 대변에 있다. 즉, 그만큼의 액수가 빠져 나간다."입니다. 이것은 보이지 않는 하나님을 향한 바울의 심리적인 죄송함의 표현이며 동시에 의무감의 표현입니다. 누가 강요하지 않아도, 붙잡아 가지 않아도 그는 자신의 심정을 그렇게 표현했습니다. 따라서 15절에서 바울이 자신을 로마에 있는 사람들에게로 기꺼이 촉진시키는 것은 복음 전하는 것이라고 말했습니다.

바울은 이러한 빚진 자의 심정이었기 때문에 자신의 심적인 장부에서 빠져나가야 할 항목이 있었던 것입니다. 자신의 수입 항목에서 빼서 지출 항목으로 이동시켜야 할 항목들이 몇 가지 있는데, 첫째는 '쉬지 않는 기도', '너희를 견고하게 하려 한다', 그리고 '피차 안위를 얻으려 한다'입니다.

하나님으로부터 받은 은혜를 다시 하나님께 갚는 길은 하나님을 모르는 사람들을 위해서 '쉬지 않는 기도'라고 했습니다. 끊임없이 기억 속에 있다는 것은 그만큼 마음을 쓴다는 것이고, 이로 인해서 나의 심리적인 에너지가 그만큼 많이 소비된다는 것을 의미합니다.

다른 사람을 위해서 기도해 주는 중보기도는 종교개혁 이후 우리가 얻어 낸 특권이며, 이것이 평신도 사제직이라는 루터의 대 선언입니다. 중세 시절에는 평신도들이 하나님께 직접 기도할 수 있을 만큼 깨끗하지 못하다고 함으로써 자신뿐만 아니라 다른 사람을 위한 기도의 특권마저 없었습니다. 그러나 이제는 우리가 나를 위해서 그리고 또 너를 위해서 기도할 수 있는 특권을 가지게 되었습니다. 중세 때에는 기도를 부탁하려면 돈이 필요했지만 이제는 값없이 시간과 마음을 내면 그만인데 이것 이상 그 무엇을 바라겠습니까? 쉬지 않는 기도, 끊임없이 기억하는 것을 하나님께서는 바라고 계시며, 이것이 내가 빚을 갚는 길입니다.

두 번째는 "신령한 은사를 너희에게도 나눠 주어 너희를 견고하게 한다."라고 했습니다. 이 당시 로마 사람들은 대다수 지상적인 물질적 축복을 바라면서 각종 점성술과 주술에 젖어 들어 있었으며, 또다른 한쪽에서는 스토아 철학과 에피쿠로스 철학으로써 내세의 구원을 획득해 보려고 했습니다. 그럴 때에 바울은 인간의 내면적인 어떤 힘을 수련으로써 단련시키거나 성장시키는 것이 아니라 인간 밖에서 어떤 것이, 즉 하나님으로부터 오는 신령한 은사가 있어야 인간의 참실존을 알 수 있다고 말했던 것입니다. 내가 참으로 비참한 존재라는 것을 아는 것이 신령한 은사입니다. 바울이 말한 대로 선을 행하기 원하는 나에게 또다른 법이 있어서 원하는 선은 행하지 못하고 원치 않는 악을 행하게 되는 자신의 이중적인 구조를 아는 것이 곧바로 신령한 은사입니다(롬 7 : 15, 18-19).

그리하여 나를 버리고, 나의 능력을 믿지 않고, 예수님을 의지하는 것이 곧바로 나를 세우는 것이며, 견고하게 하는 것입니다. 그런데 오늘 본문은 미래완료 수동으로 표현했습니다. 그것은 예수님을 의지한다고 해서 당장에 되는 것이 아니라 미래에 완성되어질 것입니다. 그러므로 꾸준하게, 쉬지 않고, 지속적으로 노력함으로써 견고하게 될 것입니다.

이렇게 될 때에 12절에서 "이것이 함께 위로 받는 것이다."라고 했습니다. 바울은 자신 혼자만, 독자적으로가 아니라 더불어서, 그리고 나뿐만 아니라 다른 사람들과 같이 하나님 앞에서 위로 받게 되기를 원했습니다. 이것이 사랑의 빚진 자의 특징입니다. 사랑의 빚은 다른 사람에게 나눠 줄 때에 더불어서 공동으로 빚이 줄어드는 것이고, 이로써 함께 위로 받게 되는 것입니다. 그렇기 때문에 광주에 왔던 포싸이트(William H. Forsythe) 선교사는 길거리에 지나가는 사람이 있으면 붙들고 교회로 들어와서 예배에 참석하게 하고, 길거리에서 시장 가는 사람을 만나면 붙들고 거기에서 기도하곤 했습니다.

다른 사람이 잘되는 것이 곧 나를 살리는 길이었습니다. 내가 아니라 네가 건강하기 때문에 숨 돌릴 수 있는 것입니다. 이것을 바울은 "피차 사랑의 빚 외에는 아무에게든지 아무 빚도 지지 말라 남을 사랑하는 자는 율법을 다 이루었느니라"(롬 13 : 8)라고 했습니다. 삼촌 아브라함으로 인하여 조카 롯까지 살 수 있었습니다. 조카 야곱으로 인하여 외삼촌 라반까지 잘살 수 있었습니다. '너로 인하여 나까지, 나로 인하여 너까지'는 성경의 대원칙입니다.

우리는 하나님 앞에 설 때에 단수로, 단독으로, 독자적으로 가는 것이 아니라 복수로, 더불어서, 공동체적으로 갈 것입니다. 그리하여 "나 혼자 잘 믿다가 왔습니다."가 아니라 "나로 인하여 이렇게 많은 사람들이 잘 믿게 되었습니다."라고 말해야 할 것입니다. 하나님에게는 언제나 '너를 위해서'만 있을 뿐입니다. 이 공동체적인 하나를 위해서 사는 사람이 사랑을 빚진 자이고 또한 사랑의 빚을 갚는 길입니다.

우리는 바울을 떠돌이 전도자(itinerant evangelist)라고 규정합니다. 떠돌아다니는 여행 전도자이면서도 그는 나름대로의 기준이 있었습니다. "다른 사람이 교회를 세운 곳에 가서 또 교회를 세우지는 않는다. 그리고 나는 유대인들이 아닌 이방인들이 있는 곳에 가서 교회를 세운다. 마지막으로 한 번 교회가 세워지면 더 이상 할 일이 없을 정도로 최선을 다한다."라는 자신의 내면세계의 또다른 자아와 내기를 했던 것입니다.

이렇게 하는 과정에서 "오직 성령이 각 성에서 내게 증언하여 결박과 환난이 나를 기다린다 하시나 내가 달려갈 길과 주 예수께 받은 사명 곧 하나님의 은혜의 복음을 증언하는 일을 마치려 함에는 나의 생명조차 조금도 귀한 것으로 여기지 아니하노라 …… 이는 내가 꺼리지 않고 하나님의 뜻을 다 여러분에게 전하였음이라"(행 20 : 23-27)고 다짐했던 것입니다.

영화 "미션"에 나오는 가톨릭 사제들은 비폭력으로 원주민들을 지키다가 함께 죽었지만, 그들이 죽었기 때문에 오히려 그곳에 교회가 든든하게 세워졌습니다. 바울이 로마에서 죽었기 때문에 로마 교회가 든든하게 섰고, 미국 선교사들이 한국에서 죽었기 때문에 이 땅에 복음이 든든하게 섰듯이, 우리도 또한 자신을 죽이고 또 죽일 때에 복음이 내 안에서 든든하게 설 것입니다.

사랑의 빚을 갚는 것은 쉽고도 어려운 일입니다. 사랑하는 사람을 위해서 쉬지 않고 기도하는 것입니다. 신령한 은사를 나눠 줌으로써 견고하게 하는 것입니다. 그리하여 피차 안위함을 얻는 것입니다. 이를 통해 우리의 믿음이 온 세상에 전파될 것입니다.

믿음과 구원

우리나라에서 최초의 신학자라고 할 수 있는 사람은 천주교 박해 때에 「상재상서」(上宰上書)라는 글을 쓰고서 순교한 '정하상'이라고 말할 수 있습니다. 그가 하나님의 존재를 증명하면서 몇 가지를 언급하는데, 보이지 않는 조상을 존재하지 않았다고 할 수 없으며, 맹인이 자신이 보지 않는다고 해서 하늘의 태양이 없다고 할 수 없으며, 유복자가 아버지를 보지 않았다고 해서 아버지가 없다고 말할 수 없는 것과 같다고 했습니다.

당시 유학을 공부하면서 상재와 부모를 섬기면서 살았던 조선 사람들은 상재와 부모의 존재에 대해서는 의심의 여지가 없는 사실로, 당연한 것으로 생각하여 왔습니다. 그렇지만, 상재와 부모가 오늘날의 나와 가지는 관계에 대해서는 막연하였습니다. 지금도 우리나라 대다수의 국민들이 제사를 지내고 성묘하는 등의 의식은 맹목적이고, 답습적인 막연한 행동입니다.

그러나 성경에서는 이렇게 막연한 상재를 하나님이라고 말하며, 이 하나님의 존재에 대한 신뢰가 곧바로 믿음이라고 말합니다. "믿음이 없이는 하나님을 기쁘시게 하지 못하나니 하나님께 나아가는 자는 반드시 그가 계신 것과 또한 그가 자기를 찾는 자들에게 상 주시는 이심을 믿어야 할지니라"(히 11 : 6)고 말씀하신 것처럼 하나님의 존재를 인정하는 것이고, 그분께서 내세적으로 인간에게 상벌을 베푸신다는 것을 믿어야 할 것입니다.

우리가 믿는 것은 하나님의 존재와 하나님의 아들에 관한 소식, 즉 복음을 믿는 것인데 그 복음을 믿는 자에게는 구원의 능력이 있다고 했습니다. 구원이라는 헬라어 단어의 대표적인 의미는 '다른 사람을 힘으로써 심각한 위험으로부터 끄집어내는 것'입니다. 마치 소돔성에 있던 롯의 일가를 하나님께서 강제로 들어내서 성 밖에 옮겨 놓으신 것처럼 하나님께서 우리를 옮겨 놓으시는 것을 말합니다.

그런데 이 구원을 '믿는 자'(πιστεύοντι)에게 만이라고 한정적으로 규정했습니다. 이 단어는 현재분사입니다. 그러므로 믿음이라는 명사가 뜻하는 것은 동사적인 행동성을 말합니다. 믿는 행위를 하는 자에게 심각한 위험으로부터 꺼내 주시는 하나님의 능력(δύναμις, 초자연적인 영적 존재의 능력)이 있는 것입니다. 다시 말하여 인간을 심각한 위험으로부터 꺼내는 것은 초자연적인 영적 존재의 능력에 속한 것이지, 사람의 능력의 영역이 아니라는 것입니다. 이것을 믿는 사람에게는 하나님의 의가 계시되고 또한 그렇게 계시되게 하는 것은 믿음입니다.

아마 여러분들께서도 그러한 경험이 있었겠지만, 대다수 주변 사람들이 교회를 다니지 않는데 나만 혼자 교회에 다니는 것이 쑥스럽고 어색해서 성경책을 가방에 넣어서 가든지, 아니면 신문지나 봉투에 넣어서 가지고 다닌 적이 있었을 것입니다. 그리고 시간이 지나도 구원이라는 사실을 나와는 무관한 글자로 알다가 "그분께서 십자가에서 나를 위해서 죽으셨다."라는 것을 느끼게 되면 자랑스럽게 되는 것입니다. 마치 연애할 때에 온 세상을 다 얻은 것처럼 가슴이 뿌듯하고, 삶에 용기와 희망이 생기고, 무엇이든지 할 수 있을 것 같고, 자랑하고 싶은 것처럼 말입니다.

이러한 복음의 변화는 조선 시대에 진사, 판서 등의 양반 신앙인이 백정, 종 등과 함께 한 건물에서 예배를 드리기 시작했다는 사실에서 증명되었습니다. 그리스도 안에서 종이나 자유자나, 남자나 여자나 구별이 없다고 한 바울의 말처럼, 복음으로 인해서 신분제도가 무너졌던 것입니다. 그리하여 선교사들은 어떤 사람의 신앙의 유무를 딸들에게 이름을 지어 주는지, 아내에게 잘하는지, 종들에게 잘하는지로 따졌습니다.

하나님의 아들을 믿는다는 사실은 부끄러운 일이 아닙니다. 왜냐하면 '믿는 자에게 구원을 주시는 하나님의 능력'이 있기 때문입니다. 지금 많은 의미를 가진 단어들이 등장했습니다. 바울은 본문에서 믿는 자라는 현재분사를 사용했습니다. 믿는 것은 구체적이며 능동적인 행위입니다. 믿음이라는 정체적인 보통명사가 아니라 믿는 행위를 하는 것을 의미합니다. 신학사전 등 저명한 신학자들이 총동원하여 규정한 믿음이라는 행위가 '하나님의 말씀, 하나님께서 말씀하신 것'을 믿는 것입니다. 즉, 요한복음 2 : 22에 있는 대로 하나님의 말씀을 믿는 것입니다.

성경책에 기록된 내용들이 글자가 아니라 나와 관계된 사실로 느껴지는 것을 의미합니다. 글자가 살아 있는 말씀으로, 들려지는 음성으로, 느껴지는 말씀으로 바뀌는 것입니다. 다시 말해서 성경에 있는 그대로 베드로와 바울 등 초기 전도자들이 말한 예수님의 탄생과 수난과 죽으심과 부활과 재림에 관한 말씀이 글자가 아닌 말씀으로, 살아 있는 말씀으로, 음성으로 보이고 들리는 것입니다.

제가 많이 아팠을 때 성경책을 읽기 시작했는데, 어느 날 글자(letter)가 말씀(word)으로 보이기 시작했습니다. 그리고 그 글자를 통해서 하나님께서 말씀하셨습니다. 그분께서 글자대로 십자가에서 "목이 마르다."라고 하셨으며, 그분께서 나를 위해서 에덴을 만드셨으며, 나를 기다리는 것이 느껴졌습니다. 그곳에 가고 싶고, 그분을 보고 싶어졌습니다. 지금도 그렇습니다.

여러분, 거룩한 욕심을 가지십시오. "왜 나는 그렇게 못 느끼고, 못 깨닫는 것일까?" 구하고, 찾고, 두드려야 합니다. 선한 욕심, 야곱과 같은 욕심을 가져야 합니다. 선한 경쟁을 해야 합니다. 그렇게 될 때에 하나님께서 채워 주십니다. 하나님은 찾는 자에게 주시려고 모두 준비해 놓고 기다리고 계십니다.

270억 원을 기증한 강태원 옹에 대한 이야기가 화제가 되었습니다. 단신으로 17살에 월남하여 온갖 궂은일을 마다하지 않으면서 큰돈을 모았습니다. 그분은 음성 꽃동네에도 100억 원을 기증했다고 합니다. 어떻게 그렇게 큰돈을 내놓을 수 있을까요? 그것은 생각하기에 달려 있습니다. 생명을 건졌는데, 돈은 잠시 가지고 놀다가 놔두고 떠나야 할 장난감에 불과한 것입니다.

그분은 월남해서 구원 받았다는 생각으로 평생을 살았던 것입니다. 소돔 성에서 아브라함의 조카 롯이 그 딸들과 사위들 때문에 머뭇거리자, 하나님께서 그들의 손을 잡아서 강제로 성 밖에 데려다 놓았습니다. 구원이란 헬라어 '소테리아'(σωτηρία)는 '구원하다', '힘으로써 강압적으로 심각한 위험으로부터 끄집어내다'라는 뜻을 의미합니다. 그리고 난 다음에 '지켜 주다', '유익을 주다', '그 속사람을 보전시켜 주다'라는 뜻을 가지고 있습니다.

우리 성경에는 '구원을 주시는'이라고 했지만 헬라어 성경에서는 '구원에 이르는'(εἰς σωτηρίαν), '구원 안으로 들어가는'이라고 번역됩니다. 그래서 "모든 믿는 자에게 구원에 이르게 하는 하나님의 능력이 있다."라고 했습니다. 중요한 것은 이러한 구원은 사람이 시켜 주는 것이 아니라 하나님께서 시켜 주신다는 것입니다.

황룡 강에서 물놀이하던 초등학교 여자 아이 5명이 죽어 가는데 옆에 있던 대학생이 들어가서 4명을 건져 내고 본인은 죽었다는 뉴스를 들었습니다. 이것이 바로 구원이라는 의미를 가장 잘 나타내

주는 실례입니다. 나를 죽임으로써 다른 사람을 살려내는 희생이 성경에서 말하는 십자가의 구원입니다. 나보다 더 힘 있는 사람이 죽어가는 나를 보고서 불쌍히 여기는 마음으로 건져 내 준다는 것입니다.

그렇기 때문에 이 소식은 건짐을 받은 내가 일평생 동안 두고두고 말해야 하는 자랑스러운 소식이고, 감사한 소식입니다. 결코 부끄러울 것이 없는 소식입니다. 이렇게 구원 받았기 때문에 270억 원이 아니라 그 이상도 내놓을 수 있는 것입니다.

어떤 사람이 "나에게는 믿음이 없습니다. 믿음을 주시옵소서." 라고 말하지만, 믿음을 더하는 방법은 믿는 것입니다. 오늘 본문에서 '믿음에서 믿음으로'라고 했습니다. "믿음으로부터 믿음에 이른다." 라고 직역할 수 있습니다. 믿음은 믿음으로부터 출발하는 것입니다. 이것이 하나님을 아는 가장 정확한 길입니다. 하나님을 아는 가장 바른길은 하나님의 방법을 따르는 것입니다. 하나님의 방법이 아닌 다른 길을 따르려 하는 것을 '교만'이라고 합니다. 그리고 하나님의 방법대로 따르는 것을 '의'라고 합니다.

하나님의 방법에 일치하는 것이 바로 의로운 것입니다. 이 하나님의 의에 이르는 길이 믿는 것입니다. 믿으면 하나님의 의에 이르고, 하나님의 의에 이르면 믿음이 더하여지는 것입니다. 하나님의 의의 반대는 인간의 교만이고, 믿음의 반대는 의심입니다. 따라서 인간의 교만과 의심은 하나의 짝을 이루면서 하나님의 의와 믿음을 거부하려고 합니다.

그런데 여기에서 하나님의 '의'라는 단어는 법적인 의무사항을 말합니다. 이것을 지키지 않으면 법정에 서게 된다는 것을 의미합니다. 하나님의 뜻에 순종하지 않으면, 일치하지 않으면 법정에 서서 재판을 받게 된다는 의미를 강하게 내포하고 있습니다.

그러므로 하나님을 믿는다고 할 때에는 "하나님의 묵시는 정한 때가 있나니 더딜지라도 속히 이루리라 오직 의인은 믿음으로 말미암아 살리라."는 말씀과 같습니다. 여기에서 '살리라'라고 했지만 원어에는 '구(求)하다'의 미래 수동의 뜻인 '제세타이'(ζήσεται)입니다. 즉, "구하여질 것이다. 믿으면 건짐을 받을 것이다."라는 뜻을 의미합니다. 따라서 믿는 것은 현재적인 믿는다는 행동의 연속적인 지속으로 인하여 장차 얻게 될 것을 의미합니다. 물론 현재적으로 건짐을 받았지만, 그 동작이 지속적으로 이어질 때에 완성된다는 뜻을 가지고 있습니다.

그렇기 때문에 '의심하다'라는 말과 인간의 교만이라는 단어는 믿음의 시금석이 되는 것입니다. 현재적으로 단 한 번으로 끝나 버린다면 오죽이나 좋겠습니까? 그러나 그렇지 않습니다. 믿음은 지속적으로 우리를 시험하는 연속적인 행동입니다. 내가 끝까지 참고 믿을 때에 비로소 완성되는 것입니다.

하나님은 분명히 보이지 않습니다. 그러나 지금도 성경에서, 성경에 쓰인 글자를 통하여 말씀하시는 분이십니다. 그러므로 믿음을 가지려면 하나님의 말씀을 읽고, 듣고, 보는 것이 가장 빠른 길입니다. "믿음을 더 주십시오."라고 기도하기보다는 "성경을 더 읽을 수 있게 해 주십시오. 말씀을 더 들을 수 있게 해 주십시오."라고 기도하는 것이 옳을 것입니다. 그렇게 되면 어느 날에는 글자가 아니라 말씀과 음성으로 들리고 보일 것입니다. 그렇게 되면 우리의 의심과 교만이 사라지고 굴복하게 될 것입니다. 그리고 평생 당당하게 말하고 다닐 수 있을 것입니다.

| 로마서 1 : 16~17 |

하나님의 능력

여러분과 저는 횡단보도에서 빨간 불이면 서고 파란 불이면 건너갑니다. 세금 고지서를 받으면 그 세금이 어디에 쓰이는가를 확인해 보지도 않고 납부합니다. 비행기를 탈 때면 고장이 나서 추락할 것을 의심하지 않고 기내로 들어갑니다. 더 나아가서 우리는 4~5대 조상을 보지도 않았으면서도 그분들의 존재에 대해서 의심하지 않습니다. 우리는 북극과 남극의 실체와 사랑과 미움이라는 불가시적인 추상적 개념의 존재에 대해서 의심하지 않습니다.

며칠 전 어떤 사람이 "이곳은 지형이 참 좋은 곳이어서 여기에다 집을 지으면 자여손이 크게 잘될 것이다."라고 설명하였습니다. 루터 시대에도 아이슬레벤(Eisleben) 교회의 '검정 나무 십자가'를 바라보면 병이 낫는다고 해서 독일 전역에서 사람들이 순례하러 왔습니다. 회교도들은 예루살렘의 거룩한 바위(The Holy Rock) 모스크를 순례해야만 하늘나라로 승천할 수 있다고 믿습니다. 그리고 이 사실에 대해서는 어느 누구도 의심하지 않았습니다.

그러나 애굽의 바로(Pharaoh) 임금에게 모세가 가서 "사흘 길을 가서 여호와 하나님께 제사를 드리려 하니 가게 해 달라."고 했을 때에 바로는 거절했습니다. 믿을 수 없었기 때문입니다. 그러나 하나님은 바로에게 믿지 않을 수 없는 증거를 보여 주셨습니다. 증거를 통해서 확인한다는 것은 그만큼 믿음이 없기 때문이었으며, 확인을 통하여 믿지 않을 수 없게 되었습니다.

믿음이란 결국 확인을 통해서 신뢰할 수 있는 심리적 상태가 아니라 주어진 사실을 사실 그대로 받아들이는 천진난만한 수용성입니다. 흔히 'naive'라는 말을 쓰지만, 이 단어는 우리말로 하면 '덜 떨어졌다', '부족하다'라는 뜻이 더 강합니다. 보고 듣고 느끼는 그대로 받아들이는 마음의 상태를 말합니다.

우리가 믿는다는 것은 믿는 대상의 신빙성 혹은 정확성보다는 믿는 사람의 마음 상태에 따르는 것입니다. 예수님께서 "귀 있는 자는 들으라. 믿을 마음이 있는 자는 믿으라. 마음을 강퍅하게 하셨다." 등의 표현은 믿음이란 믿고자 하는 마음이 있느냐 없느냐에 따라서 그 효과가 있기도 하고 또한 없기도 하다는 것을 말합니다.

오늘 본문에서 "복음은 믿는 자에게는 구원을 주시는 하나님의 능력이 된다."라고 선언했습니다. 쉽게 말해서 아들 예수님에 관한 기록이 있는 성경 말씀을 믿는 자에게는 구원에 이르는 하나님의 능력이 주어진다고 말하고 있습니다. 왜냐하면 복음에는 하나님의 의가 계시되어서 믿으려는 사람을 더욱 믿게 해 주기 때문입니다.

동학혁명이 일어날 무렵에 고창 선운사 미륵불의 배꼽에 있는 "기서"(奇書)에 기록된 대로 새로운 기운이 왔다는 각종 유언비어를 백성들은 잘도 믿었습니다. 그뿐만 아니라 동학에서 준 부적을 몸에 붙이면 일본군의 총알도 뚫지 못한다고 믿었기 때문에 많은 사람들이 투쟁에 나서기도 했습니다. 왜 그러한 거짓말을 아무런 의심도 없이 잘도 믿을까요?

사람들은 무엇인가를 믿지 않고는 현실적인 삶을 진행하지 못하는 존재인가 봅니다. 우리는 무엇인가를 믿어야 하고, 그 믿음으로 인해서 마음의 평화가 있고, 그래서 현실적인 삶이 유지됩니다. 믿지 않고 의심하면서는 이 세상을 살 수 없는 존재들입니다.

사도 바울도 이러한 문제들에 직면했습니다. 아테네에서 '이름도 없는 신들을 위하여'라는 전각에 당도하였습니다. 이름도 모르는 신을 위해서 전각을 세우고 예배할 정도라면, 이름도 있고 정확히 하신 일도 있는 하나님이라는 신을 믿지 못할 하등의 이유가 없을 것입니다.

우리의 가정도 믿음이라는 것을 바탕으로 존재합니다. 이 세상의 그 모든 사람이 잘못한다 해도 정작 내 남편은, 아내는, 자식은 그럴 리가 없다는 믿음으로 가정이 유지됩니다. 가정을 꾸리는 구성요인들 사이에 이 신뢰가 무너지면 가정은 파괴됩니다.

이렇게 볼 때에 믿음이란 무엇을, 어떤 존재를 믿는 것이 아니라 내가 나의 생존을 위해서 믿어야 하는 것입니다. 내가 살기 위해서는 우선 믿는 자세를 취해야 합니다. 믿는 자세가 아닌, 의심의 자세를 취하면 곧바로 나의 생존이 무너집니다. 따라서 믿는다는 것은 나를 위하는 것입니다.

여러분, 혹시 부모의 행실을, 아내와 남편의 행실을, 자식의 행실을 의심하기 시작해 보십시오. 그로 인한 손해는 바로 자기 자신입니다. 내가 얼마나 공허해지고, 얼마나 방어적이어야 하며, 얼마나 피해의식에 시달리게 되겠습니까?

바로 이러한 이유에서 예수님은 고향 회당에서 가르치셨으나 고향 사람들이 예수님을 "목수의 아들이 아니냐? 그 모친은 마리아, 그 형제들은 야고보, 요셉, 시몬, 유다, 그 누이들은……" 하면서 거절당하심으로써 "그들이 믿지 않음으로 말미암아 거기서 많은 능력을 행하지 아니하시니라"(마 13 : 58)고 기록했습니다.

우리는 정부의 관리들이 학맥, 인맥에 의해서 인사가 이루어지기 때문에 선진국가가 아니라고들 합니다. 물론 우리는 사람의 능력에 따라 인재를 등용해야 할 것입니다. 그렇지만 정작 내가 하나의 기업을 이루고 나서 물려주려 할 때, 항상 주변에서 지켜본 사람 가운데에서 택할 것인지, 아니면 생전 듣지도 보지도 못한 어떤 사람을 택할 것인지 고민하게 됩니다. 그래서 어느 나라를 막론하고 중요한 자리는 자신의 주변에서 오래 동안 지켜보고 마음속으로 검증된 사람에게 물려줍니다. 예수님의 12제자가 그랬습니다.

이것은 무엇을 말합니까? 신뢰성이란 오랜 사귐을 통해서 생기는 것입니다. 그리고 그 신뢰성이란 오랜 만남을 통해서 서로를 충분히 알 때에 생기는 것입니다. 만나는 횟수가 많을수록 알게 되고, 아는 만큼 신뢰도는 높아갑니다.

여러분, 하나님을 믿으려고 합니까? 하나님을 더욱더 잘 믿기를 원하시는 줄 압니다. 부모가 결혼해서 자녀를 낳고, 키우고, 자라면 한 밥상에서 먹고 마시고 하는 삶, 이러한 삶이라는 것 이외에 더욱더 많이 알 수 있는 길이 있을까요? 하나님을 믿고 아는 것도 이와 같습니다. 하나님께서 나를 낳으시고, 키우시고, 한 밥상에서 먹고 마시고 하는 이것이 하나님을 아는 길이고, 이렇게 알기 때문에 믿어지는 것입니다.

시편 84 : 1~4에서 "만군의 여호와여 주의 장막이 어찌 그리 사랑스러운지요 내 영혼이 여호와의 궁정을 사모하여 쇠약함이여 내 마음과 육체가 살아 계시는 하나님께 부르짖나이다 나의 왕, 나의 하나님, 만군의 여호와여 주의 제단에서 참새도 제 집을 얻고 제비도 새끼 둘 보금자리를 얻었나이다 주의 집에 사는 자들은 복이 있나니 그들이 항상 주를 찬송하리이다"라고 노래했습니다.

하나님께서는 가까이하는 자에게 가까이 계시고, 친근히 하는 자에게 친절하시며, 찾는 자를 만나 주십니다. 그렇지 않은데 하나님을 더욱 믿고 알고 배울 수 있다고 생각하는 것은 욕심에 불과합니다. 눈에 보여야 일도 시키고, 얻어먹기도 하는 것이지, 늘 밖에 있으면서 놀다가 집에 돌아와서는 불평만 하면 소용이 없습니다.

하나님은 우리에게 믿음을 더하려면 늘 가까이하라고 하셨습니다. 솔직히 말해서 생선장사에게는 생선 냄새가 나고, 기름장사에게서는 기름 냄새가 납니다. 이와 같이 하나님을 가까이하면 신령한 냄새가 납니다. 그렇기 때문에 자신을 높이기 위해서는 내가 무엇을 가까이할 것인가를 스스로 결정해야 됩니다.

여호와를 친근히 하고, 여호와를 가까이하고, 여호와를 기대하고, 여호와께 맡기는 것이 하나님을 아는 길이고, 이렇게 알게 되면 믿음도 더하여질 것입니다.

십여 년 전에 지은 집에는 전기 콘센트가 110V와 220V가 병행으로 있습니다. 그리고 우리는 110V과 220V의 전기 용량이 얼마나 차이가 큰지를 압니다. 하나님의 능력을 덧입는 것은 우리가 어느 콘센트에 플러그를 꼽느냐에 따라 달라지는 것과 같습니다.

여러분과 저는 참으로 많은 시간을 110V 콘센트에 플러그를 꼽고 욕심은 220V의 에너지에 두었습니다. 문제는 간단합니다. 이제는 바꾸어서 우리의 플러그를 220V 콘센트에 꼽는 것입니다. 하나님의 영적인 능력은 220V에서 얼마나 오래 동안 충전되어 있느냐에 달려 있습니다.

하나님의 능력을 덧입는 길은 간단합니다. 남들보다 더 많은 시간을 내서 하나님과 은밀히 교제하는 것입니다. 하나님과 단 둘이서 걷는 시간이 많으면 됩니다. 하나님과 더불어 대화를 나누는 시간이 많으면 됩니다. 하나님을 많이 생각하고, 사모하고, 그리워하면 그만큼 많은 에너지가 충전됩니다.

시편 119편의 기록자는 하나님을 가까이하기 위해서 하루에 7번씩 하나님께 기도했으며, 바울은 데살로니가 교회에게 쉬지 말고 기도하고, 항상 기뻐하고, 범사에 감사하라고 했습니다. 종교개혁자 마르틴 루터는 하나님을 위해서 할 일이 너무 많기 때문에 하루에 3시간씩 기도하지 않으면 감당할 수 없다고 했습니다.

최근에 아주 공감이 가는 농담을 들었습니다. 학사와 석사와 박사의 차이가 무엇이냐는 질문에, 학사는 모르는 것이 없는 사람이고, 석사는 내가 모른다는 것을 아는 사람이고, 박사는 나만 모르는 줄 알았는데 너도 모른다는 것을 아는 사람이라고 합니다. 별로 열심히 공부하지 않는 사람은 책을 한 번만 보면 다 압니다. 그러나 열심히 공부하는 사람은 수십 번 볼지라도 그 책 안에서 모르는 것이 있고 빠뜨린 것이 있습니다.

결혼해서 오래 살면 남편과 아내를 다 아는 것 같아도, 여전히 모르는 것이 있습니다. 신앙생활을 오래 해서 하나님과 오래 사귀면 더 이상 사귈 것이 없을 정도로 하나님을 아는 것이 아니라 사귀면 사귈수록 모르는 것이 더 많아집니다. 그래서 기도를 많이 하는 사람은 기도할 것이 너무 많아서 기도를 하면 할수록 기도의 시간이 길어지는데, 기도하지 않는 사람은 단 한마디로 기도를 다 해 버리기 때문에 기도할 것이 없습니다.

여러분, 복음의 능력을 원하십니까? 기도의 능력을 원하십니까? 하나님께 여러분의 전원 플러그를 꽂아야 합니다. 세상에도 플러그를 꽂아 놓고 하나님의 능력을 원하는 것은 말도 되지 않는 억지입니다. 우리는 지금까지 신앙생활을 해 왔으면서도 하나님께 플러그를 꽂기보다는 세상에 더 많이 꽂았으며, 하나님을 찾기보다는 세상을 더 많이 찾았던 것이 사실입니다.

하나님을 믿기로 했으며, 한 번 믿은 이 하나님을 이제 와서 배반하고 헤어질 수도 없는 상황에서 하나님의 에너지를 가장 많이 받을 수 있는 길이 무엇이겠습니까? 여러분의 삶에 하나님의 능력이 넘치게 나타나는 길이 무엇이겠습니까?

핑계치 못할지니라

이 세상에서 잘못을 범한 사람들에게 왜 그랬느냐고 물으면 하나같이 자신이 잘못한 것이 아니라고 대답합니다. 아담이 선악과를 따 먹은 다음에 그 죄과를 아내에게 돌리고, 아내는 사탄에게 돌렸습니다. 가인이 아벨을 죽인 후에 하나님으로부터 “아벨이 어디 있느냐?”라는 질문을 받고서 “내가 동생을 지키는 사람입니까?”라고 불만을 표현한 다음에 “왜 내 제물을 받아 주지 않고 동생의 제물만 받아 주셨습니까?”라고 하나님과 동생 탓으로 돌렸습니다. 우리 정치에서도 어느 누구든 내가 잘못했다고 솔직하게 시인하고 뒤로 물러서는 사람이 없습니다.

이렇게 핑계를 내세우는 것은 그 밑바닥에 자신의 정당성 혹은 비뚤어진 자기 존중이 자리하고 있기 때문입니다. 현재적인 삶을 살아가는 데서 이것이 무너지면 ‘나’라고 하는 자존이 무너지기 때문에, 자기를 지키려는 최후적인 버팀이 바로 핑계입니다.

그렇지만 사람이 핑계를 내세울 수 없는 일이 있었습니다. 고

대 희랍과 로마의 제정일치 시대에는 도시국가 혹은 국가에서 주관하는 제사 혹은 의식에 모든 국민이 의무적으로 참여해야 했습니다. 이렇게 국가에서 원하는 대로 참여하여 제사를 지내는 것을 '의'(δικαιοσύνη)이라고 합니다. 그리고 참여하지 않으면 불경건(ἀσέβεια) 혹은 불의(ἀδίκια)라고 했습니다.

오늘 본문에서는 이러한 고대 제정일치 시대의 사회적 규범을 그대로 원용해서 말합니다. 온 세상 사람들이 하나님에 대한 제사에 참여하는 것이 의로운 일이고, 경건이라고 했습니다. 아니, 오늘 본문은 국가나 도시의 제약적인 규범이 아니라 인간으로서 누구나 태어나면서부터 부여 받아 가지고 있는 하나님에 대한 인식을 말하고 있습니다. 우리는 인간으로서 마땅히 하나님이라는 분을 알 수 있는 그 무엇인가를 하나님으로부터 부여 받았으며, 그 사실을 결코 부인할 수도, 혹은 없다고 핑계할 수도 없음을 말합니다.

그런데 사람들은 하나님을 예배하지 않으면서 왜 핑계를 둘러대는 것일까요? 그것은 하나님을 하나님으로 알지 않고, 하나님을 밥으로 알기 때문입니다. 얼마 전에 어느 분이 설교하면서 "기복주의는 마약보다도 더 나쁘다."라고 말했습니다. 왜 사람들이 하나님을 잊어버립니까? 왜 신앙인으로 자처하면서 하나님과 예수님이 없는 기독교인입니까? 그것은 기독교를 하나님과의 관계로 인식하지 않고 물질적 축복을 주고받는 거래로 인식하기 때문입니다. 이러한 의미에서 오늘은 자연을 보면서 하나님의 따뜻한 손길을 느꼈던 시인들이나, 예술인들이, 따뜻한 하루하루를 살아가는 평범한 시민들이 더욱 그리운 것입니다.

사람이 과연 하나님을 알 수 있습니까? 어떠한 방법으로 알 수 있습니까? 오늘 본문에 의하면 하나님께서 사람들에게 하나님을 알만한 것(τὸ γνωστὸν τοῦ θεοῦ)이 사람들 안에(ἐν ἀυτοῖς) 나타나 있고(21절), 그러므로 하나님은 저희들에게 나타났다(ἐφανέρωσεν)라는 단순과거형의 동사를 사용했습니다. 헬라어에서 단순과거란 과거의 동작인 과거에 완료된 것을 말합니다. 그러므로 하나님이 나타나신 것은 과거에 있었던 단 한 번의 사건으로 자신을 나타내신 것을 완료했으므로 또다시 하실 필요가 없다는 뜻입니다.

여기에서 '하나님을 알만한 것'이라는 단어의 '알만한 것'은 사람의 감각체계를 통하지 않고 갓난아이가 어머니를 알고 그 젖을 찾아가듯이 그냥 아는 것을 말합니다. 사람은 이렇게 하나님을 알고 찾아가게 되어 있는 것입니다. 제가 어렸을 때에 토끼를 키우는데, 어미가 새끼를 낳으면 새끼들을 끄집어내서 시간 맞추어서 젖을 먹였습니다. 그런데 새끼들은 어미의 젖꼭지를 배우지도 않았는데 잘들 찾아갑니다. 이것이 우리에게 있는 하나님을 알만한 것입니다.

사람들에게는 이렇게 하나님을 알만한 것이 내재적으로 있으며, 그것을 이용하여 21절에서 하나님의 '보이지 아니하는 것들'(τὰ ἀόρατα)을 가시적으로 볼 수 있습니다. 여기에서 사용하는 단어는 다 같이 감각적인 기관을 통하여 경험적으로 알 수 있다는 의미를 지녔습니다. 그러므로 하나님을 알만한 내재적 능력을 부여 받은 우리 인간은 감각세계에 있는 피조물을 통하여 시각적으로 볼 수 없는 것을 시각적으로 볼 수 있고, 이성적이고 합리적인 고찰을 통하여 알 수 있으며, 이렇게 알게 됨으로써 우리는 인식할 수 있습니다.

우리 사람들에게는 하나님을 알 수 있는 것(능력)이 이미 나타나 있으므로, 사람들이 하나님이 만드신 피조물을 보거나 만지거나 조금만 합리적으로 생각한다면 얼마든지 하나님을 인식할 수 있다고 선언합니다.

왜 사람들은 하나님이 없다고 핑계합니까? 아니, 보이지 않는 하나님을 보이는 우상으로 대체시키면서 왜 자신들은 잘못이 없다고 핑계합니까? 그것은 사람들이 생각하지 않기 때문에 자연을 보면서도 하나님을 알지 못하는 것입니다. 먹을 것, 마실 것, 입을 것에만 매달려 하나님이 계시지 않다고 하나님을 욕하는 것입니다. 어려울수록 생각해야 합니다. "형통한 날에는 기뻐하고 곤고한 날에는 되돌아보아라"(전 7 : 14 상). 하나님께서 우리에게 주신 최대의 선물은 생각하는 능력입니다. 이것이 하나님을 가장 정확하게 아는 길이고 또한 하나님께 이르는 가장 올바른 길입니다.

이렇게 자연을 보면서도 하나님을 알지 못하는 사람들을 불경건하다고 하였으며 또한 불의로써 진리를 막는 사람들이라고 했습니다. 즉, 진리를 억압하는 사람들, 붙들어 매는 사람들이라고 했습니다. '진리'란 단어의 뜻은 '망각이 없어지는 것'입니다. 그러므로 자연을 통하여 하나님을 생각하고 인식하게 되면 하나님에 대한 망각이 없어져 진리에 이르게 되고 하나님과 올바른 관계를 회복하게 합니다. 이것이 하나님과 인간의 정상적인 관계인데, 다만 먹고 마시고 입는 것에만 몰두하여 하나님을 망각한 채 살아가기 때문에 불경건하고 또한 불의를 행하는 사람들이 되어 하늘로부터 하나님의 진노가 임한다고 했습니다.

이렇게 하나님께 대하여 불경건하고 또한 불의를 행하는 사람들은 더 나아가서 스스로 지혜 있는 자라고 주장하는 자들입니다. 그렇지만 실제로는 정신이 나간 자들이 되어 버렸다고 합니다.

하나님을 정확하게, 제대로, 바르게 알지 못하는 사람들이 행하는 잘못은 여러 가지인데, 그 첫 번째가 하나님께 영화와 감사를 돌리지 않고, 허망하여지고(무가치한 것에 팔리고), 어두워진 것이며(캄캄하게 되어), 둘째는 하나님을 새와 네발 달린 짐승과 뱀, 파충류의 우상으로, 즉 비슷한 것으로 만든 것입니다.

따라서 하나님을 정확하게 알지 못하면 스스로 지혜롭다고 생각하게 됩니다. 그리고 하나님께 마땅히 돌려드려야 할 영광과 감사도 돌리지 않고, 더 나아가서 우상을 만들어서 하나님 비슷한 것으로 섬기는 것입니다. 이것이 문제입니다.

정상적인 관계를 맺지 못하는 사람들은 자신이 가장 지혜롭다고 생각합니다. 자신이 정상이 아니라는 사실을 모르니까 참으로 큰 일입니다. 오늘 본문에서는 '지혜롭다 하나'라고 했지만, 헬라어 원문에는 '주장하다, 큰소리치다'라고 표현했습니다. 이렇게 하나님이 없는 사람들은 결국 두 가지 죄를 짓는데, 하나님을 하나님으로 알지 못한 죄, 하나님을 떠난 죄와 다른 하나는 하나님을 하나님 비슷한 것으로 바꾸어 섬기는 죄를 범하는 것입니다.

그렇기 때문에 하나님께서 '콧방귀(ὀργή)를 뀐다'는 것이 성립하는 것입니다. 이것을 하나님의 진노라고 했습니다. 즉 "성미가 급한 사람이 성미를 부리다. 하나님께서 이제 더 이상 아는 체하지 않으신다. 관계를 맺지 않으신다."는 것입니다. 하나님으로부터 버림받는 것이 하나님으로부터 오는 가장 큰 벌입니다.

이것을 하나님의 유기라고 합니다. 버림받는 것입니다. 하나님과의 관계가 끝나게 되면 그러한 사람은 세상의 재물이 전부인 양 스스로 잘난 체하면서 살아갈 것입니다. 지속적으로 우상을 섬기면서도 가장 훌륭한 신을 섬기는 것으로 착각하면서 살아가게 될 것입니다. 버림받은 사람은 이처럼 속아서 사는 것입니다. 그렇지만 언젠가는 내가 혼자였다는 것을, 철저하게 외롭다는 것을 알게 될 것입니다. 혼자 됨과 외로움은 버림받은 사람의 처벌입니다.

그러나 우리가 하나님을 거래의 개념이 아닌, 관계의 개념으로 알고서 하나님께 대한 나의 몫을 정상적으로 행하게 되면, 즉 하나님을 예배하고, 찬송하고, 영광을 돌리고, 감사하는 것을 나의 최우선으로 하게 되면, 우리는 망각을 잊고 진리에 이르게 될 것입니다. 이것을 의라고 합니다.

톨스토이의 「사람은 무엇으로 사는가?」라는 단편에서 사람이 사는 세 가지를 말하고 있습니다. 사람은 하나님을 두려워하면서, 그렇지만 앞날에 대해서 모른 채, 이웃과 더불어 서로 사랑하면서 살아가야 한다고 말입니다. 다시 말해서 성경 마태복음 22 : 34~40에 나오는 "어느 계명이 가장 큽니까?"라는 질문에 대한 예수님의 대답을 이야기로 꾸몄던 것입니다. 또한 동시에 산상수훈의 결론에서 "너희는 먼저 그의 나라와 그의 의를 구하라."는 말씀이기도 합니다.

10여 년 전에 한 서너 곳의 교회에서 전임목사 혹은 교육전도사를 부탁해서 몇 사람을 보내 주었습니다. 그랬더니 상당히 많은 학생들이 찾아와서 친근하게 하는 것을 보고서, 이래서는 안 되겠다 싶어서 그 다음부터는 아예 교회를 소개하는 일 등에 개입하지 않았습니다. 사람들은 인간관계에서 사람의 진정한 모습을 놓치고 그로부터 내가 이익 볼 것이 무엇인가를 생각하면서 관계를 가지려는 사람들을 가장 싫어한다고 말하지만, 정작 우리는 그렇게 인간관계를 가지려 합니다.

출애굽하였던 이스라엘 사람들도 먹을 것, 마실 것을 달라고 외쳤습니다. 그리고 그 사람들은 모두 다 사막에서 죽었고 가나안 땅에는 들어가지 못했습니다. 예수님도 마찬가지였습니다. 오병이어의 기적을 일으키자 사람들은 예수님을 따르면서 왕으로 삼으려 했습니다. 그러나 예수님께서 육신의 떡이 아닌 생명의 떡을 주시려 하자, 그 무리들이 십자가에 못 박아 죽여야 한다고 외쳤습니다.

"인간극장-달려라 내 아들"에서 배형진이라는 20세 된 발달장애 2급의 장애아의 어머니가 아들을 철인 3종 경기에 출전시키기까지의 훈련과 아픔을 담은 TV 프로그램이 있었습니다. 그 프로그램에서 어머니는 아들을 끝까지 인정해 주었습니다. 수학문제에서 틀려도, 몰라도 그저 잘한다고 받아 주었습니다. 그것을 보면서 하나님께서 우리를 보실 때 아마도 우리는 다 발달장애아일 것이라고 생각했습니다.

하나님을 아버지라 부르도록 하셨고, 하나님을 알만한 것을 우리의 마음속에 심어 주셨고, 또한 느끼고 알 수 있도록 온 세상에 가득 차게 하셨는데 우리가 하나님이 아닌 우상을 섬기고, 하나님이 없다고 큰소리치면서 하나님께서 나를 버리셨다고 핑계합니다. 이 정도면 우리는 충분히 발달장애아입니다. 2급이 아닌, 특급일 것입니다. 이제는 하나님이 없어서, 하나님을 몰라서 하나님을 예배하지 못했노라고 핑계할 수 없을 것입니다. 하나님을 찾지 못한 잘못은 다만 자신에게 있을 뿐입니다.

사람은 조금 순수해져야 합니다. 자연을 보면서 하나님을 느끼고 알아야 합니다. 하나님으로부터 받으려고만 하지 말고, 뜯어내려고만 하지 말고, 하나님을 밥으로 보지 말고, 하나님께 드려야 할 것이 무엇인가를 먼저 생각해야 합니다. 천상병 시인이 쓴 "귀천"(歸天)이라는 시입니다.

나 하늘로 돌아가리라
새벽빛 와 닿으면 스러지는
이슬 더불어 손에 손을 잡고서

나 하늘로 돌아가리라
저녁노을 함께 단 둘이서
기슭에서 놀다가 구름 손짓하며는

나 하늘로 돌아가리라
아름다운 이 세상 소풍 끝내는 날
가서, 아름다웠노라고 말하리라

천상병 시인은 가톨릭 신자였습니다. 그는 아침 새벽을 통하여 그리고 저녁노을을 통하여 하나님의 손길을 읽어 낸 사람이었습니다. 여러분, 우리에게 주어져 있는 모든 것을 있는 그대로 받아들이고, 인정하고, 사랑하십시오. 그리고 그 속에서 감사하십시오. 하나님은 우리가 찾을 수 있는 가까운 곳에 계십니다. 하나님은 윤동주의 감옥 속에 떨어지는 낙엽으로 계셨고, 천상병 시인에게는 새벽이슬과 저녁노을로 계셨으며, 배형진의 어머니에게는 발달장애 2급이라는 아들을 통해 계셨습니다. 하나님은 우리 모두에게 가까이, 손이 닿을 가까운 곳에, 자연 속에 계십니다.

하나님을 하나님으로

최근에 우리나라를 휩쓸고 간 태풍은 상업주의에 병든 인간이 자연 앞에서 얼마나 초라한가를 알게 해 주었습니다. 아담이 에덴동산에서 선악과를 따 먹었을 때에 하나님께서는 이마에 땀을 흘려야 먹을 것을 얻고, 자연은 사람의 말을 거역하면서 엉겅퀴를 낼 것이라고 했습니다. 여기에서 자연파괴와 공해가 시작된 것입니다. 그리하여 자연이 곧바로 하나님이시라는 것을 알게 했습니다.

현대인들은 자연을 통하여 하나님을 발견하고 자연을 하나님으로 섬기는 것이 아니라 자연을 통하여 돈을 벌려는 상업주의로 흘렀기 때문에 이러한 아픔을 통하여 하나님을 알아야 하는 것입니다.

우리의 옛날 선조들은 자연을 거스르는 것이 곧 죽음이라는 것을 알고서 자연과 더불어 살아가는 방법을 터득했습니다. 그렇지만 이러한 좋은 생각도 동양에서는 풍수라는 이름의 민간신앙으로 발전해서 또다시 돈과 연결되어 기복신앙으로 전락했습니다.

하나님을 믿는다는 기독교 신앙인들도 처음에는 자연에서 하나님을 예배하다가 점점 좋은 예배당을 짓기 시작하고, 교회라는 조직까지 갖추게 되자 교회가 하나님 자리에 앉아서 사람을 살리고 죽이게 되었습니다. 이제는 하나님도 사람이 만든 각종 교리와 규제 속에서 하나님으로 존재할 수 없게 했습니다.

"하나님을 하나님 되게 하라."(Let God be God)는 루터가 부르짖은 종교개혁의 대 선언(catch phrase) 가운데 하나였습니다. 하나님을 하나님 되게 하는 것은 사람이 사람 되게 하는 것과 같습니다. 사람이 하나님 노릇하면서 하나님을 사람에게 굴복시키려는 것은 하나님께 대한 최대의 모독입니다.

"하나님은 하나님이고, 사람은 사람이다."라는 반성은 인간이 높아질 때마다 들려오는 선지자의 메시지입니다. 이 메시지가 1850년대 계몽주의의 절정에도 있었고, 1950년대 제2차세계대전이 끝난 후에도 있었으며, 21세기 IT 시대에 다시 들리기 시작했습니다.

이런 때에 하나님을 높이고 인간의 낮아짐을 표현하는 편지를 한 장 드리고 싶은 마음이 간절합니다. 사람이 하나님께 편지하는 것이 어떨지는 몰라도 푸념이라도 드리지 않으면 죄송할 것 같은 마음이 앞서기 때문입니다.

> 하나님, 주께서는 에덴동산을 만드시고 그 안에 인간을 흙으로 빚어서 남녀가 즐거워하면서 가정을 이루고 사는 모습을 보시고, 사람들과 함께 지내려 하셨습니다. 그 시절 하나님과 인간의 관계는 걸릴 것이 없었습니다. 가릴 것도 없었나이다. 목소리로 주고받으면서 부모와 자식 같은 관계로 지냈지만 하나님은 사식을 물가에 내놓은 부모 심정으로 늘 노심초사 걱정하셨나이다. 그리고 그 걱정하시던 일이 드디어 현실로 드러나고 말았나이다.
>
> 언제나 그랬던 것처럼 부모가 자식에게 어련히 알아서 좋은 것을 줄 것을 모르고, 철없는 놈은 항상 최악으로 치닫곤 했습니다. 그렇지만 아직 최악은 결코 아닙니다. 그래도 아담은 부끄러운 마음으로 아래를 가리고, 약간은 애교 섞인 둘러대기라도 하면서 조심스러워 했

습니다. 비록 이마에 땀을 흘리면서 엉겅퀴를 헤치고 본래의 흙을 일구면서 먹고살게 되었지만, 가을이 되어 수확하게 되면 얼굴에는 웃음이 있고 하나님을 생각하면서 감사하는 마음을 잃지 않았습니다. 그리하여 수확된 농산물을 가지고 가서 하나님께 드리면서 예배했습니다.

그러나 인간의 비극은 그 잘난 옷을 만들어 입으면서 시작했습니다. 니므롯이 나와서 에녹이라는 이름의 성을 쌓고 인간이 농사만 아니라 손으로 무엇인가를 만들어 낼 수 있다는 것을 알기 시작하면서부터 하나님께 대항하여 바벨탑을 쌓기 시작하였나이다. 그러면서 하나님의 이름이 아닌, 사람의 이름을 높이기 시작했습니다. 사람의 이름이 하나님 이름보다 더 높아진 일은 결코 없었지만, 사람들은 조금만 무엇을 성취해도 자신들이 하나님보다 더 높다고 생각하게 되었습니다.

하나님, 인간들로부터 합당한 영광을 받지 못하셨을 때 인간들에 대하여 얼마나 섭섭하셨습니까? 좋은 일을 해 주고 정당한 대접을 받지 못했을 때에 사람들은 화라도 내지만, 하나님께서는 그러려니 하면서 포기하신 듯 합니다. 하나님을 영화롭게 하지도 않고, 감사하지도 않는 인간들을 하나님은 아예 포기하신 듯합니다.

하나님, 이번 태풍과 같은 일이 생기면 옛날의 임금들은 가무를 금하고, 조신하면서 반성의 뜻을 보였습니다. 아니 옛 유대 나라에서는 허리에 베옷을 동이고, 금식하면서 거국적인 회개운동이 일어났었습니다. 그렇게는 못할지언정 우리는 서로에게 책임을 넘기고 있습니다. 지자체가 무분별하게 개발했다느니 하면서 말입니다. 그래도 양심은 있어서 이번 태풍으로 인하여 하나님을 원망하기보다는 사람들이 돈에 눈이 멀어서 무분별하게 개발, 개발하다가 진짜로 괴발개발하는 꼴이 되어 버렸다고 약간은 후회하는 눈치입니다.

하나님, 우리 인간들은 으레 그렇게 살아와서 한쪽으로는 핑계를 대고, 다른 쪽으로는 후회하는 이중적인 구조와 복잡한 계산으로 제 실속만 챙겨 왔습니다. 지식이 더할수록 지혜롭지 못하게 발전하는 인간들에게 하나님은 계속해서 신호를 보내시고 계십니다.

하나님께서 오죽했으면 태풍이라는 큰 신호를 보내셨을까요? 인간이 얼마나 말을 듣지 않으면 큰 소리로 호통을 치셔야만 하셨을까요? 버릇없는 아이들로 가득 찬 시끌벅적한 교실은 담임교사의 목소리가 높아지고 손에 회초리가 쥐어지듯이 이제는 하나님께서도 큰 소리와 회초리가 아니면 다른 방도가 없으신 것입니까?

하나님, 옛날에는 사람들이 우상을 만들어도 약간은 애교가 섞인 모습으로 만들지 않았습니까? 돌이나 나무로 장승이나 석상을 만들고, 들짐승, 하늘의 날 것, 파충류의 모습을 만들어 하나님이라고 섬겨 왔습니다. 그러나 이제는 이러한 것들이 아니라 손도 발도 없는 것이 예배의 대상이 되었습니다. 그것은 돈이라는 것입니다.

왜 사람들이 이렇게 처참한 모습으로 전락하였을까요? 지혜 있다고 떠드는 인간일수록 돈을 많이 가지는 사회가 되었고, 돈이 많으면 권력까지 많이 가지게 되었습니다. 그렇지만 역사에서 돈과 권력자를 좋게 평가한 때는 한 번도 없었습니다. 옛날에는 돈이 많은 사람은 항상 죄인처럼 생각했었고, 권력이 높은 사람은 하늘 높은 줄 알면서 겸손하게 살았습니다. 그러나 이제는 다 뒤집히고 말았습니다. 영리하고 똑똑할수록 돈에 눈이 멀고, 젊은이들도 이름을 위하기보다는 돈과 권력과 쾌락을 추구하면서 살아가는 듯합니다. 조지 오웰의 「동물농장」에서 돼지가 농장 주인을 일꾼으로 부리는 모습을 묘사하였듯이 꼭 그러한 꼴이 벌어지고 있습니다. 하나님을 주인으로 섬기는 것이 아니라 하나님을 종으로 부리려는 사람들이 이 세상에 그리고 교회 안에 가득합니다. 돈을 주시는 하나님이라야 하나님으로 착각하는 무리들이 너무나 많아졌습니다.

하나님이여, 언제까지 잠잠히 기다리시려 하십니까? 하나님을 하나님으로 섬기게 하여 주옵소서. 하나님의 이름이 높아지기를 원합니다. 주는 하늘 위에 높이 들리시고 주의 영광이 온 땅 위에 가득하게 되기를 원합니나. 주님을 내적하는 모든 것들이 낮아지고 오직 주의 이름만 높아지기를 원합니다. 이제는 하나님께서 주인이 되시고 인간은 종의 자리로 낮아질 때가 되었습니다. 주의 이름이 온 세계 위에 높아지고 인간은 낮아질 때가 되었습니다. 사람이 얼마나 미련한가는 역사가 증명하고, 우리의 삶의 현실이 증명합니다. 사람은 깨닫는 것 같아도 여전히 동일한 잘못을 또다시 범하면서 살아갑니다. 역사에서, 오늘이라는 현실에서, 나는 선배들이 걸었던 그 시궁창 길을 걷지 말아야 한다고 다짐하면서도 내가 그 자리에 서게 되면 여전히 동일한 잘못을 범하는 것은 무슨 까닭입니까?

"그대가 하나님께 아뢰기를 내가 죄를 지었사오니 다시는 범죄하지 아니하겠나이다 내가 깨닫지 못하는 것을 내게 가르치소서 내가 악을 행하였으나 다시는 아니하겠나이다 하였는가"(욥 34 : 31-32)라는 욥의 탄식이 절로 나옵니다.

사람이 이 세상에서 제아무리 바벨탑을 높이 쌓아도 여전히 무너져 내리고 맙니다. 바벨탑이 무너졌듯이 스핑크스도 피라미드도 다 덧없고, 뉴욕의 쌍둥이 빌딩도 다 무너지고 말 것들입니다.

그러므로 하나님, 사람으로 하여금 하나님 앞에서 무게 잡지 못하게 하시옵소서. 사람으로 하여금 조금 낮아지게 하시옵소서. 사람들은 조금 업적을 나타내면 하늘까지 높아지려고 합니다.

"여호와의 소리가 화염을 가르시도다 여호와의 소리가 물 위에 있도다." 하나님께서는 뉴욕의 쌍둥이 빌딩이 무너질 때에는 화염으로 말씀하시고, 독일의 작센 주의 수도, 옛 궁정도시 드레스덴과 한국을 물에 잠기게 하실 때에는 물로써 말씀하셨습니다. 하나님, 우리 인간들에게 겸손한 자세를 배우게 하시옵소서.

주께서는 이번에 "내가 가령 주려도 네게 이르지 아니할 것은 세계와 거기에 충만한 것이 내 것임이로다"(시 50 : 12)라고 분명하게 선포하셨습니다. 우리가 주께서 허락하시는 범위 안에서 잠깐 맡아서 관리하다가 다른 사람에게 넘겨야 한다는 것을 말씀하셨습니다. 아니, 사람이 자신의 것이라고 주장하는 것은 사람의 법이 정한 한계 내에서 가능할 뿐 결국은 다 하나님의 것이고, 사람이 손 댈 수 없다는 것을 분명히 하셨습니다. 그리하여 "그가 죽으매 가져가는 것이 없고 그의 영광이 그를 따라 내려가지 못함이로다"(시 49 : 17)라는 성경의 말씀이 진리라고 일깨워 주셨습니다.

사람이 제아무리 똑똑하게 굴어도, 사람이 제아무리 의로워도 그것은 다만 인간적인 것에 불과할 뿐 하나님의 의로우심에는 미치지 못한다는 것을 분명히 알았습니다. 그러므로 우리로 하여금 가끔씩 하늘을 우러러 보게 하시고 높은 궁창을 바라보게 하시옵소서(욥 35 : 5).

왜냐하면 “그대가 범죄한들 하나님께 무슨 영향이 있겠으며 그대의 악행이 가득한들 하나님께 무슨 상관이 있겠으며 그대가 의로운들 하나님께 무엇을 드리겠으며 그가 그대의 손에서 무엇을 받으시겠느냐 그대의 악은 그대와 같은 사람에게나 있는 것이요 그대의 공의는 어떤 인생에게도 있느니라”(욥 35 : 6-8)고 말씀하셨기 때문입니다.

사람은 사람이고 하나님은 하나님이십니다. 이것이 바뀌어서 사람이 하나님 노릇하는 것을 하나님은 결코 한 번도 허락하신 일이 없으셨습니다. 이제는 우리 인간들로 하여금 하늘을 우러러 하나님을 두려워하는 경외의 마음을 갖게 하시옵소서.

그래도 하나님, 가지에 열린 열매가 다 떨어질지라도 한두 개는 남아서 씨를 전하고, 늙은 고목에서 새로운 가지가 나오듯이 항상 남은 자를 남겨 두시고, 바알에게 무릎을 꿇지 않은 의인 7,000명을 허락하신 것처럼 이 시대에도 하나님을 간절히 찾고 찾는 의인을 허락하셨습니다.

주여, 이제는 주께서 우리 부족한 것들의 기도를 들으시고, 그 노를 푸시옵소서. “그의 노염은 잠깐이요 그의 은총은 평생이로다 저녁에는 울음이 깃들일지라도 아침에는 기쁨이 오리로다”(시 30 : 5).

바꿔 치기한 사람들

한 어리석은 사람이 살고 있었습니다. 그는 소를 팔기 위하여 장으로 향했습니다. 길에서 조랑말과 바꾸면 먼 곳을 갈 때 타고 갈 수 있어서 좋다는 말을 듣자, 그는 소를 조랑말과 바꾸었습니다. 조랑말을 타고 장으로 가는데 이번에는 염소를 데리고 가는 사람이 염소의 젖을 짜서 팔면 돈을 벌 수 있다고 말했습니다. 그러자 염소와 조랑말을 바꾸었습니다. 염소를 데리고 가는데 이번에는 개가 있으면 도둑을 막을 수 있다고 떠드는 사람을 만나서 염소와 개를 바꾸었습니다. 이번에는 닭이 있으면 계란을 낳아서 맛있게 먹을 수 있다고 말하는 사람과 개와 닭을 바꾸었습니다. 이렇게 바꾸기를 하면서 장에 도착하였더니 장은 파하고 말았습니다. 그리하여 소를 팔러 간 이 사람은 결국 저녁때가 되어서 닭을 가지고 돌아왔습니다.

이 세상에는 상당히 많은 사람들이 손해 보는 쪽으로 바꾸면서 살아갑니다. 이러한 바꿔 치기는 크게 세 가지입니다. 하나는 하나님을 우상으로 바꾸고, 두 번째는 생명을 잉태시켜 후손을 이어갈 거룩한 성(性)을 쾌락적 정욕으로 바꾸고, 세 번째는 인간의 도덕적 삶을 비도덕적인 삶으로 바꾸는 것입니다. 그리하여 이러한 바꿔 치기로 인하여 하나님께서 만들어 주신 창조의 본 모습이 왜곡되고, 뒤틀리곤 합니다. 그 결과는 무엇입니까? 비정상적인 모습이 정상적인 것처럼 보이는 것입니다. 즉, 정상적인 것을 한 번도 보지 못하고 비정상적인 것을 자꾸 보게 됨으로써 정상적인 것이 오히려 잘못되었다고 생각하는 것입니다.

이렇게 뒤틀린 세상을 살아가는 모습을 보고서 오늘 성경은 하나님께서 '내어 버려두사'라고 표현했습니다. 이것을 하나님의 유기라고 합니다. 하나님께서 간섭하셔서 정상적인 삶으로 억지로 끌어들이지 않고 비정상적인 모습으로 살도록 놔두셨다는 뜻입니다. 하나님의 간섭이 없는 상태, 하나님의 손길이 타지 않는 상태입니다.

그런데 이렇게 하나님으로부터 버림을 받은 사람들은 아주 잘된 것처럼, 전혀 문제가 없는 것처럼 생각하면서 자신들이 무슨 큰 업적을 이루면서 인류에 크게 공헌한 것처럼 생각합니다. 버림받은 상태의 모습은 자기의 실존에 대한 인식이 없는 것입니다. 키르케고르가 말한 것처럼 절망적인 상태에 있으면서도 자신이 그 상태에 있다는 것을 모르니까 참으로 절망인 것입니다.

하나님을 우상으로, 성을 쾌락으로, 도덕을 비도덕으로 바꿔치기한 사람들에게 하나님은 전혀 간섭하지 않으시는 유기로써 응대하시고, 이러한 하나님의 유기로 인하여 더욱더 바꿔 치기하면서 살아가게 될 것입니다.

아담은 선악과를 따 먹는 죄를 짓고서 제일 먼저 자신의 성적인 기능을 깨달았습니다. 그리하여 나뭇잎으로 아래를 가렸습니다. 인간의 근원에 관해서 처음에는 하등의 부끄러움이 없었으나, 죄를 지음으로서 부끄럽게 느끼기 시작하였으며, 은밀하게 보관하려 했습니다.

하나님과의 관계가 무너지자 과거에는 아무런 부끄러움이 없었는데, 이제는 마음속으로 부끄러움을 느끼기 시작했습니다. 이러한 상태를 오늘 본문에서는 "마음의 정욕대로 더러움에 내어 버려두사" 라고 했습니다. 여기에서 '내어 버려두사'(παρέδωκεν)라고 한 헬라어에는 '넘겨주다'(hand over), '건네주다'(deliver), '포기하다'(give up a person) 등의 다양한 뜻이 들어 있는데, 여기에서는 특별히 포기하다'give up a person'라는 뜻이 더 강합니다. 사람이 하나님을 우상으로 바꿔 치기 했기 때문에 하나님께서 사람을 포기하셨다는 뜻입니다. 그것도 다른 곳이 아닌 자신의 마음의 정욕 때문에 포기해 버리셨다는 것입니다. 여기에서 정욕이란 '무엇을 바라다', '욕망하다', '갈망하다'는 뜻을 가진 명사이지만, 나쁜 뜻으로는 주로 성적인 욕망(sexual desire)을 의미했습니다. 그리하여 라틴어에서는 음욕을 뜻하는 'concupiscentia'(현세욕)이라는 단어로 번역되었던 것입니다. 사람은 자신의 마음속에서 나오는 음욕에 사로잡히게 되었습니다. 이것이 미화되기도 하지만, 거의 모든 경우에 부정적인 뜻으로 사용되어 왔습니다.

이렇게 마음의 음욕에 사람을 포기해 버린 목적은 "자신들의 육체를 자신들 상호 간에 깨끗하지 못함으로 불명예스럽게, 부끄럽게 모독하기 위함이다."라고 말하였습니다. 한글성경에는 빠져 있지만 불결함, 더러움 등의 의미를 지닌 '아카타르시아'(ἀκαθαρσία) 라는 단어가 들어 있습니다. 즉, 정결하다는 뜻을 가진 '카타르시아' (καθαρσία, catharsis)의 반대가 되는 단어입니다.

그렇지 않습니까? 하나님을 떠난 사람들의 마음에는 정욕이라는 더러움이 자리하기 때문에 서로가 서로에게 부끄러움이 되는 일을 부끄러운 줄 모르고 서슴없이 행하게 함으로써 참으로 부끄럽게 되는 것입니다. 이는 그 옛날이나, 지금이나, 앞으로도 변함없이 미화된 이름으로 행해질 것입니다. 하루에도 10여 통씩 이메일에 쏟아져 들어오는 음란광고물로부터 시작해서, 사람의 마음속에 음란한 정욕이 지배하고 있다는 것은 속일 수 없는 사실입니다.

그 결과 26~27절까지는 동성연애로 이어지고 있습니다. 여자가 여자로 더불어, 남자가 남자로 더불어 정욕에 불타서 부끄러운 일을 행함으로써(성취함으로써) 이에 상응하는 보응을 받는다(ἀντιμισθία)고 말합니다. 여기에서 사용한 헬라어 '보응'이란 기독교 문서에만 나오는 것으로서, '상호 거래에 의한 보응으로서의 처벌'을 뜻합니다.

하나님을 우상으로 바꿔 치기 한 사람들, 그들은 끝없는 음욕에 불타서 채워지지 않는 음욕으로 스스로를 불태우다가 소멸되는 것입니다. 호세아 4 : 10에서는 "그들이 먹어도 배부르지 아니하며 음행하여도 수효가 늘지 못하니 이는 여호와를 버리고 따르지 아니하였음이니라"고 했습니다. 하나님을 섬기지 않으면 '만족할 수 없음'이라는 처벌을 받는 것입니다. 제아무리 많이 먹어도, 제아무리 많이 행음하여도 만족이 없고, 항상 부족한 것 같고, 욕심이 더 생겨 더 강한 것, 더 센 것을 추구하다가 스스로를 태워 버리고 맙니다.

하나님을 우상으로 바꿔 치기 한 사람들에 대하여 오늘 본문이 우리에게 말하는 내용이 거짓이 아니라 사실이라는 것을 현실에서 증명할 수 있으며, 이로 인한 엄청난 처벌을 인간들이 인간들 서로에게 지금 받고 있다는 것을 알 수 있습니다. 이제는 우상에서 하나님으로 재차 바꿔 치기 되어야 합니다. 그렇지 않으면 우리는 영원히 만족할 수 없는 목마름 속에서 불타 버리고 말 것입니다. 예수님은 말씀하셨습니다. "예수께서 대답하여 이르시되 이 물을 마시는 자마다 다시 목마르려니와 내가 주는 물을 마시는 자는 영원히 목마르지 아니하리니 내가 주는 물은 그 속에서 영생하도록 솟아나는 샘물이 되리라"(요 4 : 13-14).

하나님이 하나님이실 수 있는 것은 무에서 유를 창조하시고, 섭리로써 지켜 주시는 분이시기 때문입니다. 우리는 창조주이시며 동시에 섭리자이신 그 하나님에게만 고개를 숙이고 예배합니다. 이것은 기독교가 기독교일 수 있는 배타적인 우월성입니다. 다른 여타의 종교에서는 무에서 유를 시작할 수 있는 능동적인 분이 아니라 이미 시작된 어떤 존재를 신으로 따르고 있습니다.

창조자 하나님을 버리고 피조물을 신으로 바꿔 치기 한 사람들은 자신이 바꿔 치기 당했다는 사실을 모르고 있을 뿐만 아니라 지금 매우 잘하고 있다고 생각합니다. 이렇게 하나님을 우상으로 바꿔 치기 한 사람들은 누구입니까? 그들은 19절에서 “이는 하나님을 알 만한 것이 그들 속에 보임이라 하나님께서 이를 그들에게 보이셨느니라”고 말씀하신 것처럼, 28절에서 그 알만한 것을 그들의 지식 속에 가져야 하는 시험에서 합격을 받지 못한 사람들입니다.

하나님을 알만한 것이 우리의 지식 속에 있으므로 얼마든지 우리의 지식을 통해서도 하나님을 알 수 있는데, 그 시험에 통과하지 못한 사람들이 핑계를 둘러대면서 하나님이 아닌 다른 존재를 하나님으로 바꿔 치기 하는 것입니다. “보이지 않았다.”, “알 수 없었다.”, “너무 어렵다.”고 하면서 말입니다. 이렇게 시험에 낙방한 사람들에 대해서 한글성경은 마음을 잃어버렸다는 의미로 ‘상실한 마음’이라고 하였지만, 헬라어 성경은 “정신(νούς=intellect)의 무가치함에 건네주었다.”라고 했습니다. 다시 말하여 지적인 정신으로 사람들로 하여금 적절하지 못한 것들을 행하게 하는 것입니다. 하나님을 우상으로 바꿔 치기 한 사람들은 정신적 무가치함에 빠져서 합당하지 못한 것들을 행하게 됩니다.

인간이 다른 피조물보다 우월한 것은 정신이지만, 하나님을 정신으로서 알아 가는 시험에서 불합격함으로써 그 결과 무가치하고 자격 없는 것들에 빠지게 됩니다. 그렇게 되면 첫째는 하나님을 찾지 못한 아픔이 있고, 두 번째는 무가치한 것에 정신이 팔리는 아픔까지 겹쳐서 고통을 받는 것입니다. 그런데 세 번째는 자신이 그러한 아픔과 고통 속에 있다는 사실을 자꾸만 감각적 쾌락으로 내면 속에 깊이 감추고, 겉으로는 자신이 지금 매우 잘하고 있다고 과대포장하는 가장 큰 어리석음을 자행하는 것입니다. 그것도 인간의 손에 의하여 조작된 예술과 과학, 그리고 종교 등을 내세우면서 말입니다.

그래서 호세아 선지자는 “내 백성이 지식이 없으므로 망하는도다 네가 지식을 버렸으니 나도 너를 버려 내 제사장이 되지 못하게 할 것이요 네가 네 하나님의 율법을 잊었으니 나도 네 자녀들을 잊어버리리라”(호 4 : 6)고 했습니다. 사람이 하나님에 대한 지식이 없으면 하나님께서는 나뿐만 아니라 나의 자식까지도 잊어버리신다고 무섭게 말씀하시고 계십니다.

하나님께서 잊어버린다고 하셨는데 이 말씀의 뜻이 무엇입니까? 여러분도 기분 나쁜 일이 있거나 기분 나쁜 사람이 있으면 처음에는 속이 상하다가도 시간이 지나면 기억에서 잊혀지고, 나중에는 그러한 사람을 다시 만나도 전혀 마음이 쓰이지 않습니다. 잊혀진 사람들, 버림받은 사람들은 그렇게 잊혀지고 버림받았는데도 스스로 아무런 탈도 없는 것처럼 생각함으로써 더욱더 잊혀지고 버림받는 것입니다.

우상을 지속적으로 섬기는 사람들, 마음을 수양한다고 떠들어대는 사람들, 돈을 내세워 전쟁을 일삼는 사람들, 자연을 파괴하는 사람들, 권력을 내세워 중상모략하면서 출세를 도모하는 사람들, 종교를 내세워 사람의 이름을 앞세우는 사람들 등 모두 다 하나님으로부터 잊혀짐을 당할 것입니다. 아니 현재적으로 당하고 있습니다.

이렇게 마음(정신)을 잃어버린 사람들, 무가치한 것에 빠진 사람들은 그 무엇보다도 하나님께 대하여 온갖 험담을 서슴없이 하게 됩니다. 그리하여 하나님을 향하여 비방하는 자요(καταλάλος=다른 사람을 나쁘게 말하다.), 하나님의 미워하시는 자요(θεοστύγια-하나님께 대하여 악의를 가진 자), 능욕하는 자요(ὑβριστής=하나님을 욕하는 자), 교만한 자(ὑπερήφανος=자랑하는 자, 곧 신보다 자신을 더 위에 나타내려는 자)라고 했습니다.

종교개혁자 루터는 모든 죄는 십계명 제1계명을 어기는 데 있다고 했습니다. 하나님을 인정하지 않는 것, 사람이 하나님보다 더 위에 있으려는 것이 곧 죄입니다. 그리하여 죄는 하나님을 무시하는 것이고, 하나님께 불순종하는 것입니다. 죄는 하나님의 존재를 인정하지 않는 것입니다. 이렇게 하나님을 무시하고, 불순종하고, 인정하지 않으면, 그 다음으로 인간과 인간 사이에서 올 수 있는 온갖 비도덕적인 죄가 뒤따라옵니다.

불의(ἀδιακία=iniquitas), 추악(πονηρία=malitia), 탐욕(πλεονεξία=avaritia), 시기(φθόνος=nequitia), 살인(φόνος=homicidio), 분쟁(ἔριδος=contentio), 사기(δόλυς=dolo), 악독함(κακοήθεια=malignitas), 수군수군함(ψιθυριστής=susurrones), 악을 도모함(ἐφευρετής=inventores malorum), 부모를 거역함(γονεύσιν ἀπείθεις=parentibus non oboedientes), 우매함(ἀσύνετος=insipientes), 배약함(ἀσύνθετος=incompositos), 무정함(ἀστοργους=sine affectione), 무자비함(ἀνελεήμονας=sine misercordia) 등으로 대별됩니다.

이러한 비도덕적인 죄는 실은 하나님에 대한 두려움이 없기 때문에 뒤따라오는 자연적인 현상입니다. 하나님에 대한 두려움이 있다면 이웃에 대한 두려움까지 있습니다. 그리하여 하나님 사랑과 이웃 사랑은 언제나 하나임을 압니다.

그래서 예수님께서 "하나님을 사랑하고 이웃을 사랑하는 것이 온 율법이고 선지자의 강령이다."라고 바리새인에게 대답하셨습니다. 하나님을 인정하고, 하나님을 사랑하게 되면 자연히 이웃을 사랑하게 되고 이웃에게 해되는 일은 하지 않을 것입니다. 그렇기 때문에 우리가 하나님의 아들 예수님을 통해서 나에게 무엇을 어떻게 해 주셨는가를 늘 염두에 두면서 살아가게 된다면 자연히 이웃에 대해서 따뜻하게 대하게 될 것입니다. 이것을 루터는 '작은 예수의 삶'이라고 불렀습니다. 그러므로 인간의 선한 행동의 원천은 하나님을 인식하는 것에 있습니다.

오늘을 살아가는 우리가 가장 가슴 아프게 생각하는 것은 이 세상에 악이 넘치는 것을 고발하고, 그 대책을 논의하면서도 그러한 악들의 출발 근원인 하나님과 우상을 놓고 양단간의 결단에 대해서는 말하지 않는 것입니다. 항상 현상만 이야기하고 현상의 이면에 있는 원인까지는 파헤치지 않으려 합니다.

하나님께서 인간에게 주신 가장 좋은 선물인 정신(지식, 이성)으로써 자연에서 하나님을 알아야 하는 시험에서 불합격한 사람들에게는 하향 바꿔 치기만 있습니다. 아래로 내려갈수록 더욱더 열악하게 되는 하향 바꿔 치기는 오늘날에도 얼마든지 있습니다. 하나님을 하나님 비슷한 것으로 바꿔 치기 하면 할수록 더욱더 열악한 것으로 바꿔 치기 하게 됩니다. 소를 말로, 말을 염소로, 염소를 개로, 개를 닭으로 바꿔 치기 한 것처럼, 하나님을 하나님 같은 능력을 가진 사탄으로, 사탄을 불의의 병기 악마로, 악마를 무정한 사람으로, 사람을 무생물인 나무나 돌로 바꿔 치기 하게 됩니다.

하나님 아닌 것들을 물리치고 그 자리에 하나님으로 다시 바꿔 치기 하게 되면 이 세상의 악들이 줄어들 것입니다. 아니, 이것만이 모든 악을 이기는 유일한 대안입니다. 창조주이시며 섭리자이신 하나님을 떠나서는 결코 어떤 것도 존재할 수 없습니다. 그리하여 예수님께서도 "나는 포도나무요 너희는 가지라 그가 내 안에, 내가 그 안에 거하면 사람이 열매를 많이 맺나니 나를 떠나서는 너희가 아무것도 할 수 없음이라"(요 15 : 5)고 말씀하셨습니다.

제2~3장

미련한 인간이라니

중년의 나이에 젊은 청년과 불륜의 관계를 맺음으로써 가정을 파괴시킨 한 부인이 있었습니다. 그분의 고백에 의하면, 자신의 어머니가 고위직 공무원의 작은댁으로 살면서 겪는 온갖 고생을 다 지켜보았기 때문에 자신은 절대로 그러지 않겠다고 결심하면서 일찍부터 신앙생활에 전념하였다고 합니다. 그런데 자신도 모르게 중도에 그렇게 되고 말았다며 후회하는 것을 들었습니다.

사람은 왜 남들이 구렁텅이에 빠지는 것을 보면서 자신은 절대로 그러한 상황이 오더라도 동일한 잘못을 되풀이하지 않겠다고 굳게 다짐하였음에도 불구하고 그렇게 비웃고 또한 다짐하였던 잘못을 되풀이하는 것일까요? 마치 짐승들이 사냥꾼에게 잡히면서도 또 그 길을 가는 것처럼, 인간도 짐승과 별반 다르지 않는 것일까요? 인간의 뛰어남이 무엇이며, 인간의 자랑이 무엇입니까? 인간과 짐승의 차이가 과연 있습니까?

우리의 선조들은 과거 5,000년 역사에서 샤머니즘에서 벗어나지 못하고 죽은 조상의 정령을 숭배하면 현세에서 복을 얻는다고 각종 제사에 정성을 쏟고, 죽은 사람도 살아 있다고 간주하면서 죽은 자의 묘를 유택(幽宅)이라고 칭하며 온갖 정성을 다 쏟았습니다. 그래서 때로는 권력을 잡기도 하고, 재물을 모으기도 하였습니다. 그러나 결국 10년을 버티지 못하고 무너지는 것을 보면서도 오늘날까지 동일하게 반복하는 까닭이 무엇입니까?

오늘 성경은 1장에서 하나님을 알 만한 것이 사람들 안에 나타나(21절), 하나님이 저희들에게 나타났다고 선포하심으로써, 우리 인간은 감각세계에 있는 피조물을 통하여 시각적으로 볼 수 없는 것을 볼 수 있으며, 이성적인 합리적 고찰을 통하여 알 수 있습니다. 이렇게 알게 됨으로써 우리는 "인식할 수 있습니다."라고 선포한 말씀의 연속선상에서 이렇게 깨닫지 못하는 사람들에게는 하나님의 심판이 있을 것을 "우리는 안다."(οἴδαμεν)라는 단어를 사용했습니다. 이 단어(οἶδα)는 'know', 'understand'라는 철저한 인간의 이성적 지식을 말합니다.

다시 말해서 우리는 하나님을 인간의 이성적인 혹은 감각적인 지식이 아니라 하나님께서 주신 특별한 어떤 지식으로써 알만한 것이 있다는 것을 알고 있습니다. 또한 각종 불법적인 행동을 하는 자들에게는 하나님의 심판이 있다는 것도 압니다. 그럼에도 불구하고 하나님을 떠나 우상을 섬기는 잘못을 범하고, 현세욕에 빠져 음란하게 됩니다.

우리 인간이 동일한 잘못을 반복하는 것은 두 가지가 작용하기 때문입니다. 하나는 인간적으로는 너무나도 영리하게 계산하는 '이성'이고, 다른 하나는 신적인 것에 대해서는 전혀 '모르는' 것입니다.

우리말 속담에 "뭐 묻은 개가 뭐 묻은 개를 나무란다."는 말이 있습니다. 일전에 국무총리 서리의 청문회에서 총리서리로 지명된 사람들보다도 훨씬 더 뒤가 구린 사람들이 마치 천사라도 되는 것처럼 질책하는 모습을 보면서 프랑스의 실존주의 철학자 사르트르

(Sartre)가 말한 구토증을 느꼈습니다. 사르트르는 현존하는 인간의 실존이 이중적이라는 사실에 대하여 구토를 느낀다고 했습니다.

그렇습니다. 인간이 이중적인 잣대를 지니고 살아가는 모순덩어리라는 사실을 가장 솔직하게 실존적으로 증언한 사람이 사도 바울입니다. 바울은 자신을 포함한 인간은, 아니 최소한 자기 자신은 원하는 것과 원치 않는 것을 놓고서 항상 원하지 않는 쪽으로 선택할 수밖에 없다는 인간의 무능함을 깨닫고, 이러한 무능함을 죄라고 규정했습니다. "오호라 나는 곤고한 사람이로다 이 사망의 몸에서 누가 나를 건져 내랴"(롬 7 : 24).

바울이 고백한 이중적이며, 모순적이며, 무능한 인간은, 즉 사르트르가 말한 구토증을 느끼게 하는 인간은 '다른 사람을 판단하는 자신이 그토록 비판하였던 그것과 동일한 일을 행하는 존재'가 됨으로써 스스로를 정죄하는 것입니다.

사람은 자신이 이중적이며 모순적이며 무능하다는 것을 알면서도 모른 체하고 다른 사람에 대해서는 항상 비판적이지만 결국에는 자신도 동일한 잘못을 범하게 된다는 것입니다. 마치 부모가 조상께 제사를 지내고서 결국 만족하지 못하는 것을 알면서도, 자신도 또다시 아버지께 제사를 지내는 것처럼 말입니다. 이러한 모습을 예수님은 "돼지가 물에서 씻고 또다시 더러운 곳에 드러눕는 것과 같다."고 하셨습니다.

우리말 속담에 "밤눈 밝은 고양이 낮눈 어둡다."는 말이 있습니다. 이 세상에는 하나님께 대하여는 어둡고 세상사에는 밝은 사람이 있는가 하면, 세상사에는 어둡고 하나님께 대하여는 밝은 사람이 있습니다. 여기에서 사용하는 단어 '밝다', '어둡다'는 둘 다 '이성적인 지식'이라는 의미의 단어입니다.

하나님께서 사람에게 주신 이성은 참으로 좋은 선물입니다. 루터의 표현을 빌리자면 '결혼지참금'입니다. 이렇게 좋은 것을 가지고 사람들로 하여금 자연을 통하여 하나님을 알도록 하셨는데, 사람들은 어떠했습니까? 1장의 결론에 의하면 하나님께 감사하지도 않고, 영광을 돌리지도 않고, 오히려 그 마음이 허망하여져서 썩어지지 아니할 하나님의 영광을 썩어질 사람과 금수와 버러지 형상의 우상으로 바꾸었으며, 조물주보다 피조물을 더욱 경배하고 섬겼으며, 부끄러운 욕심에 빠져서 성도착증 환자가 되고, 온갖 부도덕한 행위를 하게 되었던 것입니다. 오늘 본문에서 이러한 모습을 "나는 하나님의 판단을 피할 줄로 생각한다."라고 표현했습니다.

여기에서 사용하는 '생각한다'라는 단어는 '이성적으로 계산한다'는 의미를 지닙니다. 인간은 너무나도 계산적입니다. 나에게는 하나님의 판단이 오지 않을 것이라고 계산하는 것입니다. 다른 사람이라면 몰라도 나는 예외이다, 나는 특별하다고 자신을 제외시키려 합니다.

나는 예외라고 이성적으로 생각하기 때문에 각종 악을 행하면서도 깨닫지 못하는 것(전 5 : 1)입니다. 그렇지만 다른 사람에게 닥치는 불행이 바로 예외라고 생각하는 나에게도 곧바로 닥친다는 것을 알아야 합니다. 우리는 고속도로에서 차에 치어 죽은 짐승을 자주 보면서 미련한 짐승이라고 한탄하지만, 그렇게 멀리 가지 않아서 사람이 고속도로를 건너 가다가 차에 치여 죽는 모습을 보게 됩니다. 그래서 성경은 "인생이 당하는 일을 짐승도 당하나니 그들이 당하는 일이 일반이라 다 동일한 호흡이 있어서 짐승이 죽음같이 사람도 죽으니 사람이 짐승보다 뛰어남이 없음은 모든 것이 헛됨이로다"(전 3 : 19)라고 했습니다.

그러므로 이제는 사람의 머리로 생각하는 것을 접어야 합니다. 지난 5,000년의 역사가 그렇게 말하고 있으며, 지난 조선왕조 500년의 역사가 말하고 있으며, 지난 대한민국 50년의 역사가 그렇게 말하고 있습니다.

저는 최근에 '전능하신 하나님'이라는 단어에 매여 있습니다. 전능하신 하나님의 능력이 얼마나 크고 위대한가를 조금 알 것 같기도 합니다. 아니 이 단어로 인하여 엄습하는 공포를 이겨 내고 마음의 평화를 얻습니다. 전능하신 하나님께서 함께하시면 이 세상의 그 어떤 어려움도 이길 수 있고 또한 인간의 제아무리 큰 위엄도 한순간에 무너진다는 것을 알았습니다. 그러므로 인간에게는 “너는 하나님의 집에 들어갈 때에 네 발을 삼갈지어다 가까이하여 말씀을 듣는 것이 우매한 자들이 제물 드리는 것보다 나으니 그들은 악을 행하면서도 깨닫지 못함이니라”(전 5 : 1)라는 말씀이 새삼 돋보입니다. 사람은 마땅히 말을 적게 하고 여호와를 경외하고 여호와의 말씀을 듣는 쪽을 택해야 할 것입니다.

하나님은 어떠한 분이십니까? 가장 크게 모독을 당하시는 분이십니다. 하나님께서 인간을 위하여 천지를 만들어 주시고, 인간에게 하나님을 알만한 것을 주셨는데도, 항상 하나님께서 언제 나에게 그러한 것을 주셨느냐는 퉁명스러운 거절을 되레 받으시는 분이십니다. 하나님은 송구스럽게도 인간에게 주시고 뺨 맞으시는 분이십니다. 성경은 하나님의 심판이 더디게 임하기 때문에 하나님의 존재마저 무시하는 자들을 악인이라고 규정합니다. 시편 10편의 기자는 악인을 정확하게 표현했습니다.

“악인은 그의 교만한 얼굴로 말하기를 여호와께서 이를 감찰하지 아니하신다 하며 그의 모든 사상에 하나님이 없다 하나이다 그의 길은 언제든지 견고하고 주의 심판은 높아서 그에게 미치지 못하오며 그는 그의 모든 대적들을 멸시하며 그의 마음에 이르기를 나는 흔들리지 아니하며 대대로 환난을 당하지 아니하리라 하나이다 그의 입에는 저주와 거짓과 포악이 충만하며 그의 혀 밑에는 잔해와 죄악이 있나이다 …… 그가 그의 마음에 이르기를 하나님이 잊으셨고 그의 얼굴을 가리셨으니 영원히 보지 아니하시리라 하나이다”(시 10 : 4-7, 11).

예수님께서는 가시는 길을 방해하는 사마리아 사람들에게 하늘로부터 12영도 더 되는 군대를 보내어 멸망시킬 수 있었으나 참으셨습니다. 자신을 창으로 찌르는 자들에 대하여 그들이 모르기 때문에 저렇게 행동을 한다고 오히려 용서하셨습니다.

하나님께서 그리고 예수님께서 잘못 행하는 자들에 대하여 이렇게 자비를 베푸시고, 오래 참으시고, 기다리시는 것은 그 잘못을 행하는 죄인들이 스스로 회개하고 돌아올 때까지 기회를 주시기 위하여 최후의 순간까지 참으시는 것입니다. 하나님과 예수님의 능력이 부족해서가 아니라 그들을 구원하시기 위해서 그들이 자발적으로 뉘우치고 돌아설 때까지 기다리시는 것입니다.

이러한 하나님의 자비하심과 인내하심과 기다리심의 풍성함을 순수하게 받아들이지 못하고 자신의 악행의 기회로 생각하고, 하나님이 계시지 않는다고 생각하는 자들은 모두 하나님을 모독하는 자들입니다. 이것은 하나님을 얕잡아 보는 행위, 경멸하는 행위입니다.

이렇게 "하나님이 어찌 알랴 지극히 높은 자에게 지식이 있으랴?" 하면서(시 73 : 11) 교만히 행하는 자에게 하나님의 진노가 임하게 되면, 헬라 원어의 뜻을 그대로 한다면 '하나님께 콧방귀(ὀργή)를 뀌면서' 등을 돌리시는, 모른 체하시는 하나님의 분노의 날이 이르게 되면 "그들은 풀과 같이 속히 베임을 당할 것이며 푸른 채소같이 쇠잔할 것임이로다"(시 37 : 2)라고 합니다. 그때에 사람들은 "그들이 어찌하여 그리 갑자기 황폐되었는가 놀랄 정도로 전멸하였나이다"(시 73 : 19)라고 말하게 될 것입니다.

하나님께서 세상과 인간에게 온갖 비리를 허용하시는 것은 그 비리를 행하는 자들까지 회개하고 돌아오기를 기다리시는 간절한 바람이 있기 때문입니다. 사람에게는 시간이 적용되지만 하나님께는 시간이 없으므로, 우리가 생각하는 것만큼 하나님께는 긴 시간이 결코 아닙니다. 다만 하나님의 지체하심은 우리 죄 있는 인간을 위한 하나님의 따뜻한 배려일 뿐입니다. 이 배려를 악용하여 하나님의 명예를 먹칠하지 말아야 할 것입니다. "사랑하는 자들아 주께는 하루가 천 년 같고 천 년이 하루 같다는 이 한 가지를 잊지 말라 주의 약속은 어떤 이들이 더디다고 생각하는 것같이 더딘 것이 아니라 오직 주께서는 너희를 대하여 오래 참으사 아무도 멸망하지 아니하고 다 회개하기에 이르기를 원하시느니라"(벧후 3 : 8-9).

남들이 다 범하는 그 잘못을, 역사에서 수없이 보아온 그 잘못을 나는 범하지 않겠다고 아무리 다짐해도 다 소용없습니다. 우리도 여전히 동일한 덫에 걸려서 버둥거릴 뿐입니다. 하나님이 주신 머리로 각종 계산을 잘하였기 때문에, 아직까지 하나님께서 지체하시기 때문에, 옛날이나 지금이나 별로 다를 것이 없는데 등으로 핑계하면서 그 나쁜 짓을 행하게 되면 하나님은 참으로 모른 체하실 것입니다. 이 사실을 아는 것이 하나님의 지식입니다. 하나님을 아는 지식이, 하나님의 따뜻한 배려가 여러분에게 넘치기를 바랍니다.

두 종류의 길

사람들로부터 가장 흔히 받는 질문이 "기독교가 한국에 들어오기 이전의 사람은 어떻게 구원을 얻습니까?"입니다. 그러나 이 질문의 이면에는 두 가지 질문이 들어 있습니다. 하나는 "사람이 구원을 받아야 할 존재인가?"이며 다른 하나는 "어떻게 살았느냐, 어떤 행동을 했느냐?" 등의 선한 행위 그리고 악한 행위 등을 염두에 두고 있다는 것을 알게 합니다.

며칠 전 김용옥의 "불교 특강"을 보았는데, 그는 죽음을 놓고 장사하는 종교는 다 거짓말이라고 말하면서 불교는 죽음에 관한 종교가 아니라 마음을 다스리는 종교라고 열변을 토했습니다. 그렇습니다. 현 세상에 살면서 자신의 마음을 다스리면서 욕심을 부리지 않는 것이야 매우 좋은 것입니다. 그러나 마음의 욕심을 버린다고 하더라도 마음의 화(火)를 다 꺼버릴 수 있을까요? 불교에서는 현 세상에서 다 꺼버리지 못한다면 또 다음 세상에서 인간으로 태어나서, 그것도 남자로 태어나서 이 화를 꺼 버릴 수 있다고 말합니다.

그렇지만 기독교에서는 우리에게 기회가 단 한 번, 현 세상에서만 주어져 있다고 말합니다. 현 세상에서 이 불을 꺼 버리지 못하면(滅 : nibbuta, nirvana) 다음 세상에서 또다시 기회가 주어진다는 현실도피는 없습니다. 이러한 면에서 기독교는 매우 엄격합니다. 단 한 번이라는 일회성(einheit)만 인정할 뿐입니다.

하나님께서 우리에게 허락하신 선물 가운데 하나가 시간입니다. 하나님은 창조의 넷째 날에 해와 달을 창조하시면서 인간을 유한한 시간의 굴레 안에 가두어 놓으셨습니다. 그러면서도 죄 없이 사는 동안에는 유한 속에서도 무한하게 살 수 있었습니다. 아담은 선악과를 따 먹기 이전에는 비록 유한하였지만 하나님과 더불어 무한한 삶을 살 수 있었습니다. 그러나 선악과를 따 먹음으로써 유한적인 무한성은 사라지고 참으로 유한한 존재로 전락했습니다.

그렇지만 기독교는 현 세상에서 살아 있는 동안에 완전히 욕심을 다 멸하지 못하게 되면 자신의 부족함을 인정하고 하나님의 도우심을 요청하기만 하면, 손을 내밀기만 하면, 다음에 더 잘하겠노라고 회피하지만 않으면, 지금부터라도 잘하겠노라고 다짐하고 의탁하면 없는 것으로 인정해 줍니다. 이러한 면에서 기독교는 다른 종교보다 훨씬 더 짐이 가볍습니다.

그러므로 우리 모두는 현실 세상에서 다음 세상을 향하여 길을 떠나는 여행자(viator)로서 두 종류의 가능성을 가지고 있습니다. 참고 선을 행하는 길과 당을 지어 진리를 버리고 불의를 좇는 길입니다. 그리고 그 결과에 대해서는 스스로 책임을 져야 합니다.

하나님께서 아담이 선악과를 따 먹은 이후에 허락하신 직업이 땅을 가꾸는 농업이었습니다. 그 후 사람들은 노래하는 자, 통소를 만드는 자, 목축하는 자, 기계를 만드는 자, 장사하는 자 등 다양한 직업을 가지고 살아가게 되었습니다. 이것을 오늘 본문에서는 '행한 대로'(ἔργον)라고 했습니다. 우리가 흔히 일(work)이라고 부르는 헬라어 '에르곤'(ἔργον)은 '게으름에 대한 반대로서의 행동'을 뜻합니다. 그리하여 자신을 향한 신의 뜻에 따라, 이 세상에서 도덕적으로, 윤리적으로 걸림이 없이 부지런하게 살아가는 것을 의미합니다.

하나님께서 선악과를 따 먹어 죄를 지은 아담을 죽이지 않고 농업이라는 직업을 주어서 에덴에서 쫓아내신 것은 용서하셨다는 말씀이시고, 다시 한번 기회가 있음을 의미합니다. 우리 사람에게 주어진 일이 있고, 그 일을 성실하게 행하게 되면 그 성실성에 따라서 되돌려 주실 것입니다(ἀποδώσει : 미래형). 하나님께서 우리의 현 세상에서의 삶에 따라 하늘나라에서 갚아 주실 것입니다.

그렇다면 이 세상에서 어떠한 일을 해야 하는지 질문할 것입니다. "지금 내가 하는 일이 참으로 하나님께서 나에게 맡기신 그 일입니까?" 이렇게 질문하는 내면에는 내가 현재적으로 하는 일에 만족하지 않는다는 의미가 들어 있습니다. 사람이 하는 일이 하나님께서 시키신 일이라면, 자신이 하는 일로 인하여 보람을 가질 것입니다. 만족을 느낄 것입니다. 그리고 그 일이 손에 익어서 쉬울 것입니다. 더 나아가서 충분한 보상도 있을 것입니다. 그 무엇보다도 내가 이 일을 하길 참 잘했다라는 자신감이 있을 것입니다.

그리고 그 일이 무엇이든지를 막론하고 하나님의 세계를 운영하는 데 기여하는 일이기 때문에 직업의 높낮이는 없으며 다만 성실성만 있을 것입니다. 따라서 "나는 나에게 주어진 재능(talent)으로 얼마나 많이 남겼는가? 100%인가?"를 따질 뿐입니다.

하나님은 현 세상의 삶에 대한 대가를 장차 미래적으로 되갚아 주시는 분이시기 때문에, 현 세상에서 대가를 미리 받으려는 사람도 지혜롭지 못한 사람이고, 현 세상에서 대가가 없다고 해서 하나님의 존재를 부정하는 사람도 지혜롭지 못한 사람이며 현 세상은 염두에 없고 다만 미래 세상만 생각하는 사람도 지혜롭지 못한 사람입니다. 하나님께는 둘로 나누어진 것이 아니라 하나이지만 우리가 둘로 인식하는 것입니다.

그렇다면 장차 주어질 세상을 대비하면서 현실에서 어떻게 일을 하도록 말씀하셨습니까? 오늘 본문에서는 "참으면서 선을 행한다."라고 말합니다. 하나님은 보이지 않고, 현 세상에서의 일의 보상은 미래적으로 주어질 것이기 때문에 사람들은 의심하게 되어 있습니다. 그렇지만 이러한 의심을 버리는 것, 의심하지 않는 것을 참는 것이라고 했습니다. 그것도 선한 일을 하면서 말입니다.

우리가 직장 생활을 하면서 가장 참기 힘든 것은 내가 스스로에게 충실하기 위해서 대가를 바라지 않고 옳은 방향으로 일할 때 주변으로부터 오는 눈총을 견뎌 내는 것입니다. 그럴지라도 옳은 방향으로 밀고 나가는 것을 의심하지 않는 것을 참음이라고 말합니다. 성경에서도 "우리가 선을 행하되 낙심하지 말지니 포기하지 아니하면 때가 이르매 거두리라"(갈 6 : 9)고 했습니다.

이렇게 의심하지 않으면서 선을 행하는 데 피곤하지 않은 사람에게는 네 가지 보상을 약속했는데, 첫째는 영광, 둘째는 존귀와 셋째는 썩지 않음과 넷째는 영원한 생명이라고 했습니다. 영광은 명예와 권력, 그리고 무엇보다도 신적인 존재양식이라는 뜻입니다. 사람이 하나님과 비슷한 존재가 되어 하나님과 더불어 대화할 수 있는 에덴동산에서 죄짓기 이전의 상태를 회복하는 것을 말합니다. 이것을 존귀(τιμήν)라고 합니다. 이 단어는 본래 '놀라다'라는 동사에서 나온 명사로서 '명예, 명예로운 지위'(honor, honorarium), 그리고 '선택됨과 신격화'(election, deification)를 의미합니다. 그렇기 때문에 당연히 '썩지 않을 것'이며 이렇게 하나님과 더불어 명예로운 지위와 영원한 생명을 누리는 것입니다.

반면에 오직 당을 지어(ἐριθείας : 불법적인 방법으로 정치적인 자리를 차지하려고 애쓰는 사람) 자신의 이익을 챙기는 데 열심인 사람들, 흔히 이러한 사람들은 진리를 따르지 않고 불법을 따르는 사람들인데, 이들에게는 하나님의 콧방귀와 분노가 있을 것입니다. 그렇지만 이 분노라는 단어는 '열정', '기다림'이라는 뜻과 '화', '분노'라는 뜻이 동시에 들어 있으므로 하나님께서 콧방귀 뀌면서 모른 체하시면서도 은근히 이들이 돌아오기를 기다리신다고 말할 수 있습니다.

사람과 하나님이 거꾸로 뒤바뀌었습니다. 이제는 하나님은 기다리시는 분입니다. 하나님은 신랑을 맞이하려는 신부와 같이 문밖에서 신랑이 오는 것을 기다리시는 분이십니다. 그렇기 때문에 이것이 다시 원위치로 바뀌어야 합니다. 기다림은 사람의 몫이어야 합니다. 신부가 신랑을 기다리듯이 우리가 하나님의 손길을 기다려야 할 것입니다.

하나님을 기다리시게 하는 사람은 부모를 잠 못 이루도록 기다리게 하는 자식은 그만큼 애타는 그리움으로 살아갈 것입니다. 누가복음 16장에 나오는 부자와 거지 나사로의 이야기처럼, 부자는 그리움으로 영원히 살아야 할 것입니다. 그렇지만 거지 나사로는 아브라함의 품에서 영광과 존귀와 썩지 않음과 영생으로 살아갈 것입니다.

유대인이나 헬라인을 막론하고, 즉 하나님의 법대로 살아야 할 사람과 하나님의 법이 아닌 양심의 법에 따라 각자가 소속된 사회에서 악한 것을 행한 자에게는 환난과 곤고가 있다고 했습니다. 여기서 환난은 '억압', '억누름', '고통' 등의 뜻입니다. 그리고 곤고라는 뜻은 '좌절', '어려움', '고통', '고난' 등을 의미합니다.

하나님의 법을 따르지 않고 떠난 사람들에게는 육체적인 것보다 더욱더 큰 처벌이 따르는데 바로 심리적인 처벌입니다. 그리하여 아무리 많은 일을 성취한다 할지라도, 그것이 악을 도모하는 데 소용된다면 거기에는 심리적인 고통이 뒤따릅니다. 그리하여 불만족과 좌절과 괴로움이 찾아옵니다.

반면에 선한 일을 하는 자에게는 또다시 영광과 존귀가 보상으로 주어지고 평화가 있을 것입니다. 평화는 전쟁이 없고, 먹을 것이 있는 상태이지만, 여기에 하나 더 '하나님과 생각이 하나가 되는 조화'가 있음을 의미합니다.

그런데 성경은 11절에서 하나님은 "……외모로 사람을 취하지 아니하심이라"고 하였지만, 이 말의 의미는 하나님은 편파성이 없다는 것입니다. 하나님은 유대인이라고 해서 우선권을 주고 헬라인(이방인)이라고 해서 차별하지 않으신다고 말씀하셨습니다. 모든 사람은 하나님의 피조물이므로 하나님에게는 다 동일한 자식이기 때문에 다 같이 구별 없이 아끼신다는 말씀입니다.

어떠한 사람이 구원을 받을까요? 유대인이 먼저이고 헬라인이 나중입니까? 복음이 오기 전에는 어떠했을까요? 오늘 성경에서는 악을 행한 자와 선을 행한 자만 구별될 것이라고 말씀합니다. 그리하여 요한복음 5 : 29에서는 "선한 일을 행한 자는 생명의 부활로, 악한 일을 행한 자는 심판의 부활로 나오리라"고 분명하게 선언했습니다. 그 선한 일이란 의심을 참고 하나님께서 자신에게 허락하신 계획을 이루어 가는 것입니다.

현재적으로 여러분과 제가 하는 일이 바로 이 선한 일이기를 바랍니다. 하나님께서 허락하신 그 일을 의심을 버리고 성실하게 행합시다. 하나님께서 영광과 존귀와 썩지 않음과 영생과 평화로 보답해 주실 것입니다.

양심의 법

기독교에 대한 이미지를 묻는 질문에 일반인들의 가장 흔한 대답은 '독선적', '배타적', 또는 '일방적'이라는 것입니다. 이에 반하여 불교와 여타의 종교는 '포괄적이다', '수용적이다' 등의 폭넓은 아량, 도량을 말합니다. 그리하여 요사이 통합과 종합의 시대를 맞이하여 종교 간의 통합을 시도하려는 토론이 자주 있고, 특히 기독교 내에서도 타 종교에도 구원이 있다는 등의 주장이 나오고 있습니다.

타 종교에도 구원이 있다는 주장의 이면에는 인간의 타락의 원인, 타락으로 인한 본질의 왜곡 등에 대한 원인규명과 치료 등에 대해서는 덮어 두고, 현상적으로 제기된 각종 문제들을 해결하려는 시도가 있다는 것입니다. 그리고 기독교의 핵심은 황금률에 따라 내가 대접을 받고자 하는 대로 먼저 남을 대접하면서 살고, 양심의 법에 따라 살면 된다고 주장하는 것입니다.

그렇다면 양심이란 무엇입니까? 양심이란 헬라어에서 '수네이데시스'(συνείδησις)인데, 이 단어의 원 기원은 '수노이다'(σύνοιδα)

로써 "다른 사람과 함께 목격함으로써 목격한 사물에 대한 지식을 함께 갖는다."(to have knowledge of something with another person on the basis of eye-witnessing)입니다. 그리고 라틴어에서는 양심을 '콘스키엔티아'(conscientia, 함께 알다)라고 표기하였는데, 이것은 이성적 지식에 배경을 두고 있기 때문에 자의식(self-consciousness)으로 발전하여 도덕적 의미를 지니게 되었습니다. 그래서 영어에서는 양심을 콘시언스(conscience)라고 합니다.

여기에서 누구와 함께 보는 것일까요? 사람은 모두 다 보이지 않는 어떤 분과 더불어서 자신의 행위를 봅니다. 그렇기 때문에 서로 보는 것입니다. 서로 보게 되면 서로 알게 되는 것이고, 서로가 안다는 사실은 내 스스로 느끼고 있다는 것입니다. 이것이 양심입니다. 사람에게 있는 양심은 스스로 아는 것이며, 스스로 느끼는 것입니다.

이 양심은 스스로에게 말하는 것이기 때문에 양자가 서로 대화하는 것이며, 한쪽이 틀릴 때에는 다른 한쪽이 고소하고 정죄합니다. 따라서 양심은 내 안에서 나에게 법(율법)이 됩니다. 이 세상에 태어나는 모든 사람은 스스로에게 법을 가지고 살아갑니다. 이 법에 따라서 사람은 옳은 길을 가게 되어 있는 것입니다. 옳은 길, 의의 길, 법대로의 길, 이 길은 스스로가 아는 길입니다.

우리와 동일한 성정을 가진 인간으로서 한편으로는 하나님과 더불어 대화하고 다른 한편으로는 하나님이 먹어서는 안 된다고 말한 선악과를 따 먹고 싶은 욕심을 주체하지 못하는 이중적인 인간이었던 조상 아담은 선악과를 따 먹은 다음에 곧바로 양심의 소리를 들었습니다. 양심은 하나님과 더불어 함께 볼 수 있도록 하나님께서 인간에게 허락하신 좋은 선물이었지만, 이제는 하나님과 더불어 안다는 이 사실이 항상 마음을 찌르는 가시가 되었습니다.

그래도 양심은 사람들에게 하나님과 더불어 보는 것이며, 하나님과 더불어 아는 것이기 때문에 타락 이전의 자유로운 만남은 없어졌지만, 이제는 하나님을 만날 때마다 농사한 수확물을 가지고 가서 만나고 더불어서 함께할 수 있었습니다. 이것이 경작한 것을 바치는 행위이며, 이것을 예배라고 합니다. 경작한 것은 오로지 하나님에게만 바치게 되어 있습니다. 햇빛과 비를 주시고, 사람이 씨를 뿌릴지라도 싹이 터서 자라고 열매 맺게 하신 하나님께만 경작된 수확물을 바치게 되어 있습니다.

그리고 이 세상을 살아가는 과정에서 부부는 서로 사랑함으로써 더불어서 함께 알고, 남편은 밭에서 일하고 아내는 집에서 일함으로써 서로 역할을 분담하여 동등한 일꾼으로서 서로 존경하도록 되어 있습니다. 인간 대 인간으로서 서로를 사랑하고 동등하게 존중하도록 되어 있습니다. 그리고 자연에 대해서도 지나치게 훼손하지 않고 이마에 땀을 흘리면서 먹을 정도로 족해야 합니다.

하나님께서는 타락한 우리의 조상 아담에게 경작된 수확물을 가지고 와서 예배하는 지식을, 인간과 인간 사이의 관계와 인간 대 자연과의 관계에 대한 지식을, 다시 말해서 더불어서 함께 알 수 있는 지식을 가지게 하셨습니다. 이것이 바로 서로 더불어 보고, 알고, 느끼는 것입니다.

양심은 에덴에서 타락한 인간이 에덴을 쫓겨나면서 하나님과 인간 사이에서, 인간과 인간 사이에서, 인간과 자연 사이에서 서로를 인정하고 더불어서 함께 지낼 수 있는 방법이었습니다. 더불어서 함께 보고, 봄으로써 알고, 그리하여 함께 느끼는 것이 양심입니다. 그래서 독일어에서는 사람을 '미트멘쉬'(mitmensch)라고 하며, 한문에서도 인간(人間)이라고 합니다.

이 법에 따라 예수님께서도 "그러므로 무엇이든지 남에게 대접을 받고자 하는 대로 너희도 남을 대접하라"(마 7 : 14)고 말씀하셨습니다. 또한 사람에게 가장 으뜸 되는 법은 "하나님을 사랑하고 이웃을 사랑하는 것이다."라고 말씀하셨습니다(마 22 : 37-40). 그런데 이 법은 아담의 일대 자손에게서부터 허물어지고 말았습니다.

가인이 아벨을 죽이고 흩어지면서부터 후손들은 조상 아담으로부터 받은 이 지식을 정확하게 물려받은 그대로 전달하지 않고 나름대로 왜곡시킴으로써 하나님에 대한 올바른 예배를 드리지 못하게 하고, 사람과 사람 사이의 관계의 법도 왜곡시키고 말았습니다.

사람들은 하나님을 다른 이름으로 부르기 시작하다가, 이제는 아예 하나님이라는 이름마저 잊고 각각 나름대로의 신을 만들어 버렸습니다. 우리는 이것을 우상이라고 합니다. 천지를 창조하신 하나님 한 분만 신입니다. 그리고 그밖에 우리가 신이라고 부르는 각종 이름들(그것이 부처, 상재 등의 다른 이름을 가졌을지라도)은 다 인간이 만든 이름에 불과합니다.

성경은 분명합니다. 모세가 "당신의 이름을 무엇이라고 할까요?"라고 질문하였을 때에 출애굽기 3 : 14에서 "나는 스스로 있는 자이니라"라고 말씀합니다. 또한 "너는 나 외에는 다른 신들을 네게 두지 말라"(출 20 : 3), "너를 위하여 새긴 우상을 만들지 말고…… 어떤 형상도 만들지 말며"(출 20 : 4)라고 분명하게 말씀합니다.

하나님을 하나님으로 섬기지 못하게 되는 원인이 어디에 있습니까? 그것은 잘못된 전통을 무비판적으로 그대로 수용하기 때문입니다. 그릇된 전통에서 태어나 그릇된 전통으로 교육을 받아 세뇌되어 그대로 따르기 때문에, 우리는 잘못된 것을 옳다고 여기는 잘못 가운데 살아온 것입니다. 그래서 성경은 "선생이 되지 말라.", "선생된 자가 더 책망 받는다."라고 했습니다. 그리고 이렇게 잘못된 것을 잘못된 것인 줄 모르고, 오히려 잘된 것인 줄 알면서 주장하고 가르치는 사람과 그것이 잘못된 것인 줄 모른 채, 오히려 잘된 것으로 알고서 따르는 사람들은 둘 다 동시에 멸망할 것이라고 했습니다. 이렇게 말합니다. "(거짓) 선지자의 죄악과 그에게 묻는 자의 죄악이 같은즉 각각 자기의 죄악을 담당하리니"(겔 14 : 10)라고 했습니다.

하나님과 이웃과 더불어 함께 보고, 알고, 느낄 수 없게 되었을 때에 양심은 더 이상 지식이 아니고 송사하고, 변명함으로써 스스로 증거하는 율법이 되고 말았습니다. 그것도 자신의 마음에 새겨져 있는 그 법에 대하여 증거하게 된 것입니다.

하나님은 예수 그리스도께서 복음으로 오시기 이전의 양심의 시대에도 사람들에 대해서는 크게 두 종류로 구별하셨습니다. 구약의 율법이라는 법에 따라 사는 유대 사람들과 양심의 법에 따라 사는 이방인으로, 총칭하여 헬라인으로 구별했습니다. 그러나 이들 두 종류의 사람들이라고 해서 하나님께서 얼굴 보고 편파성 있게 판결하시는 것이 아닙니다. 그리하여 하나님께서 "외모로 사람을 취하지 아니하신다."라고 말씀하셨습니다.

그러나 예수 그리스도 이전 시대에 태어나서 복음을 받을 기회가 없었던 사람들도 분명히 자연을 통하여 양심의 법에 따라 살았다면 구원 받을 가능성은 있지만, 어떻게 구원을 받았는가에 대해서는 말할 수 없습니다. 그것은 하나님의 고유한 권한에 속한 사항이기 때문에 사람이 이 문제에 대하여 이렇다 저렇다 말할 자격이 없기 때문입니다.

복음이 이 땅에 전달되기 이전의 삼국 시대, 고려 시대, 조선 시대 초기와 중기의 선조들은 어떻게 구원 받았겠습니까? 이들도 다 양심의 법에 따를 것입니다. 왜냐하면 양심은 더불어서 함께 보았기 때문에 더불어서 함께 알 수 있는 것들입니다. 하나님과 더불어서 함께 알 수 있었던 것을 하나님과 더불어 함께하지 않고 다른 신들의 이름을 부르면서 다른 신들에게 경배하였다면, 그만큼 하나님의 이름을 욕되게 하였기 때문에 하나님께서 알아서 하실 것입니다.

구체적으로 말하여 한국 땅에는 지금으로부터 120여 년 전에 복음이 전파되었습니다. 왜 우리나라에는 복음이 늦게 전달되었는지 그리고 복음이 오기 이전의 조상들은 어떻게 되는 것인지, 또한 예전 조상들은 하나님을 모르고 우리는 하나님을 알게 되었다면 하나님의 일을 하게 될 후손을 낳은 조상들에 대해서는 어떻게 말해야 하는지, 하나님께서 그들에게 잘했다 하실지, 아니면 잘못했다 하실지 우리는 말할 수 없습니다. 이것도 하나님의 고유한 권한에 속합

선택되었을 뿐만 아니라 독생자 예수님을 탄생시킨 특별한 가문의 명예를 의미합니다.

하나님께서는 선택된 사람들에게 자유, 권리, 혹은 명예에 뒤따르는 책임을 지속적으로 요구하시며 상급과 심판을 약속하셨습니다. 성경에서도 "모든 것이 가하나 모든 것이 유익한 것이 아니요 모든 것이 가하나 모든 것이 덕을 세우는 것이 아니니"(고전 10 : 23)라고 했습니다.

에덴동산의 선악과는 한 그루의 나무에 불과하지만, 그 나무가 우리에게 주는 메시지는 선악과라는 나무의 열매를 따 먹는다 혹은 따 먹지 않는다는 단순한 행위가 아니라 그 열매를 따 먹지 않음으로써 따 먹지 말라고 명령한 그분과의 관계를 어떻게 갖느냐에 관한 것입니다. 율법이라는 특권을 가진 유대인들에게도 책에 기록된 내용을 문자적으로 잘 지키느냐 못 지키느냐는 것보다는 그 율법을 주신 분과의 관계를 율법이라는 매체를 통해서 어떻게 유지하느냐는 것입니다.

오늘날 우리가 김대중 대통령의 업적을 결코 과소평가하지는 않습니다. 그분은 맡은 소임을 십분 다 했습니다. 그렇지만 그분은 "나에게는 불가능이란 없다.", "지금까지 준비된 사람으로서 결코 실수란 없다."라는 자신감에서 나오는 밀어붙이기, 과신, 과욕이 자신을 대통령으로 뽑아 준 국민의 소리를 듣지 않게 했습니다. 마치 유대인들이 우리는 선택된 백성으로서 하나님의 이름으로 무엇이든지 할 수 있으며, 또한 했다고 뽐냄으로써 오히려 하나님의 이름을 모독한 것처럼 말입니다.

요사이 광주 시내에서 생각 있는 몇몇 사람들이 교회에 다니기는 하지만 말 그대로 '교회에 다니는 사람'(church-goer)에 불과할 뿐, 교회생활을 통한 기쁨을 얻을 수 없다고 한탄하는 소리를 들었습니다. 참으로 안타까운 일입니다. 중세 시절에 교회가 화려한 건물에 치중하고, 거대한 조직을 유지하는 데 치중하고, 교직을 놓고 성직자들이 신경전을 벌이는 사이에 교인들에게는 순례, 구제, 참회를 처방

함으로써 하나님과 진정한 만남을 이루지 못하게 했던 것과 크게 다르지 않는 상황이 재현되는 것 같습니다.

유대인들은 출애굽한 지 한 달 반이 지나서 시내 산 광야에 도착하여 그곳에 약 11개월 정도 머물렀는데, 그 사이에 모세가 시내 산에 올라가서 하나님으로부터 율법을 받아 유대인들은 하나님과 계약의 백성이 되었습니다. 유대인들이 율법을 받은 이후로 율법을 잘 지키기 위해서 많은 연구를 하고, 시행착오를 겪었습니다. 율법으로 인해서 어려움도 많이 겪었습니다. 이러한 이유로 유대인들은 3,500여 년 가까이 붙들어 온 율법을 이제 와서 놓을 수 없게 되었습니다.

한 예를 들어 봅시다. "안식일을 기억하여 거룩하게 지키라."는 제4계명을 지키기 위해서 예수님 시절에는 구걸하러 온 거지에게 동냥통을 집 문턱에 놓게 한 다음에 주인이 그 안에 돈 혹은 먹을 것을 주었습니다. 왜냐하면 주인이 집 밖으로 나가면 주인이 안식일을 범하고 거지가 집 안으로 들어가면 거지가 안식일을 범하기 때문입니다. 오늘날에는 고층건물을 오르내려야 하는데 엘리베이터 버튼을 누르는 것이 일이라고 생각하기 때문에 안식일이 되기 직전에 엘리베이터를 각 층마다 서게 하여 24시간 지속적으로 운행되도록 한다는 것입니다. 그러면 내가 버튼을 누르지 않았는데 엘리베이터가 내 앞에서 문이 열리고 닫혔기 때문에 나는 들어가고 내렸을 뿐이라고 말할 수 있다는 것입니다.

예수님은 위대한 정신이었으며, 운동이었습니다. 이 예수님의 정신과 운동을 구체적으로 사람들에게 알리고 전하기 위해서는 사람들이 알아들을 수 있도록 전달 가능한 쉬운 내용으로 바꾸고, 시대 상황에 따라 해석해야 했습니다. 그래서 신학이 발달하고 해석학이 발달했습니다. 그런데 과연 우리가 신학을 발달시키고 해석학을 발달시킴으로써 예수님의 위대한 정신과 운동을 알 수 있으며, 예수님을 만날 수 있느냐는 것입니다.

독일에서는 선교에 관한 이론이 많이 발달해서 더 이상 보태거나 뺄 것이 없다고 합니다. 그렇지만 정작 "독일 교회가 선교하는가?"라는 질문이 있습니다. 학교에서 교사가 학습지도안을 완벽하게 짜고, 수업평가서를 잘 만들었다고 해서 과연 학생들이 수업의 내용을 완벽하게 이해하고 흥미롭게 따르느냐는 것입니다.

여러분과 저의 고민도 동일합니다. 지나치게 제도에 얽매이지 않으면서 동시에 지나치게 해이해지지도 않을 수 있는 길이 무엇인지 제3의 길을 모색하는 것입니다. 그것은 율법이라는 제도를 통해서, 교회라는 제도를 통해서 예수님과 하나님을 만나는 것입니다. 그 분과 내가 인격적인 관계를 맺는 것입니다.

율법이란 원래 죄지은 사람이 하나님을 만나기 위해서 예(禮)를 갖추는 것이었습니다. 이것은 분명히 필요합니다. 그러나 예를 갖추는 문제에 치중함으로써 "율법의 교훈을 받아 하나님의 뜻을 알고 지극히 선한 것을 분간하며 맹인의 길을 인도하는 자요 어둠에 있는 자의 빛이요 율법에 있는 지식과 진리의 모본을 가진 자로서 어리석은 자의 교사요 어린아이의 선생이라고 스스로 믿으니"(18-20절)라는 말씀처럼 이 부분에 전문가가 되었습니다. 그러나 그렇다고 해서 이것만으로 과연 하나님을 만날 수 있느냐는 것입니다.

종교개혁자 루터가 깨달은 것이 이것이었습니다. 금식하고, 자신의 몸을 채찍으로 때리면서 괴롭게 하고, 누워서 자지 않는 등 갖가지 중세의 고행 방법을 다 동원했을지라도 자신이 지은 죄가, 분명히 참회해야 할 죄가 아직도 더 있는데 생각나지 않는 것입니다. 이 죄를 참회하지 않으면 내가 지옥에 간다고 굳게 다짐하면서 지옥보다는 오히려 내가 고행을 택해야지 하면서 고행의 강도를 높일수록 마음의 평화가 없어졌던 것입니다.

이것이 업적주의, 행위주의, 즉 행위-의(work-righteousness)를 말하는 사람들의 결과입니다. 사람이 율법을 받은 시점이 죄를 지은 다음 불완전한 상태에서 율법을 받았기 때문에 제아무리 율법을 100% 다 지킨다고 할지라도 결국 아담이 죄지은 이후의 상태에 도달

할 수밖에 없습니다. 그래서 율법으로는 결국 다 성취할 수 없다는 것을 깨닫는 것입니다. 이것이 율법의 최고의 목적입니다.

죄지은 인간이 하나님 앞에서 갖추는 최고의 예의는 "하나님의 요구사항을 다 만족시킬 수 없다."라고 고개 숙이는 것입니다. 그래서 오늘 본문에서도 "무릇 표면적 유대인이 유대인이 아니요 표면적 육신의 할례가 할례가 아니니라 오직 이면적 유대인이 유대인이며 할례는 마음에 할지니 영에 있고 율법 조문에 있지 아니한 것이라……"(28-29절)고 했습니다.

기독교 신앙에서 가장 염려스러운 것이 바로 이 부분입니다. 내가 교회가 요구하는 제반 사항을 잘 준수했음으로 나는 완벽한 교인이라는 자신감 그리고 안도감입니다. 그런데 이러한 사람들에게 어려운 일이 닥치면 그래도 내가 하나님을 열심히 섬긴다고 했는데 하나님께서 나에게 이러한 어려움을 줄 수 있느냐며 섭섭해 하는 것을 많이 보았습니다.

사람이 하나님을 섬기는 행위로 인해서 적절한 보상을 받으려 하는 것도 보았습니다. 그래서 신앙생활에 의한 물질적 보상에 연연하는 교인들도 많습니다. 아니, 대다수의 교인들이 그렇다고 말할 수 있을 것입니다.

또한 신앙에서는 지적인 면이 필요 없다는 것을 너무나도 잘 알기 때문에 지적인 면을 부정하는 교회에 지성인들이 더욱 많이 다니는 것을 보았습니다. 그리하여 우리나라의 역사에서 문선명 이단으로부터 김기동 귀신론과 이장림의 종말론, 그리고 최근에 문제가 된 신천지 이단, 그리고 구원파에 이르기까지 대학생과 교수, 의사와 고위직 직장인과 실업인 등 지성인들이 주류를 이루는 것도 그러한 까닭입니다.

최근에 우리 학교를 졸업한 한 목사가 암으로 투병 중인데 그렇게 시간이 많이 남지는 않은 듯합니다. 그런데 그분의 부인이 또 저희 학교 출신으로서 지금 대학원에 다니고 있습니다. 얼마 전에 듣자

하니, 그분이 수백만 원의 장학금을 학교로 가지고 왔습니다. 이유인즉, 지금까지 병원비가 엄청났는데 누군가 다 해결해 주었다는 것입니다. 그리고 이제는 희망을 포기하고 집에 와서 지내기로 하여 병원비에 쓰도록 많은 사람들이 후원해 준 이 돈을 어떻게 할까 고민하다가 장학금으로 가져왔다고 했습니다.

오늘날 우리 신앙인들과 교회들에게 가장 큰 고민은 신앙을 가졌다는 것이며, 교회가 크고 아름답다는 것이며, 조직이 튼튼하다는 것입니다. 그리하여 신앙의 대상이신 하나님이 나의 굳건한 신앙, 아름답고 거대한 조직에 짓눌려 숨을 쉬지 못하고 계신다는 것입니다. 무비판적인 답습, 무비판적인 수용, 그리고 그 안에서 안도하는 신앙인은 그대로 절망할 수밖에 없습니다.

여러분, 살아 있는 신앙이 무엇일까요? 그것은 "그런즉 너희의 믿음이 약한 자들에게 걸려 넘어지게 하는 것이 되지 않도록 조심하라"(고전 8 : 9). 그리고 "그런즉 내 상이 무엇이냐 내가 복음을 전할 때에 값없이 전하고 복음으로 말미암아 내게 있는 권리를 다 쓰지 아니하는 이것이로라"(고전 9 : 18)입니다. "모든 것이 내게 가하나 다 유익한 것이 아니요 모든 것이 내게 가하나 내가 무엇에든지 얽매이지 아니하리라"(고전 6 : 12). 이것이 예수님의 대선언이고 바울의 대선언입니다. 이 두 분, 당시 교회로부터 원수처럼 배척을 받았던 이 두 분이 하나님께 매이고 사람들에게는 자유하고, 자신에게 매이고 푸는 자유가 있었습니다. 그리하여 안식일에도 사람의 병을 고쳐 주고, 밀밭에서 밀을 까먹었던 것입니다.

유대인들은 너무나도 많은 것을 가지고 누렸기 때문에 오히려 그것으로 인해서 하나님으로부터 멀어졌습니다. 그리하여 가진다는 것은 버리는 것을 의미합니다. 하나의 틀을 완성하면 또다시 그 틀을 깨버릴 수 있는 개혁이 진정한 개혁입니다. 그리하여 "교회는 항상 개혁되어야 한다."(ecclesia semper reformanda)라는 대명제는 오늘날까지 매우 유효한 선언입니다.

일생일념(一生一念)

근래에 「이완용 평전」이란 책이 출간되었는데, 저자는 이 책에서 이완용이란 사람이 우리가 생각하는 것처럼 처음부터 매우 교활한 사람이 아니었다는 사실로 인하여 매우 곤혹스러워 합니다. 그는 독립협회에서 아주 중요한 역할을 한 사람으로서 서재필은 「독립신문」에서 "이완용 같은 인물이 있기에 나라가 안심이다."라고 평하였으며, 고종도 동일한 맥락에서 그를 신임하였습니다.

그는 가난한 집안에서 태어나 백면서생(白面書生)이었으나 총명하고 유학에 밝아서 씨족들 사이에서 입소문으로 알려졌습니다. 그러다가 같은 집안의 고위직 관료의 집으로 양자로 들어가서 드디어 출사하게 되었으며, 어느 누구보다도 시대의 흐름(時流)을 잘 읽어 내는 사람이었습니다. 주미 공사관에서 근무하고, 전라북도 관찰사를 지내고, 중앙 부서의 관직을 두루 거치면서 조용하지만 자신의 이익을 챙기는 데에는 결코 뒤지지 않았습니다.

우리가 이완용에 대해 말하는 것은 그의 이중성 때문입니다.

그가 내세운 논리는 부패한 조선 정부와 사회의 개혁이었습니다. 그리하여 개혁을 이룰 수 있을 것처럼 보이는 힘이 있다면 언제나 참여했습니다. 먼저는 서재필과 독립협회에, 그러다가 새롭게 등장한 친러시아 정권에, 그리고 마지막에는 친일 정권과 손을 잡고 개혁을 시도했습니다. 그는 자신이 추구하는 개혁이라는 대의명분으로 인하여 한국이 일본에 의하여 당분간 통치를 받아서 정신을 차리고 개혁될 수만 있다면 통치권을 일본에게 넘겨주어도 좋다는 논리를 전개했던 것입니다. 이완용은 '국가와 민족이 살길은 개혁'이라는 대의명분이 확고했습니다. 그러나 본인 자신이 이 대의명분으로 관직에 있으면서 개혁을 위하여 자신을 바친 것이 아니라 오히려 자신의 사리사욕을 챙기고 자신의 시대적 명예를 챙기는 데 밝았던 것입니다. 이러한 이중성으로 인하여 그는 그 당시 시대에서 다른 관료들과 크게 다르지 않았음에도 불구하고 대표적으로 욕을 먹는 것입니다.

오늘 본문에서는 이러한 이중성을 꾸짖으면서 "그러면 다른 사람을 가르치는 네가 네 자신을 가르치지 아니하느냐 도둑질하지 말라 선포하는 네가 도둑질하느냐"라고 21절에서 반문합니다. 가르치는 사람이라면 본인이 먼저 스스로를 가르쳐서 배움을 가지고 있어야 하고, 도둑질하지 말라고 말하는 사람이라면 본인부터 먼저 도둑질을 하지 않아야 한다고 강하게 말합니다.

그 옛날이나 조선조 말엽이나 지금이나 시대를 막론하고 앞서가는 지도자가 가르치는 내용을 본인 스스로 실천하지 못한다는 지적입니다. 그렇기 때문에 유대인들도 율법을 남들에게 가르치면서 본인들 스스로는 율법을 지키지 않았다고 지적합니다. 이렇게 가르치는 내용을 교사 스스로 실천하지 못하는 것을 25절에서 "범하다"라고 표현하였는데 헬라어로는 '파라바시스'(παράβασις), 즉 '짓밟다'(overstepping), '경계를 넘어가는 위반행위'(transgression)라고 말하고 있습니다. 그러나 이 단어를 라틴어 성경에서는 'praevaricator'라고 했습니다. 이 단어의 뜻은 '반대편과 비밀스러운 이해관계를 맺으면서 (적을) 옹호하는 사람', 즉 '이중적 첩자'(double dealer)라고 표현했습니다.

매우 무서운 말입니다. 기독교 신앙인이 기독교인의 삶을 살지 못하면 적을 이롭게 두둔하는 사람이 되는 것이며, 이중적인 거래를 하는 첩자라는 지적입니다. 바로 이러한 이유로 인해서 예수님은 유대인을 질책하셨으며, 오늘 우리도 눈여겨보고 계십니다. 아니, 안타까워하고 계십니다.

한국의 대 부흥사 길선주 목사는 "목사 되는 사람이 성경 100독도 안 하면 도둑이다."라고 했습니다. 성경을 가르치면서 먹고 살아야 할 사람이 성경을 알지 못하면 어떻게 성경을 가르치겠습니까?

오늘 본문에서도 가르치다(διδάσκω)라는 단어가 나오는데 이 단어는 어린아이가 길을 걷도록 붙잡아 주는 것을 의미합니다. 그리하여 교육학이라는 용어를 '페다고지'(pedagogy)라고 합니다. 도둑질하다(κλέπτεις)라는 이 단어가 형용사와 부사로 쓰이는 것을 보면 '비밀스럽게, 보이지 않게' 등의 뜻을 지니고 있습니다. 그리하여 라틴어에서는 도둑질을 비밀스럽게 숨어서 하는 행동으로 이해하여 '푸란둠'(furandum)이라고 말했습니다.

남을 가르치는 사람이라면 스스로 공부해야 합니다. 즉, 자신의 말에 대하여 본인이 스스로에게 부끄럽지 않아야 합니다. 내가 내 말에 대하여 책임 있는 행동을 하면서 살아가기란 쉽지 않지만, 이렇게 살아가는 사람을 의인이라고 말할 수 있습니다. 아합 시대에 하나님의 말씀을 전하는 선지자들이 바알 신을 믿는 아합 왕에게 고개를 숙였지만 그래도 엘리야를 비롯한 7,000명은 고개를 숙이지 않았습니다.

얼마 전에 학교에서 아름다운 재단의 이사장으로 있으면서 시민운동을 이끌고 있는 박원순 변호사를 초청해서 강의를 들었습니다. 공항으로 가면서 식사를 하는 자리에서 "당신은 돈 벌기는 틀린 사람이고, 이제 이 길에 들어섰으니까 다른 길로 갈 수도 없고, 제발 정치 길에 나서지만 말았으면 좋겠다."라고 했습니다. 그랬더니 "그렇지 않아도 노무현 캠프에서 함께 일하자는 제안이 있었지만 거절했다."고 말하였습니다.

공부를 마치고 내려온 한석봉을 데리고 어머니가 불을 끄고 떡을 썰어서 아들과 내기 했다는 이야기, 일본의 사무라이가 수도를 끝내고 산에서 내려오다가 기름장수가 기름병에 기름을 한 방울도 흘리지 않고 넣는 것을 보고서 다시 산으로 올라가 수도하였다는 이야기는 사람이 자신이 하는 일에 어느 정도 정통한 다음에 남들을 가르칠 수 있다는 것을 말합니다.

본인이 말하는 것을 스스로 실행하지 않는 사람은 다 같이 이중적인 잣대를 가진 불량한 장사꾼입니다. 성경에서는 두 개의 저울추를 가지지 말라고 했습니다(잠 11 : 1). 이중잣대는 기독교 신앙에서 결코 허용될 수 없는 두 마음입니다. 그래서 성경에서는 "두 마음을 품어 모든 일에 정함이 없는 자로다"(약 1 : 8)라고 말하고 있습니다.

여러분은 오래전에 상영된 영화 "나바론"을 기억하실 것입니다. 보스포러스 해협 절벽 바위 속에 위치한 독일 포대는 가히 무적이었습니다. 그리하여 연합군 특수부대가 잠입하여 포대를 부수는 임무를 맡았는데, 그 특수부대원 가운데 벙어리 역할을 하던 희랍인 여성은 독일군의 이중첩자였습니다. 결국 그 이중첩자는 죽임을 당합니다. 영화 속에 이중첩자가 증오의 대상이듯, 실생활에서도 이중적인 마음을 가진 사람은 다 증오의 대상입니다. 사람에 따라 말이 달라지는 것이나, 상황에 따라 말을 바꾸는 사람이나 모두 다 증오의 대상입니다.

주기철 목사님은 신사참배를 반대함으로써 감옥에 수감되기 직전에 행한 마지막 설교 "나의 오중(五中)의 기도"에서 "의에 살고 의에 죽게 하소서"라는 소제목으로 이렇게 설교했습니다.

> 중국의 백의숙제도 두 임금을 섬길 수 없어서 풀을 뜯어 먹다가 의로운 죽음을 맞이하였으며, 정몽주도 선죽교에서 의의 피를 흘렸는데,

그리스도의 신부는 이부종사를 못합니다.

예수님은 너희가 하나님과 재물을 겸하여 섬길 수 없다고 딱 잘라 말했습니다. "예.", "아니오.", 차갑던지 뜨겁던지 둘 가운데에서 하나만 하라고 했습니다. 하나만 하라는 것은 선택하라는 말씀이고, 선택에 따른 책임은 본인에게 있다고 말씀하시는 것입니다.

사람이 예수님을 믿는다고 하면서 예수님을 믿지 않는 행동을 하는 것은 하나님을 욕되게 하는 행위입니다. 여기에서 욕되다는 단어를 'ἀτιμάζω'라고 하는데, 이 단어는 '두려워함이 없다'라는 말입니다. 사람이 이중 잣대를 가지고, 이중첩자 생활을 하는 것은 하나님에 대한 두려움이 없기 때문이고, 이렇게 사람이 하나님을 두려워하지 않는 것은 하나님을 욕되게 하는 행위입니다.

그리고 사람이 이중 잣대를 가지고 이중첩자 생활을 하게 되면, 즉 두 주인을 섬기면서 하나님과 세상을 겸하여 섬기는 것은 하나님을 모독하는 행위라고 했습니다. 여기에서 모독이란 단어가 '블라스페메오'(βλασφημέω)인데, 뜻은 '욕하는 말'(abusive speech), '언어의 남용'(misuse of words)으로서 '나쁜 말'(word of evil sound) 혹은 '개인적인 놀림과 비난'(personal mockery and calumny)이라고 했습니다. 하나님에 대하여 좋게 말하는 것이 아니라 나쁜 말을 하는 것, 함부로 말하는 것, 비난하는 것입니다. 그리하여 결국에는 하나님의 권능과 위엄을 범하는 것이 되는 것입니다.

한 나라의 임금이나 대통령만 되어도 경칭이 있고, 그분 앞에서 취해야 할 정상적인 행동이 있는데, 하물며 하나님께 대하여 어떠한 태도를 가져야 할 것인가는 물어볼 필요도 없습니다. 사람이 하나님 앞에서 이중 잣대를 버리고 충직함으로 일관성을 지닐 때에는 하나님을 찬양하는 것이지만, 이것을 버리면 모독하는 것이 됩니다.

문제는 자신이 잘못된 교사인데 매우 훌륭한 교사로 생각하면서 개선의 여지를 보이지 않는 데 있습니다. 왜냐하면 자신은 여전히 가르치고 있기 때문입니다. 어떻게 가르치느냐가 아니라 단순하게 무엇을 가르치고 있다는 사실만 강조하는 것입니다.

다시 말해서 유대인들은 율법을 스스로 다 지키지도 않으면서 율법에서 정한 할례를 행함으로써 율법을 다 지킨 것처럼 생각하고 또한 이방인들에게도 자기네들처럼 되려면 할례를 행하라고 합니다. 이렇게 할례를 행하고 유대인이 되면 하나님의 복을 받는다고 떠들어 대는 것입니다.

유대인들은 식사할 때에 손을 씻고서 먹었습니다. 이 율법은 의학적인 배려가 있는 것으로서 당시 수저와 젓가락이 없는 상황에서 손을 씻고 음식을 먹는 것은 당연히 의료적인 배려였습니다. 그러나 마태복음 15장에서 손을 씻지 않는 사람들은 불결하다, 이방인이라고 차별하는 것은 오히려 이웃을 사랑하라는 율법의 가장 큰 내용을 저버리는 것입니다. 그리하여 예수님께서는 손을 씻지 않은 손으로 음식을 먹는 것이 더러운 것이 아니라 손을 씻고 깨끗하게 음식을 먹는 너희들의 마음에서 나오는 그 생각과 말들이 오히려 사람을 더럽게 한다고 말했습니다. 씻어야 할 것은 손이 아니라 마음이라는 것입니다. 그렇기 때문에 할례는 생식기의 둘레를 벗겨 내는 행위가 아니라 너희들의 마음을 감싸고 있는 더러운 피부를 벗겨 내는 행위이어야 한다고 강조하는 것입니다.

그리하여 오늘 본문은 아주 강하게 말합니다. 자신의 몸에 할례를 행하여 육체로 보이는 유대인(ἐν τῷ φανέρῷ ἐν σαρκί)이 아니라 비밀스러운 유대인(κρυπτῷ Ἰουδαίος) 그리고 성령으로서 마음에 할례를 행한 유대인(περιτομὴ καρδίας ἐν πνεύματι)이 되라고 말합니다. 이렇게 되면 칭찬이 사람에게서 나오는 것이 아니라 하나님으로부터 나온다고 합니다.

하나님은 누구입니까? "……사람은 외모를 보거니와 나 여호와는 중심을 보느니라 하시더라"(삼상 16 : 7)고 분명하게 말씀하셨습니다. 육체에 할례를 행하였다고 자랑하는 유대인들에게 마음에 할례를 행하는 자를 참으로 할례한 자로 본다고 단호하게 말씀하시는 하나님이십니다. 이중적인 잣대로 하나님과 세상을 겸하여 섬기는 사람에게 하나님은 하나의 잣대만 가지라고 말씀하십니다. 하나의 잣대, 하나의 길을 가야 합니다. 그리하여 가나안 농군학교의 김용기 장로는 일생일념(一生一念), 일생일업(一生一業)에 매달렸으면서도 모든 사람의 존경을 받았던 사람입니다. 오로지 하나님 한 분만을 일생 동안 생각하고, 오로지 농업 하나에만 매달렸지만, 그의 삶은 풍요로웠으며, 재물로가 아니라 생각으로 많은 사람을 살지게 했습니다.

여러분의 삶에서도 이렇게 이중적인 잣대를 가진 유대인의 생활이 아니라 일생일념, 일생일업으로 하나님으로부터 칭찬 받게 되시기를 바랍니다.

유대인의 선택과 하나님의 비밀

사람들은 자신은 불완전하고 부족하면서도 완전하고 충만한 어떤 한 분이 세상에 있다고 막연하게 생각합니다. 그런데 이러한 막연한 상상의 이면에는 그렇게 완전하고 충만한 분이 이 세상을 만들었다면 세상에는 죄악도 없고 완전무결해야 할 터인데 현재의 자신은 왜 이 꼴인가라는 한탄이, 아니 그 완전하고 충만한 분에게 인간의 책임을 전가시키려는 심리적 투사 현상이 들어 있습니다.

완전하신 신이 만드신 세상이 과연 불완전한가? 신이 만든 인간이 신의 말씀에 불순종하여 결과적으로 신과 인간의 사이가 멀어졌는가? 등의 질문이 우리에게 끊임없이 제기되어 왔습니다. 훌륭한 부모가 낳은 자녀가 부모의 얼굴에 먹칠을 하는 행동을 하게 되면 그 책임이 모두 다 부모에게 있습니까?

오늘 왜 하나님은 직접 나서지 않으시고 유대인이라는 민족을 통해서 말씀하시는가라고 질문하고 있습니다. 그리고 과연 유대인은 하나님의 선택을 충족시켰는가라고 또다시 질문하고 있습니다. 그리하여 유대인의 '나음'(περισσός), 즉 '비범한'(extraordinary), '놀랄 만한'(remarkable), '대단한'(exceeding)이 무엇인가라고 질문하고 있습니다. 선택된 백성인 유대인들에게 맡겨진 할례라는 제의가 지닌 '유익'(ὠφέλεια), 즉 이점이 무엇인가라고 질문하고 있습니다.

하나님께서 우리 사람들에게 직접 나설 수 없는 것은 하나님이 부족해서가 아니라 너무나도 엄위(majesty)하시기 때문에, 사람들이 하나님의 모습을 보는 것만으로도 위축되어 죽을 수밖에 없기 때문입니다. 그래서 하나님은 사람들에게 직접 자신의 모습을 보여 주시지도 않으시고, 말씀을 하시지도 않으시고, 또한 직접 행동을 취하시지도 않으시고 항상 대변인을 선택하셔서 하나님의 모습을 연상하여 알 수 있게 하시고, 말씀하시고, 행동하시는 것입니다. 그리하여 하나님이 선택하신 대변인은 그만큼의 특권을 가진 대신에 이 특권을 잘못 수행할 때에는 또한 책임이 있다는 것을 의미합니다.

하나님은 선택된 유대인이 불의하게 되면 이들에게 심판을 내리심으로써 의로움이 드러나게 하시고, 이들이 거짓말을 하면 참말을 하심으로써 영광이 드러나게 하십니다. 그리하여 하나님은 인간의 잘못을 통하여 오히려 더욱 하나님 되심을 확실하게 하십니다. 뿐만 아니라 하나님은 잘못하는 인간을 더욱 용서하심으로써 아버지로서의 따뜻함을 보여 주시는 것입니다.

과연 유대인의 의미가 무엇인가, 왜 유대인은 예수님을 인정하지 않는가는 사도 바울의 끊임없는 고민이었습니다. 과거 자신이 그랬던 것처럼 동족 유대인들에게 예수님을 아무리 말해도 믿으려 하지 않는 이유가 무엇인가, 그렇다면 이들은 이 지상에서 영원히 멸종되어야 한단 말인가에 대해 바울은 결코 그렇지 않다고 말합니다.

바울 자신도 유대인으로서 "나의 형제 곧 골육의 친척을 위하여 내 자신이 저주를 받아 그리스도에게서 끊어질지라도 원하는 바로라"(롬 9 : 3)라고 자신의 동족을 사랑하는 마음을 나타내면서도 이들이 오늘날까지 이렇게 완악하게 되어서 하나님을 거부하는 비밀에 대하여 “이방인의 충만한 수가 들어오기까지”(롬 11 : 25b)라고 대답하고 있습니다.

그렇다면 유대인들의 특권은 무엇입니까? 오늘 본문 2절에서는 “하나님의 말씀을 맡았음이니라”고 대답합니다. 여기에서 말씀이란 쓰인 글자를 뜻하는 의미가 아니라 직접 하시는 말씀(saying), 직접 입으로 하는 선포(pronouncement) 혹은 신이 뜻을 구하는 간구자에게 신탁을 내리신다(oracular saying)는 의미를 지닌 ‘타 로기아’(τὰ λόγια)를 사용하고 있습니다. 이 단어를 라틴어에서는 ‘엘로퀴엔티아’(eloquentia)라고 번역했습니다. 이 단어는 구약성서에서 말을 듣지 않는 발람에게 당나귀의 입을 통해서 말씀하심, 모세에게 십계명의 말씀을 하심, 이사야서에서 거룩한 자가 말씀하심 등의 의미로 쓰여 있습니다.

유대인들에게는 이러한 말씀이 맡겨져 있다(ἐπιστεύθησαν)라고 했는데, 그 뜻은 수동으로서 ‘신뢰되어졌다’라고 번역할 수 있습니다. 즉, “하나님께서 유대인을 통하여 말씀하실 수 있을 만큼 믿음직스럽게 보였다.”라고 번역할 수 있습니다. 이러한 유대인들의 잘못에 대하여 “내가 증언하노니 그들이 하나님께 열심이 있으나 지식을 따른 것이 아니니라 하나님의 의를 모르고 자기 의를 세우려고 힘써 하나님의 의에 복종하지 아니하였느니라”(롬 10 : 2-3)고 말하고 있습니다.

요한 칼빈은 유대인과 아랍인과 기독교인에 대하여 이렇게 말합니다. 유대인이나 아랍인이나 기독교인들도 동일한 하나님을 부르고 또한 알고 있으나, 유대인은 아들을 부인하고, 아랍인은 아들을 상대화시키고, 기독교인은 삼위일체 하나님을 믿는다는 차이가 있습니다.

하나님께서 유대인을 통하여 말씀하시려는 것은 “하나님이 세상을 이처럼 사랑하사 독생자를 주셨으니 누구든지 저를 믿으면 멸망하지 않고 구원을 얻는다.”는 사실입니다. 유대인만 구원 얻는 것이 아니라 누구든지 유대인이든지 헬라인이든지 구별, 차별이 없다는 사실이며, 동시에 아들 예수님을 통하지 않으면 안 된다는 말씀입니다.

이것은 하나님께서 유대인이라는 한 종족(사람)을 통하여 말씀하시듯이, 구원에서도 한 분 예수님을 통해서 구원하시는 것입니다. 동시에 사람이 죄를 지었기 때문에 죄에 대한 처벌도 사람이 받아야 하고, 구원도 사람이어야 하는 것입니다. 사람이 죄를 지음으로써 사망이 사람에게 왔듯이 죽음으로부터의 부활도 한 사람을 통해야 하는 것입니다. 그리하여 "사망이 한 사람으로 말미암았으니 죽은 자의 부활도 한 사람으로 말미암는도다 아담 안에서 모든 사람이 죽은 것 같이 그리스도 안에서 모든 사람이 삶을 얻으리라"(고전 15 : 21-22)고 말합니다.

그런데 유대인들이 하나님을 거부함으로써 하나님이 뜻하신 것이 흐트러지거나 잘못되었습니까? 그렇지 않습니다. 유대인들이 하나님을 믿지 않았습니다. 그렇다고 해서 유대인들의 불신앙으로 인하여 하나님의 믿음이 무효화되거나, 폐지되거나, 힘을 잃은 것(κατ αργέω : 힘이 아래로 가다)은 아닙니다.

하나님은 '회전하는 그림자도 없으시고, 어제나 오늘이나 변함이 없으시고, 하나님에게는 결코 변개함이 없으므로' 하나님이 유대인을 택한 것은 결코 하나님으로서는 바꿀 수 없는 경륜입니다. 하나님이 선택한 유대인일지라도 이렇게 하나님을 거부하기에 이르렀으므로, 이는 결국 우리 인간이 모두 다, 유대인이나 헬라인을 막론하고 거짓말쟁이임이 드러나게 했습니다.

이 단어의 희랍 시대의 원래의 뜻은 '부존재 같은 비진리'(untruth as non-being)이며 또한 '실체에 대한 그릇된 판단 같은 오류'(error as a false judgment of reality)입니다. 가장 큰 거짓말은 위증(perjury)입니다. 거짓말이란 어떤 사람의 말을 꿰뚫고 지나가는 것이며, 비난하는 것이며, 여기에서 영어의 마귀(diabolic)라는 단어가 나왔습니다.

사람이 제아무리 마귀같이 하나님의 말씀을 꿰뚫고 지나가면서 훼손하고 그릇되게 하려 할지라도, 하나님은 이들에게 진노를 내리심으로써 하나님의 의가 인간의 불의함과 더불어서 함께 세워져가게 합니다(5절). 오늘 성경에서는 "드러나게 하면"이라고 번역했지만 헬라어 원어에서는 함께 세운다고 말하고 있습니다. 인간이 하나님의 말씀을 전하라는 선택을 받았지만, 오히려 사람의 의를 드러나게 할지라도 하나님께서는 이들에게 한편으로는 진노를 내리시고 다른 한편으로는 오히려 더욱 사랑하시고 용서하심으로 하나님의 의를 드러나게 함으로써 인간의 불의와 하나님의 의가 함께 더욱 세워지는 것입니다.

이것이 하나님의 원래의 뜻이며 하나님은 결코 변함이 없으신데 못된 우리 인간들은 "우리가 잘못하면 하나님의 영광이 드러난다고 하니, 그러면 하나님의 영광이 더욱 커지려면 우리 인간들이 더욱 더 많은 죄를 지으면 되는 것이다."라고 억지소리를 하는 사람도 있다는 것입니다(8절). 이렇게 하나님께 억지를 부리는 사람들은 하나님과 사람의 부자관계를 이해하지 못하기 때문입니다. 아직 하나님의 깊은 뜻을 헤아리지 못했기 때문입니다.

지금까지 기독교 역사에서 아담이 선악과를 따 먹을 줄 알면서도 하나님께서 선악과를 만드셨다고 말하는 사람들이 꾸준하게 있어 왔습니다. 다시 말하여 유대인들이 이렇게 하나님의 아들을 부인할 줄 알면서도 유대인을 선택하셨으므로, 책임이 하나님께 있다고 책임을 전가하는 사람들이 있었습니다.

과연 그럴까요? 하나님은 인간에게 생명과 병을 주시는 분이실까요? 하나님을 심술꾸러기로 만들어서 인간을 가지고 노는 것처럼 생각할 수 있을까요? 이것은 러시아의 문학가들이 고민하는 주제였으며, 실존주의 철학자들의 고민이기도 했습니다. 이것은 오늘날까지 소위 지성인이라고 자처하는 사람들의 고민이기도 합니다.

그렇다면 여러분은 자식이 잘못될 것을 알면서도 자식을 낳습니까? 내 자식이 커서 이 세상에서 지탄을 받는 살인마 집단이 될 것을 알고서 자식을 낳습니까? 히틀러의 부모가 아들이 살인마가 될 것을 알고서 낳았을까요? 영광의 '막가파'의 부모들도 그렇게 될 것을 알고서 자식을 낳았을까요?

유대인들이 잘못된 것은 "내가 증언하노니 그들이 하나님께 열심이 있으나 올바른 지식을 따른 것이 아니니라"(롬 10 : 2)고 합니다. 유대인들에게는 모세를 통해서 준 하나님의 율법과 그 율법에 대한 조상들의 해석의 전통이 그 율법과 해석이 나타내려고 하는 주인공 하나님의 아들 예수 그리스도보다도 더욱 중요했던 것입니다.

삼위일체 하나님을 믿는가, 아니면 유일신 하나님을 믿는가의 문제입니다. 하나님이 인간을 구원하시기 위해서 삼위로 계셔야 하는 이 명백한 내용은 오로지 믿음의 눈으로만 볼 수 있습니다. 이것은 율법의 눈으로는 보이지 않습니다. 그래서 예수 그리스도는 율법의 마침(롬 10 : 4)이 되신 것입니다. 유대인들이 그토록 원하는 행위-의를 사랑으로 완성하심으로써 행위-의를 자랑하는 율법을 끝내신 것입니다.

유대인의 선택과 여기에 숨어 있는 하나님의 비밀은 아직은 밝혀지지 않았습니다. 그러나 결코 실수하심이 없는 하나님은 언젠가는 밝히 보여 주실 것입니다. 우리는 하나님께 책임을 전가하면서 인간의 죄악성을 회피하지 말고, 스스로 부족함을 인정함으로써 오히려 하나님의 은총의 용서를, 아들의 십자가를 통한 하나님의 은총을 받아야 할 것입니다.

사람의 책임전가라는 행위는 인간의 이성의 능력과 자존감을 바탕으로 하고 있는데, 책임전가한다는 것 자체가 이성과 자존감을 부정하는 것과 같습니다. 사람은 스스로 선할 수 없습니다. 이것은 오늘 본문이 말하려는 대주제입니다. 하나님의 선택 받은 유대인마저도 하나님 앞에서 거짓말하는 존재가 되어서 하나님의 의를 이루지 못했습니다. 책임을 스스로 지고서 죄인임을 자인하는 것이 하나님의 은총을 받을 수 있는 유일한 길입니다.

너는 나은가?

수년 전에 SOFA 개정을 둘러싸고 한국이 온통 시끄러운 가운데 미국에까지 가서 요구하는 사람들이 있었습니다. 이러한 요구의 밑바닥에는 미국이 서방 유럽이나, 일본, 그리고 한국을 상대하는 내용에 차이가 있다는 인식이 놓여 있습니다. 다시 말해서 한국인의 몸값이 서양인의 몸값하고 차이가 있다는 데 있습니다.

오래전에 중국이 문명의 중심에 있을 때에는 서양인들을 야만으로 간주했으며, 유대인들은 아랍인들을 저급한 민족으로 간주하고 있습니다. 한국인들도 타 민족을 무시하고 경시하는 것이 지구상의 그 어느 민족에도 뒤지지 않는다고 합니다. 이렇게 지구상에는 각 민족들 가운데 서로 잘나고 못나고 하는 우열의 차이를 두고서 서로를 동등하다고 생각을 하지 않습니다. 그런데 과연 이렇게 우열을 가릴 만큼 차이가 있는 것일까요?

그렇다면 종교는 어떠하고 종교인들은 어떠합니까? 신화를 믿는 희랍인들이나 야훼 하나님, 즉 유일신을 믿는 유대인들이나 로마서는 동일하다고 했습니다. 희랍인들은 하나님을 알만한 것으로 하나님을 알기보다는 우상을 숭배함으로써 음란하게 되어 온갖 유형의 불법을 행하는 무법한 사람들이 되었고, 유대인들은 하나님이 주신 율법을 가지고 하나님을 섬기기보다는 인간의 의를 드러내려함으로써 적과 내통하여 오히려 적을 옹호하는 자가 되어 하나님의 이름을 모독하고 말았습니다.

이렇게 이방인을 대표하는 헬라인과 선택된 백성 유대인이 다 같이 죄를 범하였으면 예수님을 구세주로 고백하는 기독교인은 무엇이 다릅니까? 오늘 본문에서는 "우리는 나으뇨?"라고 질문합니다. '나으뇨?'라고 질문하는 헬라어 단어 '프로에코'(προέχω)는 영어로 '뛰어나다'(excel), '유리한 고지에 있다'(have an advantage)라는 뜻을 가지고 있으며, 라틴어 '프라이켈로'(praecello)도 동일하게 '능가하다'(surpass)라는 뜻을 가지고 있습니다.

답은 '결코 아니다'입니다.

이렇게 죄를 지은 인간의 모습을 아주 부정적으로 보면서 어거스틴(St. Augustine)은 "멸망의 무리(massa perditionis)가 되었다." 라고 말하고, 키르케고르(Kierkeggard)는 "한계상황에 처하였다."고 말하고 있습니다. 고대의 스토아 철학자들은 인간이면 모두 다 우주적 로고스의 씨앗을 가지고 있기 때문에 평등하다고 말하면서 형제우애를 부르짖었지만, 사도 바울은 이와는 반대되게 우리는 모두 다 죄짓는 데 동등하다고 말하고 있습니다.

이렇게 민족을 떠나서 모두 다 죄짓는데 동등하게 된 인간들은 벌 받을 인간과 죄에 대한 벌을 내릴 하나님 사이에 중재자 예수 그리스도의 필요성을 절실하게 느낍니다. 크리스마스라는 절기는 바로 예수님이 필요성에 대한 선포입니다.

요사이 여러분이 길을 걸으면서 유심히 관찰하셨는지 모르겠지만, 교회가 빌딩의 한 칸을 빌려서 개척교회라는 명칭으로 세워지듯이 불교의 사찰도 같은 방법으로 생겨서 개척사찰이 늘어나고 있습니다. 뿐만 아니라 점을 치는 사무실도 도시의 중앙 건물에 크게 늘어나고 있어 길거리 곳곳에서 쉽게 만날 수 있습니다.

이렇게 많은 교회, 사찰, 점집이 생겨남으로써 신을 두려워하는 사람들이 많아졌다면 비례적으로 사람들이 정직해지고 이 사회가 맑아졌습니까? 이 부분에 대해서 결코 아니라고 대답할 것입니다. 오늘날 전 세계적으로 유전공학과 반도체를 비롯한 각종 초전도체의 발달이 지금까지의 상상력을 벗어나서 인류의 삶에 매우 큰 유익을 줄 것처럼 말하고 있지만, 왜 이렇게 사람 사는 것이 복잡하고, 갈수록 범죄가 증가합니까?

그 이유를 오늘 본문은 답합니다. 깨닫는 사람이 없기 때문이라고 합니다. 이 단어는 라틴어로는 '인텔레겐스'(intellegens)입니다. 인간은 알 수 없는 것을 아는 것처럼 거짓되게 행세하고 있을 뿐입니다. 결국 스스로를 속이는 것입니다. 뿐만 아니라 인간은 하나님을 찾지 않기 때문입니다. 여기에서 찾는다는 단어는 찾는 사람(ὁ ἐκζητῶν)이라고 말하는데, '찾다'라는 헬라어 단어는 '추구하다'(seek out), '찾다'(search for), '원하다'(desire)라는 뜻과 함께 '찾아가다'(visit)라는 뜻을 가지고 있습니다. 즉, 하나님을 찾아가야 하는데, 다른 것을 추구하고 있기 때문입니다.

하나님은 모든 사람이 구원 받기를 원하시지만, 하나님은 동시에 하나님을 받아들이지 않는 사람에게는 들어가실 수 없습니다. 부모가 자녀에게 혜택을 아무리 주려 해도 자식이 받지 않고 한사코 도망가면 주고 싶어도 주지 못하는 것입니다. 저도 가끔씩 집에서 음식을 해 먹을 때 서울에 있는 자식이 생각납니다. '같이 있었으면 맛있게 먹을 텐데…….' 그러나 없기 때문에 주지도 못합니다. 그래서 자식은 먹지 못합니다. 또는 맛없는 것을 혼자서 사 먹거나 대충 해먹기 때문에 건강이 나빠집니다.

어거스틴은 부모가 자녀에게 젖을 줄 때, 아이가 배고플 때 젖을 빠는 것과 배부를 때 젖을 빠는 것이 다르다고 말했습니다. 자신이 하나님 없이 쾌락을 추구할 때의 상황을 수도꼭지에서 목마름을 해결하려는 것이라고 한다면 이제는 하나님을 만나서 바다에 풍덩 빠진 것과 같다고 했습니다. 하나님의 바다에 빠질 때에 우리는 익사할 수 있습니다. "오호라 너희 목마른 자들아 물로 나아오라 돈 없는 자도 오라 너희는 와서 사 먹되 돈 없이, 값없이 와서 포도주와 젖을 사라"(사 55 : 1).

하나님을 찾는 것이 우리의 양식입니다. 예수님에게는 아버지의 뜻을 행하며, 그것도 온전히 이루는 것이 양식이었습니다(요 4 : 34). 키르케고르가 세상의 쾌락적 단계에서 그 다음 윤리적 단계로 올라갔다가 절망하고서 마지막으로 하나님에게로 도약(leaf)하는 자만이 어거스틴이 고백록의 첫마디에 "주여, 내가 당신의 품 안에 쉬기까지 참 평안이 없었나이다."라고 고백할 수 있을 것입니다.

언젠가 신학자들의 모임에서 한 사람이 "나는 요한 칼빈보다도 더 많이 안다."라고 말해서 다들 "저 사람이 머리가 돌았나?"라고 눈이 휘둥그레졌습니다. 그랬더니 그 사람이 하는 말이, 칼빈 시대의 지식의 양보다는 오늘 우리 시대의 지식의 양이 엄청나게 많기 때문에 지금으로부터 500년 전 사람을 우리 시대에 가져다 놓으면 문맹자가 될 것이라는 논리였습니다.

과연 우리가 컴퓨터가 있고, 자동차가 있기 때문에 옛날 사람들보다 더 많이 알까요? 성경은 말합니다. "여호와를 경외하는 것이 지식의 근본이거늘 미련한 자는 지혜와 훈계를 멸시하느니라"(잠 1 : 7)고 지적했습니다. 욥기에서는 "또 사람에게 말씀하셨도다 보라 주를 경외함이 곧 지혜요 악을 떠남이 명철이니라"(욥 28 : 28)고 했습니다.

사람으로서 가장 먼저 알아야 할 것은 하나님에 관한 지식입니다. 칼빈도 사람을 아는 지식과 하나님을 아는 지식이 서로 엉켜 있어서 어느 것이 먼저라고 말할 수 없지만, 하나님을 아는 지식은 인간의 연약과 부족을 알 때 가능하다고 했습니다. 그래서 인간의 연약과 부족을 알려 주는 지식은 성경을 통해서만 가능하다고 했습니다. 그렇습니다. 사람이 성경을 통해서 인간의 부족을 알 때에 하나님을 아는 것입니다. 성경을 통하지 않는 지식은 결국 알아야 할 것을 알지 못하는 것입니다.

그렇기 때문에 사람들은 목구멍은 열린 무덤이요, 혀는 속임수를 베풀고, 입술에는 독사의 독이 있고, 입에는 저주와 악독이 있고, 발은 피 흘리는 데 빠를 뿐입니다. 이것이 인간의 실상이기도 합니다.

하나님이 없을 때에 아담은 아내 하와에게 책임을 전가하면서 자신의 의로움을 나타내려 했으며, 가인은 비교함으로써 시기심이 생겨서 동생을 죽였으며, 소돔과 고모라는 쾌락에 빠져서 음란하게 살다가 모두 다 죽었습니다. 이것은 성경과 역사에 기록된 이야기가 아니라 오늘 우리의 현실입니다.

이렇게 인간을 곁길로 인도하는 모습을 예레미야 선지자는 하나님께서 보내지 않았어도 하나님의 이름으로 가서 자기의 마음에서 나오는 대로 예언도 하고, 거짓 평강을 말하는 사람들이라고 하면서, 이들은 모두 다 죽을 것이며, 동시에 그러한 거짓 선지자를 따라간 사람도 죽을 것이라고 했습니다. 우리에게 진정으로 필요한 것은 불 같은 여호와의 말씀, 반석을 쳐부수는 방망이 같은 말씀입니다(렘 23 : 29).

이렇게 하나님의 이름으로, 종교의 이름으로, 과학의 이름으로, 예술의 이름으로 하나님 노릇하는 행동에 대하여 예레미야 선지자를 통하여 하나님께서는 '내 말을 도둑질하는 선지자'라고 규정하면서 이들을 하나님께서 언젠가는 모두 다 쓸어버릴 것이라고 했습니다(렘 23 : 30).

왜 이렇게 사람들이 거짓을 믿고, 거짓을 좋아합니까? 그 이유는 하나님께 대한 두려움(φόβος)이 없기 때문입니다. 원래는 '너무나도 놀라서 두려움에 쌓여 도망하지 않을 수 없다'라는 의미를 지닌 단어입니다. 이 단어에서 파생하여 나온 단어가 신(θεός)입니다. 신은 원래 사람들에게는 놀라움이어서 사람이 도망하지 않을 수 없는 두려운 존재입니다. 하나님께 대한 정당한 두려움이 곧 하나님에 대한 경외이며, 예배입니다.

그런데 이 세상에는 하나님께 대한 정당한 두려움이 없습니다. 그 이유는 하나님께서 사람이 죄를 범할지라도 곧바로 벌을 내리시지 않기 때문입니다. 실은 하나님께서 "혹 네가 하나님의 인자하심이 너를 인도하여 회개하게 하심을 알지 못하여 그의 인자하심과 용납하심과 길이 참으심이 풍성함을 멸시하느냐"(롬 2 : 4)라고 하셨습니다. 하나님의 인자와 용납과 참으심을 하나님이 계시지 않는 것으로 착각하는 사람들이 너무나도 많기 때문에 이 세상은 범죄가 더욱 많아졌습니다.

이렇게 하나님을 멸시하는 사람들은 "어리석은 자는 그 마음에 이르기를 하나님이 없다." 하는 자들입니다. 하나님께서 잠잠히 계신 것을 존재하지 않은 것으로 착각하는 미련한 사람들에게 성경은 "법대로 행하는 의인은 없으며, 그것도 하나도 없다."라고 말씀하셨습니다.

"하나님의 법을 완전히 행하는가?"라는 질문에서 우리 기독교인은 자신이 없지만, 그래도 우리는 하나님을 인정하고, 하나님의 말씀을 읽으며, 하나님의 뜻을 행하려고 노력하는 존재입니다. 이렇게 인간의 부족을 인정하고 하나님의 절대적인 필요성을 인정하기 때문에 우리는 구원 받은 죄인으로 살아가는 것입니나. 완벽한 의인이 아니라는 점에서는 "너는 나으냐?"라고 물으면 할 말이 없지만, 우리는 최소한 내가 완벽하지 못하다는 것을 아는 의인입니다. 여기에 우리의 소망이 있습니다.

두 종류의 의

몇 일 전 EBS에서 "간디"를 방영해 주었습니다. 영국이라는 공동의 적이 무너지고 독립을 얻은 다음부터 지도자들 가운데서 종교로 인하여 서로 의견이 나뉘게 됩니다. 이들에게는 국가와 민족이라는 공동의 선(common Good)이 있었지만 그것을 실천하는 방법론이 달랐습니다. 그리하여 공동의 적이 있을 때보다도 더욱더 무섭게 상호 간에 적대감이 쌓이게 되었으며, 결국 모슬렘교도들은 파키스탄과 방글라데시로 가고 힌두교도는 인도에 남았습니다.

힌두교, 이슬람교의 공통점은 사람이 무엇인가를 행함으로써 의(義)를 이룰 수 있다고 믿는 신앙입니다. 이들은 정해진 규범이나 법을 사람이 지키는 행위를 통해서, 각종 제사의식과 순례와 구제와 선행 등이 구원의 대전제가 되어 있기 때문에 이들은 결코 다른 것과 타협할 수 없었습니다. 이들에게는 중심에서 구원의 열쇠를 쥐고 있는 자신들과 변두리에서 구원으로부터 소외된 이방인들을 철저하게 구별합니다.

유대인들과 기독교인들의 차이도 마찬가지입니다. 다 같이 공동의 선인 하나님이 있습니다. 그리고 하나님께서 원하시는 인류의 구원이라는 대주제가 인간을 통해서 실현되도록 우리 인간이 도구가 되어야 한다는 것도 동일합니다. 그렇지만 문제는 이것을 실천하는 방법론에서 크게 다릅니다. 유대인들과 기독교인들을 갈라놓는 분기점은 모세에게 주신 율법의 효용성, 율법의 용도에 대한 해석의 차이입니다. 그리고 이들이 보여 준 견해 차이는 해소되거나 좁혀질 수 없는 평행선입니다.

그렇다면 이처럼 민족을, 한 형제를 갈라지게 하고 그토록 미워하게 만드는 율법이라는 존재가 지금까지도 필요한 것입니까? 도대체 그 율법이 어디에 소용되는 것입니까? 오늘 본문은 여기에 초점을 맞추고 있습니다. "우리가 알거니와 무릇 율법이 말하는 바는 율법 아래에 있는 자들에게 말하는 것이니 이는 모든 입을 막고 온 세상으로 하나님의 심판 아래에 있게 하려 함이니라"고 19절에서 선언하고 있습니다. 19절에서 헬라어 성경은 "쉽사리 판단하거나 혹은 처벌하게 된다."(liable to judgement or punishment)라고 하였지만, 라틴어는 '미운 것'(obnoxius)이라고 했습니다.

그렇기 때문에 율법이 아닌 또다른 것이 필요하다고 말하고 있습니다. 그 새로운 것은 사람들이 모두 율법을 통해서 인간을 구원하려다가 결국에는 하나님의 미움을 받아서 죄 아래 놓이고 말았으므로(23절) 이제는 새로운 길이 필요하다고 말하는 것입니다. 그 새로운 길이 그리스도 예수 안에 있는 구속으로 말미암아 하나님의 은혜로 값없이 의롭다 하심을 얻는 길입니다(24절).

외국인으로서 미국에서 살 때에 좋은 점과 나쁜 점이 있습니다. 한국인이기 때문에 미국인들이 가장 무서워하는 세금신고를 착실히 하지 않아도 됩니다. 그렇지만 세금이라는 것은 누구나 다 내야 합니다. 이처럼 세금을 낸다는 법칙은 만민법으로써 외국인이든 내국인이든 구별 없이 다 적용되는 보편법입니다. 누구에게나 동일한 것입니다. 그렇지만 세금신고라는 것은 자기가 소속된 나라에 대해서만 하는 의무행위입니다. 이것은 내국인에게만 적용되는 특별법입니다.

율법이라는 것도 이렇게 두 가지의 적용이 있습니다. 율법을 다 지킴으로써 의롭게 되는 것은 율법을 추구하는 유대인들에게는 최상의 특별법으로써 보편성이 없습니다. 지금도 유대인들, 이슬람과 힌두교도들은 외국인(이방인)들에게 너희도 우리처럼 율법을 지켜야 구원 얻는다고 말하지만 이것은 그들에게 한정된 특별법입니다.

세금신고의 의무는 한정적이지만 세금을 낸다는 것은 내국인이든 외국인이든 누구를 막론하고 다 의무를 지닌 것처럼 하나님께서 그 율법의 내용을 그대로 지키려는 유대인들에게 주신 율법도 한정적인 특별한 내용이 있습니다. 짐승을 잡아서 각종 제사로 드리는 의식과 생활에서 지켜야 할 각종 수칙 등은 유대인들에게만 적용되는 의무적인 특별 세무신고입니다. 그렇지만 실은 유대인들도 이 의무를 다 이행하지 못하는데, 실제로 다 이행할 수도 없습니다. 실제로 율법에서 규정하는 의무조항을 100% 만족시킨 유대인은 역사 이래로 한 명도 없었습니다.

노아는 술에 취하여 추태를 보였으며, 아브라함은 거짓말을 많이 했으며, 다윗은 간음했을 뿐만 아니라 살인을 교사하였으며, 히스기야 임금은 교만했습니다. 이스라엘 역사에서 성군으로 꼽히는 모든 사람들도 다 율법의 요구사항을 준수하지 못하였습니다.

그렇기 때문에 이미 로마서 2 : 23에서 율법을 지킨다고 떠드는 유대인들이 율법을 범함으로써 하나님을 욕되게 했다고 선언하였던 것입니다. 범하다라는 단어를 라틴어 성경에서는 '프라이바리카토르'(praevaricator)라고 했습니다. 이 단어의 뜻은 '반대편과 비밀스러운 이해관계를 맺으면서 (적을) 옹호하는 사람', 혹은 '이중 첩자' 노릇을 하는 것이라고 표현했습니다. 그래서 율법을 지킨다고 자랑하는 유대인들도 하나님과 원수 된 사탄을 이롭게 하는 행위를 범하고 말았으므로 결국에는 할 말이 없게 되었으며, 또한 "하나님의 심판 아래 있게 하려 함이니라."고 선포했습니다. 심판 아래 있다는 단어를 라틴어는 '미운 것'(obnoxius)이라고 했습니다. 그렇습니다. 율법을 지킨다고 떠들던 사람들이 결국 율법을 다 지키지 못함으로써 오히려 하나님과 원수 된 것들에게 이익을 주고 말았으므로 입이 열 개라도 할 말이 없게 되었을 뿐만 아니라 하나님 앞에 얼굴을 들 수 없게 된 것입니다.

하나님을 위한다고 하면서, 민족과 나라를 위한다고 하면서 결국 사이를 갈라놓는 분열을 획책하고 말았습니다. 이단이라는 단어의 원래의 뜻이 '찢어 놓다', '분열시키다'라는 '스키스마'(σχίσμα) 입니다. 하나님을 위한다고 하면서 연합시키지 않고 분열시키는 행위를 하는 것이 우리의 실상입니다. 이것이 유대인이 따르는 율법의 종국입니다.

세금은 내국인이든 외국인이든 다 같이 내야 하듯이 율법에서도 모든 사람들에게 다 적용되는 공통의 세칙이 있습니다. 그것은 모든 사람이 양심의 법에 따라서 선하게 살아야 한다는 것이며 물어볼 필요도 없는 공통의 법입니다. 그렇지만 우리의 실상은 어떻습니까?

그렇기 때문에 오늘 본문 20절에서 "그러므로 율법의 행위로 그의 앞에 의롭다 하심을 얻을 육체가 없나니 율법으로는 죄를 깨달음이니라"고 선언합니다. 특히 의롭게 될 수 없을 것(δικαιθήσεται) 이라고 미래 수동형으로 말함으로써 앞으로도 영원히 의롭게 될 사람은 없을 것입니다. 그런데도 율법은 지속적으로 있어야 합니까? 그렇습니다. 있어야 합니다. 왜입니까? 사람들로 하여금 결코 율법을 통하여 의롭게 될 수 없을 것이며, 다만 율법을 다 충족시킬 수 없는 죄인이라는 것을 알게 해 주는 역할을 맡아야 하기 때문입니다.

여기에서 '안다'라는 단어를 사용하였지만, 그 의미는 종교적이며 도덕적인 사항에 대한 제한적인 지식만 갖는다는 것입니다. 다시 말하여 우리가 율법이 요구하는 것을 다 충족시킬 수 없는 죄인이라는 것을 알기는 하되, 그것도 제한적으로 알 뿐이라는 것입니다.

우리는 누구입니까? 내가 죄인이라고 고백하면서도 내가 마땅히 고백해야 할 만큼의 고백도 하지 못하는 죄인입니다. 내가 죄인이라는 것을 알기는 하되, 당연히 알아야 할 그만큼 알지 못합니다. 이것이 인간의 실상입니다. 인간으로서 나면서부터 죽을 때까지 자신의 삶을 반성해 볼 때 하나의 흠도, 티도 없다고 감히 자랑할 수 있는 사람이 누구입니까? 이러한 면에서 하나님 한 분 외에는 선한 분이 없으며, 의인은 없으되 하나도 없는 것입니다.

이렇게 사람은 율법을 다 충족시킬 수 없으며, 내가 죄인이며 하나님 한 분만 의인이라는 것을 알면서도 마땅히 알아야 할 만큼 다 알지 못하기 때문에 또다시 죄인이라는 것입니다.

우리는 이러한 죄인이기 때문에 그 결과 하나님의 영광에 이르지 못합니다. 즉, 하나님에 대하여 생각하지도, 믿지도 못할 뿐만 아니라 하나님의 모습을 볼 수도 없게 된 것입니다. 영광에 이르지 못한다는 말은 하나님의 얼굴을 보기에는 너무나도 거리가 멀고, 부족하고, 결핍하다는 뜻입니다.

웨스트민스터 요리문답 제1번에서 "사람의 제일 되는 목적이 무엇입니까?"라고 물으면 '하나님께서 사람과 더불어 지내는 것이며 동시에 사람이 하나님을 기뻐하고 즐거워하는 것'이라고 대답합니다. 하나님은 사람을 위하여 천지를 창조하셨고 사람과 더불어 지내시기 위하여 율법이 아닌, 율법과 별개로(χωρίς) 새롭게 의에 이르는 길을 이미 율법과 선지자들의 증거들을 통하여 알려 주셨습니다(21절).

그것이 바로 율법을 통하여 의에 이르는 것이 아니라 믿음을 통하여 의에 이르는 길입니다(23절). 그리고 이 길의 특징은 유대인이나 헬라인이나 구별하지 않습니다. 율법의 길은 율법을 따르는 자들에게 국한되어 있었지만 믿음의 길은 율법을 따르든지 그렇지 않든지를 막론하고 모든 사람을 총망라하는 보편적인 길입니다. 그래서 누구든지 그를 믿으면 멸망하지 않고 영생을 얻는다고 선언했습니다

(요 3 : 16).

사람이 율법의 법을 따르면 결국 죄인이 될 수밖에 없습니다. 그리고 더욱더 큰 문제는 자신이 죄인이라는 사실을 모르면서 스스로 의인인 체하는 교만입니다. 그렇기 때문에 하나님께서 어쩔 수 없이 자신의 아들 예수님을 구속으로 보내 주셔야 했습니다. 이 단어는 '팔았던 노예를 판 값을 지불하고 다시 사 오다', '포로를 돈을 내고 사 오다'라는 의미입니다. 몸값을 지불함으로써 억압된 자에게 해방을 준다는 의미입니다. 이것은 구약성서 민수기 30장에 나오는 땅을 팔았다가 자기 땅을 다시 사 오는 것을 의미합니다.

이 세상에 사는 사람들이 누구나 다 자신이 부족하다는 것을 인정합니다. 그렇지만 이 부족을 벗어날 수 있는 길은 두 가지입니다. 하나는 인간의 행위를 따르는 '율법에 의한 의'이고 다른 하나는 하나님이 구속으로 보내 주신 아들 예수님을 믿는 '믿음에 의한 의'입니다. 이 가운데에서 가장 편한 길이 믿음에 의한 의의 길입니다. 여기에서 말하는 믿음이란 이미 우리가 아는 것입니다.

성경은 분명하게 말합니다. "사람이 의롭게 되는 것은 율법의 행위로 말미암음이 아니요 오직 예수 그리스도를 믿음으로 말미암는 줄 알므로 우리도 그리스도 예수를 믿나니 이는 우리가 율법의 행위로써가 아니고 그리스도를 믿음으로써 의롭다 함을 얻으려 함이라 율법의 행위로써는 의롭다 함을 얻을 육체가 없느니라"(갈 2 : 16).

만일 사람이 율법의 행위로써 의롭게 된다면, 그것은 예수 그리스도의 죽으심을 무효로 하는 행농입니다. 이것은 하나님께서 인간을 사랑하셔서 아들을 보내어 십자가에 죽게 하신 그 사랑을 거부하는 행위입니다. 이것만큼 하나님의 체면을 손상시키는 일은 없을 것입니다.

저에게 영어를 가르쳐 준 여자 선교사는 자신이 대학생일 때에 마음에 둔 남자에게 크리스마스를 맞이하여 전기 배터리로 따뜻하게 하는 코트를 사서, 그것도 학생으로서 많은 아르바이트를 해서 알뜰하게 모든 돈으로 사서 선물했는데, 포장도 뜯어보지 않고 반품된 것을 받아 보고 자살을 기도했다고 말하였습니다.

사람이 선하게 살면 구원을 얻는다고 말하는 것은 하나님의 얼굴을 먹칠하는 것이고, 이로 인하여 하나님을 자살시키려는 행동과 같습니다. "……만일 의롭게 되는 것이 율법으로 말미암으면 그리스도께서 헛되이 죽으셨느니라"(갈 2 : 21). 그리스도의 죽으심을 헛되이 하지 않는 길은 인간이 선한 행위로써 스스로를 구원할 수 있다고 생각하지 않는 것입니다.

종교개혁자 루터는 사람이 성령의 도우심으로 율법의 온갖 요구를 다 만족시켰다 할지라도 하나님은 그 사람을 구원하셔서는 안 된다고 말했습니다. 왜냐하면 하나님은 아들 예수님을 십자가에서 죽게 하심으로 인간을 구원하시기로 이미 구약 시대로부터 율법과 선지자를 통하여 밝히 보여 주셨기 때문이라고 말했습니다. 그렇습니다. 인간의 행위로 하나님 앞에서 구원 얻을 사람은 하나도 없습니다. 우리에게는 율법을 통한 의의 길은 없습니다. 오로지 믿음을 통한 의의 길밖에 없습니다.

| 로마서 3 : 23~28 |

주의 피값으로

베트남의 불교 승려 탁낫한이란 분이 프랑스에 한 수도원을 세우고 사람의 화(분노)를 다스리는 책을 써서 세계적으로 이름을 날리고 있습니다. 그리고 사람이 화를 다스리기만 하면 성공적인 삶을 살 수 있을 것처럼 주장하고 있습니다.

화를 다스리기로 한다면 그분은 바로 하나님이십니다. 하나님께서는 화를 내셔야 하고 내실 수밖에 없지만, 화 대신에 오히려 스스로 화를 푸시는 방법을 택하셨습니다. 하나님께서는 말을 듣지 않는 인간에게, 등 돌리는 인간에게 화를 내심으로써 벌을 받게 해야 함에도 불구하고, 오히려 아들을 대신하여 십자가에서 벌 받게 하심으로써 벌 받아야 할 인간을 살려 내셨습니다.

우리도 자녀를 키우기 때문에 잘 알지만, 애들이 잘못하면 얼마나 화가 납니까? 그런데 더욱더 화나게 하는 것은 잘못한 자식들이 오히려 대들고 잘못한 것 없다고 하고, 부모가 되어서 그 정도도 해주지 않으려 하느냐고 적반하장으로 대드는 것입니다. 이 정도 되면 부모와 자식의 관계가 무너지기 때문에 부모가 질 수밖에 없습니다. 그래서 오히려 더 잘해 줄 수밖에 없는 것입니다.

하나님과 인간 사이의 관계도 이와 마찬가지입니다. 모든 사람이 하나님께서 정해 주신 목표에서 벗어나 곁길로 가고 있습니다. 즉, 죄를 범했습니다. 그 결과 하나님의 얼굴을 볼 수 없게 되었습니다. 그럼에도 불구하고 하나님께서는 어른이시기 때문에, 부모이시기 때문에, 윗사람이시기 때문에, 창조자이시기 때문에 어쩔 수 없이 고개를 숙이기로 하셨던 것입니다. 이것이 하나님께서 화를 푸시는 방법입니다. 먼저 손해 보시고, 먼저 접으셨던 것입니다.

하나님은 항상 적자이십니다. 하나님은 인간과의 관계에서 한 번도 이겨 본 일이 없습니다. 하나님은 언제나 졌습니다. 그래도 하나님은 살아 계시고, 항상 이긴 것 같은 인간은 제자리에 없습니다. 지는 것이 이기는 것입니다. 한쪽 뺨을 때리면 다른 쪽 뺨을 돌라대고, 겉옷을 달라 하면 속옷까지 주고, 오 리를 가자 하면 십 리를 가시는 방법이 화를 푸시는 방법입니다. 이 방법이 자신을 이기고, 상대방을 이기는 방법입니다.

소돔과 고모라 성이 멸망할 때에 하나님께서는 천사를 보내어 사람들에게 경고하셨습니다. 그랬더니 소돔 사람들이 새로운 남자 천사 두 사람을 성적 대상로 보고서 내놓으라고 했습니다. 나중에 천사가 아브라함의 조카 롯에게 이 성을 빨리 떠나라고 재촉하자, 롯은 딸들과 사위들에게 이 사실을 알렸으나 오히려 비웃음을 당했습니다. 그래서 롯까지 지체했습니다. 다급하게 되자 천사는 롯의 일가를 손을 내밀어 성밖으로 들어 던졌습니다. 그리고 저 멀리 산으로 피하라고 했으나 이들은 가까운 소알 성으로 가겠다고 우겼습니다. 그러다가 소돔과 고모라가 유황불에 삼켜지는 것을 보고서 다시 산으로 도망했습니다.

이것이 인간이고, 이것이 하나님이십니다. 여기에서 사용되는 공식이 '그럼에도 불구하고'입니다. 사람들은 하나님께서 말씀하심에도 불구하고 듣지 않았으며, 하나님은 사람들이 말을 듣지 않음에도 불구하고 구원하셨습니다. 그리고 항상 지는 쪽은 하나님이셨습니다.

이렇게 사람들이 하나님의 말씀을 듣지 않고 절체절명의 순간에도 말씀을 듣지 않은 상태를 오늘 본문에서는 "모든 사람이 죄를 범하였으매 하나님의 영광에 이르지 못하더니"라고 했습니다. 화살이 목표를 맞추지 못하고 빗나갔기 때문입니다. 목표에서 벗어난 것을 오늘 본문에서는 모든 사람이 죄를 범하였으매라고 했습니다.

며칠 전 "세상에 이런 일이"라는 TV 프로그램에서 다음과 같은 내용이 나왔습니다. 강원도 속초에서 신부 측 하객들이 출발하였는데 충청도 예산으로 가야 할 버스가 경상도 예천으로 가고 말았습니다. 그 이유는 기사가 핸들을 잘못 틀었기 때문입니다. 그래서 결혼식이 엉망이 되었습니다. 예산으로 가야 할 차가 길을 잘못 들어 예천으로 가면 신부의 결혼식을 볼 수 없는 것입니다. 이것을 성경에서는 '죄'라고 했습니다.

그렇기 때문에 하나님께서는 어쩔 수 없이 되돌릴 수밖에 없습니다. 소돔과 고모라라는 잘못된 도시에 살기 때문에 억지로 이들을 성 밖으로 내던져서 산으로 피신시킬 수밖에 없었듯이, 사탄이라는 잘못된 기사가 차를 예천으로 몰고 가기 때문에 하나님께서 그 차를 되돌려 예산에 갖다 놓을 수밖에 없는 것입니다.

아담과 하와가 선악과를 따 먹고 나무 그늘에 숨었을 때에 "아담아 어디 있느냐?"라고 찾아 나선 분은 하나님이십니다. 자식이 집을 나가서 돌아오지 않으면 부모는 찾아 나서는 길밖에 없습니다. 어릴 적에는 "내가 부모를 존경하고 사랑한다."라고 생각하지만, 커서 철이 들면 "내가 부모를 사랑한 것이 아니라 부모님이 나를 사랑하셨다."는 것을 알게 됩니다. 이것이 내리사랑이고 하나님 사랑입니다. "너희가 나를 택한 것이 아니오 내가 너희를 택하여 세웠나니……" (요 15 : 16)라고 말씀하십니다.

여러분, 사람이 무엇입니까? 매우 귀한 존재들입니다. 하나님께서는 우리를 만드셨을 뿐만 아니라 아들을 십자가에 피 흘려 죽게 하심으로써 되사 오셨기 때문에 우리는 그만큼 비싼 존재들입니다. 사람 하나 구원하시려면 하나님께서도 아들을 몸값으로 내놓으셔서 십자가에 죽게 해야 합니다. 이것이 십자가의 도리이고, 보혈의 도리입니다. 이 몸값 혹은 구속으로 번역된 이 단어는 "노예 혹은 포로된 자를 되사 오다."(buying back a slave or captive) 혹은 "몸값을 지불함으로써 자유롭게 하다."(making him free by payment of a ransom)의 뜻을 가지고 있습니다. 우리는 노예입니다. 그런데 노예를 위해서 주인의 아들을 몸값으로 내놓으셨다는 말입니다.

피는 무엇입니까? "육체의 생명은 피에 있음이라 내가 이 피를 너희에게 주어 제단에 뿌려 너희의 생명을 위하여 속죄하게 하였나니 생명이 피에 있으므로 피가 죄를 속하느니라"(레 17 : 11). 여러분과 저는 하나님께서 하나님 자신과 동등하신 아들을 십자가에서 죽게 함으로써 되사 와야 할 만큼 값진 보배들입니다. 화를 내시고 분노를 발하셔야 할 하나님께서 '길이 참으시는 가운데' 오히려 그 반대로 용서하시고, 감싸 주시고, 아들까지 내주셨습니다. 이렇게 하나님께서 오래 참으시는 것이 하나님의 사랑입니다. 고린도전서 13장에서 사랑을 정의할 때에 제일 먼저가 "사랑은 오래 참고"라고 했습니다. 하나님은 오래 참으시는 가운데 아들을 내어 주실 만큼 우리를 사랑하시고 아끼시고 귀하게 여기십니다. 하나님께서 아들을 십자가에 내어주셔서 피를 흘리게 하신 것을 화목제물이라고 했습니다. 구약 시대에 사람의 죄를 짐승에게 지워서 피를 흘리게 함으로써 사람의 죄를 사해 주고 하나님과 관계를 회복시켰듯이, 아들은 노예인 인간의 죄를 위해서 그렇게 화목제물이 되신 것입니다. 그만큼 사람은 귀한 존재입니다.

이제는 하나님께서 아들의 피를 보셨기 때문에 사람들이 전에 지은 죄를 보시지 않으신 것으로 하셨습니다. 그냥 지나가게 하셨습니다. 그뿐만 아니라 처벌하지 않고 넘어가게 하셨습니다.

그것은 장차 우리 인간들에게 천사를 심판할 권세를 주시기 위해서이고, 이 세상 우주를 다스리시게 하시기 위해서입니다. 하나님의 통치에 동참하게 될 것입니다. 그만큼 우리는 중요한 존재들입니다. 그러므로 이제 우리는 스스로를 높이고 존중하고 귀하게 여겨야 합니다. 함부로 세상적인 것에 내어 줄 수 없습니다. 성경은 이렇게 말합니다. "값으로 산 것이 되었으니 그런즉 너희 몸으로 하나님께 영광을 돌리라"(고전 6 : 20). "너희는 값으로 사신 것이니 사람들의 종이 되지 말라"(고전 7 : 23).

며칠 전 한겨레신문에 영국 학자들이 발표한 행복공식이 실렸습니다. "P+(5×E)+(3×H)"라고 했습니다. P는 인생관, 적응력, 탄력성 등 개인적 특성을 말합니다. E는 건강, 돈, 인간관계 등 생존의 조건을 말합니다. 그리고 H는 자존심, 기대, 유머감각 등 더 높은 수준의 조건을 말합니다. 그러고 나서 행복해 지려면 이렇게 하라고 했습니다.

균형 : 가족과 친구, 그리고 당신 자신에게 시간을 쏟아라.
대인관계 투자 : 밀접한 대인관계를 맺도록 노력하라. 수많은 친구보다 더 중요하다.
여가를 내라 : 흥미와 취미를 추구하라. 새로운 사람을 만나고 기존의 틀을 깨라.
운동하고 휴식하라.
전력을 다하고 분명하지만 성취 가능한 목표를 가지라.
또는 행복하려고 노력하기를 중단하면 아주 즐겁게 지낼 수 있다는 말에 귀를 기울이라.

그러나 이 사람들은 하나를 빠뜨렸습니다. 우리는 누구입니까? 하나님의 길이 참으심과 사랑을 입은 사람들입니다. 우리가 비록 죄에게 팔려서 죄의 종으로 살았을지라도 하나님께서 아들을 주시고,

십자가에서 죽게 하심으로써 되사 오신 존재들입니다. 우리는 장차 천사를 심판하고 하늘의 별과 달을 다스리게 될 하나님의 동역자들입니다. 영원히 살아서 하나님과 함께 권세자로 있을 것입니다.

이것은 허황된 소리가 아니라 성경에 약속하신 것입니다. 그만큼 귀한 존재가 되는 것은 결코 나의 윤리적, 도덕적 성취를 통해서 이루어진 것이 아니기 때문에 결코 자랑할 것이 못됩니다. "그런즉 자랑할 데가 어디냐 있을 수가 없느니라 무슨 법으로냐 행위로냐 아니라 오직 믿음의 법으로니라"(롬 3 : 27).

우리는 전적으로 하나님으로부터 받았습니다. 우리의 부모이신 하나님께서 우리가 화를 내고 집을 나갔을 뿐만 아니라 마귀와 손을 잡고 온갖 못된 짓을 다해서 다시는 집에 돌아올 수 없는 만신창이가 되었음에도 '그럼에도 불구하고' 하나님께서 눈감아 주고, 길이 참으시고, 먼저 우리를 찾아 나섰으며, 따뜻하게 맞이해 주신 것입니다.

이 생각이, 이 믿음이 우리를 가장 행복하게 합니다. 우리의 좋은 친구도, 가족도, 우리의 좋은 대인관계도 다 예수님이십니다. 그분께서 나와 함께 있음으로 나는 허물의 사함을 받고 죄의 가리움을 받은 행복한 사람입니다(시 32 : 1). 여러분에게 이 행복과 기쁨이, 이 만족이 항상 넘치기를 바랍니다.

제4~5장

일을 아니하실지라도

최근에 사우디의 공주가 자신의 일생을 자서전 형식으로 쓴 *princess*라는 책을 읽었는데, 이슬람 국가에서는 종교경찰(mutawa)이 가장 큰 힘을 가지고 있으며, 이들은 왕자 혹은 공주, 심지어 임금까지도 제재할 수 있습니다. 그래서 왕가에서도 종교경찰과 친구처럼 가까이 지내기도 하였습니다. 종교경찰은 외국인까지도 기도시간을 지키지 않으면 구타할 수 있고, 왕가에서는 기도시간에 늦지 않으려고 자기네 집(궁전) 가까이에 사원을 짓도록 배려하기도 했습니다. 이렇게 이슬람의 신앙행위(일)는 철저하면서도, 이들이 사우디 땅만 벗어나면 국내에서 할 수 없었던 온갖 성적인 난잡함을 보였습니다. 그래서 공주는 사우디를 벗어나서 여성들의 권익을 주장하며, 남성들의 이중적인 겉모습을 고발했습니다. 국내에서는 그렇게 종교적인 행위에서 거룩한 사람이 해외에서는 어떻게 그렇게 부도덕할 수 있느냐는 분노였습니다.

이것이 오늘 사도 바울이 본문을 통해서 말하는 것입니다. 사람이 자신의 부족을 깨닫고서 그것을 해결하려는 마음을 가지는 것은 매우 좋은 일입니다. 그러나 사람의 행위로써 자신의 부족을 해결할(의롭게 될) 수 없으면서도 마치 해결한(의롭게 된) 것처럼 떠들지만, 그것은 사람의 기준에 의하면 가능할지 몰라도 하나님의 기준에는 멀다(2절)는 것입니다. 이렇게 사람의 기준을 충족해 놓고서 신의 기준까지 충족한 것처럼 떠드는 것을 외식이라고 했습니다.

바울은 본문에서 사람의 행위를 총칭하여 육(κατὰ σάρκα)이라고 했습니다. 육이란 원래 희랍 사람들의 생각에는 물·불·흙·공기 4원소에서 육이 나오는데, 이 부분은 피부 밑에 있는 살덩어리로써 제사에 바치는 부분이며, 에피쿠로스(Epicurus)에 이르러 인간의 감정(emotion)의 자리를 의미하였습니다. 초기 기독교는 바로 이러한 생각을 받아들였으며, 사도 바울은 특히 육을 세상적인 삶과 연결시켜서 부패하고 썩을 것으로 보았고, 죄의 자리라고 했습니다.

그렇기 때문에 사람이 육의 행위로써 하나님의 의를 충족시킨 것처럼 생각하면 하나님 앞에서 외식하는 것이며, 하나님을 끌어내리는 것입니다. 이것처럼 하나님을 욕되게 하는 일이 없습니다. 사람이 하나님의 자리 밑에서 판단을 받아야 마땅한데 하나님을 사람의 자리로, 즉 아래로 끌어내려서 판단하는 것은 하나님을 욕되게 하는 행위입니다. 그래서 외식이라고 하는 것입니다.

얼마 전 TV에서 제주도에서 사는 한 어머니의 모습을 비춰 주었는데, 그 어머니는 새벽부터 해질 때까지 산 아래에서 무거운 돌을 허리가 휘도록 등짐으로 져서 산 중턱으로 져 날랐습니다. 그 이유를 물었지만 끝까지 대답하지 않던 어머니는 자신의 아들이 정신병으로 고생하고 있다는 답변을 하였습니다. 어머니는 아들이 자신의 죗값을 대신 받은 것이라고 판단하였고 이렇게라도 공을 들여 속죄하게 되면 아들의 정신병이 나을 수 있으리라고 믿었기 때문에 지난 3년여 동안 고생하는 것이었습니다.

사람이 고행함으로써 죗값을 치른다는 '행위를 통한 속죄의 방법'은 동서양을 막론하고 일반적으로 다 같이 통용되고 있습니다. 여러분과 제가 어떠한 잘못을 비밀스럽게 범하였는데, 그 후에 다소간 불미스럽거나 손해되는 일이 발생하면 우리는 액땜 혹은 죗값을 치렀으니 앞으로 좋을 것이라고 생각하거나 위로합니다.

이것이 바로 일로써 보상하는 것입니다. 다시 말하여 육체적 노동과 수고를 통하여 자신의 죗값을 치르려 하는 생각이지만, 오늘 본문에서는 이것이 아주 잘못되었다고 말합니다. 일을 하는 주체가 사람이기 때문에 사람의 일은 사람에게만 효과가 있을 뿐입니다. 그리하여 2절에서 “만일 아브라함이 행위로써 의롭다 하심을 얻었으면 자랑할 것이 있으려니와 하나님 앞에서는 없느니라”고 말합니다. 사람의 일은 사람에게 유익하기도 하고 무익하기도 합니다. 욥기 35 : 6~8에서는 “그대가 범죄한들 하나님께 무슨 영향이 있겠으며 그대의 악행이 가득한들 하나님께 무슨 상관이 있겠으며 그대가 의로운들 하나님께 무엇을 드리겠으며 그가 그대의 손에서 무엇을 받으시겠느냐 그대의 악은 그대와 같은 사람에게 있는 것이요 그대의 공의는 인생에게도 있느니라”고 말합니다.

사람이 무엇을 함으로써 하나님이 움직이신다는 것은 우리가 사는 현실에서 많은 사람들이 실제적으로 그렇게 받아들이고 있는 사실입니다. 그러나 이것은 하나님의 실제적인 움직임을 경험하기 이전의 생각이고, 정작 하나님께서 움직이셔서 나에게 그 효과가 너무나도 크게 오는 것을 느끼고, 경험하게 되면 그만 우리는 “내가 한 일에 비하면 하나님께서 너무나도 많은 것을 주셨다.”라고 말하면서 “내가 무엇인가를 하면 하나님께서도 나에게 무엇인가를 해 주시지 않으시고는 베길 수 없을 것이다.”라고 생각했던 것이 참으로 옹졸하고, 염치없는 하나님과의 거래였다는 것을 깨닫고 후회하게 될 것입니다. 아니, 하나님께 죄송하다는 생각이 들 것입니다. 뿐만 아니라 내가 무엇인가를 했기 때문에 하나님께서 주신 것이 아니라 하나님께서 나에게 주시기 위하여 나로 하여금 선한 일을 하게 하셨다는 것을 고백하게 될 것입니다.

사람이 인간적인 어떠한 일로써, 그것이 인간들 보기에는 참으로 엄청난 것처럼 보일지라도, 제주도의 한 어머니가 아들의 병을 치료하기 위하여 벌써 3~4년간 날마다 무거운 돌짐을 산 중턱으로 져 나름으로써 주위의 모든 사람들에게 존경과 성스러운 마음을 일으킬지라도, 그것은 어디까지나 사람의 행위입니다. 사람인 내가 사람의 행위의 극치를 보임으로써 신의 자비를 이끌어냈다고 하는 생각은 고대 유대인들의 사상이며, 중세 로마 가톨릭의 사상이며, 이슬람교의 사상이며, 전 세계적으로 흩어진 수많은 토속 종교들의 사상입니다.

이러한 사상은 죄에 대한 인식이 다르기 때문에 그런 것입니다. 죄란 무엇입니까? 불법이 무엇입니까? 오늘 7절에서는 "불법이 사함을 받은 자"라고 했으며, 8절에서는 "주께서 그 죄를 인정하지 아니하실 자"라고 했습니다. 우리가 용서 받아야 할 죄는 세상 법정에서 정하는 불법이나 죄가 아니라 하나님 나라에서 정한 규범을 지키지 않은 불법이며, 하나님께 목표를 맞추지 않음으로써 빗나간 죄입니다.

그렇기 때문에 루터가 면죄부를 사고, 순례를 행하고, 선행과 구제를 하고, 돈을 들여서 성당이나 다리를 건설하는 것은 로마 교황청에 있는 교황이라는 사람이 교회법에 따라 정한 범죄행위를 경감시킬 수는 있어도 하나님께서 정하신 양심의 죄는 조금도 해결할 수 없다고 했던 것입니다.

그래서 오늘 본문 5절에서도 "일을 아니할지라도 경건하지 아니한 자를 의롭다 하시는 이를 믿는 자에게는 그의 믿음을 의로 여기시나니"라고 선언하는 것입니다. 원래 '일'(ἔργον)이란 단어는 헬라어에서 게으름에 대한 반대 개념으로써 활동성, 공적인 일과 가사 노동 등으로 폭넓게 쓰이다가 사람에게 부여된 신적인 일의 개념으로 사용되었는데, 유대인들이 BC 334년경부터 알렉산더 대왕의 통치 아래 놓이게 됨으로써 헬라적 생각을 받아들여서 사람이 그 일을 하게 되면 신으로부터 사죄를 받는다는 생각으로 발전했던 것입니다.

여기에 대하여 예수님은 분명하게 일이 무엇인가를 선포하셨습니다. 유대인들이 "우리가 어떻게 하여야 하나님의 일을 하오리이까?"라고 묻자 예수님은 단호하게 "하나님께서 보내신 이를 믿는 것이 하나님의 일이니라 하시니"(요 6 : 29)라고 하셨습니다. 하나님이 보내신 자 아들 예수님을 믿는 것이 하나님의 일이라고 했지, 이 사회나 교회가 정한 법이나 규범을 지키는 것이 아니라고 했습니다. 오늘 본문에서는 5절에서 "일을 아니할지라도 경건하지 아니한 자를 의롭다 하시는 이를 믿는 자에게는 그의 믿음을 의로 여기시나니"라고 했습니다.

그렇습니다. 일을 했으면 그 삯을 받는 것이 정상입니다. 우리가 하는 일은 하나님이 보내신 자를 믿는 것이며 동시에 일 없이 불경건한 자(하나님을 경배하지 않는 자)를 의롭다(규범을 잘 지켰다.)고 하시는 이를 믿는 것이기 때문에 이 두 가지 일을 하는 자에게 하나님께서 삯을 주셨습니다. 그 삯이 죄가 없다고 인정해 주시는 은총입니다.

은총(χάρις)이란 헬라어는 '기뻐하는 것'(what delights), '신의 호의(favor of gods)와 동정(sympathy)'이며, '어떤 사람이 자신의 기쁨을 표현하는 것'(to show oneself to be pleasant)을 말합니다. 오늘 본문을 통하여 보여 주듯이 사도 바울은 이 단어를 하나님의 구원 사역에서 '값없이 어떤 공로를 전제로 하지 않고 호의를 보임으로써 즐겁게 하는 것'이라고 했습니다.

하나님께서 우리의 행위를 보시고 즐거워하는 것이 아니라 우리가 하나님을 믿음으로써 하나님께서 우리에게 호의를 베푸시고 "내가 기분이 좋다."고 심정을 표현하시는 것입니다. 그렇습니다. 우리는 자식들이고 또한 부모입니다. 자식은 부모가 이렇게 하시면 좋아하신다는 것을 알 수 있지만, 자식이 조금만 잘해도 부모는 매우 흐뭇해 하면서 더 많은 것을 주고 싶어 합니다. 이러한 심정으로 하나님께서도 우리 인간이 하나님의 존재를 인정하고, 높이고, 하나님께 감사하면 하나님은 흐뭇해 하시고, 동정심을 발하시고, 즐거움을 표현하시는 것입니다. 이렇게 하나님께서 즐거움을 표현함으로써 우리의 잘못을 처벌로 갚지 않고 없는 것으로 눈감아 주시는 것입니다.

이러한 상태를 8절에서는 "주께서 그 죄를 인정하지 아니하실 사람은 복이 있도다 함과 같으니라"고 했는데, 여기에서 '인정치 아니하실'이라는 단어의 뜻은 우리의 죄를 없는 것으로 '계산하신다'는 뜻입니다. 낱낱이 다 밝혀서 따지는 것이 아니라 한꺼번에 없는 것으로 셈하시는 것입니다. 왜냐하면 우리가 하나님을 인정하고 믿기 때문입니다.

우리 딸이 무뚝뚝한데, 어쩌다 한번 전화해서 "아빠, 사랑해!"라고 말하면, 그것도 꿈에 떡 얻어먹기로 그러면 우리는 그만 정신을 잃고 해 달라는 대로 다 해 주고 맙니다. 나중에 괜히 그랬다 싶어도 소용없습니다.

우리가 하나님의 은총으로 죄 사면을 받기 위해서 일을 하지 않아도 됩니다. 왜냐하면 일은 육체로 하는 행위이기 때문입니다. 그래서 아브라함도 육체로 한 행위에 대해서는 아무것도 찾지도 못하고, 얻지도 못했습니다. 아브라함은 육체에 반대되는 영으로 하나님의 약속을 의심하지 않고 믿었으며, 없는 것을 있는 것처럼, 보이지 않는 것을 보이는 것처럼 인정하고 믿었을 때에 하나님께서 아브라함을 의롭다고 계산해 주셨던 것입니다. 이것이 일하지 않은 사람이 받을 복입니다. 이 복이 여러분에게 넘치시길 바랍니다.

삯과 은혜

어렸을 때에 우리 집 앞마당의 밭이 꽤 컸었던 것으로 생각됩니다. 그 밭에 무, 배추를 심고 김장까지 하곤 했습니다. 그때에는 밭에 씨를 뿌리려면 우리 집에 남자 형들이 4명이나 되니까 아버지, 어머니는 형들에게 일을 시켰습니다. 나는 꼬마였기 때문에 형들이 일하는 것을 옆에서 지켜보기만 하였습니다. 그러다가 일이 끝나고 나서 아버지는 형들에게 "수고했다." 하시면서 돈을 주셨습니다. 나는 물끄러미 바라보고 있는데 "옜다, 너도." 하면서 나에게도 형들 못지않은 돈을 주셨습니다. 일하고 돈을 받은 형보다 일하지 않고 옆에서 지켜만 보고 돈을 받은 나는 더욱 기분이 좋았습니다. 왜냐하면 공짜로 받았기 때문입니다. 그러나 일에 대하여 잘했느니 못했느니 하여 돈을 주는 아버지도, 받은 형들도 불만이었습니다.

오늘 본문에 있는 일하고 받는 돈을 '삯'(μισθός)이라고 하였습니다. 이 단어는 원래 희랍에서는 '계약관계에서 한쪽이 다른 한쪽을 위하여 일하고 받는 일정 액수의 보상'을 뜻하였습니다. 군인이 받는 '보수'(payment), 예술가의 연주에 대한 '보수'(fee) 등이 다 이러한 삯이었습니다.

유대인들에게도 하나님으로부터 의롭다 인정받는 것은 하나님과의 계약관계에서 일을 함으로써 그 대가로 받는 삯이었습니다. 지난번에 언급하였듯이 원래 일이란 단어는 헬라어에서 게으름에 대한 반대 개념으로써 활동성, 공적인 일과 가사 노동 등으로 폭넓게 쓰이다가, 사람에게 부여된 신적인 일의 개념으로 사용되었는데, 유대인들이 BC 334년경부터 알렉산더 대왕의 통치 아래 놓이게 됨으로써 헬라적 생각을 받아들여서 "사람이 그 일을 하게 되면 신으로부터 사죄를 받는다."는 생각으로 발전했던 것입니다.

오늘 본문에서 이렇게 헬라적 영향을 받아 일의 개념을 이해하는 유대인들에게 아브라함을 좋은 사례(metaphor)로 인용하면서 설명합니다. 아브라함이 하나님으로부터 의롭다고 인정받은 것이 할례라는 일(행위)을 하기 이전이었는가 혹은 그 이후인가라는 시간적인 차이에 큰 비중을 두었습니다.

일을 한 사람은 삯을 받지만, 일하지 않은 사람은 선물(은혜)을 받습니다. 일한 사람은 평가를 받지만, 일하지 않은 사람은 통과입니다. 일한 사람은 일에 대한 책임이 있지만 일하지 않은 사람은 항상 칭찬이 있습니다. 일하고서 좋은 소리 못 듣는 것은 당연하지만, 일하지 않으면 항상 좋은 소리를 듣습니다.

건축하는 사람들은 자신이 하는 일에 대한 대가를 받기 위해서 마음 쓰는 부분이 하나둘이 아니었습니다. 실세와 시공뿐만 아니라 주변의 사람들, 돌발사고 등 참으로 마음 쓸 곳이 하나둘이 아닙니다. 그렇게 열심히 해 주고서 돈이야 받지만, 칭찬을 받는 것은 아니었습니다.

헬라인들은 삯을 '명성과 칭찬'으로도 해석했으며, 선생이 좋은 제자를 두는 것도 삯으로 간주했습니다. 그러니까 삯은 일을 마무리 지을 뿐만 아니라 그 일로 인하여 명성과 칭찬까지 함께 받아야 하는 것입니다.

그렇다면 우리가 하나님 앞에서 하는 일은 어떻습니까? 삯을 받을 만큼 열심히 했으며, 완성했으며, 더 나아가서 명성과 칭찬까지 함께 받을 정도입니까?

얼마 전 전쟁 기간 중에 이란 사람들이 시아파의 지도자 순교일을 맞이하여 자신의 몸을 쇠사슬로 두들기면서 시내를 활보하는 장면을 TV에서 보여 주었습니다. 자신들도 성인처럼 순교로 삶을 마감하지 못했음을 한탄하는 의미에서 그렇게 했습니다. 중세 때에도 채찍으로 자기 몸을 괴롭게, 아프게 때림으로써 죄를 생각나게 하고, 죄 씻음을 맛보려는 고행(flagellation)이 있었습니다.

시아파 신도들이 쇠사슬로 거리를 행보하면서 자기들의 몸을 쇠사슬로 치는 것이나, 중세 때 수도사들이 채찍으로 몸을 쳐서 피가 나게 하는 것이나, 필리핀의 가톨릭 신자들 가운데 한 사람을 뽑아서 고난주간에 십자가에 못 박는 행위 등은 결국 그렇게 함으로써 하나님 앞에 자신이 완벽하게 되었다는 확신보다는 더욱더 자신이 부족하다는 것을 느끼게 할 뿐입니다.

일을 통하여 의에 이르려는 사람은 기본적으로 하나님은 거룩하다는 생각을 가지고 있는 것입니다. 하나님은 나와 다르다는 것, 즉 나는 하나님 앞에 이를 수 없다는 생각만 있는 것입니다. 이렇게 능력 면에서 차이가 있는 하나님께 이르기 위해서는 하나님의 명령에 순종해야 하고, 하나님의 뜻을 제대로 인지해야 하고, 도덕적인 의무를 다해야 하고, 또한 하나님 앞에서의 책임을 다해야 합니다. 일을 통하여 의에 이르려는 길은 사람을 더욱더 철저한 극단주의로 몰아갈 뿐입니다. 그리하여 심지어 가시가 달린 채찍으로 몸을 때리고, 피를 흘리면서, 신의 완벽함에 이를 수 있을 것으로 자신을 위로했던 것입니다.

고대 아합 시대에는 왕의 자녀를 희생제물로 바치고, 트로이 전쟁의 신화에서도 왕의 자녀를 희생제물로 바치기까지 했습니다.

그렇다고 해서, 인간으로서 신의 호의를 살 만큼 다했다는 자신감을 가질 수 있느냐는 질문은 항상 남습니다.

바로 이 길을 걸어 온 사람들이 유대인들이고, 오늘날에도 도덕적 행위에 매달리는 사람들이 다 그렇습니다. 주변의 환경에 매여서 남들의 눈치를 보면서 하는 선행은 결국 자기 자신을 죽이고 맙니다.

인간이 신의 표준을 따라가는 것 자체가 불법, 즉 인간의 법에서 벗어나는 것입니다. 인간에게는 인간의 법이 있고, 신에게는 신의 법이 있습니다. 운동에서도 초등부가 있고, 고등부가 있고, 일반부가 있고, 운동장 크기도, 기구도 다 다릅니다. 사람에게 하나님이 원하시는 표준의 순종을 하고 있으며, 하나님의 뜻을 다 알며, 도덕적으로 다 이행했으며, 책임을 다했으며, 철저했는가라고 묻는다면 그것은 물론 'No'입니다. 그래서 이러한 사람에게는 삯이 빚(ὀφείλημα) 입니다. 빚이라는 헬라어는 '갚지 못하면 감옥에 간다'는 의미입니다. 일하고서 하나님으로부터 삯을 추구하는 사람은 결국은 감옥에 가고 맙니다.

반대로 사람이 하나님의 요구조건을 다 충족시킬 수 없다는 철저한 인식을 가졌던 한 대표적인 인물이 오늘 본문의 바울입니다. 그는 스스로 고백한 그대로 율법의 의로는 완벽하였지만(빌 3 : 6) 그래도 자신은 이것으로 인해서 하나님 앞에서 삯을 받지 않았습니다. 그는 삯을 받을 만큼 다 순종하지 못했노라고, 하나님의 뜻을 다 알아듣지 못했노라고, 도덕적인 의무를 완수하지 못했노라고 정직하게 말했습니다. 내 책임을 다하지 못했나고 고백하는 것입니다. 그렇기 때문에 바울은 삯이라는 칭찬과 명예보다는 오히려 고통과 아픔을 택했으며, 이것들을 감사하는 마음으로, 이것도 싸다는 마음으로 은혜로 받아들였습니다.

일하고서 그 삯을 은혜로 받아들이는 자는 '거룩한 하나님'을 바라보지 않고 '자비로운 하나님'을 바라보는 사람입니다. 심판 자리에 앉으신 엄위하신 하나님(majestic God)이 아니라 시은소에 앉으신 자비하신 하나님(merciful God)을 바라보는 사람입니다.

저는 결코 못합니다. 할 수 없습니다. 하나님이 원하시는 표준을 결코 맞출 수 없습니다. 아니, 맞춰 보려고 생각하는 것 자체가 송구스러운 뿐입니다. 그리하여 오늘 7절에서는 "불법이 사함을 받은 사람"이라고 했으며, 8절에서는 "주께서 그 죄를 인정하지 아니하실 사람"이라고 했습니다. '사함을 받는다'라는 헬라어 동사(ἀφέθησαν)는 떼어 내서 던져 버린다는 뜻이고, '인정하지 아니한다'(λογίζεται)는 것은 계산하지 않는다는 뜻입니다.

그렇습니다. 열심히 일하고서 이 정도면 됐다고 해 보았자 아버지로부터 그것밖에 못했냐고 핀잔과 꾸지람을 받을 뿐입니다. 돈을 받기는 받아도 부끄러운 심정으로 받아야 합니다. 그러나 옆에서 지켜만 보아도 아이는 상을 받습니다. 한 일이 없기 때문에 사함 받을 것도 없고, 용서 받을 것도 없습니다. 그래서 "율법이 없는 곳에는 범함도 없느니라."고 했습니다.

사람이 무엇인가를 행하면 하나님께서 그 행위자에게 결코 가만히 계시지 않으신다는 생각은 고대 원시종교로부터, 유대교, 이슬람교, 중세 로마 가톨릭이나, 한국의 전통적인 주술신앙이나, 오늘날 한국의 상당히 많은 교회들과 기독교 신앙인들에게 이르기까지 동일하게 가지는 생각입니다.

왜 사람들은 하나님과의 관계를 인격적인 관계로 보지 않고 항상 거래로 보는지 모르겠습니다. 이렇게 신과 거래하는 종교를 자연종교 혹은 원시종교라고 말합니다. 아직 신앙의 주체가 인간이기 때문입니다. 내가 보기에 신은 크고, 위대하고, 절대적이고, 숭배의 대상이고, 경외의 대상입니다. 아직 이러한 신은 나의 마음속에 친아버지, 어머니처럼 따뜻한 가족으로 계시지 않습니다. 대화의 상대가 아닙니다. 실수하면 크게 벌주시는 분에 불과합니다.

종교개혁자 루터가 수도원에서 극도로 고통스러운 방법을 동원하여 수행할 때에는 하나님이 심판의 하나님, 벌주시는 하나님, 거룩한 하나님, 멀리 계시는 하나님이었습니다. 불교에서 말하는 영겁의 시간 동안 죄악의 굴레에서 벗어나지 못하는 윤회의 나락에 빠져 있는 모습이었습니다. 아니, 희랍 신화에 나오는 시시포스의 신화였을 것입니다. 돌을 굴려서 산 위에 올려놓으면 또다시 굴러 내려가고, 내려가고 합니다.

하나님은 이렇게 멀리 계시면서 동시에 아들 예수님을 통하여 우리 안에 따뜻한 아버지로, 어머니로, 형제와 자매로, 친구로 가까이서 조언해 주시고 위로해 주시다가, 이제는 성령을 통해서 동일하게 하시는 보혜사 하나님이십니다.

최근에 양림교회(기장) 목사님이 젊은 나이에 교회사업을 많이 벌이셨습니다. 그러던 어느 날 새벽기도를 마치고 집으로 와서 쓰러져 그만 하늘나라로 가셨습니다. 많은 사람들이 슬퍼했습니다.

우리가 주체가 되면 하나님께서 빼앗아가지만, 하나님이 주체가 되면 결코 실수가 없으신 분이시기 때문에 염려할 것이 없습니다. 하나님과의 관계에서 삯을 중요시하면 인간이 주체가 되지만, 은혜를 중요시하면 하나님이 주체가 됩니다.

이현필 선생의 스승인 이세종 선생은 어느 날 길을 가다가 가난한 거지에게 있는 돈을 다 주었습니다. 그랬는데 거지가 감사하다는 말 한마디 없이 그냥 지나가기에 속으로 괘씸하다는 생각이 들어서 뒤를 돌아보는 순간에, '나' 인간이 주체가 되었다는 것을 깨달았습니다. "내가 하나님으로부터 얼마나 많이 받았는데, 과연 나는 감사하다는 말을 하면서 살았던가? 사람이 다 이렇구나! 예수님을 믿는다는 사람이, 주머니를 다 털어 줄 정도로 선행이 소문난 자신이 다 이렇구나! 계약관계처럼 '감사합니다.'라는 삯을 바라고 선행을 하다니……." 그는 집안의 재산을 모두에게 나눠 주고 더 깊은 산속으로 들어가면서 "사업할 것 아니여. 전도할 것 아니여. 혼자 잘 믿어야지."라고 했다는 것입니다.

신앙은 사람이 사람을 죽이고 하나님 앞에 고개를 숙이게 하는 것입니다. 아니, 하나님 앞에서 응석을 부리는 것입니다. 어린아이가 되어서 밭에서 일하지 않고 아버지, 어머니의 처분만 기다리면 밭에서 일하는 형들과 동일하게 돈도 받고, 칭찬을 받습니다. 신앙은 어린아이가 되는 것입니다. 그래야 일하고서도 삯이 아니라 은혜를 받을 수 있습니다.

아브라함과 세계화

조선왕조의 초기에 건국의 이념에 위배되는 첫 번째 왕자의 난이 있었습니다. 가슴 아프게도 왕자들은 다 같은 태조의 아들이었습니다. 다 같이 선택된 왕손이었습니다. 이들에게는 왕족의 칭호와 엄청난 재산이 있었습니다. 그러나 한 왕자를 세자(crown prince)로 삼은 것은 그가 다른 왕자와 다를 뿐만 아니라 다른 왕자들을 대표하여 백성을 섬기고, 국가를 굳건한 토대 위에 올려놓기 위하여 상호 협력하라는 것이었습니다. 태종은 다른 왕자들을 죽이고 혼자서 모든 것을 독차지하여 왕이 되었지만, 결국은 아버지를 거스르고 형제를 죽인 왕으로 역사에 남아서 영원히 오명을 벗지 못하고 말았습니다.

유대인은 왕세자 태종과 같습니다. 하나님께서 유대인을 선택하신 이유는 창세기 12 : 1~3에서 말씀하신 것처럼 아브라함을 통하여 모든 민족의 축복의 근원이 되게 하려는 것입니다. 다시 말하여 왕세자처럼 차기의 왕이 될 민족으로서 더불어 함께 공동체로 살기 위하여 하나의 대표적인 민족이 되라는 것입니다. 요즈음 말로 바꾸자면 하나님께서는 아브라함을 통하여 모든 민족이 하나로 잘사는 세계화를 실현하려고 하였지만, 이들은 예루살렘의 성전을 중심으로 한 유대인의 민족주의와 국수주의를 지금까지 고수하고 있습니다.

오늘 이야기에서 바울은 은유를 들어서 하나님의 보편성을 설명합니다. 즉, 유대인들이 주장하는 선택된 백성의 증거인 할례는 아브라함이 아직 할례 받지 않은 백성으로 살 때에 하나님의 약속을 믿은 데 대한 징표에 불과하다는 것을 말하고 있습니다. 그리하여 아브라함이 할례가 없을 때에 하나님의 약속을 믿음으로써 의롭다 인정을 받았고, 그 징표로써 할례를 한 것처럼, 우리도 아직 할례가 없는 이방민족이지만 하나님의 약속을 믿으면 아브라함이 그랬던 것처럼 곧 의롭다고 인정받을 수 있다고 말합니다.

그렇다면 할례는 무엇입니까? 그것은 육체에 행하는 의식이 아니라 마음에 행하는 것입니다. 빌립보서 3 : 3은 "하나님의 성령으로 봉사하며 그리스도 예수로 자랑하고 육체를 신뢰하지 아니하는 우리가 곧 할례파"라고 말합니다.

결혼식에서 신랑, 신부가 서로 결혼반지를 주고받습니다. 결혼반지는 두 사람이 부부가 되어 서로 원만하게, 둥글게 사랑하면서 살 것이라는 사랑의 징표입니다. 결혼반지는 반지를 끼기 이전에 서로 사랑하였기 때문에 서로 교환하면서 끼는 것입니다. 반지는 사랑에 대한 징표일 뿐입니다. 그러나 한 가지 짚고 넘어가야 할 부분은 사랑이 있으면 결혼반지가 있지만, 결혼반지가 있다고 해서 서로의 사랑이 있는 것은 아니라는 것입니다.

아브라함이 75세에 약속을 받고 100세에 이삭을 낳기까지 우여곡절이 없지는 않았지만, 그때마다 믿음이 흔들리다가도 또다시 믿음을 회복하곤 했습니다. 아브라함은 다메섹 사람 엘리에셀을 양자로 들여서 후계자를 삼으려 하기도 했고(창 15 : 2), 몸종 사이에서 태어난 이스마엘(창 16 : 16)을 후계자로 삼으려 하였으나, 하나님께서는 자녀를 주시겠다고 약속하셨습니다.

양자나 몸종의 자녀는 할례도 없고 믿음도 없음을 말합니다. 하나님과 아브라함 사이에 상호신뢰가 무너짐을 말하는 불신의 상징입니다. 그러나 사라의 아들 이삭은 믿음의 상징입니다. 이삭은 99세에 나타나신 하나님께서 다시 한번 약속하신 데 대하여 감사하는 마음으로 비록 99세이지만 "그래도 믿습니다."라는 자신의 믿음의 상징으로써 할례를 행했습니다(창 17 : 10-12). 그렇게 낳은 자녀가 이삭입니다.

신랑과 신부가 먼저 서로 사랑하고, 그 다음으로 결혼식을 하기로 작정하고 식장에서 사랑의 징표로써 반지를 교환하듯이, 하나님과 아브라함 사이에서도 하나님의 말씀을 아브라함이 믿고 그 다음에 할례를 행하였습니다. 결혼반지와 할례는 사랑과 믿음에 대한 징표에 불과합니다.

이것을 오늘 성경은 '도장'(σφραγίς)이라고 표현하였는데 할례가 없는 이방인과 같을 때 믿음에 의한 의를 도장 찍는 것이 바로 할례라는 징표이기 때문입니다.

하나의 사건을 보는 눈은 두 가지로 나누어집니다. 결과를 중요시하는 눈과 결과가 나오게 된 원인을 중요시하는 눈은 차이가 있습니다. 결과는 주어진 현실을 보는 근시안적인 지식의 눈이지만, 원인은 결과의 이면에 있는 숨은 뜻을 파헤치는 지혜의 눈입니다.

하나님의 세계화는 할례에 중점을 둔 유대인들의 독특한 의식을 통해서 이루어지는 것이 아니라 하나님의 약속을 믿는 믿음을 통해서 가능합니다. 계약의 백성 유대인도 지키기 힘든 율법으로는 보편성이 없지만, 하나님의 약속을 믿는 믿음은 얼마든지 보편성을 가지기 때문에 세계화는 율법이 아니라 믿음을 통해서 이루어지는 것입니다.

믿음은 할례라는 형식을 가능하게 하는 원인이며 내용입니다. 형식보다는 원인과 내용에 충실하려는 사람이 이 시대에 세계화를 이룰 수 있습니다. 아브라함의 믿음을 보는 사람이라야 이 세계를 이끌어 갈 수 있는 지도자입니다. 이스라엘 민족이 아무리 돈이 많고 영리한 천재가 많아도 세계 어디에서도 환영을 받지 못하는 이유는 형식주의에 치우쳐 있기 때문입니다. 하나님은 형식보다는 내용을, 결과보다는 원인을 추구하는 사람들을 통하여 범세계적으로 하나의 가족을 만들어 가십니다.

하나님이 아브라함을 선택하신 것은 그의 믿음이 완벽해서가 아니라 부족하지만 그래도 하나님의 일을 성취하기에 다른 사람보다 비교적 우위에 있기 때문이었습니다. 이것을 우리는 하나님의 은혜라고 말합니다.

하나님이 아브라함에게 이삭을 주신 것은 아브라함이 믿기도 하였지만, 그 믿음이 100% 온전한 것은 아니었습니다. 이미 말한 대로 양자를 데리고 오려고도 했고, 이스마엘을 낳기도 했었습니다. 그러므로 사람이 하나님의 약속을 100% 온전히 믿을 수 있는 것은 아닙니다. 아브라함도 우리와 같이 약점이 있는 사람입니다. 그런데도 하나님께서 아브라함에게 이삭을 주신 것은 그가 하나님의 약속을 100% 믿는 것으로 간주하여서, 실제로는 그렇지 않았지만 그래도 그런 것처럼 보아서 눈감아 주었기 때문입니다. 그리하여 이것을 갈라디아서는 "만일 그 유업이 율법에서 난 것이면 약속에서 난 것이 아니리라 그러나 하나님이 약속으로 말미암아 아브라함에게 주신 것이라"(갈 3 : 18)고 했습니다.

오늘 성경은 분명하게 말하고 있습니다. 갈라디아서 3 : 6~9에서 "아브라함이 하나님을 믿으매 그것을 그에게 의로 정하셨다 함과 같으니라 그런즉 믿음으로 말미암은 자들은 아브라함의 자손인 줄 알지어다 또 하나님이 이방을 믿음으로 말미암아 의로 정하실 것을 성경이 미리 알고 먼저 아브라함에게 복음을 전하되 모든 이방이 너로 말미암아 복을 받으리라 하였으니라 그러므로 믿음으로 말미암은 자는 믿음이 있는 아브라함과 함께 복을 받느니라"고 다시 선언합니다.

그렇기 때문에 여러분과 제가 행위로써 하나님으로부터 옳다 인정함을 받으려는 생각은 우리를 망하게 하는 것입니다. 행위가 완전하여 하나님 앞에서 의롭다고 인정받으려 한다면 그는 스스로를 죽이는 사람입니다. 그래서 갈라디아서 2 : 16에서 "사람이 의롭게 되는 것은 율법의 행위로 말미암음이 아니요 오직 예수 그리스도를 믿음으로 말미암는 줄 알므로 우리도 그리스도 예수를 믿나니 이는 우리가 율법의 행위로써가 아니고 그리스도를 믿음으로써 의롭다 함을 얻으려 함이라 율법의 행위로써는 의롭다 함을 얻을 육체가 없느니라"고 선언합니다.

그렇다면 율법은 무슨 용도가 있습니까? 그 시한은 언제까지입니까? 아브라함이 하나님의 약속을 믿음으로써 할례라는 징표를 받았으며, 아브라함으로부터 430년 뒤 모세에 의하여 율법으로 확정되었습니다(갈 3 : 17). 그리고 이 율법은 사람들이 고집이 세고 죄를 많이 범하기 때문에 강요하였다가 약속의 자손이 오실 때까지 허락하셨던 것입니다(갈 3 : 19).

율법은 세례 요한의 때까지이고, 예수 그리스도의 오심으로 은혜의 새로운 시대로 접어든 것입니다. 세례 요한은 자신에 대하여, 즉 율법에 대하여 "그는 흥하여야 하겠고 나는 쇠하여야 하리라 하니라"(요 3 : 30)고 분명하게 말했습니다. 율법을 통한 의의 길은 이제 쇠하고 하나님의 은혜를 통한 의의 길이 열렸다고 선언합니다. "믿음이 오기 전에 우리는 율법 아래에 매인 바 되고 계시될 믿음의 때까지 갇혔느니라"(갈 3 : 23).

율법은 우리를 믿음의 세계로 이끌어 주는 초등교사(몽학선생)였습니다(갈 3 : 25). 이제는 우리에게서 초등교사의 시대가 끝나고 하나님의 은혜의 시대가 열렸습니다. 그리고 은혜의 시대, 하나님의 영의 시대는 국가나 민족으로 구별하거나 한정시키지 않고 보편화시킵니다. 로마서 3 : 22에서도 "곧 예수 그리스도를 믿음으로 말미암아 모든 믿는 자에게 미치는 하나님의 의니 차별이 없느니라"고 했고 로마서 10 : 12에서도 "유대인이나 헬라인이나 차별이 없음이라 한 분이신 주께서 모든 사람의 주가 되사 그를 부르는 모든 사람에게 부요하시도다"라고 하셨습니다.

하나님은 이 지상의 모든 민족의 아버지이십니다. 남자도 여자도 구별하지 않습니다. 주인이나 종도 구별하지 않습니다. "너희는 유대인이나 헬라인이나 종이나 자유인이나 남자나 여자나 다 그리스도 예수 안에서 하나이니라 너희가 그리스도의 것이면 곧 아브라함의 자손이요 약속대로 유업을 이을 자니라"(갈 3 : 28-29).

하나님께서 아브라함의 행위를 보시지 않고 그의 믿음을 보시고 선택하신 것 자체가 이미 하나님의 세계화의 시작입니다. 누구든지 예수 그리스도를 믿기만 하면 하나님 안에서 한 가족입니다. 그 나라에서는 구별이 없습니다. 세계화를 이루기 위해서 우리는 지금 영어에 몰두하고 있습니다. 이것도 하나의 길입니다. 그러나 더 중요한 것은 언어소통 이전에 한 집 안에서 한 분 하나님을 예배하게 되면 모든 것이 다 해결됩니다.

한 분 하나님을 예배하고 찬양하면 세계화는 이루어집니다. 저는 경험했습니다. 자메이카(Jamaica)의 킹스턴에서 그리고 테네시(Tennessee)의 멤피스에서 경험했습니다. 처음 만난 사람일지라도 한 분 하나님을 섬기면 세계화는 가능합니다. 그 하나님이 아브라함의 하나님, 이삭의 하나님, 야곱의 하나님이시라면 온 세계가 하나가 될 것입니다.

믿음이란 무엇인가?

해방과 함께 미군정이 실시되었는데, 그 시기에 미군정청에서 가장 신뢰하는 사람은 목사였습니다. 그래서 일본인들이 버리고 간 적산을 관리하는 관재청 청장에 남궁혁 목사가 임명되었습니다. 뿐만 아니라 광주에 있는 가네보 면방직 공장을 기독교적으로 운영하면서 공산주의자들의 뿌리를 뽑을 수 있는 사람을 선정하였는데 그 사람이 김형남 장로였습니다. 이렇게 목회자는 미군정 당국자들로부터 높은 신임을 얻었습니다.

그리고 한국전쟁 이후 미국 대사관에서 목사라고 하면 미국 비자를 물어보지도 않고 그냥 주었습니다. 한국인 목사들에게 미국에서 무슨 회의에 참석해 달라는 초청장만 있으면 그저 비자를 주었습니다. 그런데 한국인 목사들이 미국으로 가서 돌아오지 않고 미국 내에 주저앉아 교회를 설립하고 곧바로 이어서 이민 비자를 신청하여 현재는 목사가 비자를 받는 데 가장 까다롭다고 합니다.

이렇게 이전에는 목사라는 신분만 보고도 믿었지만, 그 신분에

걸맞은 행동을 하지 않음으로써 목사에 대한 신뢰도 잃고 또한 신분에 맞는 행동을 하였더라면 당연히 누릴 수 있었던 실질적인 혜택도 잃고 말았습니다.

헬라어 '믿는다'(πιστεύω)는 동사는 고대 희랍 시대에서는 신뢰하다(trusting)라는 기본적인 의미에서 무기 혹은 무기가 지닌 기술에 대한 확신을 의미하다가, 자연스럽게 그 무기를 사용하는 사람에 대한 신뢰(trust)를 말하게 되었습니다. 그러므로 무기를 다루는 사람은 자신을 신뢰하는 사람들을 실망시키지 않을 정도로 무기를 잘 다룰 '의무'를 지니는 것입니다.

우리가 하나님을 믿는다고 했을 경우에는 하나님께 대한 신뢰와 그분의 능력에 대한 확신과 이 확신에 따라 그분에게 가지는 의무를 말하게 되었습니다. 그 의무는 하나님과 인간 사이에서 서로 믿고, 복종하고, 신뢰하고, 희망하고, 약속을 지키는 것입니다. 이것을 믿음의 관계라고 말합니다.

또한 내가 어떤 분이나 어떤 것을 믿는다고 할 때에 믿는 것이 사실로 이루어질 것을 어떻게 압니까? 그것은 내가 믿는 것에 대한 마음의 평화, 기쁨으로 응답이 옵니다. 여러분이 자녀를 위해서 열심히 기도하는데 아직도 이루어지지 않았다면 지금도 마음속에 의심이 있고, 기쁨이 없고, 평화가 없기 때문입니다.

어느 날 택시를 타고서 기사에게 "혹시 교회에 다니십니까?"라고 물었더니 자신이 옛날에는 새벽기도부터 빠지지 않았다고 합니다. 그런데 지금 교회에 다니지 않는 이유에 대해서는 "아무리 다녀보아야 도통 원하는 대로 이루어지지 않았다."라고 대답했습니다. 이러한 경우에 우리는 교회에 다니면서 하나님을 믿고 기도하는 등의 주체가 사람이고 하나님이 믿음의 대상입니다. 다시 말해서 내가 믿어 주는 것입니다. 내가 기도해 주는 것입니다.

우리는 믿음이란 내가 하나님을 믿어 주기 때문에 하나님이 존재하실 수 있는 것처럼 착각하곤 합니다. 만일 내가 믿어 주지 않으면 믿음도 성립할 수 없을 것처럼 생각하게 됩니다. 이러한 믿음은 사람이 주체가 되고 하나님은 객체가 되는 믿음입니다. 하나님을 인간의 그릇 속에 집어넣으려고 하는 믿음입니다.

사람이 하나님께 바라는 양만큼 하나님께서도 인간에게 바라는 것이 없을까라고 생각을 뒤집기까지는 오랜 시간이 필요합니다. 야곱이 벧엘의 하나님을 만났을 때에는 5가지 조건에 3가지 약속을 했습니다. 함께하시고, 지키시고, 먹이시고, 입히시고, 돌아오게 해 주면이라는 5가지 조건을 내 건 다음에 그렇게 해 주신다면 하나님을 나의 하나님으로 삼고, 성전을 지어 드리고, 십일조를 드리겠다(창 28 : 20-22)고 하였습니다.

이것은 I-myself-belief입니다. 이것은 철저하게 하나님과 사람의 계약관계가 이루어진 상태입니다. 그것도 사람이 주체가 되고 하나님은 객체가 되어서, 하나님은 사람이 하자는 대로 해 주어야만 하는 피동일 뿐입니다. 그리하여 사람이 해 달라는 대로 해 주지 못하면 무능한 하나님이 되어서 사람들로부터 거부당하는 신이 되고 맙니다.

이러한 믿음은 구약성서의 갈멜 산에서 하나님의 종 엘리야와 바알 신 제사장 사이의 대결에서 볼 수 있는 것입니다. 바알 신 제사장들은 아침부터 저녁까지 각종 제사 의식에 따라 춤도 추고, 심지어는 자신의 몸을 칼로 베어서 피를 흘리기까지 너무나도 믿음이 충만한 것처럼 보였는데, 이 신은 인간이 바라는 대로 해 주어야만 하는 불쌍한 신이었습니다. 언제라도 인간들로부터 배척당할 수 있는 존재였습니다. 니체(Nietzsche)가 "신은 죽었다."라고 말했던 그 신을 의미합니다.

"십일조를 내고, 주일성수를 하고, 새벽기도를 한 번도 빠지지 않았는데 왜 우리 집은 어려운 일만 더욱더 생깁니까?"라고 믿는 신앙과 그러한 신앙의 대상은 인간의 마음속에 있는 신이라는 허상에 불과합니다. 이러한 신은 사람이 만든 신에 불과합니다.

이러한 신은 '그럴 것 같은 신'(seems-to-be)입니다. 눈에 보이고, 직접 대화도 할 수 있을 것 같고, 성과도 금새 보이고…… 이러한 신은 인간의 욕심을 끊임없이 충족시켜 주는 마이다스 황금 손입니다. 이러한 신은 재물과 축복의 신이어야 합니다. 그러한 신을 섬기는 것은 아버지, 어머니의 돈주머니만 보고 효도하는 것과 같습니다. 그리하여 우리 세상에서 가장 가까워야 할 관계가 가장 먼 관계가 되는 경우가 이러한 것입니다.

오늘날 한국의 예수전도단을 만드신 분이 광주에서 선교사로 오래 봉사하였던 David Ross(오대원) 목사입니다. 그분은 광주 선교부 동산 안에 살지 않으시고, 서석동에 집을 얻어서 생활하셨습니다. 그리고 가급적 한국인과 친해지려고 노력도 많이 했습니다. 그분은 미국에서 4년제 대학을 나왔고 이어서 대학원 3년 과정의 신학대학원을 나왔습니다. 모든 면에서 지성인입니다. 그리고 외국에 선교사로 자청하여 나설 정도로 희생적인 신앙을 가지신 분이셨습니다.

그런데 그분이 한국에서 선교하는 동안에 그가 전했던 예수님은 머릿속에 계신 하나님이셨지, 그의 마음속에 계신 하나님이 아니셨습니다. 지식의 하나님이셨지, 느껴지는 하나님이 아니었습니다. 책에 쓰인 글자의 하나님, 눈으로 보는 하나님이셨지 마음속에서 직접 말씀하시는 음성의 하나님, 대화의 하나님이 아니었습니다.

이러한 하나님은 사람에게 항상 거리가 있는 것입니다. 이러한 하나님은 사람과 교회라는 제도 안에서 만나 주시는 하나님이십니다. 그리하여 우리는 이러한 하나님을 교회라는 건물 안에, 화려한 제단 위에 아름다운 주조물로 만들어 놓고, 사람의 예배와 경배의 대상으로 만들어 놓았습니다. 이러한 하나님은 사람의 필요에 따라 존재하셔야만 하는 하나님이십니다.

아름다운 미사곡의 순서에 따라, 입례송(introire), 글로리아(gloria), 상투스(sanctus), 퀴리에 엘레이송(kyrie eleison), 베네딕투스(benedictus) 등으로 합창곡에 따라 계시는 하나님이십니다. 이러한 예수님은 김지하 시인이 말한 대로 가시면류관을 쓰고 십자가로 향하셔서 고통당하신 예수님이 아니라 황금보좌에 황금면류관을 쓰고 경배를 받으시는 분이십니다. 이 하나님은 예배하는 인간으로부터 너무나도 멀리 계시는 하나님이십니다.

이러한 하나님은 고대 이스라엘의 성전 안에 계셨고, 중세 로마 가톨릭 교회 내에 계셨고, 16세기부터 19세기까지 유럽의 교회 안에 계셨고, 대한민국 땅에서도 일제 때 신사참배를 했던 목사님들 안에 계셨고, 오늘날의 상당히 많은 교회 안에 계신 하나님이십니다. 이 하나님은 갇혀 계시는 하나님이십니다. 이 하나님에게는 따뜻한 온기가 없고 차가운 돌과 쇠붙이 같은 하나님이십니다. 이 하나님에게는 감정이 없고 다만 지성만 있을 뿐입니다.

그리하여 이러한 하나님을 신영지주의의 하나님이라고 합니다. 삼위로 계시는 하나님을 믿으면, 그 가운데 제2위인 예수라는 이름의 어떤 분이 계시다고 믿으면 우리의 생활이 질서가 있고, 윤리가 있고, 사회가 제대로 돌아가기 때문에 그분이 필요한 것입니다. 이 하나님으로 인해서 직업도 생기기 때문에 살아가는 데 매우 필요한 분이십니다.

이렇게 믿는 사람들을 향하여 예수님은 누가복음 10 : 17~20 그리고 마태복음 7 : 22~23에서 "너희가 주의 이름으로 귀신을 쫓아내고 병자를 낫게 하고 기적을 행하였나이다"라고 대답할 때에 예수님은 "너희 이름이 하늘에 기록되는 것으로 기뻐하라 하시니라"고 하셨으며 또한 "……내가 너희를 도무지 알지 못하니 불법을 행하는 자들아 내게서 떠나가라 하리라"고 대답하셨습니다.

이현필 선생의 제자라 할 수 있는 오북환 장로가 세상을 떠나서 남원 동광원의 장례예배에 다녀왔습니다. 그분은 일제 때 부산에서 목수일을 배워 남원에서 교회생활하면서 목공소를 차려 3남매를 두고 그런 대로 돈을 벌면서 살았습니다. 그런데 그 마음속에 기쁨이 없었습니다. 신앙생활은 하면서도 깊이가 없었습니다. 저 마음속 깊은 곳에서 샘솟듯이 밀고 올라오는 뜨거운 어떤 것이 없었습니다. 하나님이, 예수님이, 성령님이 성경책에는 계시는데 나의 마음속에 들어와 나와 하나가 되지는 못했습니다. 그리하여 이현필 선생을 만나서 "어떻게 하면 예수님을 잘 믿을 수 있습니까?"라고 물었더니, "거지 오장치 짊어져야지요(깡통 차야지요)."라고 대답했습니다. 그 순간 오북환 장로는 "예."라고 대답하고서 따라나섰습니다.

이분이 일생 동안 깨달은 중요한 말씀은 "복음은 극악과 극선이 하나 되는 것이며, 극선이신 예수님을 만나는 길은 내가 극악이 되는 것이다."라고 했습니다. 이것을 설명해 주는 또 하나의 실화는 이현필 선생이 경기도 계명산 분원에 계신 장로님을 방문해서 "그동안 어떻게 지내셨냐?"고 묻자 "저는 독사같이 살았습니다. 저는 독사입니다."라고 대답했습니다. 그러자 이현필 선생은 "저는 독사의 왕이요."라고 하셨습니다. 거룩한 화답이었습니다. 이 두 사람은 둘 다 '독'입니다. 극악인 사람들이 극선이신 예수님을 만나 극악과 극선이 하나가 된 것입니다. 심판과 구원, 긍정과 부정이 동시에 성취된 것입니다.

이것은 헬라어 '신앙'(πίστις)이라는 단어가 지니는 의미입니다. 믿음의 대상이신 그분 앞에서 내가 낮아지고 없어지는 것입니다. 사람이 주체가 되는 것이 아니라 사람이 소멸되어야 합니다. 사람이 불에 타서 형체가 없어지고 재만 남아야 합니다. 그런데 이렇게 낮아지고, 없어지고, 소멸되고, 재만 남기가 너무나도 힘들고 어렵기 때문에 이분들은 자신을 '극악'이라고 한 것입니다. 너무나도 힘들고 어렵기 때문에 일생을 맨발로 살아도 부족했던 것입니다.

이러한 신앙은 요구하는 신앙이 아니라 드리는 신앙입니다. 신앙으로 인해서 얻는 것이 아니라 잃어버리는 것입니다. 책 속에 글자로 계시는 하나님을 믿는 것이 아니라 나의 삶을 통해서 예수님이 움직이시게 되는 것, 즉 사람이 예수님을 싣고 다니는 자동차가 되는 것입니다. 나는 자동차의 운전수도 못되고 기계에 불과하지만, 예수님이 손수 '나'라는 자동차를 운전하시게 하는 것입니다.

이렇게 믿는 사람에게는 관계가 있고, 대화가 있고, 만남이 있고, 기쁨이 있습니다. 사드락과 메삭과 아벳느고처럼 타는 풀무에 던져질지라도 하나님이 능히 자신들을 구원해 내실 것을 알았으며, 그리 아니하실지라도 하나님을 원망하지 않았습니다. 손양원 목사에게 이러한 것들이 있었기 때문에 아내와 함께 사택에서 지내기보다는 한센병자의 거처에서 지내기를 좋아했고, 주기철 목사가 차가운 감옥에서 신앙의 절개를 버리지 않았던 것입니다. 이현필과 동광원 식구들도 비록 행색은 거지꼴이지만 그 속에는 뜨거운 열정이 있기 때문에 그분들은 한 겨울에도 얼음 속에서 기도했으며, 양림동 천변에 천막을 치고 부둥켜안고서 밤을 지새우고 새벽이면 일어나 찬송을 부르면서 하루의 일과를 시작했습니다.

신앙은 무엇입니까? 우리가 믿는 예수님을 우리 몸 안에 살아계신 분으로, 움직이시는 분으로 모시는 것입니다. 그분이 내 안에 계시기 때문에 그분으로 인하여 내가 움직여지는 것입니다. 나라는 인간이 주체성을 잃어버리고 객체가 되어, 수동이 되어서, 예수님으로 나를 움직이시게 하는 것입니다.

이것을 성경은 '맡긴다'고 말합니다. 이것을 성경은 '순종한다'라고 말합니다. 따라서 믿는다는 말은 사람이 주인이 되어 믿는 행위를 하는 것이 아니라 하나님이 주인이 되어서 나로 믿게 해 주시는 것을 말합니다. 믿음은 하나님의 선물입니다. 여러분, 하나님을 더욱더 잘 믿기를 원합니까? 그것은 간단합니다. 내가 믿으려고 하지 말고, 믿을 수 있도록 하나님께서 내 안에 들어와 계시기를 바라십시오. 하나님께서 나의 주인이 되도록 하나님이 원하시는 것을 하십시오. 사람은 손님이 되고 하나님이 주인이 되도록 하면 됩니다. 하나님은 여러분과 저의 주인이십니다.

없는 것 같지만

이 세상을 살아가면서 돈이라는 소유의 척도가 되는 지폐를 가지지 않고 살아가는 사람은 많지 않을 것입니다. 그러나 동광원의 식구들은 참으로 돈이라는 것을 모르고 살았습니다. 한 번은 이현필 선생이 죽음이 가까웠을 1964년 초쯤에 식구들에게 2,000원씩 나눠 주었다고 합니다. 그러나 제자들은 아주 적은 2,000원이라는 돈을 가졌다는 의미보다는 그분께서, 존경하는 사부님께서 주신 돈이라는 데 더 의미를 가졌다고 합니다. 소유는 소유 자체보다는 소유하게 된 원인, 목적에 따라 달라지는 것입니다.

지금도 한국 사회에서 큰 인기를 끄는 책 가운데 하나가 법정 스님의 「무소유」입니다. 버리는 것이야말로 기독교에서도 추구하는 끊임없는 덕입니다. 그렇지만 소유에 대한 의미는 다릅니다. 하나님은 타락한 아담에게 신의 형상을 주시고, 생육하고, 번성하고, 충만하고, 지배하고, 다스리라고 하셨습니다. 그러니까 우리에게는 가진다는 소유가 문제가 아니고, 소유한 다음에 하나님과 어떠한 관계를 가지느냐가 더욱 문제입니다. 하나님과 좋은 관계를 가지기 위해서 하나님께서 주신 소유까지 버릴 필요는 없는 것입니다.

오늘 본문에서도 아브라함에게 하나님께서 약속한 자녀가 있느냐 없느냐가 문제가 되는 것이 아니라 약속하신 그분의 인격에 대한 신뢰가 여전히 있느냐 없느냐가 문제입니다. 아브라함의 무소유는 한시적이었고, 하나님께서 더 많은 것을 맡기시기 위하여 방법론적으로 없게 한 것입니다. 만일 하나님께서 영구적으로 없게 하시려 했다면, 아브라함의 무소유가 하나님의 의도였다면 "너에게는 없다."라고 말씀하셨을 것입니다. 따라서 '믿으라'고 하실 필요가 없었던 것입니다. 그렇기 때문에 아브라함이 하나님과 지속적인 관계를 갖기 위해서는 현재적으로 없다는 '현재적 무소유'라는 결과에 치중하기보다는 '왜 무소유인가'라는 원인에 치중해야 옳은 것입니다. 바로 이것입니다. 믿음은 결과를 보기보다는 원인을 찾는 눈입니다. 물질적인 소유보다는 하나님과의 관계를 찾는 마음입니다. 그리하여 소유라는 것을 한시적인 것으로, 방법론적인 것으로 보고서 현재적 무소유로 말미암아 하나님과의 관계마저 끊어버리는 어리석음에 빠지지 않아야 합니다.

성경에 의하면 믿음이 좋은 사람들이 하나같이 하나님으로부터 엄청난 물질적 축복을 받은 것은 사실입니다. 노아도, 아브라함도, 욥도, 다윗도 그랬습니다. 많은 자녀와 재산과 명예까지 다 소유했습니다. 그렇다고 해서 이 사람들이 소유로 인하여 하나님과의 관계가 멀어진 것은 아닙니다. 이들에게는 "주신 자도 하나님이시요, 가져가시는 자도 하나님이시니 모든 것이 다 하나님의 것입니다."라는 고백만 있습니다. 이들은 소유로 인해서 하나님과의 관계를 훼손할 수 없었습니다.

반면에 다윗은 사울을 피하여 도망 다니던 시절에 두 번째 부인 아비가일(Abigail)을 맞이했습니다. 그녀는 나발이라는 부자와 살았습니다. 나발 소유의 가축을 다윗의 군대가 지켜 주었기 때문에 나발은 다윗에게 정당한 대가를 지불해야 했습니다. 그렇지만 나발은 다윗이 현재적으로 소유가 없기 때문에 그를 무시하고 말았습니다. 그는 사람의 인격을 소유로 가늠하려는 사람의 대표입니다. 그리하여 다윗과의 관계가 무너지고, 이로 인하여 하나님께 벌을 받아 죽고 말았습니다.

아브라함의 무소유와 무자함은 무엇을 의미합니까? 그것은 우리의 원래 모습입니다. 출생 시의 모습입니다. 아니, 이것은 창조주 하나님 앞에서의 인간의 원래적인 모습입니다. 그리하여 궁극적으로 우리는 한 분 소유자이신 하나님을 만나는 길이 우리의 본래의 모습인 무소유라는 것을 말해 줍니다. 하나님을 만날 수 있는 유일한 길은 아무것도 없는 빈 상태입니다.

그렇다면 이 땅에서의 소유는 무엇입니까? 그것은 하나님께서 우리에게 잠시 맡기신 것입니다. 허락하신 달란트를 가지고 재미있게 살다가 다 반납하고 떠나야 하는 장난감입니다. 이러한 의미에서 우리의 소유도 무소유도 다 한시적입니다. 흔히 구름이라고 합니다만 있다가도 없는 것이고, 없다가도 있는 것입니다. 가지려 해도 가져지는 것이 아니고, 갖지 않으려 해도 갖지 못하는 것이 아닙니다. 소유도 무소유도 결곤 다 영구적인 것이 아닙니다. 영구적인 소유자는 하나님이시고 우리는 다 하나님의 것을 임시적으로 위탁 받은 관리자, 청지기(steward)입니다.

성경이 일하는 소가 일한 대가로 곡식을 먹는 것이 당연하다고 했듯이, 물질적 무소유를 자랑으로 삼는 사람들의 속임수에 빠질 것이 아니라 무소유의 실천으로 인하여 과연 하나님과의 관계가 살아 있느냐를 따져야 할 것입니다.

왜 오늘 본문 17절에서 21절은 믿음이라는 것을 말하면서 "죽은 자를 살리시며 없는 것을 있는 것으로…… 바랄 수 없는 중에 바라고 믿었으니…… 자기 몸이 죽은 것 같고 사라의 태가 죽은 것 같음을 알고도 믿음이 약하여지지 아니하고…… 하나님의 약속을 의심하지 않고 믿음으로 견고하여져서 하나님께 영광을 돌리며 약속하신 그것을 또한 능히 이루실 줄을 확신하였으니"라는 표현으로 가득합니까? 믿음과 소유의 관계가 도대체 무엇입니까?

오늘 본문은 우리에게 상당히 중요한 것을 말하고 있습니다. 사람에게는 믿음이라는 것을 재는 척도가 소유와 지식이라는 것입니다. 아브라함과 사라는 나이가 많아서 각각 자기들의 몸에 생식능력이 없다는 지식을 가지고 있었고 또한 현재적으로 자식이 없었으므로 무소유였습니다. 이것입니다. 지식은 하나님과의 관계에서 크게 힘을 발휘하지 못합니다.

요즈음 용어를 빌리자면 하나님께서 아브라함에게 약속하신 것은 아들을 많이 두고, 땅도 많고, 기업도 회장 같은 재벌입니다. 그런데 현재적으로는 그것이 하나도 없는데 어떻게 지속적으로 하나님을 신뢰하면서 따르라는 것입니까?

요즈음 우리나라에서도 국민들이 노무현 대통령에게 요구하는 것이 이것입니다. 우리가 당신을 밀어 주었으니 지금 당장 내놓으라는 것입니다. 노 대통령이 전능한 하나님이라서 국민들의 마음을 하루아침에 바꾸어서 자식을 훌륭하게 키우려는 과외 병을 없애고, 돈 많이 벌어서 좋은 집에 살고 싶다는 부동산 투기 병을 없앨 수 있는 것처럼 생각합니다. 그러나 그렇지 않습니다. 대통령이 제도로 없애는 것이 아닙니다. 그것은 우리 국민 모두가 서로 배워 가야 할 사항입니다.

아브라함에게 한 약속이나 현 대통령에게 힌 약속은 시금 당장 순간적으로 이루어지는 기적이 아니라 앞으로 장시간에 걸쳐서 하나씩 하나씩 이루어져 가는 기다림과 노력의 결과인 것입니다. 엄청난 많은 아픔을 이겨 내면서 노력해야 하는 노력의 산물인 것입니다.

그렇기 때문에 우리는 믿는 것입니다. 앞에 있는 시간이 보이지 않기 때문에 우리는 믿어야 합니다. 우리에게는 미래적 소유에 대한 현재적인 소원이지만, 이 소원은 믿음이라는 기차를 타고 우리가 바라는 미래의 소유로 데려가 줄 것입니다. 따라서 믿음은 바라는 것들의 실상이며, 증거입니다. 그리고 믿음이라는 기차를 타지 않으면 현재에서 미래로 갈 수 없듯이 우리가 바라는 소유도 믿음이라는 기차를 타지 않으면 얻을 수 없습니다.

믿음은 현재와 미래라는 시간을 뛰어넘는 기차입니다. 믿음은 무시간입니다. 믿음은 하나님이라는 무한대도 가질 수 있고 동시에 조그마한 미생물도 가질 수 있는 무한히 확대되고 무한히 축소되는 그릇입니다.

옛날 임금에게는 자녀가 많았습니다. 그래서 후계자를 놓고 서로 경쟁하면서 왕으로서의 인격도야에 열중했는데, 중도에서 포기한 왕자들도 있었습니다. 요사이 자녀들이 둘밖에 없기 때문에 그 자녀들이 가지는 횡포가 대단합니다. 그 가운데서도 부모의 재산을 당연히 자기 것으로 생각하면서 그 재산을 소유할 수 있는 그릇으로 스스로를 훈련하지 않는 경향이 뚜렷합니다.

부모가 아직 미성년자인 자녀들에게 그 많은 재산을 한꺼번에 맡길 수 없듯이, 하나님께서도 우리가 아직 미성숙한 사람이기 때문에 맡기시지 않는 것입니다. 아브라함도 상당한 유보의 기간이, 다시 말하여 25년이라는 기간이 필요했습니다. 그렇듯이 우리도 결국 천국이라는 재산을 소유하기 위해서는, 장차 우리가 이 세상과 천국을 다스리게 되기 위해서는 방법론적인 무소유의 기간이, 방법론적인 탈취의 기간이 필요한 것입니다.

부모의 재산이 언젠가는 자녀의 것이 되듯이, 하나님께서 준비하신 이 우주와 그 모든 피조물이 결국은 우리의 것이 됩니다. 다시 말해 미래적 소유입니다. 이 미래적인 소유를 진정한 나의 소유로 하기 위해서는 현재적인 무소유의 훈련이 필요합니다.

군대에서도 중대장 시절을 잘 지내면 사단장을 하는 데 지장이 없다고 합니다. 중대장 시절의 병력이 불과 300명이지만, 이들을 잘 다스리면 10,000명을 다스리는 기본적인 훈련을 받는 것이라고 합니다. 마찬가지입니다. 현재적으로 하나님께서 우리에게 맡겨 주신 조그마한 소유를 잘 다스리면 하나님께서는 장차 엄청난 것으로 맡겨 주실 것입니다.

참으로 믿음은 없는 것을 있는 것같이, 죽은 것을 산 것같이, 바랄 수 없는 것을 바라는 마음입니다. 이것이 현재와 미래를 연결시켜 주는 기차입니다. 믿음의 기차를 타지 않으면 우리에게는 영원히 지금의 상태만 있습니다. 약간 가진 상태, 약간 아는 상태, 그것으로 만족하면서 사는 것 같습니다. 지금의 상태라는 것은 결국 '~과 ~같은' 것입니다. 지금의 상태는 바랄 수 없는 것 같고, 죽은 것 같고, 가질 수 없는 것 같고 다 '~과 같을' 뿐입니다. 그러나 믿음의 기차를 타고 저 미래의 소유에 도착하게 되면 거기에는 '~과 ~이다'가 있습니다. 임신하면 '사람 같은 것'이 생기지만 출산할 때에는 '사람'이듯이 믿음은 임신과 같습니다. 믿음이 우리의 마음속에 잉태되면 10개월 전의 '~같은 것'이 점점 자라서 10개월 후에는 '사람'이 되는 것입니다. 이것이 믿음입니다.

그러니까 10개월 전의 첫 임신 때는 희미한 형체만 있고, 가능성만 있었지만 10개월 뒤에는 완전한 사람이듯이, 여러분의 믿음도 그 먼 시간 뒤에 이렇게 완전한 사람으로 성숙되어 태어나게 될 것입니다.

'나'라는 머리를 죽이고 '그리스도' 한 분만 나의 머리가 되게 하는 것입니다. 이것이 믿음입니다.

"너희는 값으로 사신 것이니 사람들의 종이 되지 말라"(고전 7 : 23)고 했습니다. 이제 하나님께서 예수 그리스도를 값으로 지불하시고 우리를 사 버렸으니 나의 주인은 내가 아니라 하나님이십니다. 너무나도 당연합니다. 그렇기 때문에 우리는 "내가 그리스도와 함께 십자가에 못 박혔나니 그런즉 이제는 내가 사는 것이 아니요 오직 내 안에 그리스도께서 사시는 것이라 이제 내가 육체 가운데 사는 것은 나를 사랑하사 나를 위하여 자기 자신을 버리신 하나님의 아들을 믿는 믿음 안에서 사는 것이라."라는 말씀처럼 살아야 합니다.

나는 십자가에 못 박혀 죽은 것입니다. 나라고 하는 존재는 없는 것입니다. 그럼 믿음이란 무엇입니까? 어떤 위대한 신앙의 선배는 "내 안에 그리스도께서 사는 것, 내가 없어지는 것, 예수님이 나의 머리가 되는 것이다. 믿음은 내가 없는 것이다. 내 속에 나라는 머리가 있으면 머리가 둘이 되기 때문에 믿는 것이 아니다. 머리가 둘이니까 평화가 없다."고 했습니다.

예수님께서도 항상 자신이 주체가 되어서 일하시지 않으셨습니다. 예수님께서도 아버지 하나님께서 안에 들어오셔서 일하시게 하셨습니다. "내가 아버지 안에 거하고 아버지는 내 안에 계신 것을 네가 믿지 아니하느냐 내가 너희에게 이르는 말은 스스로 하는 것이 아니라 아버지께서 내 안에 계셔서 그의 일을 하시는 것이라"(요 14 : 10). 이것입니다. 예수님께서도 스스로 일하시는 것이 아니라 아버지 하나님께서 자신을 온전히 독점하게 하시고, 자신은 없어지고, 아버지 하나님께서 일하도록 하셨다면 우리도 마찬가지입니다.

"그날에는 내가 아버지 안에, 너희가 내 안에, 내가 너희 안에 있는 것을 너희가 알리라"(요 14 : 20). 이렇게 아버지와 예수님과 우리가 하나가 됨으로써 인간인 우리가 없어질 때, 그때에 하나님의 일을 할 수 있는 것입니다.

우리에게 나라고 하는 존재가 없어지고, 나의 머리(주인)가 내가 아니라 그리스도가 되면, 나는 법을 다 지킨 것으로 간주됩니다. 이것이 의롭게 되는 것입니다. 의롭게 되는 것은 사람이 하는 일(행위 : 율법)이 아니라 하나님께서 눈감아 주시는 것입니다. 하나님께서 눈감아 주시기 때문에 우리에게 평화가 있습니다.

여러분의 자녀들이 마음에 들지 않습니다. '하는 짓이 그래 가지고 어떻게 되려나?' 하는 마음이 있습니다. 믿음직스럽지 못합니다. 그래서 자녀들에게 부모의 수준에 맞추라고 지속적으로 요구해 보면 어떻습니까? 전쟁입니다. 그렇다면 어떻게 해야 가정의 평화를 갖습니까? 윗사람인 부모가 눈감아 주는 것입니다. 조금만 잘해도 크게 잘한 것처럼 칭찬해 주고, 격려해 주고, 모른 척해 주어야 평화가 유지되는 것입니다. 철없던 시절에는 자기가 잘나서 그런 줄 알지만, 커서 철이 들면 어른들이 다 눈감아 주었다는 것을 알게 됩니다. 사람이 하나님 앞에서 의롭게 되는 것도 사람이 잘나서, 잘했기 때문이 아니라 하나님께서 눈감아 주시기 때문입니다.

이렇게 하나님께서 눈감아 주시면 하나님께로 나갈 수 있는 평화가 있습니다. 평화란 전쟁이 없는 것이고, 먹을 것이 있는 것이고, 또한 하나님과 사람의 생각이 조화를 이루는 것입니다. 조화란 생각이 하나가 되는 것을 의미합니다. 그래서 예수님께서도 "평안을 너희에게 끼치노니 곧 나의 평안을 너희에게 주노라 내가 너희에게 주는 것(평화)은 세상이 주는 것과 같지 아니하니라……"(요 14 : 27)라고 말씀하셨습니다. 세상이 주는 것과 다른 평화, 예수님께서 가지신 그 평화는 예수님께서 하나님과 조화를 이루신 평화입니다.

사람에게는 언제 평화가 옵니까? 우리의 머리가 없어지고 예수님만 우리의 머리가 되실 때에 평화가 옵니다. 우리의 생각과 예수님의 생각이 하나로 일치할 때에, 마치 태양과 지구와 달이 일직선으로 일치하는 것처럼 일치할 때에, 그때에 평화가 옵니다.

쉽게 말하자면, 예수님은 하나님의 아들이시고 하나님이시기 때문에 자기가 직접 하셔도 되시지만, 직접 하신다는 생각조차 없는 것이었다고 말할 수 있습니다. 아버지께서 하라는 말씀만 하셨고, 아버지께서 하라는 것만 행하시고, 결국 겟세마네 동산에서 "아버지의 뜻이 이루어지이다."라고 하셨습니다.

그렇기 때문에 아버지께서 보내지 않았어도 가서, 아버지께서 하라고 하시지 않은 말씀을 아버지께서 전하라고 했다고 우기면서 자기 말을 전하고, 아버지께서 고치실 생각도 없는 병을 고치고, 기적을 행하고, 성전을 짓고, 구제사업을 벌리고…… 여기에 대하여 다 "……불법을 행하는 자들아 내게서 떠나가라 하리라"(마 7 : 23)고 하셨던 것입니다.

동광원의 오북환 장로님은 "나라는 내 생각이 모든 죄의 뿌리이다."라고 했습니다. "내가 했다는 의식, 내가 했다는 생각조차 포기하는 것이다. 나라는 내 의식이 죄이다. 나라는 내 생각이 모든 죄의 뿌리이다."라고 말했던 것입니다.

왜 우리에게 평화가 없습니까? 그것은 나라는 존재가 항상 살아 있기 때문입니다. 그래서 어떤 사람은 "길바닥에 노방초야, 발바닥에 밟혀도 근기 있게 자라라."고 하신 이현필 선생의 말씀에 따라 "나 자신이 노방초가 되어 모든 사람의 발바닥에 밟히는 신세가 되어야 할 텐데요."라고 자신의 삶을 써 놓았습니다.

남에게 밟히는 길가의 풀이 되려는 마음으로 살아가는 사람들이 이 세상이 있었고, 지금도 있습니다. 남에게 밟히면서도 전혀 나를 드러내지 않았던 사람들이 있었던 것입니다. 나를 완전히 제압함으로써 사탄이 힘을 발휘할 수 없게 했던 것입니다.

이것이 해결되면 우리는 하나님의 은혜 안으로 나아감을 가질 수 있으며, 그렇게 되면 우리는 "하나님의 영광의 희망 위에 서 있고 또한 즐거워하게 되는 것입니다.

사람이 자기를 죽이면, 길가의 노방초가 되어서 사람들의 발에 밟히면 우리는 하나님의 은혜 안으로 들어가는 믿음의 행진을 하게 됩니다. 하나님의 은혜 안으로 들어가는 믿음의 행진을 하는 사람들은 끊임없이 순례하고, 전쟁하는 사람입니다. 자기 속에 있는 나라는 머리를 누르고 예수님께서만 머리가 되도록, 나의 생각과 하나님의 생각이 일치가 되도록 나라는 존재의 가지를 잘라 내는 정원사와 같아야 하는 것입니다. 나라는 존재를 무디게 해야 하고 동시에 예리하게 함으로써 나를 없어지게 하는 것입니다. 내가 없어지는 그만큼 우리는 하나님의 은혜를 향하여, 은혜 안으로 들어가는 행진을 할 수 있습니다.

이렇게 될 때에 우리는 하나님의 영광을 볼 수 있는 희망을 갖게 됩니다. 하나님을 볼 수 있다는 것은 무엇입니까? 모세는 하나님의 등을 보았는데 사람들은 모세의 얼굴도 쳐다보지 못하고 수건으로 가리라고 했지 않습니까? 그런데 하나님께서 자신의 존재를 보여주신다는 것은 우리가 그만큼 거룩하게 되었음을 의미하고, 죄 없이 되었음을 의미하는 말입니다. 우리가 하나님의 깨끗하심과 같이 깨끗하게 성화되었음을 의미합니다.

예수님을 믿는다는 것은 나를 죽이는 것이고, 내가 나를 죽일 수 있는 믿음은 하나님께서 은혜로 값없이 주시는 것으로 그 은혜를 받으면 하나님의 영광을 볼 수 있는 희망이 있기 때문에, 즉 그 희망에 서 있기 때문에 우리가 즐거워하는 것입니다.

여러분, 이 희망에 서 있는 자에게 예수님은 큰 것을 약속했습니다. 예수님은 우리를 고아와 같이 내버려 두지 않고 우리를 위하여 처소를 예비하러 가신다고 요한복음 14장에서 말씀하셨고 "……너희를 내게로 영접하여 나 있는 곳에 너희도 있게 하리라"(요 14 : 3)고 하셨습니다. 그뿐만 아니라 이 부분을 다시 강조하시면서 "사람이 나를 사랑하면 내 말을 지키리니 내 아버지께서 저를 사랑하실 것이요 우리가 저에게 와서 거처를 저와 함께 하리라"고 하셨습니다.

예수님께서 분명히 아버지와 자신이 복수로 오실 것이며 또한 그와 더불어 거처를 함께 만드실 것이라고 했습니다. 이것은 미래적인 희망입니다. 이것은 약속이며 복음입니다. 하나님께서 아들 예수와 더불어 여러분 각자 안에 들어와서 거처를 만드실 것입니다. 그렇게 되면 우리가 하나님과 더불어 하나가 될 것이고, 우리 인간이 하나님께 완전히 흡수당하게 될 것입니다. 그렇기 때문에 "아! 기쁘다. 아! 기쁘다."라고 할 수 있는 것입니다. 이 기쁨이 여러분과 저의 기쁨이 될 것입니다.

사랑의 확증

이렇게 장마철이 되어 비가 지속적으로 쏟아질 때에는 천 우산을 들고 나가는 재미가 아주 컸습니다. 집안의 식구들이 작으면 몰라도 11명이나 되는 대식구일 때에는 집안에 천 우산은 한 두 개이고 비닐우산, 종이우산을 들고 다니곤 했습니다. 한번은 큰 형이 학교에 쓰고 갈 천 우산을 제가 들고 나갔다가 집으로 돌아오는 길에 형은 비닐우산을 쓰고 가는 모습을 보고서야 죄책감에 들기도 했었습니다.

우산이란 영어(umbrella) 단어는 라틴어의 전치사 '밑에서'(umbra)에서 파생된 단어입니다. 그리하여 우산이란 아래에 들어가서 피함, 그 밑에 들어가면 안심이 됨, 감싸 줌 등의 의미를 지니게 되었습니다.

하나님은 누구입니까? 비가 내리면 암탉이 새끼 병아리를 불러서 날개 밑에 숨겨 주듯이 하나님은 우리를 장마철에 불러서 우산 아래 감추어 주시는 분이십니다. 하나님은 우리에게 우산이십니다. 우리에게 비를 피할 우산이시고, 강한 햇빛을 가려 주시는 우산이십니다.

로마서 5 : 3~5 사이에서 환난은 인내는, 인내는 연단을, 연단은 소망을 이룬다고 말한 다음에 이 소망이 있는 자에게는 하나님의 사랑이 성령으로 말미암아 우리 마음에 물을 쏟아 붓듯 부어진다고 했습니다. 바로 그 사랑의 내용이 무엇입니까? 오늘 본문에서 말하고 있습니다.

오늘 본문은 하나님과 인간과의 관계를 정의하는 내용으로 시작하는데, 인간에 대해서는 연약한 자, 불경건한 자, 죄인, 원수 된 자이고 결과적으로 하나님의 진노 아래 있다고 말하고 있습니다. 이러한 인간들을 위해서 하나님께서는 아들 그리스도를 죽게 하셨고, 그가 죽으실 때에 흘리신 피로 말미암아 화해되어서, 인간들을 의롭다고 인정해 주시고, 인간들을 하나님의 진노로부터 구원해 주시고, 구원 받은 자가 되게 해 주셨습니다.

오늘 본문 6~8절은 하나님의 사랑을 말하고 9~11절은 사랑의 결과로 인한 화해를 말하고 있습니다. 이러한 의미에서 오늘 본문은 기독교의 구원교리의 핵심이 들어 있는 중요한 내용입니다.

초등학교 교과서에 늑대가 나왔다고 지속적으로 거짓말하는 양치기의 이야기가 나옵니다. 왜 양치기는 거짓말을 했습니까? 양치기는 양의 상태를 부지런히 살피면서 수백 마리의 양일지라도 한 마리 한 마리에 대한 이름과 동태를 다 보살펴야 할 것인데 자신의 일을 게을리 했습니다. 그랬더니 일이 따분해졌고 혼자서 시간을 보낸다는 것이 너무나도 지루해졌던 것입니다.

양치기는 동네 사람들을 속인 것이 아니라 자신을 속인 것입니다. 자신이 지금 거짓말한다는 사실을 알면서도, 이 거짓말을 함으로써 이어질 결과를 알면서도 거짓말을 해야 하는 어쩔 수 없는 이중적 모순을 지녔던 것입니다. 선의 원리와 악의 원리가 갈등하는 사이에서 악의 원리가 항상 우세하게 나타났던 것입니다.

이러한 상태를 오늘 본문에서는 '연약하다'라고 표현했습니다. 이 단어는 원래 신체적으로 약하여 자주 넘어진다는 뜻을 지닌 아람어에서 유래하였으며, 신약성서에서는 주로 육체의 연약함, 성적 불능 등을 의미하였습니다. 그렇지만 바울은 이 단어를 신체적인 면보다는 '신앙과 윤리에서의 연약성'을 의미하면서 사용하였습니다.

여러분과 저는 마음속에 있는 조그마한 유혹의 목소리에 언제나 동조하는 연약한 존재들입니다. 알면서도 하고야 마는 참으로 연약하고 허약한 존재들입니다. 마치 성적으로 불능인 것처럼 우리 스스로를 도저히 통제하지 못하는 불능적인 존재들입니다. 그렇기 때문에 오늘 본문에서는 우리를 향하여 죄인이라고 했습니다. 항상 방향이 틀리게 날아가는 화살입니다. 목표에 적중하지 못하는 화살입니다.

그럴지라도 양치기를 용서하는 동네 어른들처럼, 잠을 설치고 가슴이 두근거렸지만, 어린아이가 오죽이나 심심했으면 그랬겠나 하면서 용서할 수밖에 없었듯이 하나님은 우리의 연약함과 비뚤어짐을 다 눈감아 주실 수밖에 없으셨던 것입니다. 하나님은 그러한 분이십니다.

하나님은 언제 일하시는가? 그것은 하나님의 시간표에 의합니다. '기약대로'라고 하였습니다. 헬라어에서는 인간의 시간을 말하는 '크로노시'(χρόνος)와 하나님의 시간을 말하는 '카이로스'(καιρός)가 있습니다. 따라서 기약대로의 의미는 하나님의 시간에 따라서 그리스도께서 우리 인간을 위하여 죽으신 것입니다.

하나님은 어린아이들이 기다리다가 지쳐서 잠이 들 때에 나타나는 산타클로스 할아버지입니다. 사람들이 지쳐서 소원을 말할 힘조차 없어졌을 때, 기진하여 기도할 힘조차 없어졌을 때, 그때에 나타나시는 분이십니다. 왜입니까? 우리로 하여금 오직 하나님 한 분만 의지하게 하시려고 그렇습니다.

학교에서 학생들이 잘못을 범하면 선생님은 '반성문'을 쓰게 한 다음에 "이번만 용서해 준다."라고 말합니다. 용서해 줄 거면서도 왜 반성문을 쓰게 합니까? 선생으로서 다른 학생들과 공평하게 해야 하는 공공성과 더불어 학생 하나하나에 대한 사랑이 항상 공존하기 때문입니다.

하나님은 환난과 인내와 연단을 통하여 소망하는 자에게 하나님의 사랑을 물 붓듯이 부어 주십니다. 그것이 용서입니다. 죄지은 사람에게 죄를 묻지 않고 없는 것으로 눈감아 주시는 것입니다. 동네 사람들이 거짓말하는 목동을 용서하듯이, 선생이 잘못한 학생을 용서하듯이 하나님은 사람의 연약함과 죄인 됨에 대한 정당한 처벌을 부과하시지 않고 용서하십니다. 이것이 사랑입니다. 하나님의 사랑은 죄인에 대한 정당한 처벌을 내리지 않고 넘어가는 것입니다.

그런데 하나님에게는 동시에 공공성이라는 의로움이 있습니다. 그래서 죄인에 대해서라기보다는 죄에 대해서 처벌을 내리셔야 합니다. 죄라고 하는 악을 처벌하셔야 합니다. 그러기 위해서는 선이라는 방법을 사용하십니다. 극악에 대해서는 극선으로 대할 수밖에 없으십니다.

그래서 하나님이 자신의 아들을 십자가에서 피 흘리게 하셨던 것입니다. 죄인의 생명을 대신할 수 있는 것은 선인의 생명입니다. 죄인이 흘려야 할 피를 선인의 피로 대신하는 것입니다. 왜냐하면 "육체의 생명은 피에 있음이라 내가 이 피를 너희에게 주어 제단에 뿌려 너희의 생명을 위하여 속죄하게 하였나니 생명이 피에 있으므로 피가 죄를 속하느니라"(레 17 : 11)고 말하기 때문입니다. 죄인도 하나님의 피조물이기 때문에 하나님께서 아끼시고 안타까워하십니다. 그 죄인이라도 구원을 얻으려면 선인의 피가 필요한 것입니다.

그리스도께서 흘리신 피로 인하여 우리는 하나님의 정하신 법을 다 지킨 것으로 인정된 것입니다(의롭다 하심을 얻었은즉). 그 결과 하나님께서 이제는 우리를 향하여 콧방귀를 뀌면서 모른 체하시지는 않으실 것입니다(진노하심에서 구원을 얻을 것이니).

고려 시대에 원나라에서 조선의 공녀를 원할 때에 하층민 가문의 딸이 아니라 왕가와 양반의 처녀들을 원하였습니다. 영화 「소피의 선택」에서도 아우슈비츠 수용소에서 독일군 장교는 소피의 아들과 딸 가운데에서 아들을 달라고 해서 가스실로 데리고 갔습니다. 희생의 제물이 필요할 때 그 희생제물은 깨끗하고 흠 없는 것이어야 했습니다. 하나님도 사람의 연약함과 죄인 됨을 용서하시되 죄인의 피가 아니라 의롭고 선하신 자신의 아들의 피를 요구하셨습니다. 왜냐하면 하나님은 선하시고 의롭기 때문에 동일한 피가 아니면 만족하실 수 없으시기 때문입니다.

하나님은 빛이시고, 선이시고, 변함이 없으시고, 회전하는 그림자도 없으시기 때문에 동일한 속성의 제물이라야 하나님의 필요충분조건을 다 만족할 수 있는 것입니다. 그래서 하나님은 죄인인 사람의 피가 아니라 하나님의 아들의 피를 필요로 하셨던 것입니다. 그런데 죄는 사람이 지었기 때문에 아들을 사람으로 태어나게 하셔서 그 아들로 하여금 사람들의 죄를 대신 지고서 십자가에서 피 흘려 죽게 하셨던 것입니다.

흔히 화해 혹은 화목이라는 단어로 사용하는 '카탈라소'(καταλλάσσω)는 '교환하다'(to exchange)라는 기본적인 의미에서 출발했습니다. 부부 사이의 관계를 바꾸어서 하나로 묶는다는 뜻입니다. 여기에서는 아들의 죽으심으로 우리의 죽어야 할 것과 바꿈으로써 우리가 하나님과 회헤되게 하였다고 말합니다. 이렇게 바뀌게 되면 우리는 아들이 죄 없는 몸으로 살아나신 가운데 우리도 구원 얻게 될 것입니다. 아들이 죄 없는 생명 그 속에서 우리는 "구원을 얻게 될 것입니다."라고 미래 수동형으로 말하고 있습니다.

아들 예수님의 피로써 하나님과의 관계가 재정립되었지만 우리는 아들 예수의 죄 없는 생명으로 지속적으로 살아야 합니다. 문제는 관계의 재정립 이후의 죄 없는 지속적인 삶입니다. 왜냐하면 "구원을 얻게 될 것입니다."라고 미래 수동형으로 말하기 때문입니다. 그날이 될 때까지 우리는 게으르지 말고, 열심을 내어 주를 따라야 합니다.

생각해 보면, 여러분과 저는 하나님의 우산 아래에서 비를 맞지 않고 보살핌을 받아서 지금까지 겨우 지내왔습니다. 그것도 하나님께서 항상 우리보다 앞서서 준비해 주셨습니다. 그 하나님은 언제나 넘치도록 주셨던 분입니다. 우리가 구하기 전에 미리 준비해 놓으시고 기다리셨던 분이십니다.

이렇게 하나님께서는 우리에게 자신의 사랑을 확증해 주셨으므로 이제는 더 이상 심심하다고 나타나지도 않은 늑대가 왔다고 떠들 필요도 없습니다. 우리는 열심히 주어진 일을 함으로써 우리의 구원이 장차 이루어질 것입니다. 그날이 될 때까지 흔들리지 말고 하나님의 우산 아래 거하시기 바랍니다.

한 사람으로

누가복음 15장에 나오는 탕자의 비유는 세상의 많은 사람들을 이야기하는 것이지만, 어쩌면 우리 각자 한 사람 한 사람에게 하시는 말씀인지도 모릅니다. 만일 내 자신이 그 둘째 아들이었다면 우리도 필시 부자 아버지로부터 내 상속분을 달라고 하였을 것이기 때문입니다. 이 경우에 아버지가 자식이 달라는 것을 끝까지 내주지 않고 버티어 낼 수 있었을까요? 부모가 자식이 달라는 것을 못 들은 척하면서 살 수 있었을까요? 이 경우에 부모가 자식에게 상속분을 미리 준 것은 허랑방탕하게 써 버릴 것을 미리 알면서도 준 것일까요?

우리 가운데 많은 사람이 하나님께서는 아담이 선악과를 따 먹을 줄 알면서 선악과를 만드셨다고 하면서 하나님을 욕하기도 합니다. 또는 전능하신 하나님이시라면 아담이 선악과를 따 먹지 못하게 하실 수도 있었을 것이라고 하나님의 전능성을 부인하는 사람도 있습니다.

그리고 또 많은 사람들은 아담이 선악과를 따 먹고 죄를 지었으므로 죄로 인한 책임을 아담 혼자서 져야지 왜 우리들까지 아담의 죄로 인한 고통을 당해야 하느냐고 말하는 사람들이 있었고, 지금도 있고, 또한 앞으로도 있을 것입니다.

탕자의 아버지는 에덴동산의 하나님과 같습니다. 부모는 자식을 이길 수 없습니다. 부모는 자식이 곁길로 갈지라도 억지로 되돌릴 수 없습니다. 부모는 곁길로 간 자식이 깨닫고 돌아올 때까지 기다릴 수밖에 없습니다. 부모는 탕자의 조속한 회개를 위하여 눈물로 기도할 수밖에 없습니다.

하나님은 다만 눈물로 회개하고 돌아오는 자식을 거절하지 않고 받아 주시는 일을 하실 수 있습니다. 뿐만 아니라 자식이 방탕한 기간에 저지른 각종 잘못의 결과가 자신과 후손들에게 나쁜 영향을 끼치지 않도록 기도할 뿐입니다. 또 이미 나쁜 결과가 후손들에게 나타났다면 그것들을 조속히 제거할 수 있는 길을 찾으려고 마음 써야 할 것입니다. 이것이 부모의 마음입니다.

오늘 본문에서 한 사람으로 죄악이 세상에 들어오고 죄로 말미암아 사망이 왔으며, 그 한 사람으로 말미암아 모든 사람이 죄를 범하게 되고 또한 모두 다 사망에 이르게 되었다고 말합니다. 이 구절에 대한 반대 의견은 지금까지 수없이 많이 있었으며, 이 구절에 대한 해석의 차이로 교파가 나뉘고 신앙의 노선이 나뉘고 있습니다. 그러나 저는 이 부분을 하나님의 사랑과 인간의 책임이라는 말로 해석하고 싶습니다.

선악과를 먼저 따 먹은 하와는 남편 아담에게 동일한 행동에 동참하게 했습니다. 오늘 성경은 아담과 하와의 행동에 대하여 '한 사람으로 말미암아'라고 표현했습니다. 아담과 하와는 부모로부터 상속분을 빼앗아서 나름대로 새로운 세계를 건설하려고 꿈꾸는 탕자를 말하고 있습니다.

아버지는 끝까지 둘째에게 상속분을 내주지 않을 수 있었을까요? 아버지는 둘째에게 재산을 빼앗기지 않으려고 금고에 열쇠를 하나 더 채울 필요가 없습니다. 아들은 부모의 금고가 아니라 부모의 마음을 빼앗아 버렸기 때문입니다. 자식을 이기는 부모가 없듯이, 자식의 우울한 모습과 축 늘어진 모습은 부모의 금고를 다 비우고도 남게 합니다.

하나님도 마찬가지입니다. 아담과 하와는 선악과라는 부모의 상속을 알았을 뿐만 아니라 이 선악과를 따 먹는다 할지라도 하나님께서 자신들을 죽이지 않으시리라는 것을 너무나도 잘 알고 있습니다. 그래서 사탄의 유혹을 받지 않았다 할지라도 얼마든지 선악과를 따 먹고 탕자처럼 멀리 도망쳐서 나름대로의 세계를 건설하려는 꿈을 꿀 수 있었습니다.

이것이 인간입니다. 여러분과 저는 끊임없이 부모의 굴레로부터 벗어나려고 꿈꾸고 시도하는 탕자이며, 아담이며, 하와입니다. 편안하고 안락한 부모의 집에서 수동적인 자세로 사는 것보다는 불편하더라도 주체적으로, 능동적으로 살아 보겠다고 생각하고 있습니다. 아니, 우리는 부모의 품을 벗어나서 화려한 세상을 이룰 수 있다는 부푼 꿈으로 잠을 이루지 못합니다.

한 사람 아담과 하와의 탈출과 독립의 꿈은 둘째 아들 탕자로 이어져서 오늘날 우리들에게까지 지속적으로 이어지는 고리입니다. 아니, 우리는 이 고리에서 벗어나지 못하고 있습니다. 그래서 오늘 본문에서는 "그러므로 한 사람으로 말미암아 죄가 세상에 들어오고……"라고 말했습니다.

죄가 무엇입니까? 부모의 집에서 부모가 시킨 대로 일하면서 살려 하지 않고 부모를 벗어나서 나름대로의 세계를 건설하려는 꿈입니다. 허랑방탕한 삶은 이 꿈을 실현하는 과정에서 생긴 부정적인 부산물에 불과합니다. 죄는 부모와의 관계를 끊으려는 마음가짐 그 자체입니다. 부모의 세계가 아닌 나름대로의 세계를 꿈꾸고, 그 꿈에 파묻히는 환상 자체가 죄입니다.

아담과 하와가 선악과를 따 먹고 눈이 밝아져서 자신들의 벌거

벗음을 깨닫고 자기네들의 손으로 나뭇잎을 따다 아래를 가리고, 나무 아래 숨은 이유가 무엇입니까? 부모를 벗어나면 스스로 행동할 수 있는 주체성이 있는 것 같지만 결국은 숨어야 했습니다. 둘째 아들은 상속분을 받아서 먼 나라에 가서 나름대로의 세계를 꿈꾸면서 살고, 또 한편으로는 수많은 여인들과 쾌락을 즐기는 등 주체성을 가지는 것같이 보입니다.

그렇지만 눈이 밝아지고 상속 받을 재산을 미리 받아서 마음대로 쓸 수 있는 것 자체가, 좋게 보이는 것 자체가 이미 죄의 결과를 경험하는 것입니다. 다시 말해서 하나님으로부터, 부모로부터 멀어짐으로써 자유함을 느끼는 것 자체가 죄의 처벌을 받는 것입니다. 뿐만 아니라 하나님으로부터, 부모로부터 멀어짐으로써 하나님과 부모가 가지고 계신 엄청난 양의 더 많은 재산을 상속할 수 있는 가능성을 상실하고 말았습니다. 그래서 또다시 죄로 인한 처벌을 받고 있습니다. 그리고 이제는 주체성이 있기 때문에 얼굴을 들고 부모님에게로 돌아가고 싶어도 당장 돌아갈 수 없는 체면, 자존심을 가지게 된 것입니다. 이것이 죄로 인한 세 번째 처벌입니다.

한 사람이 죄를 지었으므로 사망에 이르렀고 이와 같이 모든 사람이 죄를 지었으므로 사망이 모든 사람에게 이르게 되었다는 것을 끊임없이 거부해 오기도 하고 말도 되지 않는 부조리라고 말하는 사람까지 있습니다. 죄는 아담이 혼자 지었기 때문에 아담 혼자서 처벌받아야 한다고 말하는 사람도 많이 있었습니다. 그러나 이렇게 반대하는 사람들조차도 하나님으로부터 벗어날 때에 고소함을 느끼면서 은근히 즐거워하고 있습니다. 뿐만 아니라 하나님으로부터, 부모로부터 떨어져 있으면서 다시 하나님과 부모를 찾으려 하지 않고 있습니다. 그래서 너무나도 많은 것을 잃어버렸으면서도 잃어버렸다는 사실을 모르고 있습니다. 그렇기 때문에 한 사람으로 인하여 죄가 세상에 들어오고 죄로 인하여 사망이 들어왔듯이, 한 사람의 죄와 사망이 모든 사람에게 미치게 되었다는 것은 증명할 필요조차 없습니다.

여러분과 저는 이미 위에서 말한 세 가지를 경험하고 있습니다.

오늘 성경은 죄가 한 사람에게서 끝나지 않고 이 세상 안으로 들어왔으며, 이로 인하여 사망이 모든 사람에게 이르렀다고 했습니다.

갓난아이는 엄마의 젖꼭지를 깨물어도 엄마로부터 매를 맞지 않습니다. 왜냐하면 갓난아이는 젖꼭지를 깨무는 것이 죄라는 것을 모르기 때문입니다. 그러나 2~3세만 되면 엄마의 눈치를 살피면서 스스로 즐기기 위해서 젖꼭지를 깨물기 시작합니다. 그렇게 되면 매를 맞습니다.

이러한 상태를 오늘 본문 13절에서 말하고 있습니다. "죄가 율법 있기 전에도 세상에 있었으나 율법이 없었을 때에는 죄를 죄로 여기지 아니하였느니라"고 합니다. 엄마의 젖꼭지를 깨무는 것은 갓난아이나 2~3세 된 아이에게서나 동일한 행동입니다. 다만 갓난아이에게는 법이 적용되지 않을 뿐입니다.

부모는 자식의 잘못을 용서할 때에 초법적인 결단을 하게 됩니다. 부모는 자식이 사회의 법을 어기고 오면 본인이 대신 가서 벌을 받을 수 있는 사람입니다. 그래서 법이 자식에게 미치지 못하게 덮어주는 사람입니다. 이렇게 법으로부터 자식을 보호하는 부모는 자식을 위하여 못할 일이 없을 정도입니다.

오늘 본문에서는 이러한 부모의 마음이 죄를 범한 한 사람을 대속하기 위하여 죄를 짓지 않은 다른 한 사람을 대속으로 내세우는 모습으로 나타났습니다. 부모는 회개하고 돌아오는 둘째로 인하여 첫째 아들에게 고개를 숙이시는 분이십니다.

하나님은 한 사람 아담이 잘못한 모든 것을 원위치로 되돌려 놓을 수 있는 또 한 사람을 내세웠습니다. 다시 말하여 첫 사람 아담이 하나님에게 불순종하여 선악과를 따 먹고 벗어나려 했기 때문에 죄를 범하는 결과를 초래했고, 그로 말미암아 사망에 이르게 되었다면, 이제 둘째 사람 예수님으로 하여금 하나님에게 순종하게 함으로써 의를 이루게 하여 죄의 결과인 사망이 더 이상 힘을 발휘할 수 없도록 했습니다.

탕자를 둔 부모는 주변의 사람들이 무엇이라고 욕해도 끄떡 없습니다. "왜 그렇게 많은 돈을 주어서 내보냈느냐?", "자식을 어떻게 믿을 수 있겠느냐?", "저렇게 하니까 자식이 더욱더 죄악의 구렁텅이에 빠지는 것 아니냐?", "따끔하게 맛을 보여 주어야 옳았다." 등의 수많은 소리에도 아랑곳하지 않습니다. 부모는 비록 자신의 전 재산을 다 잃어버렸다 할지라도 죽지 않고 살아서 돌아와서 눈물 흘리면서 "잘못했습니다."라는 한마디만 해 주기를 바랄 뿐입니다. 이것이 하나님 아버지의 심정이고, 탕자를 둔 부모의 심정입니다.

하나님은 지금도 우리를 향하여 그러한 심정을 가지고 기다리십니다. 하나님은 아담의 죄는 아담의 죄이지 우리와는 무관하다거나, 선악과를 따 먹을 줄 알고 선악과를 만드셨으므로 하나님은 심술쟁이라거나, 하나님이 전능하시다면서도 선악과를 따 먹지 못하게 막지 못했으므로 하나님은 전능하시지 않다는 등의 비난성, 비판성 발언에 귀를 기울이지 않습니다. 하나님은 다만 죄 가운데 있는 한 사람, 한 사람이 탕자처럼 돼지열매를 먹으면서 냄새나고 더러운 돼지 막에 살다가 돌아와서 눈물로 잘못을 뉘우치고 "잘못했습니다. 한 번만 용서해 주십시오. 다음에는 안 하겠습니다."라고 말하기를 기다리십니다. 그 다음에 또 잘못을 범할 수 있을지라도 눈물 흘리는 자식 앞에서는 어쩌지 못하는 것이 부모입니다.

여러분, 우리는 이러한 하나님을 우리의 하나님으로 모시고 있습니다. 그분은 엄청난 부자이고, 우리는 탕자입니다. 부모의 재산을 축내는 탕자입니다. 이제 우리는 부모에게로 돌아갈 때가 된 것입니다. 어서 갑시다. 눈물 흘리며 갑시다. 그리고 용서를 빕시다. 하나님께서 그 넓은 가슴으로 우리를 감싸 주실 것입니다.

순종과 불순종

요즈음은 커뮤니케이션이라는 학문이 별도의 과목으로 등장해서 교육에서 아주 중요한 위치를 차지하고 있습니다. 다른 사람에게 내 말을 잘 전달할 수 있어야 하겠지만, 듣는 사람의 태도가 더욱 더 중요합니다. 먼저 듣는 사람의 흥미를 유발하여 다른 생각을 못하도록 말하는 사람에게 집중시킨 다음에 하고자 하는 말을 하는 것입니다.

하나님과 아담의 대화도 마찬가지였습니다. 아담은 선악과를 따 먹지 말라는 말을 들었을 때에 항상 '다른 생각'이 있었습니다. "그럴까?"라는 의문표, 미완성의 물음표가 뒤따랐습니다. 하나님과 아들 예수님과의 대화에서는 다른 생각이 없었습니다. "그렇습니다." 라는 마침표가 있었습니다.

이렇게 하나님과 아담, 그리고 하나님과의 대화에서 아담처럼 다른 생각을 제기하는 것을 불순종이라고 하고, 아들 예수님처럼 다른 생각이 없이 "그렇습니다."라고 듣는 것을 순종이라고 합니다. 자세하게 말하자면 불순종은 '흘려듣는 것'(to hear aside)입니다. 이렇게 흘려듣는 이유는 '귀담아 듣지 않고'(to overhear) 혹은 '말하는 사람의 의도대로 듣지 않기'(to hear something not intended for one) 때문입니다. 그렇지만 반대로 순종은 '문에 귀 기울이다'(to hearken at the door), '열어 주려고 하다'(to open)라는 뜻을 가지고 있으며, 이 단어는 어린아이나 노예들이나 부인들이 신적인 위치에 있는 존재에게 복종하는 관계를 유지하는 것입니다.

결국은 우리 인간은 하나님과 그리고 다른 사람과 끊임없는 관계를 유지하면서 살아야 하는데, 그 관계의 유지는 내가 상대방의 말을 들을 때에 나의 생각을 얼마나 배제시킨 다음에 들을 수 있느냐는 것입니다. 내가 나의 다른 생각, 나의 다른 의도를 가지고 듣는 만큼 상대방의 말은 빗나가게 되고, 그로 인하여 관계는 멀어지게 됩니다.

하나님의 참아들이신 예수님께서도 아버지의 말씀을 들을 때에 내 생각 없이 잘 듣기 위해서 고난을 통해 순종함을 배웠지만(히 5 : 7) 하나님의 양자 된 우리는 너무나도 복에 겨워서 아담처럼 하나님의 말을 들을 때에 내 생각과 다른 생각을 겹쳐서 듣게 됨으로써 하나님의 말씀을 의심하게 되고, 곡해하게 되어서 결국은 불순종으로 이어지게 됩니다.

최근 들어서 젊은이들에게 흡연이 문제가 되면서 그 해결책의 하나로 담배 값을 올림으로써 금연을 유도하자는 것이 어른들의 생각이었습니다. 그러나 젊은이들은 "취미생활을 유지하는 데 돈이 문제인가?"라고 대꾸합니다. 그래서 담배로 인한 결과를 내다보면서 말하는 어른과 우선 당장 기호식품을 즐김으로써 얻을 수 있는 즐거움이라는 이익을 말하는 젊은이들의 차이를 알게 됩니다.

이렇게 볼 때 대화란 말하는 사람의 문제보다는 듣는 사람의 문제가 더 많습니다. 말하는 사람은 충분한 경험을 통해서 결과까지 내다보면서 이야기하지만 듣는 사람은 눈앞에 있는 것만 보고 자기 생각대로, 다른 생각대로 판단하여 오해하고 불순종하게 됩니다.

선악과가 무엇입니까? 그것은 과일이지만 과일의 종류가 무엇인가보다 그 과일의 상징이 무엇인가가 중요합니다. 선악과는 하나님께서 창조자로서 피조물인 인간에게 "내가 너를 만들었다. 너와 나와 다를 것이 없지만, 다만 이것 하나만, 즉 나는 너를 만들었고 너는 나에 의하여 만들어졌다는 이것 하나만 확실하게 하자."는 것입니다. 선악과는 다름이 아니라 인간은 피조물이고, 시작이 있는 유한한 존재라는 것이고, 하나님은 창조자이고 시작과 끝이 없는 무한한 존재라는 구별을 하자는 것입니다.

하나님께서 사람과의 관계에서 제반 것을 다 허용하셨으면서도 결코 허용하실 수 없으신 것이 있었다면 그것은 사람이 한계를 건너뛰어서 하나님의 존재를 인정하지 않는 것입니다. 그것만은 결코 참을 수 없으셨던 것입니다. 한 사람 아담의 불순종은 결국 하나님의 말씀을 흘려들었고, 그리하여 부정확하게 들었고(to hear incorrectly), 그리하여 불순종하게(to be disobedient) 된 것입니다.

그렇지만 순종은 달랐습니다. 순종은 눈앞에 즐거움보다는 불쾌함이 있습니다. 왜냐하면 내가 당시 헬라와 유대 사회에서 사람으로 간주하지 않은 '종, 아이, 그리고 여자'의 위치로 내려가야 하기 때문입니다. 순종하기 위해서는 잘 듣는 자가 되어야 합니다. 잘 듣는 법은 아래로 내려가서, 즉 종과 아이와 여자의 신분으로 내려가서 발밑에서 귀를 기울이는 자가 되는 것을 말합니다.

이 단계에 내려가기 위해서 예수님께서도 육체로 계실 때에 심한 통곡과 눈물로 아버지께 간구와 소원을 올렸습니다(히 5 : 7). 예수님이 오병이어의 기적을 일으키자 사람들이 예수님을 임금 삼으려 했습니다. 그럴 때 예수님은 사람들이 자기의 말과 행동을 잘못 듣는데 대하여 서글픔을 느끼시고 산으로 가셔서 기도하셨습니다. 인간적인 칭송과 최고의 높은 자리에 올라가셨지만 아버지께 심한 눈물과 통곡으로 간구하심으로써 다시 종의 자리로 내려가셨던 것입니다. 이렇게 예수님의 기도와 간구와 훈련은 '자신의 자리 찾기', '제

자리로 돌아가기'였습니다.

그렇습니다. 순종은 다른 것이 아니라 '본연의 자리로 돌아가기'입니다. 자신의 분수를 아는 것, 설 자리를 아는 것, 있어야 할 자리에 있는 것, 이것이 순종이고 이것이 인간의 본래의 위치입니다.

그렇다면 왜 첫 사람 아담은 순종하지 않았습니까? 하나님의 말을 들을 때에 자기 생각을 가지고 들었기 때문에 하나님의 말을 흘려듣게 되었습니다. 그 결과 하나님이 말씀하시는 의도는 이것이었을 것이라는 자기 추측에 의한 자기 판단이 생긴 것입니다. 이것은 말하는 사람의 인격에 대한 무시이며, 말하는 사람에 대한 존경심이 없는 범죄입니다.

그렇습니다. 하나님은 언제 영광을 받으십니까? 사람들이 하나님의 말씀에 귀를 기울이고 들을 때이며, 사람들이 쳐다보면서 손을 벌릴 때입니다. 이미 말씀드렸지만 영광(δὀξης)이라는 단어 자체가 '보다', '알다'라는 뜻이기 때문에 하나님이 가장 큰 영광을 받으시는 것은 사람들이 하나님을 보고, 알고, 하나님의 존재를 인정하고, 거기에 합당한 태도를 취하는 것입니다. 이것을 하나님께 대한 경외라고 합니다.

웃어른의 말을 들을 때에 그분의 윗자리를 인정하고, 내 생각을 배제시키는 것은 그분을 그만큼 인정하는 것이고, 따라서 그분을 존경, 경외하는 것입니다. '경외'(εὐλάβεια)라는 헬라어는 '조심스러운 혹은 주변을 살피는 태도', '걱정스러운 두려움', '경계심'의 태도입니다. 여기에서 종교적인 두려움이라는 개념으로 발전한 것입니다.

아담이 선악과를 따 먹었다는 것은 그것을 따 먹은 행위에 그치지 않고 그것을 따 먹게 된 심리구조, 즉 하나님의 존재에 대한 조심스러움, 살피는 마음, 걱정스러운 두려움 등이 없었기 때문입니다. 이것이 무엇입니까? 하나님께 대한 모독입니다.

군대에 신병으로 입대하면 제대를 앞둔 병장 고참이 데리고 장난을 합니다. 그러면서 사회 이야기도 하고 나이 이야기도 하면 신병이 고참보다 나이가 많다는 것이 밝혀지기도 하는데 이렇게 되면 그날 밤에 난리가 납니다. 그리고 병장이 상등병, 일등병을 모아 놓고 군기가 빠져도 이만저만이 아니라고 호통을 칩니다. 어떻게 신병 이등병이 제대 고참 병장에게 나이 이야기 꺼내면서 맞먹으려 할 수 있느냐고, 그러면 일등병이 신병과 이등병을 모아 놓고 또 혼을 냅니다.

아직 아담은 하나님이 누구이시며 어떠한 존재이신지 몰랐습니다. 그래서 아직 겁이 없었고, 하나님의 말씀을 흘려듣고 선악과를 따 먹음으로써 자신의 정당한 자리를 떠났고, 덩달아서 하나님의 정당한 자리를 인정하지 않았던 것입니다. 이로 인하여 하나님의 명예는 손상을 입었고, 그 결과 군대에서 자다가 집합을 당하여 고참의 불호령이 떨어지고 밤을 새워서 맞는 것처럼, 아담은 사망이라는 마땅한 처벌을 받아야 했습니다.

의사전달에서 가장 효과적인 방법이 물리적인 고통입니다. 선생이 매를 들고, 고참이 야전 곡괭이 자루를 들고, 주방장이 칼 등으로 신참 요리사를 두들기면 효과는 가장 빠릅니다. 그렇다면 인간으로 오신 하나님의 아들 예수님이 하나님을 가장 잘 인정하기 위하여 택하신 방법이 무엇이었습니까? 그것은 고난, 고통, 아픔이었습니다.

하나님의 아들이시라도 고난으로 순종함을 배웠습니다. 고대 구약에서 짐승을 잡아 제단 위에서 불에 태워 하나님께 제물로 드렸듯이 하나님의 아들 예수님께서도 동일한 고난을 받음으로써 결국은 순종함을 배웠던 것입니다. 순종은 고난의 산물입니다. 그리하여 히브리서는 '고난으로 순종함을 배워 온전하게 되었은즉'이라고 했습니다. 고난으로 순종을 배우면 온전하게 되고, 온전하게 되심으로써 자기에게 순종하는 모든 자에게 영원한 구원의 근거가 되셨다(히 5 : 7-9)고 기록했습니다.

지금까지 기독교의 역사에서 위대하였던 성인들은 하나같이 극심한 육체적 고통을 겪으면서 살았던 사람들입니다. 하나님과 관계에서 육체적으로 완전한 가운데 살았던 사람들이 아니라 세상의 온갖 병은 다 지니고 살았던 사람들입니다. 어거스틴과 성 프란시스, 칼빈도 마찬가지였습니다.

칼빈이 사는 동네를 추기경 사돌레토(Sadoleto)가 지나가게 되었습니다. 칼빈의 소문을 들은 추기경은 칼빈의 집 앞에 마차를 세웠습니다. 하인이 문을 두드리자 문이 열리고 사람이 나왔습니다. 추기경의 하인이 그 사람에게 "네 주인 좀 나오라고 해라."라고 하였습니다. 그러자 문을 연 사람이 "제가 이 집의 주인 칼빈인데요."라고 대답했습니다. 칼빈은 옷도 변변하지 못했습니다. 돈이 없어서 항상 시의회에서 가불해서 사용해야 했습니다. 그는 온갖 병을 다 앓았기 때문에 '걸어 다니는 종합병원'이라고 했었습니다. 그러나 그러한 사람을 통하여 하나님은 제네바의 개혁이라는 위대한 일을 가능하게 하셨습니다.

하나님과 사람과의 관계에서 가장 중요한 것이 하나님의 말씀을 사람이 자신의 생각을 가감하지 않고 듣는 것입니다. 이것이 순종이고, 이것이 생명에 이르는 길입니다. 그러므로 여러분, 하나님께 순종하면서 살려는 사람은 순종에 이르는 훈련, 고난의 학교에 입학해야 할지라도 거부하지 말아야 합니다.

참순종은 내가 종으로, 아이로, 여자의 위치로 내려가는 것입니다. 이렇게 내가 내려갈수록 정반대로 하나님은 높아집니다. 아들 예수님은 항상 이렇게 반대의 길을 택하셨습니다. 생명을 원하는 자는 고난을 통하여 순종을 배우고, 사망으로 가는 자는 즐거움을 통하여 불순종하는 자들입니다.

제6~7장

그리스도로 물들이기

처음 예수님을 알면서 "그분께서 이 못난 나를 위해서 과연 십자가를 지셔야 했단 말인가?"라는 질문이 그토록 나를 괴롭게 했습니다. 내가 무엇이기에! 이렇게도 못난 나를 위해서 과연 그분께서 꼭 죽으셔야 했단 말인가라는 부담감 등이 나 자신의 생각과 삶을 죄어 오기 시작했습니다. "그분께서 나를 위해서 죽으셨는데, 나는 그분을 위해서 무엇을 했는가?"라는 질문이 또한 부담감으로 다가왔습니다. 아니, 견딜 수 없게 했습니다. 이번에는 빈손으로 나서야 할 나 자신에 대한 부끄러움으로 견딜 수 없게 했습니다.

앞으로 주님과 대면하게 될 그날에 부끄러운 빈손이 되지 않기 위하여, 그날에 뒤돌아서서 슬피 울며 이를 갈지 않기 위하여, 오늘이라는 하루를 성실하게, 최대한으로 하루를 정산하는 기분으로 생각하고, 몸을 움직이게 되었습니다. 그 결과는 가장 가까웠던 친구들로부터, 그리고 부모와 형제들로부터 변했다는 반응으로 돌아왔습니다. "더불어서 함께 지내기가 부담스럽다."라고 말하기도 했습니다.

또한 "냄새가 난다."라고 말하기도 했습니다. 그럴 때마다 흐뭇하게 혼자서 웃곤 했었습니다.

예수님을 믿는다는 것은 이렇게 보이지 않는 그분과 단 둘이서 함께 흐뭇하게 대화하고 웃음으로 답하는 것입니다. 가끔씩 하늘을 쳐다보면서 "주여 나의 잔을 높이 듭니다. 하늘 양식으로 채우소서." 라고 휘파람을 불기도 합니다. 내 속에 있는 그분과 상의하고, 그분이 지켜보기 때문에 부끄럽지 않으려고 노력하는 생활이 연속되는 것입니다.

왜 이렇게 됩니까? 오늘 본문에서 "무릇 그리스도 예수와 합하여 세례를 받은 우리는 그의 죽으심과 합하여 세례를 받은 줄을 알지 못하느냐"(3절)라고 세례가 무엇을 의미하는지 분명하게 밝혔기 때문입니다. 다시 말하여 세례는 내가 받는 능동적인 것이 아니라 세례받게 되어지는 것(ἐβαπτίσθημεν)이라는 수동형이며, 그것도 예수님과 합하여(εἰς Χριστόν Ιησούν), 즉 예수 안으로 들어가는 것이기 때문입니다. 본래 세례라는 헬라어 '밥티조'(βαπτίζω)라는 동사는 '잠기다 혹은 적시다'(to dip in or under) 그리고 '염색하다'(to dye), '배가 가라앉다'(to sink the ship), '익사하다'(to drown), '죽다'(to perish)라는 뜻이 들어 있습니다. 물속에 빠져서 잠기고, 그 결과 나의 본래의 색깔은 없어지고 새로운 색깔로 염색되는 것을 의미합니다.

세례란 무엇입니까? 내가 그리스도 예수로 염색되는 것을 의미합니다. 그리스도로 물들여져서 나의 본래의 색깔이 변해 버리는 것입니다. 사람들이 나를 못 알아보게 새로운 색깔로 변해 버리는 것을 의미합니다. 여러분, 우리는 예수 그리스도로 물들어 버린 사람들입니다. 단풍이 짙게 들어 변색된 가을 잎입니다.

오늘 우리는 내 자신이 예수 그리스도로 물들어 버릴 것을 다시 한번 서약하는 의식을 행하는 것입니다. 고대 로마 시대에 군인들이 전쟁에 나가서 상관의 명령에 절대 복종할 것을 맹세하는 의식이 오늘날 기독교에서 성찬으로 바뀐 것입니다. 그러므로 이제는 우리가

"나를 위해서 사는 것이 아니라 나를 위하여 십자가를 지신 그분을 위해서 사는 삶으로 바꾸겠다."라고 서약하는 것입니다(갈 2 : 20). 그러므로 사나 죽으나 그리스도의 영광이 나를 통하여 나타나기를 바라는 것이며(롬 14 : 7-8), 먹든지 마시든지 무엇을 하든지 그리스도의 영광이 되기를(고전 10 : 31) 바라는 것입니다.

강진 청자를 굽는 도요지에서는 갈색의 흙으로 빚은 그릇을 가마 속에 집어넣고 1,300도로 구우면 은은한 청자색을 가진, 돌처럼 딱딱한 청자가 되어 나오는 것을 볼 수 있습니다. 한 번 변한 이 색깔은 지구가 존재하는 한 영원히 변치 않는 색이 되어 버립니다. 한 번 바뀌면 다시는 옛날의 색깔로 되돌아갈 수 없는 새로운 색으로 바뀌는 것입니다. 이것이 변색이며, 염색입니다.

여러분과 저는 예수님을 알고 지냅니다. 그분과 자주 만납니다. 그분과 대화하면서 살아갑니다. 때로는 잊은 것 같아도 결코 잊혀지지 않습니다. 어쩌다 그분을 생각하면 눈물도 납니다. 그리고 장차 만나게 될 날을 속으로 그리면서 기쁨을 갖기도 합니다. 왜 그렇습니까? 우리는 그분으로 염색되었기 때문입니다. 우리는 그분 안에 잠겨 버렸기 때문입니다. 우리는 그분 안으로 던져지고, 그분 안에 풍덩 빠져서 그 속에서 내가 죽었기 때문입니다.

세례의 의미는 바로 이것입니다. 내가 그리스도 안으로 풍덩 빠지게 되어서 그분의 색깔로 염색됨으로써 전혀 새로운 색깔로 변색되는 것입니다. 던져지고, 변색되어짐으로써 지금까지 나를 알았던 사람이 나를 알아보지 못하게 되는 것이야말로 우리가 바라는 이상입니다. 내가 나 자신에게 놀라는 나를 보면서 다시 놀라고 흐뭇해질 때에 우리는 세례를 받은 것입니다.

초기 선교사 언더우드의 부인(Mrs. Lillias H. Underwood)은 "거만하던 양반을 경멸 받던 백정 혹은 옛 승려 옆에 형제로 인정하고서 겸손하게 나란히 앉게 한다. 그리고 특수 계층으로 부를 누리고 살았던 사람들이 무거운 책을 익숙하지 않은 등짐을 지고 이 집 저

집 팔러 다니면서 기독교를 전파하게 하며…….”라고 했습니다. 또한 전주 선교부의 테이트 목사(Mr. L. B. Tate)는 “한 양반이 성경책을 읽은 다음에 매우 거친 손으로 교회에 참석하여 물었더니 6일 동안 일하고 제7일에는 안식하라 하였으므로 자신이 일하였다.”라고 말하였습니다.

예수님은 예수님께 풍덩 빠져서 물든 사람에게 주변의 조건을 개의치 않고 행동할 수 있는 용기를 주는 것입니다. 이것이 예수님으로 염색된 사람의 생활철학입니다.

왜 이러한 변화가 일어날까요? 이 부분에 대하여 오늘 본문 5절에서 “만일 우리가 그의 죽으심과 같은 모양으로 연합한 자가 되었으면 또한 그의 부활과 같은 모양으로 연합한 자도 되리라”고 말하고 있습니다. 이 말씀에서 ‘연합한 자’의 의미를 “두 나무가 함께 심겨져서 하나가 되다.”라고, 즉 병행적인 의미가 아니라 둘이 함께 있음으로써 그 어느 것도 아닌 제3의 어떤 것으로 ‘하나가 되면’이라는 현재완료를 말하고 있습니다. 이렇게 현재적으로 함께 자라는 동작이 완료되어 전혀 새로운 제3의 어떤 것으로 하나가 되어 버리면 우리는 “부활한 자가 될 것입니다.”(ἀναστάσεως ἐσόμεθα)라고 미래형으로 말하고 있습니다.

세례가 주는 의미는 연합인데, 그것은 두 나무가 함께 심겨져서 함께 자람으로써 하나가 되는 것입니다. 다시 말하여, 그분의 물속에 던져져서 각각의 본성은 죽고 전혀 새로운 나무로 변하는 것을 의미합니다. 그렇기 위해서는 ‘예수님의 죽음’라는 물속에 들어가야 합니다.

세례란 예수님이 죽으신 그 죽음 속에 내가 던져져서, 그 안에 빠져서 익사함으로써, 내가 예수님의 죽으심처럼 죽는 동일한 하나의 죽음을 연출하는 것입니다. 이렇게 죽는 의식이 세례의식입니다. 한 알의 밀알이 땅에 떨어져 죽으면 새로운 싹이 되지만, 죽지 않으면 한 알 그대로 있듯이, 세례는 내가 예수님 안에서 죽음으로써 새로운 나무로 태어나서 많은 열매를 맺는 것입니다. "그런즉 누구든지 그리스도 안에 있으면 새로운 피조물이라 이전 것은 지나갔으니 보라 새것이 되었도다"(고후 5 : 17). "새것이다."라는 대선언이 세례입니다.

새롭게 된 사람은 이제 옛 사람이 죽어서 없어졌으므로 "다시는 죄에게 종 노릇 하지 않고"(6절) 또한 "사망이 나를 주장하지 못하는"(9절) 것은 내가 "죄에 대하여는 죽은 자요 그리스도 예수 안에서 하나님께 대하여는 살아 있는 자로 여겨지기"(11절) 때문입니다.

이것이 우리의 바람이고 소원입니다. 그렇지만 여러분과 저는 죄에게 종 노릇하지 않으려 해도, 죄에 대하여는 죽은 자가 되려고 해도, 머리로는 이해할지라도 몸이 실천하지 못하는 경우가 많이 있습니다. 실제로 우리는 마음먹은 것을 실천하지 못하는 매우 이중적인 자로 살아갑니다. 그리하여 사도 바울마저도 "내가 원하는 바 선은 행하지 아니하고 도리어 원하지 아니하는 바 악을 행하는도다"(롬 7 : 19)라고 한탄했습니다. 그렇기 때문에 바울도 "내가 내 몸을 쳐 복종하게 함은 내가 남에게 전파한 후에 자신이 도리어 버림을 당할까 두려워함이로다"(고전 9 : 27)라고 했습니다.

우리의 바람과 소원이 실천으로 이루어지지 않음으로써 결국 '내 자신을 쳐서' 내 자신을 상하게 할 수밖에 없는 것입니다. 내 자신을 치는 일, 상하게 하는 일은 곧바로 눈 아래를 치는 일, 눈을 쳐서 검게 물들게 하는 일입니다. 이것을 라틴어 성경에서는 '불타는 인두로 지져서 괴롭게 하다'(castigo)라고 표현했습니다.

오늘 우리가 이 자리에 모여서, 예수님께서는 나를 위해서 십자가에 달려 돌아가셨지만 이 사실을 알면서도 결코 뒤따를 수 없는 내 자신을 한탄하는 마음으로, 나의 눈을 쳐서 검게 멍들게 하는 심정으로 모여서 주님의 아픔과 고통을 기억하려 합니다. 아니, 다시는 죄에게 종 노릇하지 않으리라고 속으로 다짐하는 맹세의 마음으로 모였습니다.

우리가 귀로 듣고 알게 된 것을 실천에 옮기지 못하는 자신을 한탄하는 심정으로 이 자리에 모여서 다짐하는 것입니다. 주님께서 나를 위해서 죽으신 그 죽음에 부끄럽지 않으려고 맹세하기로 했습니다. 아니, 내 자신이 그리스도로 물들어야 하는데, 염색이 되지 못하기 때문에 한탄하는 심정으로 모였습니다.

우리는 매번 다시 다짐하고 맹세하는 것으로 끝을 맺습니다. 그러나 맹세한 것을 실천하지 못한다고 해서 한탄할 것은 아닙니다. 인간이 그렇게 되어 있습니다. 다만 한탄하는 심정으로 다시 맹세하고 또 맹세함으로써, 마치 우물가의 여인이 날마다 물 길러 갔을 때 만남도 없고 변화도 없었지만, 어느 날 우물가에서 예수님을 만났듯이 우리도 그러한 심정으로 예수님을 만나서 이제는 더 이상 물 길러 갈 필요가 없게 되어야 합니다. 그날이 될 때까지 우리는 매일같이 예수님에게로 풍덩 빠져야 합니다. 예수님 안에서 익사해야 합니다. 그래서 내 자신은 없어지고 새로운 피조물로 거듭 태어나야 할 것입니다. 완전히 그리스도로 염색된 새로운 피조물로 태어나야 할 것입니다.

두 종류의 병기

영화의 흐름을 보면 사람들은 서부 카우보이 영화를 보면서 악이 망하는 것을 즐거워했습니다. 그러다가 제2차 세계대전을 주제로 한 "지상에서 영원으로"에서 최근에 방영된 "라이언 일병 구하기"까지의 전쟁영화를 통하여 인간애가 승리하는 모습을 즐거워했습니다. 그러는 사이에 최근에 들어서 싸움의 어쩔 수 없는 요소인 폭력만 그대로 도려냄으로써 영화가 원래 의도하였던 권선징악 혹은 인간애 등이 빠지고 말았습니다.

군인이 되면 첫째 날 병기인 총을 지급 받으면서 '제2의 생명'이니 잘 지키라는 명령을 받습니다. 군대에서 군인이 개인이 소지한 총기를 잃는 것은 목숨을 잃는 것과 같습니다. 실제로 전쟁의 성과를 보고할 때에도 적군의 시체 하나와 적군의 개인 소총 하나는 동일하게 간주합니다.

개인 병기는 비록 사람의 생명을 죽일 수는 있어도 병기 그 자체는 생명이 없기 때문에 그것을 손에 쥔 사람의 인격에 따라 의의 병기가 되기도 하고, 악의 병기가 되기도 합니다. 그렇다면 우리의 몸은 어떻습니까? 사람의 몸이 때로는 선한 병기가 되어 선한 일에 사용될 수도 있지만, 때로는 악한 병기가 되어 악한 일에 사용되기도 합니다.

오늘 본문에서는 우리 몸이 마치 무생명체인 병기가 되어 손에 쥔 주인의 마음대로 움직여진다는 것을 말하고 있습니다. 그리하여 우리에게 우리의 몸을 "……죄가 너희 죽을 몸을 지배하지 못하게 하여……"(12절) 그리고 "죄가 너희를 주장하지 못하리니……"(14절)라고 말합니다.

특히 오늘 12절에서 "그러므로 너희는 죄가 너희 죽을 몸을 지배하지 못하게 하여 사욕에 순종하지 말고"라고 했습니다. 여기에서 우리의 몸은 언젠가는 죽기로 되어 있다고 전제하고서, 이 죽기로 되어 있는 몸에서 죄가 왕의 행위를 하지 못하게 하라고 했습니다. 그리고 이어서 죄가 우리 몸에서 왕의 행위(노릇)를 하는 것은 곧바로 우리 몸이 '몸의 사욕에게 순종하게 되는 것'이라고 했습니다. 다시 말하여 우리 몸이 몸의 정욕에 순종하는 것이 곧바로 우리 몸을 죄의 병기로 사용하는 것이고 그렇게 되면 죄가 우리 몸에 왕 노릇하게 된다는 것입니다.

중요한 것은 우리가 우리 몸을 스스로 어떻게 다스리느냐에 따라 우리의 몸이 죄에게 드리는 불의의 병기가 되기도 하고 또한 동시에 하나님께 드리는 의의 병기가 되기도 한다고 말합니다.

우리는 최근에 이라크에서 일어난 전쟁을 통해서 하나의 폭력을 막는 데 또다른 폭력을 사용하면 결국 폭력이 끝이 없다는 것을 알게 되었습니다. 더욱이 미국이 이라크에게 폭력을 사용하면서 '정의의 사자', '하나님의 대리인'이라는 명분을 사용하였다면 그것은 이라크인들이 성전(聖戰)을 부르짖는 것이나 다를 바 없습니다. 이들은 다 같이 하나님께 죄를 짓고 있는데, 그 이유는 하나님의 이름을 빙자하여 인간의 폭력을 정당시하였을 뿐만 아니라 후세인이나 부시나

다 같이 자신들의 정권연장이라는 인간적 욕망을 하나님의 전쟁이라는 대의명분으로 내걸었기 때문에 그만큼 더욱더 큰 잘못을 범하는 것입니다.

이것을 본문은 '몸이 죄에게 드리는 불의의 병기'가 된 것이며 동시에 '몸의 사욕에게 순종하게 되는 것'이라고 했습니다.

여기에서 아주 무서운 말을 하고 있는데, 우리 인간의 몸이 욕심(현세욕, 정욕)에게 순종하게 되면 그 몸을 가진 사람은 '불의의 병기'가 되어 버린다는 것입니다. 즉, 사람의 몸이 원하는 사욕에게 순종하게 되면 이제는 몸뿐만 아니라 사람의 인격을 포함한 전체가 불법의 병기가 된다고 했습니다. 여기에서 말하는 병기는 물론 '도구'(tool), '무기'(weapon)라는 뜻도 있지만 '악을 대항하여 싸우는 기독교인의 삶의 상징'(symbol of christian life as a battle against evil)이라는 뜻이 있습니다. 악에 대항하여 싸워야 할 기독교인의 삶이 반대로 악에게 사용되어 버리고 마는 것입니다. 이것을 '죄가 우리의 죽을 수밖에 없는 몸에게 왕 노릇하는 것'이라고 하면서, 결코 그렇게 되는 일이 없어야 한다고 말합니다.

여러분, 우리는 여기에서 또다시 연약함을 느끼곤 합니다. 제 아무리 힘들여서 죄가 우리의 몸에서 왕 노릇하지 못하게 막으려고 해도 우리는 또다시 내 육체(몸)를 욕심을 좇는데 사용하는 일이 있고, 그리하여 나의 인격을 포함한 전 존재를 죄의 병기로, 불의의 병기로 사용하곤 합니다.

성경은 인간이라고 말하면서 영과 혼과 육이라고 말하기도 하고, 때로는 혼과 육을 하나로 묶어서 겉 사람이라고 하고 영을 속사람이라고 말하기도 합니다. 그런데 중요한 것은 인간의 혼과 육도 훌륭한 도덕적 성취가 가능하며, 고상한 인격을 소유할 수 있습니다. 그렇지만 그 단계에 그치면 결국 인간의 완성이고 그것은 유한하다는 것입니다. 그리하여 기독교에서는 혼과 육을 합한 겉 사람이 영원하신 하나님과 영을 통하여 교제할 때에, 다시 말하여 속사람(영)이 참으로 곁 사람의 속에 내재하여 있을 때에 그 사람을 '전투하는 인간'(homo militans)이라고 하며 오늘 본문의 말씀에서는 '병기'입니다.

여러분의 속에는 분명히 욕심이 있습니다. 그러나 13절에서 "드리다"라는 단어로 표현하였듯이, 그리고 12절에서는 이 욕심이 우리의 몸을 다스리게 되면, 왕 노릇하게 되면 우리는 그때부터 죄에게 순종하는 불의의 병기가 됩니다. 그러므로 여러분 마음속에 있는 욕심을 다스릴 수 있어야 합니다. 욕심의 주인이 되어야 합니다. 이것을 14절에서는 '주관하다'라고 표현했습니다. 이 단어는 우리가 주님이라고 부르는 명사의 동사형입니다. '주인 노릇하다', '주인 행세하다'라는 뜻입니다.

혹시 여러분들 가운데 육체의 욕심이 여러분의 몸 안에서 주인 노릇하는 사람이 있습니까? 잘 모르겠다고요? 갈라디아서 5 : 19~21 사이에서 분명하게 말합니다. "육체의 일은 분명하니 곧 음행과 더러운 것과 호색과 우상숭배와 주술과 원수 맺는 것과 분쟁과 시기와 분냄과 당 짓는 것과 분열함과 이단과 투기와 술 취함과 방탕함과 또 그와 같은 것들이라……." 이렇게 육체의 일을 하는 자들에게는 하나님께서 "하나님의 나라를 유업으로 주시지 않는다."고 선언합니다. 갈라디아서에서는 15가지 육체의 일을 언급하고 있는데, 이것들을 행하는 사람들이 누구입니까?

자기 자신을 되돌이켜 생각해 보십시오. 혹시 자신이 스스로에게 육체의 욕심이 주인 노릇을 하도록 방치해 두지는 않았는지 살펴보아야 합니다. 우리의 몸은 병기입니다. 악에게 대항하여 싸우는 삶의 연속이라는 뜻입니다. 우리의 몸은 병기이기 때문에, 영원한 생명을 얻을 수 있는 병기이기 때문에 어느 주인을 따르느냐에 따라 영원한 하나님의 나라를 유업으로 얻을 수도 있고, 사망을 유업으로 얻을 수도 있습니다.

우리 기독교인의 삶은 분명히 전쟁입니다. 우리 속에 있는 이중적인 자아, 두 사람 사이에서 끊임없이 진행되는 전쟁입니다. 바울이 고백한 그대로 우리의 몸은 죄의 법과 의의 법이 서로 싸우는 끊임없는 전쟁터입니다. 이 가운데에서 그래도 의의 법이 비교적 많이 승리할 수 있기 위해서는 여러분의 몸의 욕심을 어디에 드리느냐에 달려 있습니다.

그러므로 사람이 만든 표준에 따라 모범적으로 잘산다고 하는 사람에게는 법이 주인이 됩니다. 반대로 사람이 만든 표준을 따라 모범적으로 살지 못한다고 고백하게 되면 은혜가 주인이 됩니다. 법이 주인이 되면 죄의 종으로 살 수밖에 없기 때문에 갈라디아서에서 말하는 15가지 육체의 욕심에 따라 살 수밖에 없습니다. 반대로 하나님의 은혜가 주인이 되면 성령의 일을 하게 됩니다. "오직 성령의 열매는 사랑과 희락과 화평과 오래 참음과 자비와 양선과 충성과 온유와 절제……"(갈 5 : 22-23) 등 9가지라고 했습니다.

우리는 끊임없이 전쟁하는 전쟁터를 지니면서 살아갑니다. 그리하여 하나님의 은혜의 법이 승리하게 하려면 첫째로 여러분은 하나님을 가까이해야 합니다. 시편 145 : 18에서는 "여호와께서는 자기에게 간구하는 모든 자 곧 진실하게 간구하는 모든 자에게 가까이 하시는도다"라고 했으며, 하나님을 가까이하는 것이 우리에게는 살 길입니다. 그래서 야고보서 4 : 8에서도 "하나님을 가까이 하라 그리하면 너희를 가까이하시리라……"고 선언했습니다. 두 번째로는 대중 앞에서나 어디에서든지 하나님을 시인해야 합니다. 로마서 10 : 9에서도 "네가 만일 네 입으로 예수를 주로 시인하며 또 하나님께서 그를 죽은 자 가운데서 살리신 것을 네 마음에 믿으면 구원을 받으리라"고 했습니다. 마태복음 10 : 32에서도 "누구든지 사람 앞에서 나를 시인하면 나도 하늘에 계신 내 아버지 앞에서 그를 시인할 것이요"라고 했습니다. 그리고 세 번째로는 여러분 자신을 늘 쳐서 복종하게 해야 합니다. 사도 바울도 남들에게 복음을 전한 후에 도리어 자기 자신이 버림을 받을까 두려워하였기 때문에 자신을 칠 수밖에, 자신을 상하게 할 수밖에 없었습니다(고전 9 : 27). 내 자신을 치는 일, 상하게 하는 일은 곧바로 눈 아래를 치는 일, 눈을 쳐서 검게 물들게 하는 일입니다. 이것을 라틴어 성경에서는 '괴롭게 하다'(castigo)라고 표현했습니다.

이 싸움에서 이기고 승리하는 자에게는 하나님의 평화가 있을 것입니다. 예수님께서 "내가 너희에게 평화를 주노니 내가 주는 평화는 세상이 주는 것과 같지 않다."고 말씀하신 강물같이 깊이 흐르는 잔잔한 평화가 있을 것입니다.

마음으로 순종하라

한국의 전래동화 흥부와 놀부는 두 종류의 사람을 말합니다. 그동안 이 두 사람은 선과 악을 대변하는 것으로 권면하여 왔습니다. 그러나 실제로는 두 사람이 한 뿌리에서 나왔으며 그 한 뿌리는 우리의 마음입니다. 따라서 두 종류의 사람이란 없고 다만 한 사람이 한 마음으로 두 세계를 오고 가면서 흔들린다고 말해야 옳을 것입니다.

창세기에 등장하는 에덴동산과 아담과 하와의 이야기는 다른 사람의 이야기가 아니라 오늘날 우리가 살아가는 지구상의 이야기입니다. 우리 모두는 에덴이라는 지상의 낙원에서 지금 살고 있습니다. 그리고 선악과는 우리 앞에서 보암직하고 먹음직하게 아른거리고 있으며, 뱀이 와서 그것을 따 먹으면 너희들의 눈이 밝아져서 신처럼 될 수 있다고 아부합니다.

이렇게 우리를 꼬여 내는 유혹의 소리에 귀를 막을 수 있고, 보아도 보지 않은 것처럼 태연하게 지낼 수 있는 방법은 없을까요? 이 방법에 대하여 오늘 본문은 결론적으로 "……전하여 준 바 교훈의 본을 마음으로 순종하는 것"(17절)이라고 말합니다.

오늘 본문에서 우리에게 또다시 강조하는 것이 순종입니다. 순종하기 위해서는 하나님의 발밑에 내려가야 합니다. 하나님보다 낮은 위치에 있어야 합니다. 그런데 자꾸만 하나님과 대등한 위치에서 하나님의 말을 들으려 하기 때문에 불순종하게 되는 것입니다.

순종과 불순종은 어디에서 나옵니까? 그것도 모두 다 하나의 마음에서 나옵니다. 아담과 하와가 하나님으로부터 교훈을 다 같이 받았으나 마음속에 다른 생각이 있었기 때문에 교훈을 따르지 않은 것입니다. 그러고 나서 이제는 자신의 불순종에 대하여 합리화시키고, 책임을 회피하고, 책임을 전가시키는 말을 하게 되는 것입니다. 가인이 아벨을 죽이고서 어떠하였습니까? 그는 하나님 앞에서 불평을 늘어놓았습니다. "왜 동생의 제사는 받아 주고 내 제사는 받아 주시지 않습니까?" 불공평하다는 사실에 집착한 나머지 불공평한 대우를 받게 된 원인에 대해서는 생각하지 않았습니다. 그 다음으로는 미움이 일어났습니다. 미움은 곧바로 증오로 바뀌어서 살인이라는 행동으로 나타났습니다.

이것이 반역입니다. 이것이 하나님의 뜻을 반역하는 것입니다. 그 반역의 결과는 하나님의 자리에 또다른 것을 대체시킴으로써 죄는 항상 하나가 아니라 둘입니다.

교회에 다니면서 가장 싫어하였던 단어 가운데 하나가 '죄'라는 용어일 것입니다. 누구나 잘했다는 칭찬을 받기 원하지 "당신은 죄인입니다."라는 소리를 듣기 싫어합니다. 그런데 교회에서는 죄라는 용어를 말하고 반복합니다, 그것도 매일같이, 매 주일, 끝없이 반복합니다. 왜 그렇습니까?

이것이 인간의 실상이기 때문입니다. 죄(ἡ ἁμαρτία)라는 단어는 유대교에서 유래한 용어입니다. 이 용어는 다양한 의미를 가지고 있지만 '하나님의 법에서 벗어났다'는 뜻이 기본입니다.

그런데 죄의 가장 무서운 이면은 무엇입니까? 예레미야 선지자가 이스라엘 백성을 향하여 하는 말입니다. "내 백성이 두 가지 악을 행하였나니 곧 그들이 생수의 근원 되는 나를 버린 것과 스스로 웅덩이를 판 것인데 그것은 그 물을 가두지 못할 터진 웅덩이들이니라"(렘 2 : 13)고 말합니다. 하나님을 버린 것이 첫 번째 죄이고, 하나님이 계셔야 할 자리에 스스로 다른 것을 하나님으로 대체시킨 것이 두 번째 죄입니다.

이렇게 하나님을 버리고 다른 것으로 대체시키면 어떻게 됩니까? 예레미야 선지자는 "네 악이 너를 징계하겠고 네 반역이 너를 책망할 것이라 그런즉 네 하나님 여호와를 버림과 네 속에 나를 경외함이 없는 것이 악이요 고통인 줄 알라 주 만군의 여호와의 말씀이니라"(렘 2 : 19)고 했습니다.

하나님을 버리고 하나님께 대한 경외가 없는 것을 악 그리고 고통이라고 했습니다. 왜 그렇습니까? 오늘 본문에서 사도 바울은 "죄의 종으로 사망에 이르고"라고 했습니다. 사람이 죄를 범하게 되면 인간의 몸은 죽습니다. 그런데 그 죽음이 당장 썩어서 부패하여 흙으로 돌아가는 그러한 죽음을 맞이하는 것이 아니라 마취된 상태가 되는 것입니다. 우리는 정신을 잃은 상태가 됨으로써 사탄을 하나님으로 착각하게 되고, 사탄이 시키는 대로 행하는 악마가 되는 것입니다. 즉, 가운데가 찢겨진 사람이 됩니다.

이러한 사람을 '죄가 주인이 된 사람'이라고 했습니다(14절). 그리고 이것이 우리의 옛 모습이었습니다. 그리하여 17절에서는 "……본래 죄의 종이더니……"라고 했습니다.

죄의 자리는 어디입니까? 그것은 내 마음입니다. 한마음에서 하나님께 불순종할 수도 있고 하나님께 순종할 수도 있습니다. 그래서 어거스틴은 '죄의 자리는 우리의 의지'라고 했습니다. 문제는 우리의 마음이 약하여 의지하였던 선으로 갈 수 없다는 데 있습니다.

그렇기 때문에 우리는 죄로 인하여 죄의 종이 됨으로써 죄가 시키는 악한 짓을 행하는 악마로 살다가 결국 우리의 몸이 죽어 없어져서는 안 된다는 말입니다. 지금은 우리가 비록 죄로 인하여 마취된 상태로 있으면서 가끔씩 잘못된 행동을 하지만, 이 상태에서 깨어나게 해야 합니다. 정신을 차려야 합니다. 자다가 깰 때가 된 것입니다. 어두움의 일을 벗어 버리고 빛의 갑옷을 입고 선한 일을 도모해야 할 것입니다.

병원에서 환자가 수술 후 정신을 회복하는 것은 각성제 주사와 신선한 공기와 본인의 의지일 것입니다. 수술을 받은 사람에게는 물을 먹지 말라고 합니다. 왜 그런가 했더니 제가 수술을 받아 보니 마취가 되면 의식만 잠자는 것이 아니라 우리의 장기의 활동도 함께 잠을 자기 때문이었습니다. 그래서 깨어나면서 계속적으로 숨을 쉬고 또한 복부 호흡을 하면서 장을 돌려서 회복해야 했습니다.

우리의 영혼이 마취된 상태에서 깨어나게 하는 것이 무엇입니까? 오늘 본문에서는 "……너희에게 전하여 준 바 교훈의 본을 마음으로 순종하여"라고 했습니다. 여기에서 전달된 "교훈의 본을 마음으로 순종하여"라는 각 단어가 중요한 의미를 지닙니다.

다시 말하여 전승이 여러 가지일 수 있는데 그 가운데에서 가장 '본'이 되는 교훈은 아는 것입니다. 여기에서 그릇된 가르침을 따르는 사람들은 결국에는 이단으로 가기도 합니다(마 16 : 3). 그래서 사도 바울도 갈라디아에 있는 교인들에게 내가 너희에게 전한 것 이외의 "다른 복음은 없나니 다만 어떤 사람들이 너희를 교란하여 그리스도의 복음을 변하게 하려 함이라"(갈 1 : 7-8)고 했습니다.

바울은 자신이 선과 악의 갈림길에서 언제나 악으로 기울어지는 이중적이며 모순적인 무능력자, 죄인이라는 것을 깨달았습니다. 루터는 "내가 죄인이라는 사실조차도 알지 못하는 죄인이다."라고 했습니다. 그리고 키르케고르는 "절망할 수밖에 없는 상황에 처해 있으면서도 그 사실을 모르기 때문에 더욱더 절망이다."라고 했습니다.

이렇게 절망 속에 있는 사람이라야 "오호라 나는 곤고한 사람이로다 이 사망의 몸에서 누가 나를 건져 내랴"(롬 7 : 24)라고 탄식하면서 구세주를 찾게 되는 것입니다. 이 절망 속에 있는 사람이라야 지옥에 빠진 부자처럼 거지 나사로를 부러워합니다. 그래서 이 절망 속에 있었던 사람 이현필은 세상을 버리고 산속으로 들어갔습니다.

이것이 인간의 실상이며, 이러한 인간의 실상을 그대로 말하는 것이 복음의 시작이고 바른 전승입니다. 이것이 밝은 것입니다.

바른 전승에 서 있는 교훈의 모범을 따르게 되면 우리는 의에게 순종하게 되어 죄로부터 해방될 수 있습니다. 해방이라는 말은 여러 가지 의미를 지니지만 얽힌 매듭을 '풀다'(loose, untie, free)라는 의미입니다. 이렇게 죄의 매듭에서 풀리게 되면 비록 죄를 지을 수 있는 인간의 의지는 그대로 있을지라도 이 의지를 죄가 다스리지 못하게 됩니다. 죄를 지을 가능성은 있지만 그렇다고 해서 죄가 나를 온전히 주관하여, 얽어매서 죄짓는 것밖에 다른 것을 할 수 없도록 할 수는 없다는 것입니다.

이러한 의미에서 우리는 놓임을 받은 사람들입니다. 이제는 자유입니다. 이것이 최흥종 목사가 말하던 방(放)입니다. 한문의 방이란 자기부정(self-abnegation)이지만 동시에 그렇게 버리고, 부정함으로써 놓임(free)을 얻을 수 있다는 것입니다. 삭개오가 돈을 버림으로써 돈으로부터 놓임을 받아 자유로워졌습니다.

그런데 이 자유로움은 새로운 것에 매이기 위한 것입니다. 술잔에 물을 채우기 위해서는 술을 먼저 버려야 하듯이, 죄에게 순종하던 것을 버리면 죄로부터 자유하게 되고, 그렇게 되면 우리는 이제 의에게 매일 수 있는 것입니다. 의의 종이 될 수 있습니다. 즉, 하나님이 정하신 법을 지킬 수 있게 되는 것입니다.

죄는 법을 어긴 것이고 의는 법을 지키는 것입니다. 죄를 짓는 자는 이미 고통을 받습니다. 스스로 합리화시켜야 하고, 책임을 회피해야 하고, 책임을 전가해야 하며, 지속적으로 악을 범하게 되는 것입니다. 이것이 고통입니다.

여러분, 이제는 우리가 하나님의 말씀과 법에 순종할 때가 되었습니다. 지금까지 우리의 마음은 이중적이었습니다. 두 가지 가능성을 다 가지고 있지만, 죄지을 가능성마저 버리고 오로지 하나님의 법에만 순종하기로 합시다. 그러면 하나님께서 여러분을 의의 종으로 삼아 주시고, 영원한 생명을 주실 것입니다.

몸을 다스리라

요사이 건강에 관한 이야기가 각종 언론매체를 통하여 우리에게 전해지면서 많은 사람들이 관심을 쏟고 있습니다. 그런데 대다수의 내용이 '규칙적인 운동', '술·담배 끊기', '음식을 가려 먹거나 줄이기'입니다. 그러면서 하는 말이 "그것을 모르는 사람이 없으나 그것을 실천하는 사람이 몇 명인가?"라고 하면서 자신은 그 좋다는 건강보다는 지금 당장 편해지고 싶다고 말합니다.

우리의 몸이 바로 그것입니다. 우리의 몸은 비록 영·혼·육 혹은 영과 육으로 되어 있지만 바깥세상과 가장 직접적으로 닿으면서 내면의 영의 세계를 밖으로 표현하는 것이 육입니다. 영과 육은 상호 보완적으로 작용하지만, 그래도 육체는 늘 부정적인 면으로 움직이는 것이 현실입니다.

우리 육체는 흙입니다. 부서지기 쉬운 질그릇입니다. 우리의 겉모습인 육체는 영이 원하는 것을 알면서도 그것을 행할 수 없는 연약한 요소입니다. 그러면서도 욕심은 아주 많아서 항상 알뜰하게 보살펴 주기를 바라고, 붙들어 주기를 바라고, 아껴 주기를 바랍니다.

그렇지만 여기에서 말하는 '연약하다'는 육체의 연약에 그치지 않고 영의 연약에까지도 확대되어 정신적인 연약함(morally weak)을 말합니다. 우리의 주변에는 선보다는 악이 더 많으며, 악은 더 많은 현실적 쾌락을 주는 달콤한 것입니다. 그렇기 때문에 끊임없이 자신에게 재갈을 물리고서 훈련하지 않으면 참으로 더럽고 연약한 존재로 무너지고 말 것입니다.

이러한 의미에서 기독교 신앙이란 내면적으로 하나님과 맺는 영적인 관계를 외적인 육체 행동의 통제로 다스리는 것입니다. 성경 갈라디아서에서도 육체의 소욕과 영의 소욕이 따로 있고, 육체의 열매와 영의 열매가 따로 있다고 구별하였습니다. 데살로니가에서는 하늘의 일과 땅의 일이라고 했습니다. 혹은 위의 것과 아래의 것이라고도 했습니다.

여러분은 하늘에 것, 위의 것, 그리고 성령에 속한 것을 찾으려고 산속으로 혹은 수도공동체로 들어가는 사람이 아니고 현실에 발을 내딛고서 살아가는 극히 평범한 소시민입니다. 이 속에서 우리는 어떻게 죄에게 종 노릇하지 않을 수 있는가, 어떻게 우리의 육체를 다스릴 수 있는가의 문제에 직면해 있습니다.

사람이 가을이 되면 여행을 많이 합니다. 여행이란 혼자서 내면의 세계와 대화하는 시간이기 때문에 자아를 되찾는 시간, 자아와의 대화의 시간이라고 합니다. 여행은 사색하는 것이며, 자신의 생각과 마음을 정리하는 시간입니다. 그래서 되도록 혼자서 하는 것이 좋다고 합니다.

그런데 요사이 세대들은 어디를 가든지 핸드폰을 끄집어내서 게임하고, 통화하고, 웃고 즐기는 등 지나치게 '더불어' 사는 생활을 합니다. 이제는 이러한 행동을 지나치게 오래 반복함으로써 자신이 가지고 있는 행동양식으로 고정되어 버렸습니다. 그래서 그것으로부터 자유하려고 해도 자유할 수 없는 습관(habit)으로 발전했습니다.

습관이란 것은 실은 가지고 있다는 동사에서 유래한 명사입니다. 사람이 어떤 행동을 반복하면서 오랫동안 지속하면, 다시 말해서 가지고 있으면 그것은 그 사람의 습관이 됩니다.

이것이 우리의 육체입니다. 육체는 흙이고 질그릇입니다. 그리하여 도공이 어떻게 만드느냐에 따라 그릇의 모양이 달라집니다. 우리의 육체를 어떠한 모습으로 빚어내느냐에 따라서 나는 육체의 종이 되기도 하고 육체의 주인이 되기도 합니다.

오늘 본문에서는 "……너희가 너희 지체를 부정(不淨 : ἀκαθαρσία)과 불법에 내주어 불법에 이른 것같이……"(19절)라고 말하고 있습니다. 다시 말하여 우리는 깨끗하지 못한 것에게 그리고 법을 지키지 않는 것에게 우리의 몸을 더욱더 잘 드림으로써 결국에는 더욱더 법을 지키지 않는 불법자가 되고 맙니다. 선악과가 항상 '보암직도 하고, 먹음직도 하게' 보여서 그것을 따 먹지 않고는 배길 수 없는 욕망으로 가득 차게 되어 결국에는 부정과 불법의 종이 됩니다. 반대로 우리의 지체를, 우리의 몸을 하나님의 법에 순종하는 쪽으로 드리면 우리는 의의 종이 되어 거룩함에 이르게 됩니다.

우리는 종이란 단어의 의미를 잘 압니다. 종은 주체성이 없고, 결정권이 없이 다만 명령 받은 것을 그대로 행하는 존재입니다. 마치 프로그램되어 있는 로봇과 같은 존재입니다. 이것이 종입니다. 요사이 수많은 동반자살자, 화재사건, 살인사건 등 모두 다 우리가 육체의 종으로 살면서 현실성과 쾌락성을 추구한 결과들입니다.

저와 가까웠던 친구 가운데 건축하던 친구가 제법 돈을 많이 벌었는데, 어느 날 자신들이 짓는 카페의 건축주가 부도가 나는 바람에 그 카페를 인수하게 되어 점점 더 많은 돈을 벌었고 결국에는 카바레로 발전했습니다. 그런데 어느 날 그 친구가 하는 말이 "자기 아이들 보기 부끄러워서 더 이상 못하겠다."라고 하였습니다. 아이들이 학교에서 가정조사 용지에 부모의 직업란에 무엇이라고 쓸 것인가를 고민하는 것을 보았던 것입니다.

그렇다면 우리가 육체의 욕심에 따라 살게 되면 어떠한 열매를 맺습니까? 오늘 본문은 '부끄러운 열매'라고 했습니다. 그리고 실제로 이 세상을 살아가는 사람은 누구나 "자식들에게 부끄럽다."라고 했습니다. 부모가 자식에게, 자식이 부모에게 얼굴을 내놓고 살기 어려운 생활이 부끄러운 삶입니다.

왜냐하면 육체적 삶의 마지막은, 목적지는 죽음이기 때문입니다(21절). 육체적인 삶을 살아가는 사람들은 죽었기 때문에, 마취되었기 때문에 없는 것입니다. 보이지 않습니다. 그래서 지금 당장 눈앞에 있는 것만 보입니다. 그것도 흐릿하게 취한 상태에서 보듯이 둘이 셋으로 보일 뿐입니다. 그래서 성 어거스틴은 "……어둠의 일을 벗고 빛의 갑옷을 입자 낮에와 같이 단정히 행하고 방탕하거나 술 취하지 말며 음란하거나 호색하지 말며 다투거나 시기하지 말고"(롬 13 : 12-13)라는 말씀에 감화되어 새로운 삶을 살게 되었습니다.

어거스틴은 당시 북아프리카의 수도 카르타고에서 성을 예술화시킨 삶을 보면서 "자신이 정욕이라는 수도꼭지를 잠글 수 있었던 것은 결혼이라는 바다에서 헤엄칠 때 가능하였다."라고 말할 정도로 방탕한 삶을 살았다고 고백했습니다. 오늘 우리가 살고 있는 대한민국도, 광주도 그 옛날의 카르타고와 로마와 폼페이와 별로 다르지 않습니다.

그렇지만 다른 한쪽에서는 이러한 방탕하고 타락한 삶을 싫어하여 자발적으로 빈곤의 삶을 살기로 했던 사람들이 많이 있었습니다. 음식을 줄이고 생활을 줄이고 스스로 가난하게 됨으로써 방탕의 길에서 벗어날 수 있다고 생각했던 사람들이었습니다. 3세기에 안토니(Anthony)라는 사람은 왕가의 후손이었는데 모든 것을 다 털어 버리고 사막으로 들어가서 사는 '사막의 고행 수행자'가 되었습니다. 그는 육체적인 쾌락이 아니라 영적인 쾌락이라는 마귀의 유혹을 이겨 낸 다음에 명상가, 수행자가 될 수 있었습니다. 프랑스에서 시작한 테제 공동체도 그렇고, 이현필도 비슷한 길을 간 사람입니다. 스스로 가난을 택한 자발적인 빈곤의 삶 가운데에서 자신의 육체의 욕심을, 몸의 욕심을 극복하는 승리를 맛본 사람들입니다.

그렇지만 여러분과 저는 이 세상이라는 현실에 발을 딛고 살아가는 극히 평범한 소시민입니다. 아직 가족과 가정을 저버릴 정도의 용기가 없는 사람입니다. 아니, 그렇게 요구하지도 않습니다. 우리는 가정을 지키면서도 육체의 소욕을 억제하는 삶을 어떻게 살아갈 것인가를 말하는 것입니다.

여러분과 저는 어쩔 수 없습니다. 스스로를 훈련하지 않으면 곧바로 퇴보하는 것이 우리의 모습입니다. 오늘 성경에서는 "죄의 삯은 사망이요……"(23절)라고 했습니다. 여기에서 말하는 삯(ὀψώνια)이란 군인들이 전쟁터에서 먹는 음식 그리고 전쟁해 준 대가로 받는 돈을 의미합니다. 그리고 그것도 사망입니다.

이 단어의 뜻은 더욱더 상징적으로 이 세상에서 전쟁하는 기독교인의 삶을 의미합니다. 기독교인은 전쟁하는 군인입니다. 세상의 엄청난 악의 세력과도 싸우지만 자기 자신의 내면의 세계에 있는 악의 욕심, 부정과 불법의 욕심과 싸우는 영적인 군인들입니다. 이 전쟁에서 지면 사망을 삯으로 받지만 이기면 '우리 주 예수 그리스도 안에 있는 영원한 생명'을 받습니다.

여러분은 오래전에 상영된 "장미의 이름"이라는 영화를 보셨을 것입니다. 책은 유럽에서 밀리온(million)셀러였습니다. 내용은 이탈리아의 한 베네딕트 수도원에서 수도사들이 죽는 것으로 시작했습니다. 그 수도원의 고위직 성직자가 금서만 모아 놓은 도서관에서 혼자서 음란서적을 탐독했는데, 이 사실을 눈치 챈 바로 아래 계급의 성직자가 몰래 금서도서관에 들어와서 보았던 것입니다. 그리하여 최고위직 성직자는 책갈피에 독약을 묻혀 놓아 차하급 성직자가 죽었던 것입니다. 최근에도 미국 천주교회의 대주교가 교회의 담임 성직자로 있을 때에 교회에서 일하는 소년들에게 행한 성추행으로 인하여 감옥에 가는 일이 생겼습니다. 이는 다 "죄의 삯은 사망이요."라는 말을 하고 있습니다.

이제는 우리가 자다가 깰 때가 되었습니다. 이 시기를 바로 볼 때가 되었습니다. 주님 오실 날이 그렇게 멀지 않다는 인식 가운데에서 내 스스로의 몸에 재갈을 물려서 훈련할 때가 되었습니다. 물론 알면서도 되지 않는다고 말합니다. 그렇기 때문에 훈련하는 것입니다.

자신의 몸을 잘 다스리는 자에게, 훈련하는 자에게 하나님께서는 영생을 상급으로 주실 것입니다.

부끄러운 줄 알라

저는 요사이 몇몇 교회의 역사를 정리하면서 한 가지 고민에 처하게 되었습니다. 다름이 아니라 장로들 가운데에서 교인들로부터 그리고 지역주민들로부터 손가락질 당하는 사람들의 이야기, 교회로부터 치리를 당하여 장로 직을 정직 당하였다가 복직된 사람이 있는데 그분의 자녀가 동일한 교회에서 장로이고 권사이고, 또한 목회자로 부임해서 교회를 어지럽히고 퇴보시킨 목사의 뒷이야기를 어떻게 기록해야 할 것인가를 놓고 고민하고 있습니다.

본인이 살아 있을 동안 수많은 사람들에게 가슴 아픈 경험을 갖게 한 다음에 이제 30여 년이 흐른 시점에서 돌이켜서 정정하려고 해도 30년 전으로 돌아갈 수도 없고, 더 나아가서 그 당시에 자신 한 사람으로 인해서 마음고생했던 사람들의 마음을 어루만질 수도 없고, 동시에 기억에서 지울 수도 없습니다.

사도 바울은 사람이 하나님의 법을 떠나서 세상의 법으로, 영적인 말씀의 법을 떠나서 육체의 법에 따라 살아가는 사람들을 향하여 로마서 1~6장에서 너희가 육체의 종이 되었다, 율법의 종이 되었다고 비유로써 말한 다음에 오늘 본문에서는 "너희가 율법과 결혼하였다."는 비유로써 말하고 있습니다. 혼인으로써 묶어졌으면(結婚) 혼인의 관계를 끊고 풀어 버릴(解婚) 수도 있다는 말입니다.

구약 시대에 한 여자가 한 남자와 결혼하였다가 남편으로부터 버림을 받아 쫓겨나면 결혼생활에서 벗어날 수 있지만 그 경우에는 남편이 죽을 때까지 혼자 살아야 합니다. 그렇지 않으면 강간죄에 저촉됩니다. 따라서 한 여자가 결혼생활로부터 합법적으로 벗어날 수 있는 길은 단 하나입니다. 그것은 남편이 죽는 것입니다. 남편이 죽은 후에는 그 남편으로부터 벗어나서 다른 남자에게 시집가도 강간죄에 해당되지 않는 것입니다.

따라서 바울은 오늘 본문을 통하여 우리에게 율법이라는 남편이 죽게 하라는 것입니다. 율법이라는 남편과 성적인 관계를 맺으면서 온갖 더럽고 부끄러운 열매를 맺은 것으로부터 벗어나려고 한다면 율법이라는 남편이 죽게 하라는 것입니다.

어느 시대를 막론하고 그 시대에 통용되는 사회적인 관습의 법이 있습니다. 이것이 우리나라에도 그대로 남아 있어서 명절에는 어른이 어린이들에게 돈을 주고, 아랫사람은 윗사람에게 선물을 가져갑니다. 그러나 그 관습의 법이 지나쳐서 본래의 취지를 어긋나게 되면 뇌물이 되고 법에 따라 제재를 받습니다.

미국에 처음으로 가서 공부할 때에 선생으로부터 'good'이라는 평점을 받으면 그것이 잘했다는 말인 줄 알았는데 상당히 형편없다는 뜻이었습니다. 그리고 미국에서 'Thank you'라는 말을 수없이 들었는데 그것이 참으로 감사하다는 말도 아니었습니다. 또한 'nice to meet you'도 다 입에 바른 요식적인 절차라는 것을 알기까지는 상당한 시간이 필요했습니다. 일본에서도 그처럼 허리를 숙이면서 "어서 오십시오.", "감사합니다.", "안녕히 가십시오."라고 해도 그것이 다 입에 바른 요식적인 절차라는 것을 알기까지는 많은 시간이 필요합니다. 특히 아랫사람들로부터 깍듯한 대우를 받았지만 그 내면에는 무엇인가를 요구하는 마음으로 접근한다는 것을 알 때에는 속이 뒤틀리는 경우도 있습니다.

이스라엘 사람들은 모세를 통하여 하나님으로부터 시내 산에서 율법이라는 선물을 받았습니다. 그 율법의 핵심은 하나님을 경외하는 법칙이 기록된 것입니다. 하나님께서 "너희들이 나와 관계를 유지하기 위해서는 최소한 이 정도의 규범은 지켜야 한다."고 했습니다. 하나님께서는 이스라엘 백성들과 관계를 유지하기 위하여 법을 주신 것이지, 이스라엘 사람들이 법을 지켰기 때문에 관계가 유지된 것은 아니었습니다. 법을 어길지라도 관계는 유지되어야 하기 때문에 하나님께서는 각종 제사에서 속죄 제사의 법까지 만들어 주셨던 것입니다. 그런데 거꾸로 법만 지키면 하나님과의 관계가 유지되는 것으로 알고서 하나님을 경외하는 의식적인 규범(ritual law)만을 고집하는 태도를 오늘 본문에서는 의문(儀文)이라고 했습니다.

한국의 제사가 꼭 그 모양입니다. 제사를 통하여 부모를 기억하고 부모의 사랑과 마음을 되새기면서 오늘의 나를 돌아보는 계기로 삼음으로써 부모와 자식의 관계가 유지되는 것인데, 법도에 따라 제사를 지냈기 때문에 부모의 가르침을 다 따르지 않을지라도 관계는 유지되었고, 돌아가신 부모의 영이 나를 돌보아서 병도 낫고, 사업도 잘될 것이라고 생각하는 것입니다

구약 시대의 사람들이나 오늘날 한국인들이나 다 죽어 힘도 없는 법도를 들먹이면서, 그 법도에서 요구한 형식을 갖추어서 예의를 표하였기 때문에 이제는 나에게 그만큼의 복이 돌아와야 한다고 주장하는 것은 '관계유지'가 아니라 '거래'입니다. 그리고 이것은 그 법도를 만든 사람의 근본적인 취지를 무시하는 모독이 되는 것입니다.

이렇게 관계유지와 의미 찾기를 더욱 중요하게 고려한 한 사례를 최근에 크리스마스의 들뜬 분위기가 차분하게 바뀐 데서 찾아볼 수 있을 것입니다.

이렇게 하나님과 사람 사이에서 예의를 지키기보다는 관계유지에 더욱 신경을 쓰기 위해서는 본인이 하나님을 믿는다고 하면서, 하나님을 섬긴다고 하면서 지나치게 본인의 이익을 챙기려 하였던 점에 대하여 부끄러움을 느끼는 데서 출발합니다. 로마서 6 : 21에서 "너희가 그때에 무슨 열매를 얻었느냐 이제는 너희가 그 일을 부끄러워하나니……"라고 했습니다.

바울이 하나님을 섬긴다는 확신에서 예수 믿는 사람들을 잡고, 때리고, 죽게 했던 그 일들을 돌이켜 생각할 때마다 얼마나 부끄러웠겠습니까? 베드로가 죽을지언정 예수님을 배신하지 않겠다고 하고서 세 번씩이나 부인하였으니, 닭 우는 소리를 들을 때마다 얼마나 부끄러웠겠습니까?

우리는 지금 현재도 이것이 가장 옳은 행동이라고 하고 있을 터인데, 그 행동이 시간이 지나고 나서 부끄러운 행동으로 밝혀질 때에 얼마나 부끄러울까요? 우리는 지금 앞이 보이지 않기 때문에 이렇게 관습의 법에 따라서, 누가 보지 않는다고 생각하면서 숨어서 이 일도 하고 저 일도 하지만, 언젠가 다 밝혀질 때에 그 부끄러울 모습을 생각해 보셨습니까?

스스로 자기 자신에 대해서 부끄러운 줄 알아야 합니다. 저도 지도자 될 사람을 가르치는 지도자로서 지도자답게 살지 못하면서 지도자 될 사람들에게 지도자는 이래야 한다 저래야 한다고 말만 앞세운 것이 하나둘이 아니기 때문에 지금 와서 돌이켜 보면 부끄럽기만 합니다. 해야 할 일을 하지 않아서 부끄럽고, 해서는 안 될 일들을 했기 때문에 부끄럽습니다. 그래서인지 몰라도 요사이는 학생들에게 에스겔 3장에 나오는 말을 자주 합니다.

베드로와 사도 바울이 아직까지 우리에게 높이 칭송을 받는 것은 이 부끄러움을 가장 많이 알았기 때문입니다. 그들은 평생 부끄러운 마음으로 살았으며 가장 부끄러운 죽음을 맞이했습니다. 그리고 한국 땅에서는 이기풍 목사가 그랬고, 이현필 선생이 그랬습니다. 이들은 자신들의 지난 과거를 생각할 때에, 예수님을 몰랐을 때를 생각할 때에, 그리고 예수님을 믿는다고 하면서 잘못했던 일들을 생각할 때에 부끄러워서 몸 둘 바를 몰랐던 것입니다.

그렇기 때문에 우리가 이 부끄러움에서 해방되는 길은 율법이라는 형식에서 벗어나서, 의례적인 형식만 갖추면 할 일 다했다는 자위적인 만족감에서 벗어나서 예수 그리스도의 몸과 함께 십자가에서 죽어야 합니다. 내 자신을 그리스도의 십자가라는 거울 앞에 비춰 보아야 합니다. 요사이 X-ray 광선으로 우리의 몸속을 훤히 들여다보고, 그것도 부족해서 자기공명 촬영기로 잘게 쪼개서 보듯이 우리의 속까지 훤히 꿰뚫어 보시는 하나님의 거울 앞에 내 자신을 비쳐 보아야 합니다.

그러기 위해서는 의문의 낡은 것이 아니라 내용을 보시는 하나님의 영의 새로운 것으로 돌아가야 합니다. 하나님의 영이, 하나님의 말씀이 성령의 도우심으로 깨우쳐 질 때에 그 말씀이 여러분의 속에 부끄러운 마음을 갖게 하실 것입니다.

하나님의 영이 우리 안에 오시면 우리는 탄식하게 됩니다. "내가 왜 그때 그랬을까? 내가 왜 그 정도밖에 되지 못하였을까?" 하나님의 영이 오시면 구체적으로 이것을 잘못하고 저것을 잘못했음을 하나하나 고백할 상황이 아닙니다. 남편이 죽으면 아내가 통곡하면서 말을 잊지 못하듯이 하나님의 영이 우리 안에 오시면 우리는 그만 엉엉 울고 말 뿐입니다. 너무나도 부끄럽고 죄송해서 나의 과거를 통째로 부정해 버리는 것입니다. 이것이 오늘 본문에서 말하는 율법과 헤어지는 것입니다. 이것이 율법과 이혼하는 것입니다. 이것이 율법으로부터의 자유이고 해방입니다. 이것이 그리스도의 몸으로 말미암아 율법에 대하여 죽임을 당하는 것입니다.

우리는 원래 "……이 세상 풍속을 따르고 공중의 권세 잡은 자를 따랐으니…… 육체의 욕심을 따라 지내며 육체와 마음의 원하는 것을 하여 다른 이들과 같이 본질상 진노의 자녀이었더니"(엡

2 : 2-3)라고 하였습니다. 아니, 지금도 그렇게 살고 있습니다. 그때에 우리가 무슨 열매를 맺었습니까? 이제는 다만 부끄러울 뿐입니다.

하나님의 영이 우리 안에 계셔서 말씀을 들을 때에 나 자신이 얼마나 부끄러운 삶을 살았는가를 깨닫게 해 주십니다. 이제는 하나님의 영과 결혼해야 합니다. 부활하신 주님과 결혼해야 합니다. 부활하신 주님께서 신부되신 우리에게 영원한 생명을 선물로 주실 것입니다.

율법의 새 해석

아이들이 어릴 때에는 무엇이든지 집고 또 먹으려 합니다. 큰 아이가 어렸을 때에 성냥불을 보면 달려들어 집으려 해서 하루는 성냥을 켜서 그대로 있었더니 만져 보고는 놀라서 그 후로는 만지려 하지 않았습니다. 성냥이 불을 켠 상태로 있었고 그것이 성냥이라는 것을 알게 되었지만 성냥의 참모습은 손에서 뜨거운 느낌을 가질 때에 가능했습니다. 성냥이라는 것을 막연히 보고서 안 것과 성냥의 뜨거움을 맛보고 안 것은 전혀 다른 '아는 것'입니다.

성경 로마서 5 : 12~21에서 한 사람으로 죄가 세상에 들어오고 죄로 말미암아 사망이 그 한 사람에게 왔던 것처럼, 이제는 모든 사람이 죄를 짓게 됨으로써 사망이 모든 사람에게 이르렀다는 대 선언이 나와는 동떨어진 보편적인 이야기로, 막연한 이야기로 들렸지만, 7장에 들어서면서부터 나의 이야기로 들려지기 시작합니다.

어떻게 그 죄와 사망의 이야기가 나의 이야기가 됩니까? 이것을 설명하기 위해서 바울은 6장을 빌어서 "……너희가 너희 지체를 부정(不淨 : ἀκαθαρσία)과 불법에 내주어 불법에 이른 것같이……" (6 : 19)라고 말합니다. 우리가 가진 여러 지체 가운데에서 육체를 깨끗하지 못한 것과 불법에 바침으로써 우리의 몸 전체가 불법이 되어 항상 부끄러운 열매를 맺었다(6 : 21)고 선언한 다음에 바울은 7장을 통하여 "그 이야기가 남의 이야기가 아니라 바로 나의 이야기입니다."라고 탄식하는 것입니다.

그렇다면 어떻게 나의 이야기가 됩니까? 그것은 마치 우리 아이가 성냥불을 보고서 알기는 알았지만 그 실상을 몰랐다가 불에 한 번 데인 다음부터는 성냥이 무엇인지를 무의식 저 깊은 곳에서부터 인식하게 되는 것과 같다는 것입니다. 이제는 아담의 범죄가 책에 쓰인 글자가 아니라 나의 몸이 육체로 살게 되면 죄의 정욕(열정 : πάθημα)이 활동을 하여 우리의 각 지체로 확대됨으로써 결국은 죽음에 이르는 목적을 가진 열매만 맺게 되는 것입니다.

바울은 본문에서 죄가 계명을 통하여 다른 사람이 아니라 바로 나 자신 안에서 온갖 유형의 탐심을, 다시 말하여 모든 정욕과 욕심과 현세욕을 불러일으킴으로써 결국은 우리가 하나님의 법을 어기게 되었다고 말합니다. 그러므로 이제 우리가 할 일은 우리 안에 있는 그 율법 혹은 계명으로부터 벗어남으로써 법이 우리 안에서 죽게 하는 것, 바로 그것입니다. 마치 우리 아이가 성냥불에 데인 다음부터는 다시는 성냥을 만지지 않듯이 말입니다.

우리가 백화점에 가서 온갖 새로 나온 옷들을 보고 다녀도 그냥 전시된 옷에 불과했습니다. 그러다가 정작 TV에 등장하는 어떤 사람이 백화점에서 본 그 옷을 입고 있으면, 사지 않고는 배길 수 없는 욕심이 불쑥 솟아오릅니다. 그래도 욕심을 억누르고 지내다가 우연한 기회에 다시 백화점에 가게 되고 또 우연히 그 옷을 보게 되면 아무리 사지 않으려 해도 유혹을 뿌리칠 수 없게 됩니다.

에덴동산에 살던 하나님께서 흙으로 빚은 사람은 하나님과 영과 육이 교제하는 가운데 전체적으로 온전한 모습을 지니고 살았습니다. 비록 선악과 옆을 지났을 때에도 그것은 하나님께서 금하신 과일일 뿐이었습니다. 그런데 사탄이 와서 "이것을 먹으면 정녕 네 눈이 밝아져서 하나님과 같이 될 것이다."라고 속삭인 다음부터는 선악과가 보암직하고, 먹음직하고, 그럴듯하게 보여서 아무리 선악과 있는 곳에 가지 않으려 해도 계속적으로 눈에 아른거려 결국은 그곳으로 가서 따 먹지 말라고 한 그 열매를 따 먹고 말았습니다.

이것이 인간의 실상입니다. 선악과를 따 먹지 말라고 하신 하나님의 말씀은 하나의 단순한 계명이었고, 하나의 소리에 불과했습니다. 그 계명이 무엇을 뜻하는지 알지 못했습니다. 다만 선악과가 보였고, 하나님의 소리가 있었을 뿐입니다. 다만 알고 있었을 뿐입니다. 그런데 선악과를 따 먹고 난 다음부터는 이 계명이 살아 있는 힘을 가진 율법으로 변했습니다. 그리고 법을 어겼기 때문에 처벌을 받아야 했고 그 처벌은 죽음이었습니다.

다시 말하여 사람이 선악과를 따 먹기 이전까지는 율법이 죽어 있었지만, 선악과를 따 먹은 다음부터는 그 율법이 다시 숨쉬게 되어서 우리가 죽은 것과 마찬가지로 살다가 우리의 몸이 죽게 되면 결국은 우리도 완전히 썩어져 없어져 버리는 것입니다.

다시 말하지만 첫 사람은 에덴동산에서 선악과 옆을 지나면서 있는 곳을 알았고 또한 보았을 뿐입니다. 이 동안에는 선악과 속에 숨어 있는 죄라는 얄미운 녀석이 죽어 있는 상태와 마찬가지였습니다. 여러분, 죄가 우리 안에서 죽게 할 수는 없습니까? 성냥을 보기만 하고, 백화점의 옷을 보기만 할 수는 없을까요? 왜 꼭 성냥에 불을 붙여야 하고 백화점의 옷을 사야만 합니까? 도대체 무엇이 우리로 하여금 불을 붙이게 하고 옷을 사게 합니까?

죄는 우리에게 지속적으로 유혹자를 보냅니다. 성냥이 아름다운 색깔을 가진 불로 변하고, 백화점의 옷이 TV 탤런트의 몸에 걸쳐짐으로써 아름다운 패션으로 변합니다. 죄는 기회 있는 대로 우리 안에서 계명이 되어서 각양, 다시 말하여 모든 형태의 욕심으로 다시 살아나 숨쉬게 되는 얄밉고도 무서운 원수입니다.

예수님에게도 이 원수는 마지막 순간까지 따라다니면서 유혹했습니다. 돌로 떡을 만들어서 세상 사람을 구원하라고 유혹했습니다. 성전 꼭대기에서 뛰어내려 다치지 않는 모습을 보여 줌으로써 세상 사람들을 놀라게 하라고 유혹했습니다. 그리고 마지막으로는 십자가에서 뛰어내림으로써 사망권세를 이길 수 있다는 것을 보여 주라고 했습니다.

각양 탐심은 바로 이것입니다. 사람들에게 보여 주라는 것입니다. 겉모습을 갖추라고 말합니다. 하나님과의 관계보다는 사람들과의 관계를 우선하라는 것입니다. 각종 합리적인 설명을 내세워 백성의 소리가 하나님의 소리(vox populi vox dei)라고 외칩니다. 그러나 갈릴리 해변에서 예수님으로부터 떡과 물고기를 받아먹었던 그 백성들은 빌라도의 법정에서 예수님을 십자가에 못 박으라고 외쳤습니다. 백성들은 먹을 것, 입을 것, 마실 것을 주지 않으면 금세 돌아서서 죽이라고 외치는 무서운 법으로 변합니다.

죄는 기회가 있을 때마다 유혹자를 내세워 에덴동산의 아담으로부터 오늘날 우리에게 이르기까지 항상 속입니다. 야고보서 4 : 7~8에서 하나님에게는 순종하고 마귀에게는 맞서라고 말한 다음에, 하나님께 가까이하면 하나님께서 우리를 가까이하신다고 합니다. 그리고 두 마음을 품은 자들에게 마음을 성결하게 하라고 합니다. 결론적으로 하나님과 마귀 사이에서 이중적으로 왔다갔다 하면서 이익을 보려고 하지 말라는 것입니다.

예수님께서도 '예'와 '아니오'를 분명히 대답하라고 했으며, '뜨겁든지 차든지' 둘 가운데 하나만 하라고 했습니다. 그렇게 되면 선악과가 보암직하지도 않고 먹음직하지도 않습니다. 이것이 율법으로부터 벗어나는 길이고 율법이 우리 안에서 죽는 길입니다.

여러분, 그러나 실제로 예수님께 대해서는 '예'라고 말하고 마귀의 유혹에 대해서는 '아니오'라고 말한다고 해서 우리의 몸이 그대로 뒤따라 줍니까? 여기에 누가 "그렇습니다. 마음먹은 대로 잘됩니다."라고 대답할 수 있습니까?

그렇기 때문에 율법이 우리 안에서 죽은 것이 되게 하는 길은 하나뿐입니다. 아담이 선악과를 따 먹기 이전에 "이것을 따 먹으면 네가 정녕 죽으리라."는 계명이 있었으나 힘을 발휘하지 못하고 죽어 있었듯이, 그렇게 하는 길은 오직 예수 그리스도에게 우리의 죄를 다 맡기는 것입니다. 우리는 끊임없이 죄짓는 모순 덩어리이지만, 더욱 중요한 것은 그 죄를 인식하고 예수님에게 맡기기만 하면 됩니다.

아담은 사탄의 유혹에 넘어가 선악과를 먹지 말라는 계명을 어겼고, 이스라엘 백성들은 선택된 백성이라고 자랑하면서 다 지키지도 못할 율법으로 구원을 얻은 것처럼 스스로 속이면서 살았던 위선자들이었습니다. 이렇게 하나님께서 율법으로써 인류를 구원하시려는 뜻은 옛날 사람들의 인지가 낮은 때에 허용되었던 것이고, 그것도 실제로는 사람들의 무지와 반항과 위선으로 뜻하였던 구원을 이루지 못함으로써 이제는 '의문의 묵은 것'으로 하지 않고 '영의 새로운 것'을 우리에게 주셨습니다.

영의 새로운 해석은 여러분과 제 앞에 이렇게 외칩니다. "율법이 너희들 안에서 죽은 것이 되게 하라." 바로 율법이 죽은 것이 되게 하는 길, 율법이 썩어서 냄새나는 것이 되는 길은 십자가에서 죽은 다음에 음부에 내려가시 냄새나는 몸에 있다가 부활하심으로 새 생명을 가지신 예수님에게 우리의 죄를 다 맡기는 것입니다. 그리하여 루터가 말한 것처럼 "이 세상에 죄인은 십자가를 지고 골고다로 향하신 예수님 한 분이시다."라고 선언할 수 있어야 하는 것입니다.

예수님에게 우리의 유혹을 맡깁시다. 예수님에게 우리의 연약함을 맡깁시다. 도저히 견딜 수 없을 만큼 사탄이 유혹하고, 생활이 힘들고 어려워 내가 예수님을 믿는 사람인지 의심이 있을 때마다 낙담하지 말고 예수님께 맡깁시다. 그리하면 예수님은 여러분의 무거운 십자가를 지고 골고다로 가시는 좋은 친구가 되실 것입니다.

원함은 있지만!

사람이 믿는다고 말할 때에 믿는다는 심리적 과정에 대하여 성 어거스틴은 믿으려는 것에 대하여 우리는 먼저 생각하고, 생각한 것에 대하여 동의하고, 동의한 것을 믿게 된다고 말하였습니다. 그래서 믿음이란 동의하면서 생각하는 것(credere est cum assentione cogitare)이라고 정의했습니다. 참으로 그렇습니다. 하나님을 믿으려 해도 먼저 하나님에 대하여 생각해 보고, 그 다음에 생각한 내용에 대하여 동의하고, 그 다음으로 믿게 되는 것입니다. 그러므로 믿기 위해서는 먼저 생각이 움직여야 합니다.

이렇게 하여 믿게 되면 믿음은 곧바로 우리 안에서 행동을 일으키는 에너지가 됩니다. 어떠한 행동을 한다는 것은 그 행동에 대한 굳은 신뢰와 확신이 있어서입니다. 믿음은 우리 안에서 항상 에너지가 되어서 우리를 불타게 합니다.

이스라엘 사람들은 이 확신으로 살았으면서도 이 확신에 따르는 행동을 하지 못하였습니다.

최근에는 많은 경영전략 도서들이 팔리고 있는데 그 가운데에서 「이런 중간 간부는 퇴출시켜라」라는 책이 있습니다. 그 책에서 말하는 내용 가운데 10여 년 한 자리에서 지내게 되면 나이와 상관없이 '정신적인 은퇴상태'에 접어든다고 합니다. 긴장도 없고, 그저 그대로 생활에 젖어서 발전도 없고, 발전하려고 노력하지도 않게 됩니다. 이러한 상태에 있는 사람은 조직의 발전에 가장 큰 위해 요소가 된다고 합니다. 왜냐하면 이들은 마음속으로는 변화를 원하지만 이미 정신적으로 그리고 육체적으로 굳어서 현실유지를 원하기 때문입니다.

그러나 오늘 본문은 우리에게 참으로 우리가 원하는 것이 무엇인가에 대하여 말합니다.

미국과 독일에서 사회적으로 존경 받는 사람이 전혀 다른가 봅니다. 저희 형 장인이 옛날 제3공화국 시절에 국회의원으로서 국회문공위원장을 지내기도 했습니다. 그래서 대학 총장 몇 사람을 대동하고 미국과 유럽의 여러 대학을 시찰 다녔습니다. 미국의 자기 딸이 다니는 대학을 방문했는데 갑작스럽게 운동장에서 축구를 하다가 안내방송에서 한국의 국회의원이 왔다고 축하를 해 주었답니다. 그 다음날은 딸을 통역으로 내세워 연설도 했습니다. 그래서 기분이 매우 좋은 상태로 독일로 갔습니다. 독일의 한 대학 도시의 식당에 들어가는데 안내석에서 직업이 무엇이냐고 물었습니다. 미국에서의 기분을 살려서 국회의원이라고 가슴을 펴면서 말하고, 총장들은 대학교수라고 조그맣게 말했습니다. 그랬더니 총장들은 저 위 상석으로 안내하고, 이 국회의원은 저 하석으로 안내하더라는 것입니다. 그만큼 독일과 유럽에서는 교수 되기가 어렵고 일단 교수가 되면 사회적으로 존경 받는다고 합니다.

최근에 해외에서 한국인으로서 자신의 분야에서 이름을 남긴 사람들이 TV로 방영되기도 하고, 책으로 나오기도 하는데 그 가운데 한 사람이 독일 본 대학 의과대학의 평생교수 이종수 박사입니다. 그분은 전라남도 영암에서 태어나 서울대 의대를 졸업하고 독일 본 대학 의대에서 간에 대해 공부한 다음에 간 이식 분야에서 세계 최고가 되었으며, 독일 본 대학에서 평생교수로 임명 받은 사람입니다.

한 사람이 태어나서 자신이 하고자 하는 일을 완성해 가는 과정은 험난한 고생길이고 많은 위험이 따르기 마련입니다. 이종수 박사는 어렸을 적에 경험해야 했던 가난, 독일에서는 한국이라는 약점, 개의 간을 이식하는 실험에서 동물애호가들과 부딪치는 과정, 인간의 간을 이식하는 과정에서 기증자의 아픔, 동료 교수들의 시샘 등의 어려움에서 결국은 원하는 것을 해냈습니다. 그가 이렇게 원하는 것을 해내는 과정에서 가장 크게 도움을 주었던 것은 기독교 신앙입니다. 하나님께서 함께하신다는 확신 가운데에서 그는 어려운 일들을 다 이겼습니다.

그런데 그분이 겉으로는 성공적인 삶을 산 것으로 보이지만, 과연 자신의 내면의 세계에 있는 목소리를 들으면서 스스로에게 부끄러움이 없이 살았을까요? 물론 겉으로 드러난 사회적인 측면에서 법을 어긴 일은 없을지라도 종교적이며 윤리적인 차원에서 양심의 소리를 100% 만족시키면서 살았을까요?

오늘 바울은 이러한 면에서 우리에게 말하고 있습니다. 원함은 있으나 행함은 없는 자라고 자신의 부끄러운 면을 고백합니다.

"저는 그렇게 훌륭한 인물이 아닙니다. 저도 여러분과 마찬가지로 이중적인 모순에서 벗어나지 못한 평범한 인간입니다. 저도 제 자신에 대하여 고민하고 갈등하고 실망하면서 살아가는 부끄러운 존재입니다."라고 실토하고 있습니다.

요즈음 이 사회에서 가장 크게 대두되는 주제는 나눔, 환경, 평등입니다. 30여 년 전 새마을운동을 하면서 경제와 부자나라를 이야기할 때에는 이러한 주제는 사치였습니다. 그런데 최근 들어서는 한 가정에서의 남녀평등으로부터 사회 전반에 걸친 평등이 당연시되었습니다. 그리하여 법정 스님의 「무소유」라는 책까지 인기의 절정에 있습니다. 왜 그렇습니까? 중세 시대에도 국가가 어렵고 살기 힘들면 성당의 예수님 상을 살지고 아름답게 만들고, 국가가 부유하고 사치가 심하면 예수님 상이 찌들고 삐쩍 마르고 고통스러운 모습으로 만들었다고 합니다.

오늘날 한국에서도 인간 자아의 내면적 성찰이 중요한 주제로 대두되기 시작하였습니다. 그리하여 종교가 생과 복을 빌어 주는 역할만 한다면 그 종교는 힘을 잃어 가게 되는 것입니다. 힘 있는 종교는 내면의 세계를 성찰하는 종교이어야 합니다.

오늘 분문에서 바울이 찾은 자신의 내면의 모습, 자신의 참모습은 '원함과 행함' 사이에서 일치를 이루지 못하는 모순적인 사람이라는 것입니다. 나에게는 원함만 있을 뿐 그 원하는 것을 행할 수 있는 능력이 없다는 한탄의 소리입니다.

왜 원하는 것을 행할 수 없습니까? 바울의 결론은 행하려고 마음먹은 것을 하지 못하고 행하지 않으려고 마음먹은 것을 행하고 마는 것은 내 속에 또다른 자아가 있기 때문이라고 합니다. 그것은 죄로 가득한 내가 있기 때문입니다. 아니, 죄가 있기 때문입니다. "이제는 그것을 행하는 자가 내가 아니요 내 속에 거하는 죄니라"(17절).

바로 이 죄에 대한 깨달음을 가진 자, 이중적인 자아를 아는 자, 선을 행하기 원하는 나에게 악이 함께 있는 자라고 깨닫는 자에게 하나님은 은총을 내려 주시는 것입니다. 이러한 면에서 율법도 하나님의 은총입니다. 예수님을 깊이 알기 전에는 내면적 성찰보다는 외면적 축복이 더욱 그리웠기 때문에 예수님은 나의 삶을 풍요롭게 하시는 분이었습니다. 그리고 삶이 풍요로울수록 예수님은 은총이었습니다. 그래서 교회에도 빠지지 않았고, 십일조도 빠지지 않았고, 교회일에도, 구제에도 빠지지 않았습니다. 이 기간에는 율법적인 계율을 어기지 않으려고 무척이나 애를 썼습니다. 술과 담배를 멀리했더니 하나님께서 더욱 축복해 주셨습니다. 오늘 본문을 기록한 바울처럼 눈을 내부로 돌려서 자신의 내면적 세계에 있는 이중적인 모순과 다투는 이야기는 어떻습니까? 이 분야에서 가장 잘 알려진 사람이 파스

칼(Pascal)입니다. 그가 쓴 *Pansee*는 내면의 세계에 있는 또다른 자아와의 대화입니다. 그 세계에 하나님이 중심이 되어서 두 개의 나를 조절해 가는 과정의 이야기입니다.

여러분에게도 내면의 세계에서 들리는 목소리와 지금 내가 하는 행동은 정반대일 때가 있습니다. 그리고 그 과정에서 우리는 사회적으로 큰 죄악을 짓는 것도 아니기 때문에 시간이 지나면 그냥 넘어가곤 합니다. 예를 든다면 하루에 한 시간씩 정해 놓고 기도해야지 하고서도 실제로는 그것을 지키지 않습니다. 내가 한 시간 기도하지 않는다고 해서 세상과 이웃에 죄를 짓는 것도 아닌데 그것이 내 마음에 남아서 지속적으로 괴로움을 줍니다.

율법과 죄와 속임수

초대교회에서는 사람이 세례를 받은 후에 지은 죄에 대해서는 죽음으로써, 주로 금식으로 속죄하였습니다. 그리고 당시에는 유아 사망률이 높았고 또한 구약의 할례 의식의 영향으로 생후 8일 만에 세례를 베풀었습니다. 자연히 아이들이 자라면서 짓는 각종 죄는 세례 후 범죄에 속하였습니다. 그리하여 피치 못할 사정으로 죄를 지은 사람들에게 참회(penance)라는 제도를 도입하여 속죄하게 했습니다. 이 과정에서 딱한 사정이 생겼습니다. 간이 나쁜 환자가 옛날의 음란죄를 참회하기 위하여 사제에게 고백하였더니 하루에 물 한 병과 빵 한 조각으로 4년을 살라고 했습니다. 이것은 죽으라고 하는 것과 마찬가지입니다. 그리하여 이 환자 참회자에게 4년의 기간을 4개월로 단축시켜 주기로 하고 대신에 단축된 기간만큼 교회에 헌금하든지, 구제하든지 선택의 기회를 주었습니다. 서서히 시간이 흐르면서 어떤 죄는 면죄금 얼마를 낸다고 확정되어 버림으로써 사람들은 죄에 대한 양심적 참회를 하지도 않고 돈을 준비하여 면죄부를 사는 데 앞장섰던 것입니다.

이처럼 교회가 사람의 영혼을 구원하기 위하여 정한 모든 규율이 처음부터 나쁜 의도로 시작한 것이 아닙니다. 사람을 살리기 위하여 시작한 것인데 그것이 사람들에 의하여 나쁘게 악용되었던 것입니다. 이러한 의미에서 면죄부라는 규율은 자체적으로 선한 것이지만 그것을 사람들이 악하게 사용함으로써 사람을 살리는 것이 아니라 죽이는 것으로 전락하고 말았습니다.

사람이란 참으로 묘한 동물입니다. 사람은 육적으로, 심적으로 항상 편하려 합니다. '쉽고 편하게'는 우리가 말하는 문명의 발달에 지대한 공헌을 하였지만 동시에 그렇기 때문에 법은 우리를 졸라 맬 수 있었습니다. 더 쉽고, 더 편하게를 추구하는 우리에게 사탄은 얼마든지 속임수를 부릴 수 있습니다. 죄가 무엇입니까? 더 쉽게, 더 편하게를 추구하는 인간의 마음입니다. 그 마음으로 인하여 법이 생기고 그로 인하여 죄가 생겨나고, 결국에는 사탄의 속임수에 빠져서 헤어 나오지 못하고 맙니다.

사탄은 일단 인간을 죄의 구렁텅이에 몰아넣고, 그 다음으로는 책임을 회피하게 하고, 남에게 전가하게 하고, 남을 원망하게 합니다. 그리하여 아담은 하나님에게, 하와는 사탄에게, 사울은 하나님께 제사 드리기 위하여 필요한 것은 용감한 시인과 고백과 사죄의 신청입니다.

출애굽하였던 이스라엘 사람들에게 가장 중요한 것은 상호신뢰였습니다. 불기둥과 구름기둥은 하나님께서 나를 믿고 따르라는 신호였습니다. 그런데 이 신뢰를 무너뜨리는 것은 대규모 공동체 생활 속에서 만나는 작은 불편이었습니다. 60만이 한꺼번에 움직이기 때문에 아침에 화장실 사용이 힘들고, 물을 긷는데 기다려야 하고, 하루 종일 동일한 경치만 보기 때문에 따분했습니다. 상호신뢰가 무너지는 것은 간단한 것들, 생활 속에서 발생하는 작은 불편들, 짜증들이었습니다.

출애굽과 나라의 독립이라는 선한 일이 추진되는 과정에서 일어나는 작은 불평들로 인하여 결국은 사망에 이르게 되었습니다. 그렇다고 해서 출애굽과 독립이라는 욕망 자체는 나쁜 것이 결코 아닙니다. 이 위대한 사업을 그릇되게 하는 것은 결국 무엇이었습니까? 불편을 참아 내지 못하는 인간의 마음이었습니다.

죄는 생활의 불편이라는 기회를 타서 이스라엘 사람들을 속이고 그것으로 인하여 결국 사막에서 모두 다 죽게 만들었습니다. 그렇다고 해서 하나님께서 원래 원하셨던 선한 사업, 즉 출애굽과 이스라엘 나라의 건설이라는 대 사역은 이루어지지 않느냐 하면 그렇지 않습니다. 그중에 택한 두 사람, 여호수아와 갈렙을 통하여 이루시고 말았습니다.

여기에서 우리에게 죄(율법)가 생활의 불편이라는 기회를 타고 나를 속이지 않게 하려면 여러분과 저는 육체적 불편, 심적인 불편을 참고 승화시키는 훈련을 해야 합니다. 그렇기 때문에 모든 고행자들은 일부러 더욱더 어려운 고행을 찾아다녔는지 모릅니다.

신앙생활을 잘하게 되면 생활습관의 변화에서 오는 불편은 느끼지 못하는데 이제는 심리적인 불편이 더욱 가중됩니다. 이 심리적인 불편이란 죄책감과 합리화입니다. 신앙생활을 하면 죄책감이 더욱더 많아집니다. 그 옛날에는 전혀 부담을 주지 않던 것들이 시간이 지날수록 힘들게 합니다. 주일성수와 십일조, 그것은 아예 몰랐던 개념이었기 때문에 처음에는 괜찮았는데 성경을 읽고 알아 가면서 이제는 무거운 부담이 되었습니다. 그래서 찾아낸 것이 “어떤 장로, 집사도 열심히 안 해도 별탈 없이 잘 지내는데…….”라고 하면서 남들과 비교함으로써 스스로에게 위로를 삼으려고 합니다.

어떤 사람은 아이가 하나에서 둘, 둘에서 셋이 되었습니다. 그런데 남편은 주일날 아이들을 셋이나 챙겨서 교회에 가는 것이 쉬운 일인 줄 아는가 봅니다. 밖에서는 빨리 나오라고 재촉하지만 기저귀에, 우유병에, 비상으로 갈아입힐 옷을 준비하고 챙기면 자연히 늦기 마련입니다. 그리고 교회 가 보았자 아이를 데리고 오는 엄마는 천덕꾸러기입니다. 그래서 보채는 남편에게 한두 번 져 주다가 이제는 덩달아서 신경질 내면서 먼저 가라고 하고서 슬그머니 주저앉았습니다. 그랬더니 그 다음 주일에도 집에서 조용하게 혼자서 성경 보고 기도하는 것이 더욱 좋아서 또 주일을 걸렀습니다. 그러다가 습관이 되어서 아이들이 다 크는 3년 동안 교회출석을 거르게 되었습니다.

그리하여 번뜩 깨달은 것이 그것입니다. 신앙생활은 힘들더라도 거르지 않는 것부터 시작한다는 것을, 아무리 힘들고 어려워도 일단 빼먹어서는 안 된다는 것을, 목사의 설교가 부실해도, 듣기 싫어도 그것보다는 오히려 내가 하나님과 한 약속을 지키는 것이 더욱 중요하다고 깨닫는 데까지 시간이 걸렸습니다.

비록 우리가 육신에 속하여 죄 아래 팔림으로써 원하는 것은 행하지 않고 원하지 않는 것은 행하는 이중적인 자아가 되고 말았지만, 그렇다고 해서 이 사실을 알려 주는 우리의 마음과 양심 자체를 나쁘다고는 할 수 없습니다.

율법은 필요한 도구입니다. 율법은 우리의 실상을 알려 주는 기준입니다. 율법은 하나님께서 사람과 관계를 맺고 유지하기 위하여 하나님의 몫과 사람의 몫을 정한 기준입니다. 비록 사람이 이 기준을 다 지키지 못하더라도 “지키지도 못할 기준은 왜 필요합니까?” 라고 반문하면서 폐기시킬 수는 없습니다. 율법은 사람의 양심을 항상 찌르고 고통스럽게 하는 가시와 같지만 그것마저 없으면 사람이 사람일 수 없기 때문에 필요악입니다. 그렇기 때문에 율법은 거룩하고, 의롭고, 선한 것입니다.

이제는 이 거룩하고 의롭고 선한 것이 사람을 죽이는 도구가 아니라 살리는 도구가 되도록 하는 일만 남았습니다. 원래의 목적대로 사람을 살리는 일을 하도록 우리가 협조해야 합니다. 그것은 우리가 스스로에게 늘 잘하는 합리화, 책임회피, 책임전가 등을 버리고 ‘나의 절대적인 무능성’을 인정하는 것입니다.

오늘 본문에서 바울은 "죄 아래에 팔렸도다"라고 하였는데 '팔리다'(πιπράσκω)라는 단어는 '자체적인 독립성이 없음'을 의미하는 단어입니다. 주체성이 없다는 뜻입니다. 스스로에게 미운 행동으로부터 나를 주체적으로 방어하거나 빠져나오게 할 수 없다는 뜻입니다. 이율배반적인 모순 덩어리로 살아가는 나를 알면서도 그 속에서 빠져나오지 못하고 헤매고 있음을 의미합니다.

이러한 상황은 이제 여러분과 저에게 주어져 있는 상태입니다. 아무리 아니라고 발버둥쳐도 고칠 수 없는 것과 같습니다. 종교개혁자 루터는 너무나도 고행하여 살은 마르고 뼈가 앙상하고 눈에는 광채가 어리게 되었어도 마음에는 평화가 없었고 더욱 고통스럽고 한탄만 쌓였습니다. 이현필 선생이 제아무리 안 먹고, 안 자고, 안 입었어도 헛고생이었습니다. 그래서 어느 날 제자인 김준호 씨와 한 방에 있을 때에 자신의 종아리를 두 손으로 움켜쥐면서 "아직도 살이 있어!"라고 한탄하기도 했습니다.

이 한탄, 이 배반감, 이 좌절감, 이 무능함이 우리를 율법으로부터 자유하게 하는 출발점입니다. 하나님의 품 안을 벗어나 인간 스스로 보금자리를 만들어 완성을 추구하는 것은 그만큼 좌절만 가져다 줄 뿐입니다.

사람이 갓난아이일 때에는 조금만 배가 고프면 짜증을 내고 웁니다. 기저귀가 젖어도 울고, 엄마가 자신을 떼어 놓은 것 같으면 울지만, 자라면서 스스로 알아서 조절합니다. 왜냐하면 수많은 반복적인 경험을 통하여 이제는 엄마가 자신을 위하여 식사를 준비한다는 것을 알게 되었기 때문입니다. 병이 들어서 육체적으로 죽어 가는 사람도 영혼의 구원을 위해서 참회해야 하고, 그 사람을 살리기 위해서는 혹독한 참회보다는 부드러운 참회가 필요하기 때문에 면죄부를 주어서 참회의 기간과 고통을 경감시켰던 것입니다. 왜냐하면 참회의 궁극적인 목표는 사람을 살리는 데 있었기 때문입니다.

하나님과 사람 사이에 정한 법을 필요 없다고 부정하는 것도 잘못이고, 그 법을 100% 지킬 수 있다고 자신하는 것도 또한 잘못입니다. 그리고 그 법을 잘 지키지 못할 때에 이런저런 핑계를 둘러대면서 심리적인 불편을 해소하려는 사람은 더욱 잘못입니다.

성경은 우리에게 말씀하십니다. "만일 우리가 우리 죄를 자백하면 그는 미쁘시고 의로우사 우리 죄를 사하시며 우리를 모든 불의에서 깨끗하게 하실 것이요"(요일 1 : 9). 그렇게 되면 다시 말하여 "……누가 죄를 범하여도 아버지 앞에서 우리에게 대언자가 있으니 곧 의로우신 예수 그리스도시라"(요일 2 : 1)고 했습니다.

여러분과 저는 죄의 모순덩어리입니다. 그렇다고 중세의 수도사도, 루터도, 이현필도 아닙니다. 우리는 하루 세끼 밥과 함께 죄를 먹으면서 살아가는 이중적인 사람들입니다. 그렇기 때문에 우리의 대언자인 의로우신 예수 그리스도가 더욱더 필요합니다. 예수님은 여러분과 저의 좋은 친구입니다. 사람이 친구를 위해서 그 목숨을 내어 주면 이에서 더 큰 사랑이 없다고 했습니다. 그 친구 되신 예수님을 찾으면 됩니다.

그 친구는 이스라엘 사람들에게 그랬던 것처럼 구름 속에, 불기둥 속에 계시고, 바울에게는 환상 가운데 계셨고, 지금 우리에게는 말씀으로 계실 뿐입니다. 이렇게 완전한 모습이 아닌 이미지로 계신다고 해서 계시지 않은 것이 아닙니다. 그분은 여전히 우리 안에 계십니다.

예수의 영에 붙들려

사람들은 무엇에 붙들려 살아가는가 봅니다. 알코올 중독으로 혼수상태에 빠진 사람을 보면 자신의 꿈은 원대한데 현실은 꿈과 거리가 너무 멀기 때문에 꿈과 현실 사이의 괴리를 메울 수 있는 방법으로 술을 택하고 환상 속에 빠져 들어갔던 것입니다. 한두 번은 참으로 신통했습니다. 이렇게 현실에서 도피하기 시작하다가 결국에는 자신을 제어하지 못하고 알코올에 매이게 되어 헛소리를 듣게 되고, 헛것을 보게 되었습니다. 내면의 세계에는 꿈으로 현실을 잊어버리자고 하는 목소리와 현실에 부딪혀 극복해 내야 한다고 외치는 두 가지 목소리가 있는데, 결국에는 현실을 잊자는 쪽으로 항상 기울어지고 있었습니다.

사람들은 누구나 자신 안에 또다른 나를 가지고 살아갑니다. 그래서 잠언에서는 "노하기를 더디하는 자는 용사보다 낫고 자기의 마음을 다스리는 자는 성을 빼앗는 자보다 나으니라"(잠 16 : 32)라고 했습니다. 선을 향한 의지보다는 악을 향한 욕망이 항상 앞서고 선의 의지를 억누르기 때문에 스스로 자신을 통제할 수 없을 때가 많습니다. 이러한 이중적 자아구조 가운데에서 헤매고 고민하던 사도 바울도 로마서에서 "……나는 육신에 속하여 죄 아래에 팔렸도다 내가 행하는 것을 내가 알지 못하노니 곧 원하는 것은 행하지 아니하고 도리어 미워하는 것을 행함이라"(롬 7 : 14-15)고 한탄하였습니다.

바울은 이렇게 자신을 통제하고 다스리고 제아무리 했어도, 스스로 말하기를 율법의 의로는 부족함이 없다고 자랑할 정도가 되었어도, 겉으로는 사람들에게 완벽하게 보였을지라도, 속으로는 자신이 스스로를 이겨 낼 수 없다고 한탄하였던 것입니다. 이 한탄이 극에 달하자 바울은 "이 사망의 몸에서 누가 나를 건져 내랴"(롬 7 : 24)라고 울부짖었던 것입니다.

이러한 내면세계의 투쟁을 영국의 청교도 문학가 존 번연(John Bunyan)은 유혹자라는 이름으로 표현하였으며, 독일의 문학자 괴테(Goethe)는 「파우스트」에서 스스럼없이 찾아오는 메피스토펠레스라는 인물로 그리고 있습니다. 성경에서는 아담과 하와에게 사탄이라는 이름으로 찾아왔고, 다윗에게는 목욕하는 밧세바를 보지 않으려고 해도 볼 수밖에 없도록 발걸음을 그쪽으로 옮기고 눈을 돌이켜 보게 하고 음욕이 불일 듯 일게 하였습니다.

우리의 생활 가운데에서 예수님이 주인이 되는 것과 내가 주인이 되는 것은 큰 차이가 있습니다. 나의 삶을 통제하는 열쇠가 누구의 손에 있느냐에 따라서 큰 변화가 일어납니다. 그래서 오늘 본문은 "그리스도 예수 안에 있는 생명의 성령의 법"이라고 규정했습니다.

우리가 신앙생활을 하면서도 고민하는 것이 이것입니다. 그리스도이신 예수님 안에 있는 생명의 성령의 법이 나를 지배하는 삶을 살아가느냐 입니다.

미국의 신학자 라인홀드 니버(Rheinhold Niebuhr)는 그의 저서 「도덕적 인간과 비도덕적인 사회」에서 기독교 신앙인들의 이중적인 구조를 말하고 있습니다. 교회 안에서 하나님을 찬양하고 예배할 때의 인격적이며 도덕적인 모습과 그러한 사람들이 모여 사는 사회 생활의 비인격적이며 부도덕한 모습을 말합니다. 한 사람 한 사람을 놓고 볼 때에는 모두 다 천사와 같은 사람들인데, 왜 이들이 모여 사는 사회는 이토록 부도덕적일 수 있느냐는 질문입니다.

본래 사람의 몸은 각 지체들과 더불어 하나의 통일과 조화를 이루면서 살아가도록 마련되었습니다. '지체'(μέλος)라는 헬라어에서 파생된 영어가 '멜로디'(melody)입니다. 지체라는 말은 그 안에 이미 지체들 사이의 '조화'를 말하고 있으며, 이러한 조화가 멜로디가 되는 것입니다.

이러한 질문을 가지고 바울은 자신의 내면세계를 바라보면서 인간의 내면세계에 있는 마음의 법과 육체의 법이 항상 공존하면서도 육체의 법이 나의 지체를 이겨서 죄의 법으로 끌고 가고 급기야는 사망의 몸이 되게 하기 때문에 이것을 이겨 낼 수 있는 힘은 오로지 그리스도 예수 안에 있는 생명의 성령의 법이 나를 지배하도록 하는 것이라고 선언하고 있습니다.

1. 성령의 법의 지배를 받는 사람

오늘 본문에서는 아주 명확하게 말합니다. 생명의 성령의 법의 지배를 받는 사람이라고 했습니다. 여기에서 중요한 것은 동물체로서 숨쉬는 단순한 호흡을 하는 것을 말하지 않고, 하나님께서 아담을 흙으로 만드시고 그 코에 생기를 불어넣어서 아담이 에덴동산에서 죄 없이 살 수 있었던 그 바람을 의미합니다.

그런데 이 생명의 성령의 법은 어디에 있느냐고 질문하고서 곧바로 예수 그리스도 안에 있다고 대답했습니다. 생명의 바람은 이제 예수 그리스도 안에 있다고 합니다. 예수 안에서만 이 바람이 불기 때문에 예수 안에 있으면 살아서는 영원히 살고 죽었어도 다시 일어날 수 있는 것입니다. 예수님 안에 있는 이 바람을 믿었기 때문에 우리가 아는 박동현 교수는 고등고시에 합격해 놓고도 신학교에 입학하였으며, 고 신정식 박사는 소록도 한센병자들과 평생을 살았습니다.

2. 그리스도 밖에 있는 사람

그리스도 밖에 있는 사람은 육체의 법의 지배를 받기 때문에 모든 일에서 빗나가곤 합니다. 그리고 항상 붕붕 떠 있는 것과 같고 몽롱한 것과 같은 상태로 살아갑니다. 그래서 살아 있으나 죽은 것과 같습니다. 3절에서는 "육신으로 말미암아 연약하여 할 수 없다."고 했습니다.

그리스도 밖에 있는 사람은 "……너희가 너희 지체를 부정과 불법에 내주어 불법에 이른 것같이……"(6 : 19)라고 선포했습니다. 우리가 육체를 따라 살면 바로 나 자신 안에서 온갖 유형의 탐심을, 다시 말하여 모든 정욕과 욕심과 현세욕을 따라 살기 때문에 결국 거꾸로 살아가는 것입니다.

여러분도 수술해 보셨을 것입니다. 얼마나 답답합니까? 그리스도 밖에 있으면 이렇게 마취된 상태로 살아가는 것입니다. 죽음에 이르는 목적을 가진 열매만 맺으면서 나 자신 안에서 살아갑니다. 그래서 결국에는 죽게 하는 것입니다.

그리스도 밖에 있는 사람은 결코 율법의 요구를 이룰 수 없습니다. 사람이 육신을 가지고 살아가는 동안에는 율법의 요구를 충족시킬 수 없습니다. 율법의 요구는 오로지 예수 그리스도께서만 충족시켰습니다. 성경은 말합니다. "누구든지 자기 이웃을 위하여 목숨을 버리는 자는 온 율법을 다 이루었느니라."

그리스도 밖에 있으면 매일같이 아쉬움만 남습니다. 그러지 않았어야 하는데, 그랬어야 하는데, 이럴걸, 저럴걸 등 후회와 자괴심만 남습니다. 이러한 후회와 자책으로부터 벗어나는 길은 예수 그리스도 안에 있는 생명의 바람을 맞으면서 사는 길입니다. 만족과 기쁨과 시원함이 있습니다. 가득 차고 꽉 찬 벅찬 감격을 맛보는 것입니다.

오늘 성경은 5절에서 “육신을 따르는 자는 육신의 일을, 영을 따르는 자는 영의 일을 생각하나니”라고 번역했습니다. 헬라어 원어 성경은 육신을 좇는 자는 육신적인 것들을 생각하고(φρονούσιν : 생각하다, 마음 쓰다, 골똘하다), 영에 속한 사람들은 영적인 것을 생각한다고 했습니다. 그런데 이 문장을 라틴어 성경은 “육신에 거하는 사람은 육신의 일에 지혜롭고(sapiunt) 영에 거하는 사람은 영의 일을 느낀다(sentiunt).” 혹은 “영적인 존재이다(sunt).”라고 했습니다.

그렇기 때문에 결과는 6절에서 “육신의 생각은 사망이요 영의 생각은 생명과 평안이니라”고 선언합니다. 육신의 일에 골몰하게 되면, 육신의 일에 지혜로우면 결국은 술에 취하여 몽롱한 상태에 있으면서 자꾸만 현실을 도피하는 환상에 빠져 들어가는 것과 같다는 것입니다. 그렇지만 영의 일을 생각하게 되면, 영의 일을 느끼게 되면 결국에는 죄가 없는 상태와 조화의 상태를, 하나님의 생각과 하나가 되는 조화의 상태에 이르게 된다는 것입니다. 오늘 성경은 육신에 속한 사람들에 대하여 또다시 강조합니다. 7절에서는 하나님과 원수가 되어 하나님의 법에 굴복할 수 없으며 또한 굴복하지도 않는다고 하였습니다. 8절에서는 하나님을 기쁘게 할 수 없다고 했습니다.

하나님을 떠난 사람, 하나님 없이 살아가는 사람들은 하나님의 법에 굴복하지도 않으며, 하나님과 원수가 되어 살며, 더 나아가서는 하나님의 분노를 달랠 수도 없다고 했습니다. 생각해 보십시오. 우리가 예수님을 알기 전에 어떻게 살았습니까? 하나님과 조화를 이루면서, 하나님과 화음을 이루면서 살았습니까?

오늘날 얼마나 많은 그리스도인들이 세상일에는 지혜로우면서도 하나님의 일을 느끼지 못하고 살아갑니까? 예수님을 믿는 기쁨이 무엇입니까? 나이 40이 넘었는데도, 일반 사람들 같으면 술맛이 어떻고, 집값이 어떻고 세상의 돈 벌고 즐기는 이야기로 화제를 이룰 텐데, 그래도 우리는 상대방의 마음을 아프게 한 일이 있었는지 하나님의 말씀을 어긴 일이 있었는지 살피다가 그것이 발견되면 무슨 큰 일이라도 저지른 것처럼 회개하고 기도하는 이러한 변화가 무엇입니까? 그것이 다 하나님의 영을 느끼면서 살아가는 사람들의 삶의 질적인 변화입니다.

그러므로 우리는 하나님의 영이 우리 안에 거하시게 해야 합니다. 하나님의 영이 우리 안에 집을 짓고 살아야 합니다. 하나님의 영이 우리 몸 안에 집을 짓고 살도록 해야 합니다. 이것을 성령의 내재(immanent)라고도 하고, 내주(dominant)라고도 합니다.

여러분과 저는 지금까지 너무나도 오래 동안 육체의 법에 지배를 받으면서, 죄가 우리 안에 내재하면서 집을 짓고 살도록 했습니다. 이제는 성령께서 내재하시도록 해야 합니다. 그러기 위해서 여러분의 지체를 너무 믿지 마십시오. 스스로 무엇인가를 할 수 있다는 마음을 버려야 합니다.

그리고 성경에서 말한 대로 따라야 합니다. 생명의 성령의 법을 받으면 성령께서 오셔야 합니다. 성령께서 오시는 길은 간단합니다. "……너희가 회개하여 각각 예수 그리스도의 이름으로 세례를 받고 죄사함을 받으라 그리하면 성령의 선물을 받으리니"(행 2 : 38)라고 말한 대로 따르면 됩니다.

성령의 지배를 받는 사람이 가장 행복한 기독교인입니다. 그러기 위해서는 여러분의 육체를 하나님의 법에 굴복시켜야 합니다. 조금은 힘들지라도 노력해야 합니다. 훈련시키고 다스려야 합니다. 이렇게 하는 자에게 성령은 더욱더 많은 힘을 주실 것입니다. "하늘은 스스로 돕는 자를 돕는다."고 했듯이 성령의 지배를 받으려고 육체를 훈련시키는 자에게 하나님의 성령은 더 많은 힘을 주실 것입니다.

제8~10장

그리스도의 사람

어제 MBC 라디오에서 최유라 씨가 어떤 노총각들이 장가를 가기 위해서 점쟁이 할머니를 찾아간 이야기를 낭독했는데 "언제 결혼하겠습니까?", "언제 부자 되겠습니까?" 등의 질문에 점쟁이 할머니는 한결같이 "때가 되면 된다."라는 대답만 했습니다. 내용인즉, 두 노총각은 신통력이 있다는 할머니 점쟁이로부터 자신들의 앞날에 대한 정확한 청사진을 요구했는데 시원스러운 해답을 얻지 못하자 그대로 나왔다는 이야기입니다.

기독교인들도 성령, 영성 등의 내용을 접하게 되면 곧바로 이러한 영적인 능력을 통한 신비한 체험, 미래에 대한 투시 등으로 착각하는 경우가 많이 있습니다. 이것이 예수님이 세상에서 하실 일이었다면 예수님은 지속적으로 이적과 기사로써 사람들을 놀라게 했을 것입니다.

그러나 오늘 본문은 전혀 다른 각도에서 말합니다. 5절에서 "……영을 따르는 자는 영의 일을 생각하나니(느끼고)"라고 말하고,

9절에서는 사람들이 "영에 속한 사람은 그리스도의 사람"이라고 구분하고, 10절에서는 "……그리스도께서 너희 안에 계시면 몸은 죄로 말미암아 죽은 것이나 영은 의로 말미암아 살아 있는 것이니라"고 말한 다음에 결론적으로 11절에서는 "예수를 죽은 자 가운데서 살리신 이의 영이 너희 안에 거하시면…… 죽을 몸도 살리시리라"고 선언합니다.

그렇습니다. 우리가 이 세상을 살아가는 동안에 우리의 몸, 즉 육으로 행동했던 것이 모두 다 죽을 짓들이었습니다. 그렇지만 이 몸까지도 살게 되는 길은 하나님의 영이, 그리스도의 영이, 혹은 그리스도가 내 안에 사시는 길입니다.

여러분과 저는 이 세상을 살아가면서 이분법적으로 어느 쪽이든 속하여 살게 되어 있습니다. 육에 속하든지 영에 속하든지, 세상에 속하든지 하늘나라에 속하든지 예수님께서 "예."와 "아니오."로 구별하라고 하셨으며 "소금이 짠맛을 잃으면 길에 버리게 된다."고 하셨습니다. 예수님께서도 너희가 나를 따르는 사람이라면 이 세상에 속하여 살면서도 무엇인가 다른 점이 있어야 한다고 강조하시는데 그 차이점은 곧바로 우리 안에 예수님의 영이 얼마나 지배하고 있는지, 예수님의 영이 우리 속에 얼마나 거주하고 있는지에 따라 나타난다고 말씀하십니다.

예수님께서는 하나님의 말씀을 하실 수 있었는데 그것은 하나님께서 성령을 한량없이 부어 주셨기 때문입니다(요 3 : 34). 하나님이 성령을 한량없이 주실 수 있는 길, 하나님의 성령의 지배를 받는 길은 무엇입니까? 예수님께서는 우리에게 이 부분에서 모범을 보여 주셨습니다.

예수님은 혼자서 외로운 시간을 많이 가지셨습니다. 혼자만의 시간을 많이 가지시기 위해서 비록 12명밖에 되지 않은 적은 제자들과 다니셨으면서도 그 사이에 혼자서 산으로 가셔서 기도하셨습니다. 요한복음 6장에서 오병이어의 기적 이후 사람들이 예수님을 억지로 잡아 임금 삼으려 하자, 따로 산으로 가셨습니다(요 6 : 15).

예수님께서 기적을 베푸실 때에는 주위에 사람이 많아서 식사할 시간도 없었지만(막 3 : 20, 6 : 31), 이와 같은 소란한 시간이 지나면 곧바로 산으로 가셔서 하나님께 기도하는 시간을 가졌습니다(막 6 : 46). 산이란 사람들을 피할 수 있는 장소입니다. 여러분에게는 혼자서 집에 있는 시간이 될 수 있으며, 직장에서는 잠시 혼자 있는 시간일 수 있습니다.

예수님은 혼자만의 시간이 항상 필요했습니다. 여러분은 어떻게 혼자만의 시간을 보냅니까? 요사이 불교나 기타 종교에서 명상의 시간, 마음공부, 정신수련, 기 수련, 요가 등으로 혼자만의 시간을 어떻게 보낼 것인가를 가르치고 있습니다. 그러나 기독교는 오래전부터 기도하는 시간을 가지라고 했습니다. 기도는 '프렉스'(prex)와 '오로'(oro) 두 가지입니다. 프렉스는 엎드려 비는 것이고 오로는 입으로 말하는 것입니다.

기도는 하나님과 더불어 대화하는 시간입니다. 이 대화는 시간을 정해 놓고 할 수도 있고, 아니면 길을 가면서, 직장에서 일하면서, 밭에서 일하면서 할 수 있습니다. 기도는 수시로 주님과 더불어 대화하는 것입니다. 그렇지만 가장 좋은 기도는 하나님과 정해진 시간을 놓고 조용하게 대화하는 것입니다.

이렇게 기도하는 습관이 붙은 사람을 오늘 본문 로마서 8 : 11에서는 "……너희 안에 거하시면…… 그의 영으로 말미암아 너희 죽을 몸도 살리시리라"고 했습니다. 장차 죽을 몸이 사는 길입니다. 그리스도의 영이 나를 지배하면 내 몸도 산다(ζωοποιήσει : 숨을 쉰다.)고 했습니다.

그리스도의 영이 없는 사람은 몸이 움직이기는 해도 죽은 것입니다. 그리하여 성경에서는 "저희는 살았으나 죽었느니라"라고 했습니다. 저희의 몸은 죽었기 때문에 죽는 일만 합니다. 그리하여 로마서 1 : 21~32에서도 죽은 몸이 하는 행동들이 무엇인가를 말합니다.

21 하나님을 알되 하나님을 영화롭게도 아니하며 감사하지도 아니하고
오히려 그 생각이 허망하여지며 미련한 마음이 어두워졌나니 22 스스
로 지혜 있다 하나 어리석게 되어 23 썩어지지 아니하는 하나님의 영
광을 썩어질 사람과 새와 짐승과 기어다니는 동물의 우상으로 바꾸
었느니라 24 그러므로 하나님께서 그들을 마음의 정욕대로 더러움에
내버려 두사 그들의 몸을 서로 욕되게 하게 하셨으니 25 이는 그들이
하나님의 진리를 거짓 것으로 바꾸어 피조물을 조물주보다 더 경배
하고 섬김이라 주는 곧 영원히 찬송할 이시로다 아멘 26 이 때문에
하나님께서 그들을 부끄러운 욕심에 내버려 두셨으니 곧 그들의 여
자들도 순리대로 쓸 것을 바꾸어 역리로 쓰며 27 그와 같이 남자들도
순리대로 여자 쓰기를 버리고 서로 향하여 음욕이 불 일듯 하매 남
자가 남자와 더불어 부끄러운 일을 행하여 그들의 그릇됨에 상당한
보응을 그들 자신이 받았느니라 28 또한 그들이 마음에 하나님 두기
를 싫어하매 하나님께서 그들을 그 상실한 마음대로 내버려 두사 합
당하지 못한 일을 하게 하셨으니 29 곧 모든 불의, 추악, 탐욕, 악의
가 가득한 자요 시기, 살인, 분쟁, 사기, 악독이 가득한 자요 수군수
군하는 자요 30 비방하는 자요 하나님께서 미워하시는 자요 능욕하
는 자요 교만한 자요 자랑하는 자요 악을 도모하는 자요 부모를 거
역하는 자요 31 우매한 자요 배약하는 자요 무정한 자요 무자비한 자
라 32 그들이 이 같은 일을 행하는 자는 사형에 해당하다고 하나님께
서 정하심을 알고도 자기들만 행할 뿐 아니라 또한 그런 일을 행하
는 자들을 옳다 하느니라.

그리스도의 영이 있는 사람은 그리하여 살아서 숨 쉬는 삶을 살기 때문에 그 숨을 쉬기 위해서 하나님과 항상 기도하는 시간을, 말하는 시간을 갖습니다.

저도 마찬가지입니다만, 혼자 있으면 안절부절하는 사람들이 많이 있습니다. 주어진 시간을 어떻게 사용할 줄 몰라서 덤벙거리는 사람도 있고, 전화나 TV에 매달리기도 하고, 빨래 · 청소 등으로 보내기도 하지만 주의 영이 그 안에 거주하기 위해서, 다시 말하여 영의

지배를 받기 위해서는 여러분에게는 적당한 조절이 필요합니다.

여러분의 마음과 심리적인 면에서는

1. 주어진 주위의 사건과 변화에 대해서 담담하게 받아들인다.
2. 짜증을 내지 않는다.
3. 가급적이면 다 용서한다.
4. 욕을 하거나 비난하는 말을 하지 않는다.
5. 다 내 책임으로 돌리고 접는다.

생활적인 면에서는

1. TV 보는 시간을 줄인다.
2. 경건한 서적을 읽는다.
3. 찬송한다.
4. 성경을 읽는다.

저는 지난 5월과 10월에 김제에 있는 '학성강당'이란 곳을 다녀왔습니다. 그곳에서 놀란 사실은 학생들이 논어, 맹자 등의 책을 처음부터 마지막까지 송두리째 외우는 것입니다. 그리고 책을 200권쯤 완전히 외울 때에 공부를 다한 것으로 간주하였습니다. 이 놀라운 현실을 보면서 우리는 하나님의 말씀을 전한다고 하면서 성경을 보거나 외우지 못함이 너무나도 창피하고 부끄러워서 집에 와서 아침마다 조용하게 지내는 시간에 결심했습니다. 그리하여 성경을 외우기로 하고서 지난 7일 동안에 로마서 1~2장을 외웠습니다.

그랬더니 이 말씀을 외우기 위해서 하루 종일 속으로 중얼거리게 되고, 중얼거리면서 다니니까 헛생각이 들지 않고, 혼자 있어도 심심하지 않고, 외우고 나면 힘이 있고 매우 좋은 것을 새삼 깨닫게 되었습니다.

그리고 우리의 기도가 하나님의 말씀으로 이루어질 때에 가장 힘 있는 기도가 됩니다. 잠언 28 : 9에서 "사람이 귀를 돌려 율법을 듣지 아니하면 그의 기도도 가증하니라"고 했습니다.

오늘 여러분에게 드리는 말씀의 핵심은 하나님의 영에 붙들리는 삶이고 그 삶을 이끌어 가기 위해서 필요한 것으로 기도생활에 대해서, 혼자만의 조용한 시간에 대해서 말씀드렸는데 가장 중요한 것은 "우리의 기도는 하나님의 말씀으로 할 때에 힘 있다."는 것입니다. 이것이 비기독교인들과 기독교인들의 기도의 차이점입니다.

기도하고 비는 것으로 한다면 비기독교인들이 우리보다 훨씬 더 앞설 것입니다. 불교의 스님들이 새벽 3시에 일어나서 기도하기 시작하는 모습에서 우리는 얼마나 뒤쳐집니까? 그러나 그들이 보는 말씀과 우리가 보는 말씀이 차이가 있습니다.

우리는 하나님의 율법의 책, 말씀의 책, 생명의 책을 듣고, 보고, 읽고, 외웁니다. 이것이 우리의 기도를 살지게 하는 약입니다. 그래서 누구든지 하나님의 성령을 받으려면 하나님의 말씀을 읽어야 하고, 하나님의 말씀을 읽으면 하나님의 성령이 거주하게 되고, 그렇게 되면 우리는 하나님이 주시는 성령으로 말미암아 하나님의 말씀을 하게 될 것입니다.

여러분, 혼자 있는 시간에 무엇을 하시겠습니까? 기도하십시오. 기도하기 위해서는 하나님의 말씀을 읽으십시오. 그리고 가급적이면 하나님의 말씀을 외우도록 하십시오. 그러면 그 놀라운 축복을 받게 될 것입니다. 이렇게 생활하는 사람이 곧바로 그리스도의 사람입니다.

소망으로 이기라

세계적인 발명왕 에디슨은 매우 가난하고 볼 것 없는 집안에서 태어났습니다. 그는 학력이라곤 겨우 초등학교에 3개월 다니다가 쫓겨난 것이 전부입니다. 어머니의 가정교육을 받고서 가난한 집안 살림에 기차 안에서 신문도 팔면서 화물칸에 실험실을 만들어 놓고 틈틈이 짬을 내서 실험을 하였습니다. 그러던 어느 날 실험실에서 불이 나 화물칸이 타는 바람에 차장으로부터 어찌나 두들겨 맞았든지 청각장애가 발생하였습니다. 이 정도라면 비관할 정도가 되는데, 그는 잘 들리지 않았기 때문에 오히려 실험에 열중할 수 있어서 좋았다고 하면서, 가난과 청각장애는 자신에게 주어진 가장 큰 보배라고 말하였습니다.

나중에 자기 공장이 야간에 화재로 잿더미로 변하는 것을 목격하였지만, 바로 그 다음날 공장 재건계획을 발표함으로써 직원들을 어리둥절하게 만들었으며, 야간 화재 진압 시에 필요한 탐조등을 만들어 냈습니다.

희망은 이 세상을 살아가는 사람들에게 하나님께서 주신 선물입니다. 아무것도 보이지 않을 때에 오로지 희망할 수 있는 피조물은 사람뿐입니다. 이 희망은 좌절과 실패로 얼룩진 이 현실에서부터 저 하늘나라에 들어간 다음까지 결코 우리가 놓을 수 없는 삶의 끈이며 지팡이입니다.

어제 밤 뉴스에 의학전문대학원 설명회에 수많은 사람들이 몰렸다고 소개했습니다. 왜 그랬을까요? 사회적 대접이나 자신의 평생 일거리를 찾아서라고 말하고 있습니다. 그렇다면 젊은이들에게 희망이 이것뿐일까요? 이 세상에 희망이 없어서가 아니라 현실에서 적당한 명예와 돈과 일을 다 같이 누리려고 하기 때문에 좌절이 먼저 보이는 것입니다. 비교하기 시작하면 절망이 먼저 보입니다.

많이 나누기 위하여 많이 가져야 한다고 말하지만 적은 것을 계속적으로 나누면 더욱더 많은 것을 가질 수 있습니다. 숲 속 옹달샘은 계속 퍼내기 때문에 새 물이 계속적으로 고이는 것입니다.

희망은 그렇기 때문에 가장 인간적인 삶을 살아가는 사람에게 하나님께서 주시는 보상입니다. 희망은 삶의 원리에 충실한 사람에게 하나님께서 주시는 삶의 원동력입니다.

직업이란 하나님께서 이 세상을 살아가는 사람들에게 몸과 마음으로 움직이면서 따분함을 느끼지 않고 만족하면서 살도록 허락하시는 선물입니다. 또한 직업이란 죄지은 인간을 하나님께서 용서하셨다는 허락입니다. 그리고 선악과를 따 먹은 아담이 하나님으로부터 받은 최초의 직업이 농업이었습니다. 가인은 성을 쌓는 기술자가 되고(창 4 : 17), 야발은 육축 치는 자가 되고(창 4 : 20), 유발은 수금과 퉁소를 부는 음악가가 되고(창 4 : 21), 두발가인은 기계공작자가 되었습니다(창 4 : 21).

이렇듯이 사람이 이 세상을 살아가면서 자신이 하는 일은 나름대로의 소질과 능력에 따라 각각 다르고 또한 달라야 합니다. 그것이 모두 하나로, 의학과 법학으로 통일될 수는 없는 일입니다. 물론 이러한 현상은 시대의 흐름을 반영하는 것입니다. 중세 때에는 왕이 아들을 낳으면 똑똑한 아들은 신학을 시켜서 교회의 사제를 만들고, 그 다음은 왕을 만들고 그 다음은 기사를 만들었습니다. 중세 시대는 하나님 중심으로 살았기 때문에 신학과 사제를 최우선으로 하였지만 오늘 우리 시대는 물질 중심으로 살기 때문에 돈과 권력이 따르는 직업을 최우선으로 삼고 있습니다.

우리가 직업이라고 부르는 단어는 '어큐페이션'(occupation)이 있고 '보케이션'(vocation)은 단어 그대로 부르심입니다. 여기서 어큐페이션은 능동이고 보케이션은 수동입니다. 우리는 보케이션을 하나님의 일이라고 합니다. 하나님으로부터 그 일로 부름을 받아서 그 일로 하나님의 세상 '오이코노미아'(oikonomia)에서 자기 몫을 감당하는 것입니다. 이러한 의미에서 모든 직업은 다 평등합니다.

그리고 우리가 그 부르심을 원활하게 수행할 수 있도록 하나님께서는 각자에게 달란트를 주셨습니다. 마태복음 25장에서 달란트를 말하시면서, 첫째, 두 배의 법칙을 세웠습니다. 주어진 달란트로 두 배를 남겨야 합니다. 다섯을 받았으면 열 달란트를 가지고 가야 합니다. 둘째, 달란트는 남지도 부족하지도 않습니다. 이스라엘 사람들이 광야에서 만나를 거둘 때에 많이 거둔 자도 적게 거둔 자도 부족하지도 남지도 않았습니다. 많이 가지려고 하루 분 이상을 거두면 항아리에서 썩었습니다. 셋째, 열심히 하지 않는 자에게는 있었던 달란트까지 빼앗아서 열심히 하는 자에게 맡겼습니다. 한 달란트를 받아서 땅에 묻어 두었다가 계산할 때에 한 달란트를 가져온 자의 것을 빼앗아서 열 달란트를 가져온 자에게 맡겼습니다. 넷째, 달란트는 결국 남을 위해서 사용할 때에 양의 일이 되는 것입니다. 그리하여 이웃이 주릴 때에, 목마를 때에, 나그네 될 때에, 벗었을 때에, 병들었을 때에, 옥에 갇혔을 때에 돌봐 주는 일을 할 때에 양의 일을 하는 사람이 되어 하나님의 오른편에 앉을 것입니다.

톨스토이(Tolstoy)의 단편 「사람이 무엇으로 사는가?」에서 말하는 내용은 간단합니다. 사람은 하나님 앞에 설 일을 생각하면서 삽니다. 사람은 자신의 앞에 무엇이 기다리고 있는지 모르면서 삽니다. 사람은 가난하고 불쌍한 이웃을 돌보면서 사랑으로 삽니다.

1995년 노동부 산하 국립중앙직업안정소의 조사에 의하면 직업의 종류가 12,045종인데, 이는 1985년 10,451종보다 13.2%가 증가한 것이라고 합니다. 이렇게 많은 직업이 있는데 대한민국의 젊은 이들에게 왜 하나 혹은 둘의 직업만 보이는 것입니까? 그렇기 때문에 우리에게 희망이 보이지 않는 것입니다. 부름 받아서 섬기는 일을 하려고 하지 않고, 어떤 자리를 점령해서 다른 사람들 위에 군림하고 누리려고 하면 희망이 없고 절망만 높아갑니다.

오늘 성경에서는 이러한 상태를 "피조물이 허무한 데 굴복하고"(20절)라고 하였으며 다시 한번 "썩어짐의 종 노릇한 데서"(21절) 그리고 "함께 탄식하며 함께 고통하는 것"(22절)이라고 했습니다. 오늘날 많은 사람들이 허무한 것에 복종하는데, 이 단어의 원래적인 뜻은 사물의 본질(being : idea)과 다른 나타난 세계(world of appearance)를 뜻합니다. 그리하여 '현혹시키는'(deceptive), '헛된'(in vain), '목적이 없는'(to no purpose), '사악한'(wicked), '무의미한'(pointless) 세계입니다. 그리하여 허무한 것을 추구하는 사람들은 언제나 자신의 본래적인 삶을 살지 못함으로써 자기모순에 빠져 사는 것입니다.

이렇게 살려고 하는 이유가 무엇입니까? 그 대답은 로마서 7 : 5에서 "우리가 육신에 있을 때에는 율법으로 말미암는 죄의 정욕이 우리 지체 중에 역사하여 우리로 사망을 위하여 열매를 맺게 하였더니"라고 했으며, 7 : 8에서는 "그러나 죄가 기회를 타서 계명으로 말미암아 내 속에서 온갖 탐심을 이루었나니 이는 율법이 없으면 죄가 죽은 것임이라"고 했습니다. 죄의 정욕이 있고, 죄가 계명을 통하여 각양 탐심을 만들어 내기 때문입니다.

물론 우리가 이 세상을 살면서 세상 밖으로 나간 수도자나 은둔자가 될 수는 없는 일이지만 그래도 하나님 앞에서 정결하고 더러움이 없는 경건은 "……고아와 과부를 그 환난 중에 돌보고 또 자기를 지켜 세속에 물들지 아니하는 그것이니라"(약 1 : 27)고 말하였듯이 세속에 물들지 않게 살아야 합니다.

세속적인 것들은 다 같이 허무한 것, 속이는 것, 목적도 없고, 방향도 없는 것, 나중에 다 부질없는 일을 하였다고 후회하게 만들 것들입니다. 알렌 의사가 1884년 9월에 한국에 도착하여 갑신정변으로 죽어 가는 민영익을 치료해 준 덕에 목적하였던 한국 선교도 가능해 지고, 후일에 외교관으로 1890년에서 1905년까지 온갖 이권에 다 개입하고 돈도 많이 벌었으나 죽을 때에는 "내가 선교사로서 본문에 충실하지 못한 것을 후회한다."고 말했습니다.

사는 것이 왜 재미가 없습니까? 왜 절망이 있고 고통이 있습니까? 그것은 우리가 하는 일이 부르심이 아니라 직업이기 때문입니다. 부르심이라면 에디슨처럼 학력도 장애가 되지 않고, 돈도, 가문의 배경도 장애가 되지 않습니다. 다윗은 목동이었고, 베드로는 어부였고, 무디(D. L. Moody)는 구두수선공이었고, 이기풍은 천직인 포졸이었고, 주기철과 손양원은 평범한 시골 농사꾼의 아들이었습니다.

일본의 전기회사 가운데 세계적인 기업인 송하전기는 1918년 마쓰시타 고노스케(松下幸之助) 씨가 세운 기업이었습니다. 그는 부모가 일찍 죽고, 본인은 결핵에 걸려서 아프고, 학교는 초등학교 4학년 때 중퇴하는 등 너무 가난하여 남의 집 굴뚝에서 나오는 훈기로 밤을 세우는 고아였습니다. 그런데 집안에서 두 자매가 꼽는 구멍이 하나뿐인 전기 플러그를 가지고 한쪽은 라디오를 들으려 하고, 다른 한쪽은 전기다리미로 옷을 다리겠다고 싸우는 소리를 들었습니다. 그리하여 꼽는 구멍이 두 개 있는 플러그를 착안하여 오늘날 세계적인 대기업이 되었습니다. 그는 이렇게 말했다고 합니다. "나는 세 가지가 없는 것을 감사한다. 첫째는 부모가 계시지 않아서 혼자서 일찍 독립하는 것을 배웠고, 둘째는 건강이 없어서 언제나 지나치지 않게 살았기 때문에 장수했고, 셋째는 배운 것이 없어서 언제나 전문가를 초청하여 듣고 배울 수 있는 것이 많았다."고 말했습니다.

없다고 해서, 부족하다고 해서, 순서에 뒤쳐졌다고 해서 자포자기할 것이 아닙니다. 지난번에 광주에 있는 모 신학대학교의 총장이 부산에 있는 한 신학대학교의 개교기념일에 축사차 갔더니, 그 대학 총장 왈 "너희들은 이 신학교 나와 봤자 부산 경남에서 일할 수밖에 없으니 그리 알고 열심히 하라."는 논조로 말을 하였다고 합니다. 그러자 축사차 온 광주의 총장은 "우리가 비록 지방에 있지만 앞으로는 다핵 시대이고 지방화 시대이고 세계는 인터넷으로 하나이기 때문에 전 세계가 여러분 앞에 있다."라고 칭찬하였더니 침울하였던 학생들이 박수로 환호하였다고 말하였습니다.

그렇습니다. 우리에게는 희망이 있습니다. 희망은 우리의 태도에 따라 있기도 하고 없기도 합니다. 아무것도 없었던 다윗은 하나님만 의지하고 찬양함으로써 왕위에 오르고 또한 많은 재물을 모았지만, 많은 지혜와 재산과 권력으로 출발하였던 솔로몬은 왕위에 앉아 이방여자를 가까이하고, 이방신을 섬기는 자가 되어 결국은 "헛되고 헛되니 모든 것이 헛되며 바람을 잡으려는 것같이 헛되다"(전 1장)라고 말하면서 삶을 마감했습니다.

며칠 전 잘 아는 후배 목사가 왔는데 그 아들이 이번 수능에서 전라북도 수석을 했다고 합니다. 그래서 학교의 선생들은 서울대 의대를 가라고 했지만 이 아들은 물리학과에 가겠다고 고집을 부려 부모가 허락했다고 합니다. 서울대 의대보다는 물리학과에 진학하여 한국의 미래를 짊어질 결심을 했다는 것이 너무나도 대견스럽고 자랑스러웠습니다.

모두 다 허무한 데 굴복하면서 썩어질 것들에 종 노릇하려고 하지만, 그래도 한 두 사람이 우리의 희망이 되어 주기 때문에 얼마나 기쁜지 모릅니다. 소망은 어디에서 옵니까? 그것은 결국 하나님의 부르심을 깨닫는 데서 옵니다. 그리고 그 부르심을 이루기 위하여 직업에 집착하는 모습에 한탄하면서 현재적인 고통을 참아내는 사람이 있기 때문에 우리에게는 소망이 있습니다. 보이는 것을 소망하기보다는 보이지 않는 것을 소망하면서 참음으로 기다릴 줄 알기 때문에 우리에게 소망이 있습니다. 나의 부르심으로 다른 사람에게 얼마나 크게 도움이 될지 생각해 봄으로써 우리는 희망을 가질 수 있습니다.

저희 집 큰 형수는 간호사로 지금 63세인데, 결혼생활 5년 만에 저의 형님이 죽고 6세, 4세, 2세 아이를 데리고 미국으로 이민을 가서 지금까지 과부로 30년이 넘게 살았습니다. 그러다가 지난 6년 전부터 미국 침례교회 선교사로 키르기스스탄, 네팔 등의 분쟁지역에 가서 의료선교사로 일하는데, 이들의 종교는 힌두교와 모슬렘이라고 합니다. 며칠 전에 만난 한 아이가 하체마비로 버림을 받았는데 가서 예수님의 이름으로 기도하였더니 그 이튿날 아침에 걷는 모습을 보고서 동네 사람들도 놀라고, 본인도 놀랐습니다. 이렇게 그 아이들이 기독교를 믿게 되는 기적을 체험하면서 삶의 새로운 희망을 찾았습니다. 그리하여 또다시 3년 계약으로 그 험한 지역으로 선교하러 간다고 합니다.

여러분과 저에게 희망이 무엇입니까? 좋은 직업입니까? 돈입니까? 권력입니까? 공부 잘하고 말 잘 듣는 자녀들입니까? 여러분을 부르시는 하나님의 부르심을 듣고 그 일에 충실하십시오. 그러면 여러분은 희망으로 가득 차게 될 것이며 우리의 삶이 풍성할 것입니다.

신앙과 그리움

가을이 되어 온통 붉고 노랗고 푸른색으로 변하고 있습니다. 가을이 되면 자연은 그리움을 머금으면서 휴식을 준비합니다. 지나간 여름 활발하게 준비하던 노동을 중지하고 또다른 출발을 그리면서 휴식에 들어갑니다. 휴식은 그리움으로 물들어서 우리를 애타게 하는 아름다운 마음입니다. 그리움과 기다림, 그리움과 미완성은 우리를 성숙하게 하는 에너지입니다. 그리움이란 사람으로 하여금 만물의 주인이 되게 하는 요소입니다. 그리움이 없으면 우리는 현실 속에서 짐승처럼 살아가겠지만, 그리움이 있기 때문에 우리는 저 하늘나라를 그리면서 현실의 고통과 고난을 이겨 냅니다.

신앙은 그리움입니다. 오늘이 아닌 내일을 그리면서 살아가기 때문에 그리움으로, 아쉬움으로 남는 것입니다. 하늘을 캔버스 삼아서 하늘나라를 그리고, 아름다운 천국을 그리고, 이 땅에 평화를 그리는 것입니다. 그렸다가 지우고 또다시 그리는 것입니다. 우리는 이렇게 그리고 지우는 과정에서 형상화시키고 구체화시켜서 아름다운 준비가 익어 가는 것입니다.

신앙의 선배들은 다 같이 그리움을 삭일 줄 아는 사람들이었습니다. 현실에서 구체적으로 이루어지지 않기 때문에 매일같이 새롭게 그리고 또 그려야 했지만 그래도 끝까지 포기하지 않으면서 날마다 그리고 그렸습니다. 주님께서 우리의 미완성 그림을 받아 주실 것을 믿으면서 그리고 그렸습니다. 하나님의 참뜻이 이 땅에 이루어질 그날을 바라보면서 우리는 삶 속에 그리움을 그려 가는 것입니다.

최근 들어서 우리는 또다시 정치세력들의 대결로 인한 혼돈과 좌절을 겪고 있습니다. 과거의 잘못에 대한 철저한 반성 없이 지금의 먹고 사는 문제에 급급해 하는 사람들을 보면서 정신은 없고 육체만 있는 비정상적인 사람들이라는 것을 생각하게 됩니다. 과연 이들에게 앞날이 있고, 꿈이 있고, 미래에 대한 그리움이 있는지 의문이 생깁니다.

꿈과 그리움과 비전이 없는 사람들이 과연 우리의 지도자일까라는 생각에서 오늘 본문의 저자인 바울을 봅니다. 그는 그리움과 꿈의 사람이었습니다. 오늘은 어제 꿈꾸던 것들이 현실로 잠시 나타났다가 지나가는 과거에 불과합니다. 그는 언제나 미래를 그리면서 살았기 때문에 닥쳐오는 현실이 겁나지 않습니다. 현실은 항상 힘들고 어려웠으며 한 번도 편한 날이 없었지만, 그래도 미래에 대한 꿈과 그리움으로 그는 날마다 새날을 그렸기 때문에 한 번도 현실적인 어려움을 어려움으로 생각하지 않았습니다.

제2차 세계대전 동안에 독일군에 의하여 강제수용소에 수감되었던 유대인들은 하늘을 두루마리 삼고 바다를 먹물 삼아서 하나님의 은혜에 대한 감사와 그리움을 편지로 그렸습니다. 애타게 바라는 마음의 섭섭함과 결핍을 그리움으로 승화시켜서 표현하였습니다. 「안네의 일기」는 독일군을 피해서 숨어 살던 답답함 가운데에서 지나간 날을 되새겨 보았으며, 현재의 애달픔을 그렸으며, 앞으로 얻게 될 자유의 날을 그렸습니다. 그리움과 그림은 사람만이 가질 수 있는 특권입니다.

TV에서 방영되었던 "영웅시대"라는 드라마는 암담하던 시대를 살았던 한 사람의 이야기이지만, 그 시대에서 희망과 꿈과 가능성을 보았던 사람의 이야기이기도 합니다. 일제 말엽의 아픔, 한국전쟁의 아픔 가운데에서 항상 희망과 가능성을 보면서 바른길을 잃지 않으려는 한 젊은이의 몸부림을 봅니다.

출애굽 직후 가나안의 거인족 아낙 자손을 보고 와서 좌절하고 낙담하던 이스라엘의 현실에서, 물은 없고 자녀들과 짐승들이 물을 달라고 울부짖던 그 상황에서 "……그들은 우리의 먹이라 그들의 보호자는 그들에게서 떠났고 여호와는 우리와 함께하시느니라 그들을 두려워 말라 하나"(민 14 : 7-9)라고 꿈과 희망을 말하던 여호수아와 갈렙처럼, 그 암담하던 일제 말엽과 부산 피난 시절에 희망을 보았던 사람의 이야기입니다. 그래서 한 겨울에 보리를 옮겨와 잔디를 대신할 수 있었던 것입니다.

그리워할 줄 아는 사람만이 소유합니다. 그리움을 그릴 줄 모르는 사람은 가진 것도 놓칩니다. 그리움은 현재적으로 없는 것이지만, 그리움이야말로 우리의 삶을 가장 풍성하게 하는 보이지 않는 재산입니다. 현재적으로 없는 것을 보는 사람이 아니라 장차적으로 갖게 될 것을 바라보기 때문에 언제나 가지고 있는 사람입니다. 그리움과 꿈과 이상은 가장 비현실적인 무형의 가치이지만, 이것이야말로 참으로 미래를 현실로 가져오는 사다리입니다.

1992년에 방영된 "1492 : 낙원의 정복자"라는 영화에 패배한 늙은 탐험가 크리스토퍼 콜럼버스가 스페인의 재무장관을 만납니다. 재무장관은 콜럼버스가 한낱 몽상가에 지나지 않는다고, 이상주의자일 뿐이라고 비아냥거립니다. 그러자 이 위대한 항해자는 재무장관에게 도시와 궁전, 그리고 하늘을 찌를 듯이 솟아 있는 첨탑들을 가리키며 묻습니다.

"무엇이 보입니까?" "문명이 보입니다." 재무장관이 대답하자

콜럼버스는 이렇게 말합니다. "그런데 이 모든 것은 나 같은 이상주의자들이 창조한 것입니다."

희망과 꿈이 있기에 다윗은 13년의 유랑생활을 이겨 냈으며, 영화 "벤허"의 주인공은 노예선 밑바닥에서 발에는 쇠고랑을 차고서 노를 저을지라도, 소설 레미제라블의 주인공은 감옥에 유폐되어 있으면서도 그리움에 사무쳐서 고통을 이기고 결국에는 고향으로 돌아왔습니다. 그리움을 먹지 않으면 현실의 고통 속에서 우리는 영양실조로 죽고 맙니다.

오늘 본문은 말합니다. "생각건대 현재의 고난은 장차 우리에게 나타날 영광과 비교할 수 없도다"(18절). 피조물들이 현재적으로 허무한 데 굴복하고, 썩어질 것들에게 종 노릇하면서 살아가는 것 같지만 그래도 이 어려움을 이겨 낼 수 있는 힘은 장차 나타날 영광을 바라보기 때문입니다.

우리는 피조물이기 때문에 허무한 것들에게, 썩어질 것들에게 굴복하면서 잠깐 동안 곁길로 간다고 해서 크게 염려할 것은 아닙니다. 모르긴 해도 오늘의 본문을 기록하면서 저자 바울까지도 때로는 예루살렘의 지도자들로부터 간섭 받는 것을 싫어했을 것이며, 바나바가 너무나도 콧대 높게 굴었을 때에는 화가 치밀어서 선교여행에서 헤어지기도 했습니다. 심지어는 예수님까지도 "그는 육체에 계실 때에 자기를 죽음에서 능히 구원하실 이에게 심한 통곡과 눈물로 간구와 소원을 올렸고……"(히 5 : 7)라는 말씀처럼 장차 얻게 될 영광을 바라보았습니다.

여러분, 현재적으로 마음에 드는 일을 하는 것이 아닐지라도, 현재적으로 나에게 일의 성과가 나타나지 않을지라도 짜증 내거나 실망할 것이 아닙니다. 오늘은 언제나 웃어야 합니다. 오늘의 고통은 이미 오래전 과거에 예견하였던 것에 불과합니다. 그래서 우리는 미래의 희망을 꿈꾸면서 지금을 이겨 가는 것입니다. 오늘 하루하루의 성과들이 미미해서 쌓이는 것 같지 않을지라도 이 작은 것들이 쌓여서 내일의 결과로 승화될 것이기 때문입니다.

지금까지 인류 역사에서 가장 큰 지도력은 항상 꿈을 제시하는 사람들이나 사상에서 비롯되었습니다. 예수님은 누구였습니까? 그 분은 500여 년 동안 식민지 통치하에 있었던 이스라엘 사람들에게 하나님의 나라 건설을 약속하였던 꿈이었습니다.

17~18세기 종교의 탄압으로부터 인간의 이성이 해방되어 인간의 이성으로 이 땅에 새 나라와 새 땅을 이룰 수 있다고 설득하였던 사상이 계몽주의입니다. 심지어 공산주의까지도 빈부의 격차를 없애고 평등사회를 이룰 수 있다는 꿈이었습니다. 오늘날 위대한 기업은 한두 사람의 꿈의 산물들입니다.

미래, 내일, 희망, 그리움과 꿈은 인간이 지녀야 가장 값있는 가치들입니다. 여기에서 창의성이 나오고, 여기에서 관대함이 나오고, 여기에서 열정이 나오고, 여기에서 긍정적인 태도가 나오고, 여기에서 참인간적인 정이 나오는 것입니다. 그렇기 때문에 꿈이 있는 사람은 항상 주변의 모든 일들을 정리하고 개선하고 싶어 하고 또한 그러한 가치들을 실천에 옮기려고 합니다.

이렇게 볼 때에 미래, 내일, 희망, 그리움과 꿈을 가진 사람은 가장 현실적인 사람입니다. 이러한 사람들에게는 자발적인 열정과 신선한 낙관주의, 그리고 앞으로에 대한 긍정적인 비전이 있습니다. 이러한 사람들은 꿈을 현실에 옮기기 위한 실험적 자세를 가지고 있으며, 적극적으로 배우려고 합니다.

꿈이 있는 사람은 항상 움직이기 때문에 하나의 습관이나 편견에 젖어들지 않습니다. 그래서 방해물이나, 새로운 것, 불확실한 것, 처음 만나는 것 등을 만나도 도망가지 않고 도전하는 것입니다. 이들에게는 아직 모른다는 것이 더욱더 큰 힘이 될 수 있습니다.

미래적인 꿈이 있는 사람은, 장차 우리에게 나타날 영광을 고대하는 사람들에게는 보이는 소망, 현실적인 세상에 대해서 항상 긍정적으로 받아들이면서 수용하는 것입니다. 앞으로 다가올 위대한 미래를 기다리면서……. 여러분과 저에게는 기다림과 기다리시는 분이 계십니다. 그렇기 때문에 그분을 실망시키지 않으려고, 장차 만나게 될 그분을 기쁘게 하기 위하여 지금 주어진 현실에서 항상 긍정적인 사고를 하면서 열정적으로 부지런하게 움직이는 것입니다.

그러한 의미에서 "소망으로 기다린다."는 것은 시간이 될 때까지 가만히 앉아 있는다는 뜻이 아니라 열심히 준비하면서 움직인다는 실천적이며 능동적인 태도의 삶을 의미합니다. 이것이 가장 큰 힘입니다. 이것이 현실의 고통과 아픔을 이겨 내는 에너지입니다. 이 에너지를 가지고 스데반 집사는 돌 세례를 받으면서 하늘나라의 문이 열리는 것을 보았으며, 주기철, 손양원 목사는 목숨이 끊어지는 순간에 원수를 용서하는 기도를 하였으며, 마틴 루터 킹 목사는 인종차별이라는 무서운 폭력을 이겨 낼 수 있는 평화를 가졌으며, 오늘 우리가 정치적인 혼돈과 경제적인 핍박을 이겨 내는 것입니다.

여러분, 가을의 낙엽들은 내년 봄의 새싹을 꿈꾸면서 떨어집니다. 낙엽들은 희망을 가지고 내년 봄을 기대하면서 떨어집니다. 그래서 떨어진 것이 아니라 살아날 것을 기대하는 것입니다. "우리가 소망으로 구원을 얻었으매 보이는 소망이 소망이 아니니 보는 것을 누가 바라리요"(24절). 만일 우리가 보지 못하는 것을 바라면 참음으로 기다립시다. 꿈을 꿉시다. 기대합시다. 희망합시다. 그리하면 하나님께서 우리에게 약속하신 것을 기필코 주실 것입니다.

합력하여 선을 이루라

인기리에 방영되었던 "대장금"은 실제 인물의 이야기라고 합니다. 조선조 역사에서 여성이 임금의 어의로 발탁된 것은 전무후무한 일이며, 바로 그 사람이 장금이었는데 나중에 정종이 클 '대'(大)를 붙여 주었다고 합니다. 이 드라마는 많은 것을 우리에게 말해 주고 있습니다. 그것은 실수를 통하여, 어려움을 통하여 배움을 하나씩 익힌다는 사실입니다.

우리가 어떤 지식을 습득하는 과정에서 깊이 남을 수 있는 것은 크게 실수함으로써 다시는 잊지 않는 길이 있고, 그것을 알게 된 것이 너무나도 기뻐서 다시 잊지 않는 길이 있습니다. 그러나 삶의 지혜와 깊이를 더하는 것은 오늘 성경에서 말하는 대로 현재적인 아픔을 통하여 습득합니다.

여기에서 말하는 고통이란 하나님의 자녀가 되기 위해서는, 앞으로 하나님의 후계자가 되고 또한 그리스도와 함께 영광을 얻기 위하여는 그리스도가 받는 고난을 함께 받아야 하며 동시에 현실적인 삶에서 받는 아픔을 통해서입니다.

이 고난에 해당되는 단어가 지닌 뜻은 "나에게 닥친 어떤 것을 그대로 경험한다."(to experience something which comes upon me)였는데, '고난을 견디어 낸다'(to suffer punishment), '처벌 받는다'(to be punished)의 뜻으로 쓰이다가 '불행을 당한다', '운명적인 타격을 받다', '사람들로부터 혹은 신들로부터 미움을 받다'(to experience misfortune, blows of fate, the disfavor of men or gods)의 뜻으로 쓰였습니다. 그러니까 고난이란 어떤 위대한 인물이 되기 위해서는 필수적으로 거쳐야 하는 학습의 과정인가 봅니다. 마치 야곱이 20년을 외삼촌 집에서 목동으로 지냈듯이, 모세가 40년을 광야에서 목동으로 지냈듯이, 다윗이 13년을 사울을 피하여 광야에서 들사람으로 지냈듯이 모든 사람이 거쳐야 하고, 지나야 하는 시련(ordeal)인 것입니다.

이 과정을 정상적으로 거친 사람은 지도자가 되고 나중에 하나님의 영광을 함께 나눌 수 있지만, 이 과정을 거치지 않고 도망치거나 건너뛰는 사람은 결과적으로 하나님의 영광을 누릴 수 없게 되는 것입니다. 왜 그렇습니까? 오늘 본문에서 말합니다. 그 고난들이 우리들의 기다림과 함께 있는 동안에 성령께서 우리의 연약함을 위하여 기도해 주시기 때문입니다.

여러분의 뒤에는 누가 계십니까? 바로 성령께서 기도하고 계십니다. 여러분의 고난과 고통이 함께 선이 되도록 기도하고 계십니다. 그렇기 때문에 현재적인 아픔으로 너무 낙심하지 말고 걱정하지 마십시오. 하나님은 항상 우리 편이십니다.

신앙인으로서 남들에게 귀감이 되었던 사람들은 하나같이 말할 수 없는 아픔을 겪으면서 큰 깨달음을 가졌던 사람들입니다. 이들은 아픔을 많이 겪음으로써 그 고통 속에서 하나님께 희망을 두었으며, 성령께서 말할 수 없는 탄식으로 함께 돕고 계신다는 것을 알았던 사람들입니다. 그리하여 결과적으로는 그 아픔과 고통이 그리스도의 고난에 동참하는 것이 되었고, 이로써 장차 그리스도의 영광에도 동참할 수 있게 하였던 것입니다.

배유지 목사는 첫 선교지인 나주에서 처음으로 시도하였던 선교가 6개월 만에 실패로 끝났을 때의 처절한 심정이 항상 아쉬움으로 남았습니다. 또한 목포로 가서 3년 동안 열심히 해서 자리를 잡았는가 싶었는데 그만 아내가 자신이 전주에 있는 동안에 심장마비로 죽었습니다. 그래서 서울 양화진에 묻었습니다. 그리고 3년 뒤에 재혼하여 두 번째 부인과 15년을 살았는데 어느 날 자동차를 몰고 서울에서 광주로 오다가 병점 어느 건널목에서 기차와 충돌하여 뒷좌석에 탔던 부인이 현장에서 즉사했습니다. 그는 나중에 "내가 1인치만 앞으로 갔더라면……."이라고 쓰라린 심정을 표현했습니다.

그분은 많은 실패와 좌절을 경험했습니다. 그러나 그 자녀들이 한국에서 이렇게 큰 사업을 이어갈 줄을 누가 알았겠습니까? 사위는 대전대학교를 세우고, 셋째 외손자는 순천에서 기독진료소를 세우고, 넷째 외손자는 광주에서 호남신학교 교장을 맡고, 증손자들은 1995년에서 지금까지 북한으로 150억 원에 이르는 각종 물자를 보내고 있습니다.

배유지 목사가 한국에서 선교하는 동안에 동학란과 청일전쟁, 노일전쟁, 을미사변과 의병의 난, 한일합방, 삼일만세운동 등 많은 어려운 현실을 경험했습니다. 그렇지만 그것들이 결국 그의 삶에서 무엇으로 열매를 맺었습니까? 가족들은 편지에서 위험하면 돌아오라고 했습니다. 그러나 한 사람도 돌아가지 않았고, 이들은 한국이라는 현장에 머물렀으며 그 결과 오늘을 만들어 냈습니다.

하나님은 왜 사람을 고통과 고난이라는 방법으로 훈련시켜야만 하느냐고 묻는다면 그것은 하나님께서만 아신다고 대답할 수 있습니다. 그러나 많은 사람들이 하나같이 사람이 등 따뜻하고 배부르면 하나님 찾지 않는다고 합니다.

우리가 찾는 하나님은 어디에 계십니까? 윤동주에게는 밤하늘의 별 속에 계셨습니다. 다른 사람에게는 그냥 별로 보였지만 윤동주에게는 하나님의 따뜻하고 빛나는 얼굴로 보였던 것입니다. 고통과 아픔은 우리 주변에서 하나님을 만나게 하는 좋은 선생입니다. 왜냐하면 "창세로부터 그의 보이지 아니하는 것들 곧 그의 영원하신 능력과 신성이 그가 만드신 만물에 분명히 보여 알려졌나니 그러므로 그들이 핑계하지 못할지니라"(롬 1 : 20)고 했기 때문입니다. 누구에게만 보입니까? 윤동주와 같이 아픔을 겪었던 사람에게만 별 속에 계신 하나님이 보였던 것입니다.

이현필 선생이 1946년에 19살 된 여 제자 한 분을 훈련시키기 위해서 2월에 화순군 도암면 도구밖골이란 깊은 산속에 있는 움막에 혼자 두었습니다. 그 여 제자는 처음에는 미칠 것 같기도 하고, 무섭기도 하고, 각종 벌레들이 나오니까 징그럽기도 했습니다. 그러나 나중에는 지네가 몸에 기어다니는데 그 지네들이 오지 않으면 오히려 기다려졌습니다. 그러다가 한참 후에는 산천초목이 하나님의 영광을 위하여 노래하는 것을 들을 수 있었습니다. 그리하여 하나님과 결혼하여 사는 것이 이렇게 좋다는 것을 가을에 깨달았습니다.

하나님을 만나게 하는 방법이 여러 가지입니다. 김금남이라는 이현필 선생의 여 제자는 순수한 마음을 가진 사람이었기에 자연이 하나님을 찬양하는 소리를 들을 수 있었고, 윤동주는 밤하늘의 별들이 하나님을 찬양하는 소리를 들을 수 있었습니다. 우리가 보면 고통이고 고난이었지만 이들에게는 하나님을 만나는 순간이었고 또한 예수님의 십자가 고난에 동참하는 거룩한 시간이었습니다.

많은 사람들이 고통을 피하려 하지만 그 고통을 내 것으로, 나의 삶의 일부로 받아들이고 이겨 내는 사람은 결국 승리할 수 있습니다. 요사이 많은 사람들이 경제적 고통을 이겨 내지 못하고 가족을 데리고 동반자살하고, 학생들이 시험을 이기지 못하고 투신자살하는 경우도 많지만 모세를 생각해 보십시오. 그는 애굽의 왕자였습니다. 그러하던 그가 사막에서 처가살이하면서, 목동으로 겨우 입에 풀칠

하면서 40년을 광야에서 보내며 얼마나 많은 내면의 대화를 나눴겠습니까? 잠이나 제대로 잤을까요? 밥이나 제대로 먹었을까요? 이 눈치 저 눈치 다 보면서 숨어 살아야 했던 그 심정을 알 수 있을까요? 시내 산에서 40주야 금식 후에 십계명을 받아들고 온 모세의 영광의 모습은 광야에서 목동 생활하던 모세가 있었기 때문에 가능했습니다.

베드로가 로마 교회의 기둥이 된 것은 가야바의 법정에서 추위를 이기지 못하고 불을 쬐려다가 계집 종 앞에서 세 번이나 예수님을 부인한 후 닭 울 때마다 자신의 초라함을 생각할 수 있었기 때문입니다. 베드로는 일평생 동안 새벽마다 닭 우는 소리에 잠을 깨서 자신의 초라함을 느낄 수 있었던 것입니다.

하나님은 지금도 성령님을 통하여 우리를 혼자 두지 않고 찾아오시고 만나 주시고 곁에 계시는 분이십니다. 하나님은 우리를 결코 가만히 놔두지 않으십니다. 성령님은 이렇게 고통과 아픔을 경험한 여러분을 결코 떠나지 않고 그 고통과 아픔으로 여러분을 승화시켜서 그 속에서 하나님을 잊지 않게 하시고, 그 속에서 여러분의 기도가 완성되도록 하십니다. 그리하여 "주여, 나를 떠나소서. 나는 죄인이로소이다."라고 탄식하게 되고 "주여, 나를 불쌍히 여기소서."라고 기도하게 하십니다.

오늘 본문 26~27절에서 "이와 같이 성령도 우리의 연약함을 도우시나니 우리가 마땅히 기도할 바를 알지 못하나 오직 성령이 말할 수 없는 탄식으로 우리를 위하여 친히 간구하시느니라 마음을 살피시는 이가 성령의 생각을 아시나니 이는 성령이 하나님의 뜻대로 성도를 위하여 간구하심이니라"고 말합니다. 성령님은 누구이십니까? 우리를 도우시는 분이십니다. 옆에서 권면하시는 분이십니다. 진리를 가르쳐 주시는 분이십니다. 우리에게 평안을 주시고, 하나님의 말씀이 생각나게 하시는 분이십니다. 그리고 성령님은 우리를 위하여 친히 기도해 주시는 분이시며 동시에 우리의 기도를 완성시켜 주시는 분이십니다. 그리고 우리로 소원을 두고 기도하게 하시는 분이십니다(빌 2 : 13).

그러니 여러분 걱정 마십시오. 현재 닥친 고난과 고통을 감당하기 어렵다고 생각할지라도 걱정하지 마십시오. 왜냐하면 하나님을 사랑하는 자 곧 그 뜻대로 부르심을 입은 자들에게는 모든 것이 합력하여 선을 이루기 때문입니다.

여러분이 당하는 고난과 하나님의 손길에 대한 기다림이 여러분을 새로운 피조물로 만들어 놓을 것입니다. 이기풍 목사의 부인 윤함애는 15세에 몸을 움직이지 못하고 3년 동안 자리에 누워 있었습니다. 그리고 18세 때에 언더우드 선교사의 조사가 찾아와 기도했습니다. 그 순간 윤함애는 한 노인이 자신을 만져 주고 떠나는 것을 보았습니다. 그래서 자리에서 일어나 마당에까지 내려와서 잘 가시라고 절을 하였습니다. 이 상황을 지켜보던 어머니는 그만 약사발을 떨어뜨리고 말았습니다. 그때로부터 윤함애는 예수님의 여종이 되었으며, 이기풍 목사와 결혼하여 제주도, 광주, 순천, 벌교, 고흥, 우학리 섬 등에서 갖은 고통을 겪으면서도 이겨 낼 수 있었습니다.

예수님은 여러분에게 결코 섭섭하게 하시지 않으십니다. 고통과 고난을 통하여 우리로 기다림을 배우게 하시는 그분은 고통과 고난이 기다림과 합력하여 결국 천국에 가는 그날까지 우리에게 선이 되게 하십니다.

아들까지 주신 하나님

부모 된 사람으로서 자녀들이 크게 잘못했을 때에 그 잘못을 가르치기 위해서 매를 때려야 할 때가 종종 있습니다. 그런데 정작 매를 때릴 때 아이들에게 반성의 기미가 전혀 없어 보이면 부모가 화가 더 올라 화가 매를 더 부르는 경우가 있습니다. 그때에 매를 그만두고 싶어도 스스로는 그만두지 못하고 옆에서 부인이 "이제 그 정도면 속 차렸을 것입니다. 그만 됐습니다."라고 거들면 슬그머니 매를 놓는 경우가 종종 있습니다. 그러고 나서 시간이 지나면 매 때린 것이 미안하고 또 안쓰럽기도 해서 식구들 다 데리고 나가서 외식도 하고 아이들이 원하는 것을 사 주기도 합니다.

모세는 이집트의 왕자 자리를 버리면서까지 동족을 구원하려는 뜻을 굳혔지만 어느 누구도 모세를 인정해 주지 않았습니다. 그러나 40년 광야에서 목동생활을 거치고 호렙 산 떨기나무 불꽃 가운데 임재하신 하나님을 만난 다음에는 백성들로부터 인정을 받았습니다. 하나님은 미디안 광야 40년 같은 버림받은 시간, 홀로 외롭게 지내야 하는 시간을 요구하시는 것입니다. 마치 야곱이 얍복 강 나룻가에서 20년 동안 외삼촌의 집에서 모은 재산과 자녀들과 아내들까지 강 건너의 형 에서에게 다 보내고 혼자 남아서 외롭게 지내야 했던 시간이 필요한 것처럼 우리에게는 하나님께 매 맞는 것 같은 시간이 필요한 것입니다.

여러분들과 저도 지금까지 수십 년 예수님을 믿어 왔습니다. 이제 와서 돌이켜 생각해 보면 예수님이 함께하시기 때문에 이 세상에서 못할 것이 없다고, 출발하면서 많은 기쁨도 있었지만, 다른 한편으로는 실수도 많이 범함으로써 이제는 할 수 있다보다는 할 수 없다는 쪽으로 더 기울어져 있는 것 같아 보입니다.

여기에서 우리의 희망이 있습니다. 현재의 고난이 우리를 집어삼킬 것같이 크게 보일지라도 성령께서 우리의 연약함을 도우시는 것을 느끼면서 순간순간 넘길 때가 있습니다. 아니, 성령께서 우리를 위해서 친히 탄식하시면서까지 간구해 주시는 것을 느낄 때가 있습니다.

탄식(στενάζω : to sigh, to groan)의 원래 의미는 해산할 때의 아픔(렘 4 : 31), 죽어 갈 때의 고통(겔 26 : 15), 애굽의 종 되었을 때에 부르짖는 탄식, 원하는 애정을 얻기 위한 탄식(보디발의 아내가 요셉의 사랑을 얻기 위한 탄식)입니다. 이러한 탄식으로 우리를 위하여 친히 간구하는 분이 계시기 때문입니다. 간구하다는 '만나다'(meet), '고개를 돌리다'(turn to), '접근하다'(approach), '호소하다'(appeal), '간청하다'(petition)의 뜻을 지닌 단어인데, 여기에 장소를 나타내는 전치사 '위에서, 대신하여'라는 '훼페르'(ὑπερ)가 접합되어 있습니다. 그러니까 아버지 하나님을 만나서, 그분을 향하여, 그것도 이 땅에서가 아니라 저 하늘나라에서 청원하실 뿐만 아니라 우리를 대신하여 청원하신다는 것입니다.

그렇기 때문에 여러분과 저는 안심할 수 있습니다. 이 청원을 받으시고 그 하나님께서 "내가 너희들 때문에 내 아들도 내놓았는데 이제 무엇을 내놓지 않으랴?" 하고 모든 좋은 것을 다 내놓으실 것입니다.

여러분은 영화 "아마데우스"에서 모차르트와 살리에르라는 두 사람의 심리적인 변화와 이들이 겪는 갈등을 보셨을 것입니다. 모차르트에게는 음악을 아는 아버지를 선물로 주셨고 살리에르에게는 음악에 대한 열정을 주셨습니다. 그렇기 때문에 모차르트는 어릴 적부터 부모로부터 음악교육을 받아서 가지고 있던 음악적 재능이 천재성으로 발달했습니다. 그리고 살리에르는 음악을 모르는 부모를 만났기 때문에 기왕에 있던 음악적 재능이 천재성으로 비약할 수 없었을 뿐입니다. 이것은 노력으로 될 사항이 아니었고, 다만 나에게 주어진 복이며, 나에게 주어진 달란트의 한계에 불과합니다. 그래서 모차르트는 있는 것을 가져오기만 하면 되었고, 살리에르는 노력 끝에 만들어 내야 했던 것입니다.

가인과 아벨의 경우는 어떻습니까? 하나님께서 차이 나게 주셨습니까? 아니면 이들이 차이 나게 바쳤습니까? 왜 에서와 야곱이 구별되었습니까? 이들이 그렇게 차별되도록 태어났습니까? 아니면 차별되게 행동했습니까?

최근에 발성법에 대한 강의를 음악과 성악교수로부터 받았습니다. 그분이 말하기를 현재 최고의 테너인 파바로티(Pavarotti)에게 "어떤 발성이 제일 좋습니까?"라고 묻자 "저는 갓 태어난 어린아이처럼 노래하려고 합니다."라고 대답하였답니다. 갓 태어난 어린아이는 발성을 배운 일이 없지만 그 아이들이 울면 너무나도 애처롭고, 멀리까지 들리고, 그리고 이 세상의 모든 어린아이는 동일한 능력을 지녔다는 것입니다.

모든 어린아이는 울음으로써 자신의 희망사항을 충분히 전달할 수 있습니다. 이 점에서 동일합니다. 그러나 이 능력을 어떻게 살려나가느냐는 각자가 처한 환경과 자신의 노력 여하에 따라 달라지는 것입니다. 동일한 은사를 지니고 태어났지만 환경이 달라서 차이가 나는 것을 어떻게 합니까?

이렇게 환경을 지속적으로 탓하면서 비교하게 하는 유혹자는 바로 사탄의 소리입니다. 이 유혹자는 마치 가인이 아벨의 눈을 멀게 하여 맨 처음의 타고난 것을 보지 못하게 하고, 자신의 노력 없음을 보지 못하게 하고, 자신의 깨끗지 못한 마음을 보지 못하게 하고, 다만 주어진 결과에 대해서 분노하게 하고, 상이 더 많은 것 같아 보이는 아벨을 정죄하게 합니다. 이것은 사탄의 손짓입니다.

그리하여 사도 바울도 "……원함은 내게 있으나 선을 행하는 것은 없노라"(롬 7 : 18)라고 했습니다. 왜 그렇습니까? 선을 행하기 원하는 나에게 악이 함께 있기 때문입니다(롬 7 : 20). 여러분과 저는 어떠한 존재입니까? "내 지체 속에서 한 다른 법이 내 마음의 법과 싸워 내 지체 속에 있는 죄의 법으로 나를 사로잡는 것을 보는도다"(롬 7 : 23). 이것이 우리의 실존입니다. 어쩔 수 없는 우리의 연약한 모습입니다.

우리의 눈은 아무리 그렇지 않으려고 해도, 그렇게 마음을 굳게 가지면 가질수록 우리의 마음은 가인의 마음이 되고, 에서의 마음이 되고, 살리에르의 마음이 되어 비교하고, 시기하고, 분노하여 결국 살인하게 되는 데까지 가고야 맙니다. 그래서 하나님은 가인에게 "……죄가 너를 원하나 너는 죄를 다스릴지니라"(창 4 : 7)라고 했습니다.

여러분과 저는 어떻습니까? 죄를 다스리면서 살아갑니까? 죄는 아주 영리해서 기회를 타서 계명으로 말미암아 내 속에 각양 탐심을 이루었습니다(롬 7 : 8). 죄는 여러분의 마음속에서 선한 욕심인 것처럼 속이면서 여러분을 속이고 있습니다. 보암직하게 하고, 먹음직하게 하고, 하나님처럼 될 수 있을 것처럼 느끼게 함으로써 여러분을 속이는 것입니다. "죄가 기회를 타서 계명으로 말미암아 나를 속이고 그것으로 나를 죽였는지라"(롬 7 : 11).

그렇지만 여러분 걱정하지 마십시오. "……죄가 더한 곳에 은혜가 더욱 넘쳤나니"(롬 5 : 20)라고 했기 때문입니다. 죄가 더한 곳에 은혜가 더욱 넘치게 되어 있습니다. 우리가 예수님을 믿는 것은 죄인이기 때문이지, 죄가 없다면 왜 예수님을 믿습니까? "오호라 나는 곤고한 사람이로다 이 사망의 몸에서 누가 나를 건져내랴"(롬 7 : 24)라고 탄식하였기 때문에 "그러므로 이제 그리스도 예수 안에 있는 자에게는 결코 정죄함이 없나니"(롬 8 : 1)라고 바울은 선언하였던 것입니다.

며칠 전 현대 인물사 시간에 이태영 박사에 대하여 소개하면서 일제 때 남편 정일형 목사가 신사참배 반대로 감옥에 가 있었을 때에 색동 누비이불을 만들어서 살림을 꾸려 나갈 때의 그 고통스러웠던 시간들을 이야기했습니다. 색동 이불 베를 만들기 위하여 염색할 때에 고무장갑이 없으니까 맨손을 집어넣으면 온 손이 염색이 되기 마련이고, 나중에 그 이불 베를 가위로 자르는데 가위가 좋지 않으니까 손에서 상처가 나곤 했습니다. 나중에 남편은 출장을 가면 항상 좋은 가위를 사 가지고 왔고 때문에 집안에 가위가 장식되어 있었습니다.

나쁜 가위로 밤을 새며 이불 베를 자르면서 좋은 가위의 의미를 알았듯이, 죄가 기회를 타서 계명으로 말미암아 우리를 속이고, 우리 안에 각양 탐심을 만들어 냈기 때문에 우리는 죄가 얼마나 무서운 존재이며, 속임수의 명수라는 것을 알 수 있습니다. 그리고 제 아무리 우리가 노력한다 해도 이 속임수의 명수를 이길 수 없기 때문에 우리는 의사이신 예수님께 부탁하게 되고, 의지하게 되는 것 아니겠습니까?

죄의 속임수를 이길 수 있는 선수는 예수님 밖에 없습니다. 여러분 마음속에서 비교하게 만들고, 시기하게 만들고, 분노하게 만들고, 용서가 되지 않고, 그리하여 마음이 편하지 못하신 분들이 계신다면 여러분은 예수님을 만날 준비가 된 것입니다. 아니, 예수님의 필요성을 그 누구보다도 더 절실하게 아시는 분입니다.

예수님은 영적인 고통 속에 있는 사람들의 좋은 친구입니다.

선을 행하기 원하는 나에게 악이 함께 있어서 내 마음으로는 하나님의 법을 섬기면서도 내 육신으로는 죄의 법을 섬기는 이중적인 모순을 깨닫는 사람이라야 예수님의 필요성과 의미를 아는 사람입니다. 예수님은 누구이십니까? 영적으로 고통당하는 모든 사람의 친구이시며, 의사이시며, 해방자이십니다.

우리가 죄로 인하여 영적인 병에 들어 신음하였기 때문에, 내 자신이 그렇게도 무참히 깨어졌기 때문에, 내 자신이 연약한 질그릇이라는 것을 알았습니다. 그렇습니다. 여러분과 저는 깨어지기 쉬운 질그릇이기 때문에 하나님께서 나를 감싸 안고 업고 다녀야 한다는 것을 더욱 알게 되었습니다.

여러분, 영적으로 해방되었다고 해서 다 해결됩니까? 사는 것이 힘들고 각박하고 고생스러운데 그래도 찬송이 나오고, 감사가 나오고, 기도가 나옵니까? 아무리 해도 살리에르처럼 모차르트를 따라잡을 수 없을 텐데 말입니다. 왜 영적으로 건실하게 살아가려고 마음먹으면 먹을수록 더욱더 현실은 힘들고 어렵게 됩니까?

제자 목사님 가운데 한 분은 아들이 서울대학교에 입학했다고 좋아했는데, 그 아들이 허리가 이상해서 책상에 오래 앉아 있을 수 없다고 해서 병원에 입원했습니다. 병원에서는 대수롭지 않게 수술하자고 했는데 수술 후 허리 이하가 마비가 되어 쓰지 못하게 되었고 지금은 항문에서 대변을 파내야 할 지경이 되고 말았다고 합니다. 왜 그렇습니까? 왜 하나님은 사랑하는 자녀에게 좋은 것을 넘치도록 주신다고 해 놓고서 이렇게 힘들고 어려운 고통을 함께 주십니까?

왜 얼굴도 예쁘고, 마음씨 곱고, 피부색도 곱고, 키도 크고, 노래도 잘하고, 공부도 잘하는 등 이 모든 것이 다 갖추어져 있으면 안 됩니까? 하나님은 우리를 어디까지 도우시며 어디까지 버리시는 것입니까?

우리가 어린아이일 때에는 자기 부모는 모르는 것이 없고, 가장 부자이고, 가장 높은 자리에 있는 분으로 생각합니다. 그리고 또한 자신도 그렇게 행복할 수 없습니다. 아버지, 어머니의 무릎 위에 앉아서 지내는 것만으로 모든 것이 다 있습니다. 그러다가 커 가면서 점점 비교하게 되고, 주어진 조건들을 분석하게 되고, 그러다가 점점 짜증 내게 되고 비뚤어지는 것이 아니겠습니까?

지방 국립대 학생은 서울대 학생을 부러워하고, 서울대 학생은 미국이나 유럽의 일류대 학생을 부러워하고, 미국이나 유럽의 일류대 학생은 아인슈타인이나 에디슨을 부러워합니다. 그렇다면 아인슈타인은 누구를 부러워했겠습니까? 그는 신처럼 완벽하게 되고자 하지 않았을까요? 그가 모든 것을 다 안다고 생각했을까요?

가장 완전한 발성은 갓 태어난 어린아이의 울음소리이며, 가장 행복할 때는 철없이 아버지의 무릎에 앉아 있었을 때이며, 어머니의 등에서 잠잘 때가 아닙니까? 그때의 그 모습에서 덧붙여지는 모든 것은 크든 작든 다 은사이고 은혜이고 값없이 주어지는 것입니다.

이러한 사람이라야 내가 너에게 아들까지 주었는데 또다른 모든 것을 더 주지 않겠느냐고 말씀하시는 하나님의 목소리가 들리는 것입니다. 이 상태에 이르게 되도록 하나님께서는 햇볕과 비를 악인과 선인에게 동일하게 내리시고, 지금도 우리를 대문 밖에서 기다리고 계시는 것입니다. 이 상태가 되도록 하나님께서는 환난은 인내를, 인내는 연단을, 연단은 소망을 이루게 하시는 것입니다. 이 상태가 되도록 하나님께서는 장차 우리에게 나타날 영광에 비하면 현재의 고난을 아무것도 아닌 것으로 비춰지게 하는 것입니다.

환난(θλίψις)이란 단어는 육체적으로 짓누르다라는 동사에서 정신적으로 고통을 당한다는 의미로 발전되었습니다. 그러다가 이 단어는 사도 바울이 매우 비유적인 의미에서 '이 고난을 겪은 자만이 교회의 회원'이 될 수 있으며, 특히 교회와 사도에게 필수적인 이 고난은 아직 채워지지 않은 그리스도의 남은 고난으로 간주하였던 것입니다.

이러한 고통을 견디면서 이기는 자에게는 보는 눈이 생긴다고 했습니다. 즉, 로마서 5 : 3에서 우리는 아는 사람이라고 말합니다. 우리가 아는 것이 무엇입니까? 우리는 환난은 인내를, 인내는 연단을, 연단은 소망을 만들어 내는 줄 압니다.

인내라는 말의 원래의 뜻은 '아래에(ὑπο) 머물다(μονή)'라는 뜻입니다. 그리고 영어의 '페이션스'(patience)의 어원인 라틴어 '빠티엔티아'(patientia)는 '당하다'(suffer), '견디어 낸다'(undergo)의 뜻을 가진 단어 '빠티오르'(patior)에서 나왔습니다. 인내라는 말은 연자맷돌을 돌릴 때에 위쪽 연자돌이 돌아가는데 그 밑에서 지낸다, 그 무게에 짓눌려 고통을 겪으면서도 이겨 낸다는 뜻입니다. 이것이 인내입니다.

이렇게 인내하는 것을 연단이라고 하였는데 연단이라는 단어도 결국은 '보다'라는 단어입니다. 그러므로 영광이나 연단은 다 같이 보다라는 단어이고, 안다라는 단어도 같은 뜻입니다. 다 같이 보는 것을 의미합니다. 영어의 'see'의 뜻이고 'see'는 곧바로 'know'입니다. 그리하여 라틴어의 '스키오'(scio)가 안다는 동사이고 명사가 '시키엔티아'(scientia, 지식, 앎)이고 여기에서 영어의 과학(science)라는 단어가 나왔습니다.

하나님은 여러분을 지금도 놓지 않고 계십니다. 오히려 하나님은 여러분을 위해서 친히 간구해 주시는 예수님과 성령님을 보내셨습니다. 그분께서는 여인이 아이를 해산할 때의 아픔으로, 사람이 죽어갈 때에 맛보는 아픔으로, 사랑하는 사람에게 사랑을 갈구하는 아픔과 탄식으로 우리를 위하여 저 높은 하늘에서 그리고 우리를 대신하여 친히 간구하시는 분이십니다. 그 성령께서 얼굴을 하나님께로 향하시고서, 아니 하나님께로 다가서서 청원하고 계십니다. 저 아래 있는 이 못난 여러분과 저를 제발 좀 눈감아 주시라고 말입니다.

여러분, 자기의 아들을 아끼지 아니하시고 우리 모든 사람을 위하여 내어 주신 이가 어찌 그 아들과 함께 모든 것을 우리에게 은

사로 주지 아니하시겠습니까? 그 하나님께서 아들을 주셔서 우리의 죄를 사하시고, 성령님을 주셔서 우리를 위해서 친히 탄식하시기까지 간구하시는데 무엇이 걱정입니까? 어린아이 때처럼 목소리 높여 울기만 하면 됩니다. 아버지의 무릎에 앉고, 어머니의 등에 업히기만 하면 됩니다.

누가 막으리오

2006년도 서울대학교 입학식에서 초청 특강을 맡은 사람은 성공회대학교의 신영복 교수로, 이 사람은 육군사관학교 교수로 재직하다가 통일혁명당 사건 때 간첩으로 몰려서 1968~1988년까지 20년 넘게 수감생활을 했습니다. 그는 이 기간을 「감옥으로부터의 사색」이란 저서로 펴냈습니다. 그에게 감옥생활을 이길 수 있는 힘은 사색이었으며, 여기에서 그는 인간으로서의 고귀함을 맛보았습니다. 비록 자신은 갇혔지만 실은 자신을 가둔 사람들이 권력과 아집에 갇혀 있는 것이며 자신은 사색으로써 자유함을 맛보았습니다. 이제는 그 자유함을 구가하면서 젊은이들에게도 "여러분도 저처럼 자유함을 맛보십시오."라고 전하는 사람이 되었습니다.

이처럼 상반의 원리를 우리에게 가르쳐 준 선생님이 예수님이었습니다. 나면서 소경 된 사람을 치료해 주셨는데 유대인들은 율법을 어겼다, 안식일을 범하였다는 등 온통 난리를 쳤습니다. 이들에게 예수님은 "……너희가 맹인이 되었더라면 죄가 없으려니와 본다고 하니 너희 죄가 그대로 있느니라"(요 9 : 41)라고 했습니다.

오늘 본문이 담긴 로마서를 기록한 저자 사도 바울은 감옥생활을 여러 번 경험한 사람입니다. 그에게도 상반의 원리가 있었습니다. "나는 갇혔지만 실은 나를 가둔 사람들이 오히려 갇혀 있습니다. 나를 막는 사람들이 있지만 실은 그 사람들이 막혀 있는 것입니다. 나에게는 거침이 없습니다. 비록 지금은 고린도에서 이 편지를 쓰지만 이미 나는 로마를 거쳐 목적하였던 스페인에 가 있습니다."

이처럼 기독교 2,000년 역사에서 그리고 한국의 기독교 122년의 역사에서 위대한 발자취를 남겼던 사람들은 하나같이 갇힌 가운데에서 자유함의 의미를 깨달았던 선각자들이었습니다. 이들 갇힌 자들은 비록 먹을 것과 입을 것과 마실 것은 충분하지 못했을지라도, 영적인 창고에 가득 채우고서 일평생 동안 다른 사람들에게 나눠 주고도 남을 넓고 깊은 저수지를 파 내려갔습니다.

오늘 여러분은 호남신학대학교라는 새로운 감옥에 자발적으로 수감되는 날입니다. 이렇게 자원하는 이유는 이 학교에서 학문과 만남을 통하여 사색과 명상으로 여러분의 영혼과 정신과 마음의 창고를 가득 채우기 위해서입니다. 그러므로 여러분은 이 학교에서 "……후히 되어 누르고 흔들어 넘치도록……"(눅 6 : 38) 가득 채우시기 바랍니다. 이렇게 하는 동안에 하나님께서 위하시고 지키시기 때문에 결코 막을 자가 없을 것입니다. 송사할 자도 없을 것입니다.

저는 월남전 참전용사입니다. 저는 월남에서 두 가지 얼굴을 보았습니다. D-day가 되면 군인들이 집결지에 모여서 작전지에 투입되는데, 저는 미군이 조종하는 헬리콥터를 타고서 통역으로서 1개 분대씩 작전지에 투입시키고 탄약과 물을 조달하고 작전이 끝나면 철수시키는 일을 했습니다. 그런데 작전지에 투입되는 날에 "누구를 믿느냐?"라고 물으면 "나를 믿는다."라고 대답은 하면서도 그 얼굴은 다 죽어 가는 흙빛이었습니다. 그러다가 작전이 끝나고 나오는 날에는 어린아이들처럼 천진난만한 밝은 얼굴이었습니다.

오늘 입학하시는 여러분을 보니까 이 두 가지 얼굴을 함께 보는 것 같습니다. 한쪽으로는 주님의 부름을 받아 새 출발한다는 흥분과 기쁨이 있고 다른 한쪽으로는 이 엄청난 공부와 일을 어떻게 해낼까 하는 근심과 걱정이 있는 얼굴입니다.

여러분은 누구입니까? 하나님께서 선택하신 하나님의 아들과 딸이며 동시에 종입니다. 그러니 여러분은 걱정하시면 안 됩니다. 걱정한다는 것은 무엇입니까? 주인이신 하나님의 능력을 믿지 못한다는 간접적인 표현입니다. 그렇기 때문에 여러분이 걱정하는 것은 하나님의 명예와 능력을 손상시키는 큰 잘못입니다.

바로 이러한 깨달음에서 바울은 항상 기뻐하라, 범사에 감사하라, 쉬지 말고 기도하라고 했던 것입니다. 바울은 자신이 하나님의 선택을 받았다는 사실에서 출발했습니다. "곧 창세전에 그리스도 안에서 우리를 택하사 우리로 사랑 안에서 그 앞에 거룩하고 흠이 없게 하시려고"(엡 1 : 4)라고 표현했습니다. 여러분은 하나님께서 이 세상을 만드시기 전부터 택하신 사람입니다. 여기에서 '택하사'라는 헬라어 '엑셀레사토'(ἐξελέξατο)와 라틴어 '엘레기트'(elegit)는 다 같이 '말하다', '읽다'라는 동사와 '밖으로'라는 전치사의 합성어로 된 단순과거 수동형입니다. 따라서 여러분은 하나님께 읽혀지고 말하여져서 밖으로 나온 사람들입니다. 이것이 바로 거룩입니다.

그렇다면 이제 남은 일은 흠이 없게 되는 일입니다. 이 일은 훈련으로써 가능한 것입니다. 훈련으로써 흠이 없게 되기 위하여 여러분은 자발적으로 학교라는 감옥에 수감된 것입니다. 어제 우연히 TV에서 "지아이 제인"(G. I. Jane)이란 영화를 잠깐 보았습니다. 미군 해군 특수부대의 요원이 되기 위하여 여자인 제인은 머리를 깎고 남자들 숙소에서 자면서 특수부대원으로 훈련 받는 과정에서 힘들면 종치고 빠지라는 유혹을 받았지만 끝까지 견뎌 냈습니다. 일반 군인이 되기 위하여 여성인 제인이 남자들의 험악한 말씨와 분위기와 훈련을 견뎌 냈다면 하나님의 영적인 군인이 되려는 여러분은 그보다 더욱더 험한 훈련을 받을지라도 이겨 낼 수 있습니다.

여러분, 공부하다가 힘들면 저 언덕 위에 누워 계신 선교사들의 묘역에 한번 가 보십시오. 그분들은 이 땅에서 선교하다가 죽었습니다. 그분들의 노고와 눈물과 고통을 생각한다면 우리는 얼마든지 이겨 낼 수 있습니다.

여러분은 누구입니까? 하나님께서 아들을 주시고 그 피값으로 사신 하나님의 아들이며 종입니다. 바울은 하나님께서 자신을 아들의 피값으로 사셨다는 깨달음과 그 빚을 다 갚을 수 없다는 심정을 로마서 1 : 14에서 "내가 빚진 자라"라고 표현했습니다. 헬라어 '빚진 자'(ὀφειλέτης)라는 의미는 법적으로 '갚을 의무가 있다', '이것을 갚지 못하면 수감생활을 해야 한다'는 것입니다. 그리고 라틴어에서는 '내 회계장부에서 대변에 있다', 즉 그만큼의 액수가 빠져 나간다는 것입니다. 여러분과 저는 지금 빚 갚는 사람입니다. 이 빚을 다 갚을 때까지는 죽을 수도 없고 죽어서도 안 됩니다.

여러분이 오늘 이 학교에 입학하신 것도 바로 이 심정일 것입니다. 그러므로 여러분 걱정하지 마십시오. 여러분은 "하나님이 미리 아신 자들을 또한 그 아들의 형상을 본받게 하기 위하여 미리 정하셨으니 이는 그로 많은 형제 중에서 맏아들이 되게 하려 하심이니라"(롬 8 : 29)고 하셨습니다. 그리고 이어서 "또 미리 정하신 그들을 또한 부르시고 부르신 그들을 또한 의롭다 하시고 의롭다 하신 그들을 또한 영화롭게 하셨느니라"(롬 8 : 30)라고 하셨습니다. 여러분은 하나님이 미리 아신 자요, 미리 정하신 자요, 미리 부르신 자요, 의롭다 하신 자요, 영화롭게 하신 자입니다. 그러므로 여러분은 걱정하실 필요가 없습니다.

여러분의 걱정은 이제 다 주님께 맡기시기만 하면 됩니다. 여러분 곁에는 누가 계십니까? 자기 아들을 아끼지 아니하시고 우리 모든 사람을 위하여 내어 주신 이가 어찌 그 아들과 함께 모든 것을 여러분에게 은사로 주시지 않겠습니까? 누가 감히 하나님의 택하신 여러분을 송사하겠습니까? 의롭다 하신 하나님이 여러분과 함께 계시는데 누가 정죄하겠습니까? 죽으실 뿐 아니라 다시 살아나신 이는 그리스도 예수시니 그는 하나님 우편에 계신 자요 우리를 위하여 간구하시는 자이십니다.

여러분에게는 친히 기도해 주시는 하나님의 아들이 계시고 말할 수 없는 탄식으로 우리를 위하여 간구하시는 성령님이 계십니다. 그러므로 여러분이 걱정하는 것은 이 두 분을 걱정시키는 것이며, 이 두 분의 능력을 믿지 못하겠다는 간접적인 표현이므로, 걱정하는 것만큼 하나님의 영광을 떨어뜨리는 일은 없습니다. 아무리 힘들어도 여러분은 "우리를 사랑하시는 이로 말미암아 우리가 넉넉히 이기느니라." 하신 말씀처럼 이겨 낼 수 있습니다.

그러므로 여러분은 "너희가 육신대로 살면 반드시 죽을 것이로되 영으로써 몸의 행실을 죽이면 살리니"라고 말씀하신 것처럼 여러분의 몸의 행실을 영으로써 죽이는 연습을 하는 것입니다. 왜냐하면 하나님의 자녀이면 또한 후사(heredes) 곧 하나님의 후사요, 그리스도와 함께한 후사니, 우리가 그와 함께 영광을 받기 위하여 고난도 함께 받아야 될 것이기 때문입니다.

여러분과 저는 하나님이 영광을 받으시기 위하여 먼저 유월절 어린 양이 자신을 제물로 바치듯이 우리의 몸의 행실을 영으로써 죽여 어린 양 제물이 되는 훈련을 받아야 하는 것입니다. 사도 바울도 이러한 우리의 훈련과정에서 로마서 5 : 2~4에서 "……하나님의 영광을 바라고 즐거워하느니라 다만 이뿐 아니라 우리가 환난 중에도 즐거워하나니 이는 환난은 인내를, 인내는 연단을, 연단은 소망을 이루는 줄 앎이로다"라고 표현했습니다.

환난이란 단어는 육체적으로 짓누르다라는 동사에서 정신적으로 고통을 당하다라는 의미로 발전되었습니다. 그러다가 이 단어는 사도 바울이 매우 비유적인 의미에서 이 고난을 겪은 자만이 교회의 회원이 될 수 있으며, 특히 교회와 사도에게 필수적인 이 고난을 아직 채워지지 않은 그리스도의 남은 고난으로 간주하였던 것입니다.

이렇게 고통을 견디면서 이기는 자에게는 보는 눈이 생긴다고 했습니다. 즉, 보면서 아는 사람이라고 말합니다. 우리가 아는 것이 무엇입니까? 우리는 환난은 인내를, 인내는 연단을, 연단은 소망을 만들어 내는 줄 압니다.

하나님은 여러분을 지금도 놓지 않고 계십니다. 오히려 하나님은 여러분을 위해서 친히 간구해 주시는 예수님과 성령님을 보내셨습니다. 그분께서는 여인이 아이를 해산할 때의 아픔으로, 사람이 죽어 갈 때에 맛보는 아픔으로, 사랑하는 사람에게 사랑을 갈구하는 아픔과 탄식으로 우리를 위하여 저 높은 하늘에서 그리고 우리를 대신하여 친히 간구하는 분이십니다.

여러분, 한국교회는 여러분을 원하고 있습니다. 세계교회는 여러분을 원하고 있습니다. 여러분을 한국교회와 사회에, 그리고 세계교회와 세계에 내놓기 위해서 저와 교수님들은 여러분을 좋은 그릇으로 만들 책임이 있습니다. 이 책임을 다하지 못하면 나중에 하나님께 책망 들어야 하기 때문에 저희들이 살기 위해서라도 여러분을 훈련시킬 것입니다.

신영복 교수는 감옥생활의 훈련을 이렇게 정리했습니다. "머리 좋은 것이 마음 좋은 것만 못하고, 마음 좋은 것이 손 좋은 것만 못하고, 손 좋은 것이 발 좋은 것만 못하다. 무엇보다도 불편함이야말로 우리의 정신을 깨어 있게 하는 것이다."라고 했습니다.

여러분, 조금 불편하더라도 견뎌 내십시오. 힘들고 어려우면 저 동산 위에 누워 계신 선교사들의 삶을 생각하십시오. 그래도 못 참겠거든 하나님께 기도하십시오. 감히 누가 여러분을 가로막겠습니까? 환난이나 곤고나 핍박이나 기근이나 적신이나 위험이나 칼이겠습니까? 사망이나 생명이나 천사들이나 권세자들이나 능력이나 현재일이나 장래일이나 그 아무 피조물이라도 여러분을 그리스도 안에 있는 하나님의 사랑에서 끊을 수 없습니다.

하나님의 두 얼굴

저는 중학교 다닐 때에 토끼 두 마리를 가지고 50여 마리까지 늘려 본 경험이 있습니다. 이 과정에서 어미 토끼가 새끼를 낳으면 곧바로 끄집어내서 방 안에서 따뜻하게 보호하다가 젖 먹을 때가 되면 어미토끼를 끄집어내서 무릎 위에 누이고 새끼들을 어미의 배 위에 올려놓으면 어떻게 찾아가는지 어미 토끼의 젖꼭지를 정확하게 찾아서 먹는 모습을 보았습니다. 어린아이가 태어나서 사물의 물체를 알아보기까지는, 즉 시력이 생기기까지는 상당한 시간이 필요합니다. 그렇다고 해서 어머니를 알아보지 못하는 것은 아닙니다. 갓 태어난 아이는 어머니를 냄새로, 느낌으로, 감정으로 알 수 있습니다. 시력이 부족하면 부족한 그대로 알 수 있는 방법이 따로 있는 것입니다.

사람이 하나님을 알아 가는 과정도 이와 비슷합니다. 사람의 지혜와 지식과 한계는 너무나도 제한적이어서 무제한적인 큰 그릇을 알 수 없는 것과 같습니다. 그래서 옛날부터 신학자들은 "유한은 무한을 담을 수 없다."(finitum non captat infinitum)라고 하였습니다.

이것은 어린아이 시절에는 돈이라면 사탕 사 먹을 수 있는 동전 몇 개를 의미하는 것과 같습니다. 그리하여 요한 칼빈(John Calvin)은 "사람의 눈은 마치 약시와 같아서 안경을 쓰지 않고서는 하나님을 볼 수 없다."고 하였습니다.

비록 우리가 하나님을 알 수 없을지라도 하나님은 자신을 사람들에게 어떠한 방법으로든지 알리셔야 하고, 반대로 사람들은 어떠한 방법으로든지 하나님과 관계를 맺고 또한 유지해야 합니다. 오늘 본문은 우리의 이러한 난처한 과정을 말하고 있습니다. 한편으로는 하나님께서 긍휼히 여기시고 다른 한편으로는 진노를 내리시기 때문에 우리 인간으로서는 어느 쪽이 하나님의 진면목인지 도저히 알 수 없이 혼돈을 느끼는 것입니다.

이렇게 볼 때 하나님은 얼굴이 두 개 있는 것 같습니다. 인간을 불쌍히 여기시는 인자한 얼굴과 인간에게 화를 내시고 벌을 내리시는 무서운 얼굴이 있는 것 같습니다. 우리는 이 사실을 어떻게 받아들여야 할까요? 하나님께서 우리에게 쉽게 하나의 얼굴만 가지시면 안 될까요? 하나님은 여러분과 저에게는 항상 가려져 계시고 우리로서는 볼 수 없고 또한 알 수 없는 분이시지만, 그래도 우리는 마치 갓 태어난 새끼 토끼가 어미의 냄새를 알고 젖을 찾아가듯이 우리도 하나님의 냄새를 알고, 그분의 온기를 알고, 그분의 젖이 어디에 있는가를 느끼기 때문에 더듬어서 찾을 수 있습니다.

신학대학에 처음 입학하는 학생들을 보면 대다수 정의에 불타고 사명감에 불타고, 무엇이든지 확신에 차서 자신이 나서면 교회와 사회의 모든 문제가 해결될 것처럼 생각하기 마련입니다. 그리고 성경이나 교회의 곤란한 문제도 기도하기만 하면, 하나님께 의지하기만 하면 다 해결된다고 굳게 믿고 큰소리치기도 합니다. 그런데 시간이 흘러 2학년이 되고 3학년이 되면 그 자신만만하던 호기도 사라지고, 모르는 것이 없을 것 같았던 그 지식이 다 사라지고, 아는 것이 하나도 없어지고, 자신이 나서기만 하면 모든 문제가 해결될 것 같았는데 어느덧 자신이 나서도 별로 도움이 되지 않는다고 낙심하기 마련입니다.

모든 것을 하나의 관점에서 보던 눈이 점점 사라지고 하나님을 다각적으로 보게 되고, 교회와 사회의 문제를 다각도로 보는 눈이 점점 생기게 되면 자신의 편협되고, 자기중심적인 일방적 사고가 얼마나 무섭다는 것을 알게 됩니다. 이 단계에 이르러야 우리는 "나는 할 수 없나이다."라고 고백하게 되고 "……내 은혜가 네게 족하도다 이는 내 능력이 약한 데서 온전하여짐이니라 하신지라 …… 내가 약한 그때에 강함이라"(고후 12 : 9-10)의 의미를 알게 되는 것입니다.

하나님의 두 모습 가운데에서 어느 모습이 진정한 하나님의 모습일까요? 하나님께서는 얼굴이 하나일까요? 아니면 둘일까요? 하나님에게는 얼굴이 하나둘이 아니라 수천수만일 것입니다. 아니, 우리 인간의 마음이 수천수만의 가면을 가지고 있기 때문에 하나님이 그렇게 보이는 것입니다.

하나님께서 하시는 일 가운데에서 이스라엘 민족을 선택하신 이유는 무엇입니까? 선택이란 여럿 가운데에서 하나를 가려 뽑는 것인데, 뽑힌 민족과 뽑히지 않은 민족의 차이가 무엇입니까? 없습니다. 뽑히지 않는 민족에 속한 사람은 뽑힌 민족에 대하여 분노와 적개심이 있습니다. 우리도 선생에게 특별 대접 받고 귀여움 받는 사람이 있으면 화가 나고 선생님이 불공평하다고 말합니다.

그러나 다 같이 미운 짓을 할 때에는 몰랐지만, 선택된 다음부터는 그 미운 짓을 자제하게 된다는 데 다른 점이 있습니다. 예쁜 짓을 했기 때문에 선택된 것이 아니라 선택되었기 때문에 예쁜 짓을 하고 싶은 마음이 생긴다는 것입니다. 선택되면 바로 그 사실로 인하여 표준이 생기는 것입니다. 무엇이 옳은 일이고 무엇이 그른 일인가를 알게 되고, 무엇이 법을 따르는 것이고 무엇이 법을 따르지 않는 것인가를 알게 됩니다.

군대에서 훈련병 옷을 입혀 놓으면 다 똑같습니다. 사회에서의 지식이나 가문의 배경 모두 소용없습니다. 그리고 제아무리 시골에서 온 촌놈일지라도 헌병대로 보내면 헌병 노릇하고, 제아무리 대학을 나온 도시 부유한 집안의 아들일지라도 소총소대로 보내서 빡빡기게 만들면 빵 한 조각 더 먹으려고 안달입니다. 나에게 있는 자질이 무엇인가보다는 어느 부대에 소속되어 있는가에 따라서 능력이 달라집니다.

이스라엘 사람들을 못살게 한 바로 왕이나 모세나 크게 다를 바가 없었습니다. 다 같이 인간이고 다 같이 부족하고 다 같이 자기중심적입니다. 그러나 하나님의 선택된 그릇인가 아니면 버림받은 그릇인가라는 차이뿐입니다. 저의 성씨가 차씨이고 여러분 가운데에는 김씨와 이씨와 박씨가 있듯이 각각 다르게 태어나는 것은 내 자신으로서는 바꿀 수 없는 현실입니다. 이것을 바꿀 수는 없습니다.

우리는 이것을 하나님께서 하시는 일이라고 합니다. 하나님께서 하나님 되실 수 있는 것은 선택의 권한이 그분에게만 있고, 우리는 선택만 당한다는 것입니다. 나의 성씨가 부모로부터 나에게 주어지듯이 말입니다.

그래서 바로에 대해서는 하나님께서 강퍅하게 하신 것이고 이스라엘 민족에 대해서는 불쌍히 여겼습니다. 마치 차씨 성을 가진 사람은 차씨 집안 내력의 얼굴과 행동을 하고, 김씨 성을 가진 사람은 김씨 집안 내력의 얼굴과 행동을 하듯이 이것은 사람으로서는 바꿀 수도 없고 선택할 수 없이 주어진 것(datus)입니다. 이것은 나면서부터 가지고 태어나는 것입니다.

그런데 우리는 이러한 하나님에 대해서 왜 바로는 강퍅하게 쓰이는 그릇이어야 하고, 이스라엘은 긍휼히 여김을 받는 그릇이어야 하느냐고 계속해서 질문하고 못마땅해 합니다. 왜 악역을 맡을 사람이 있어야 하는지 질문도 하고, 악역을 맡을 사람이 있었기 때문에 의인역을 맡을 사람의 의로운 행동이 돋보이게 되었으니 악역을 맡은 사람도 결국은 필요한 존재이고, 구원을 받아야 하는 것이 아니냐고 질문하기도 합니다.

과연 하나님께서 그러실까요? 하나님께서 그렇게도 독단가이시고 독재자이십니까? 하나님께서 하시는 일이 그렇게도 마음이 들지 않습니까? 사람의 마음에는 하나님의 얼굴이 둘로 들어 있습니다. 한쪽에서는 사람들에게 진노의 그릇으로 악역을 도맡아 하시는 무섭고 비정한 얼굴이고, 다른 한쪽에는 사람들을 따뜻하게 감싸고 위로해 주시는 다정한 얼굴입니다.

과연 하나님의 얼굴이 둘일까요? 아니면 내가 하나님의 하나의 얼굴을 변덕스러운 내 마음의 상태에 따라 둘로 느끼는 것일까요? 그것도 내가 하나님을 알지 못하면서 내 짧은 지식과 소견으로, 내가 본다고 하는 나의 미약한 시력으로 하나님을 잘못 보았기 때문은 아닐까요? 여러분, 눈을 뜨지 못하였던 새끼 토끼는 어미 토끼의 젖꼭지를 결코 놓치지 않았습니다. 그러다가 눈을 뜨고 이리저리 뛰어다니기 시작하면 오히려 그때 자꾸만 다른 데로 입을 돌리는 경우가 있습니다.

하나님은 내 눈으로 보고서 찾아가는 것이 아니라 나에게 본래적으로 주어져 있는 느낌으로, 어미의 배속에서 맡았던 그 냄새로 찾아가는 것입니다. 이것이 하나님을 아는 방법입니다. 하나님은 사람의 눈에 보이시는 분이 아닙니다. 아니, 사람의 눈에 보이신다면 그 하나님은 하나님이 아니실 것입니다. 하나님은 사람의 머리로 마땅히 이해될 수 없어야 하고, 사람의 눈으로 볼 수 없어야 합니다. 그렇기 때문에 하나님은 모순되는 분이시고 터툴리안이 "나는 기독교가 모순되기 때문에 믿는다. 그리스도의 부활은 이해되어야 할 사항이 아니고 믿어져야 할 사항이다."라고 말했던 것입니다.

하나님은 지금도 믿어져야 할 대상이시지 우리의 미약한 시력에 보여야 하는 분이 아닙니다. 그분은 알아야 할 분이 아니라 느껴져야 할 분이십니다. 그분은 사람의 그릇에 담겨져야 할 분이 아니라 사람이 그분의 그릇에 담겨져야 하는 것입니다.

그렇습니다. 우리는 하나님의 참모습을 볼 수 없습니다. 알 수도 없습니다. 그렇지만 우리는 눈도 뜨지 않은 새끼 토끼가 어미 토끼의 배 위에서 냄새를 맡고 느낌으로 젖꼭지를 찾아가듯이 우리도 하나님의 냄새를 맡고 느끼면서 어디에서 젖을 얻을 수 있는지를 알고서 찾아갑니다.

그 하나님과의 비밀스러운 만남은 언제 이루어집니까? 그때는 내 눈이 밝히 떠 있을 때가 아니라 떠 있는 내 눈으로 아무것도 볼 수 없다고 눈을 감을 때입니다. 마치 예수님께서 날 때부터 맹인 된 아이를 고쳐 주었더니 유대인들이 예수님을 헐뜯었을 때에 "……너희가 맹인이 되었더라면 죄가 없으려니와 본다고 하니 너희 죄가 그대로 있느니라"(요 9 : 41)고 말씀하신 것과 같습니다.

우리는 육신의 눈으로 보고 또한 보기 때문에 알 수 있다고 큰소리치지만 눈으로 보는 것이 곧바로 아는 것은 결코 아닙니다. 눈으로 보는 것은 오히려 우리의 아는 것을 제한할 수 있습니다. 사람이 하는 것은, 심지어 하나님을 예배하는 것까지도 다 변해야 하고 새로운 모습으로 언제나 바뀌어야 합니다. 그렇지 않으면 우리는 하나에 매여서 전체를 보지 못하게 됩니다.

하나님의 비밀은 어디에 있습니까? 두 얼굴 속에 감추어져 있습니다. 진노의 그릇에게는 오래 참으심으로 관용하시고, 긍휼의 그릇에게는 영광의 부요함을 알게 하시는 분이십니다. 그리하여 하나님은 진노의 그릇이든지 혹은 긍휼의 그릇이든지를 막론하고 다 같이 구원 얻는 데 이르기를 바라시는 것입니다.

성경은 하나님의 사랑에 대해서 무엇을 말합니까? "혹 네가 하나님의 인자하심이 너를 인도하여 회개하게 하심을 알지 못하여 그의 인자하심과 용납하심과 길이 참으심이 풍성함을 멸시하느냐 다만 네 고집과 회개하지 아니한 마음을 따라 진노의 날 곧 하나님의 의로우신 심판이 나타나는 그날에 임할 진노를 네게 쌓는도다"(롬 2 : 4-5)라고 했습니다.

하나님의 두 얼굴은 이것입니다. 하나님은 우리 모두가 다 구원 얻는 데 이르기를 바라시는 인자한 얼굴을 가지고 계십니다. 그래서 끝까지 하나님을 찾지 않고 곁길로 가는 자들에 대해서도 지속적으로 참고 계시면서 기다리십니다. 그리고 기다리시는 동안에 마치 곁길로 가는 새끼 사자를 어미 사자가 입으로 물어서 데리고 오듯이, 곁길로만 가는 우리를 지속적으로 물어 오십니다. 따뜻한 품에 올려놓고 또 올려놓습니다. 이렇게 하나님께서 우리가 가고자 하는 길을 가지 못하도록 입으로 물어서 어미 품으로 되돌려 놓는 것을 하나님께서 진노하셨다고 말합니다. 하나님의 진노는 하나님께서 우리에게 화를 내시는 것이 아니라 안타깝게 여기고 불쌍히 여겨서 우리를 올바른 길로 되돌려 놓는 것입니다.

그리고 바른길로 가는 사람에 대해서는 하나님께서 별로 말하지 않습니다. 어머니에게 순종하는 자식에 대해서 어머니는 별로 말씀하실 필요가 없이 속으로 흐뭇해 하는 미소를 지으실 뿐입니다. 그러면서도 "저 녀석이 언제 어떻게 곁길로 가려는지 몰라." 하시면서 조바심을 가지실 뿐입니다.

그리하여 하나님은 곁길로 가는 자식들에게는 진노의 모습을 보이시면서도 속으로는 언제나 제 길로 돌아오려나 하면서 안타까워하십니다. 하나님은 또한 제 길로 가는 자식들에게는 흐뭇한 미소를 지으시면서도 "언제까지 저 모습으로 있으려나?" 하고서 조바심을 잃지 않으실 것입니다. 이것이 하나님의 두 얼굴입니다. 하나님은 진노와 긍휼의 얼굴을 가지고서 여러분과 저를 지키시고 보살펴 주십니다. 진노의 얼굴이라고 해서 끝까지 진노의 얼굴이 아니며 긍휼의 얼굴이라고 해서 진노의 얼굴이 없는 것은 아닙니다. 하나님은 이렇게 우리에게 두 얼굴을 가지고서 만나실 것입니다.

그러므로 여러분, 하나님을 우리의 작은 머리로 이해하려고 하지 말고, 그분의 가슴에 머리를 파묻고 새끼 토끼처럼 젖꼭지를 찾아서 가십시오. 하나님은 여러분에게 맛있는 젖과 꿀을 주실 것입니다.

신념과 신뢰

유대인과 기독교인의 차이는 무엇일까요? 유대인은 하나님에 대한 자신들의 신념(conviction)을 가진 사람들이지만 기독교인들은 하나님을 신뢰(trust, rely)하는 사람들입니다. 유대인들은 조상들로부터 전해 내려온 전통을 이어 가려는 신념의 사람들이라면 기독교인들은 전통의 변화를 인정하고 받아들이는 신뢰하는 사람들입니다. 유대인들은 사람의 틀 안에 하나님까지 집어넣어서 맞추려고 하지만 기독교인들은 사람을 하나님의 틀 안에 집어넣는 사람들입니다. 유대인들의 틀은 한 번도 변함이 없지만 하나님의 틀은 얼마든지 모양을 바꿀 수 있는 변화무쌍한 틀입니다.

그렇기 때문에 오히려 기독교인들에게는 하나님의 모습이 보이지 않고, 손에 잡히지 않고, 알 수 없고, 이해할 수 없는 것입니다. 따라서 기독교인들은 하나님께 대하여는 입을 벌리지만, 사람에 대해서는 따뜻한 사랑으로 붙잡아 주면서 섬기는 것입니다. 그래서 우리는 하나님께 우리의 모든 것을 맡기면서 의지하고 신뢰하는 것입니다. 이것이 기독교인입니다.

유대인들이 가지고 있는 하나님의 인식의 틀은 율법이고, 기독교인들이 가지고 있는 하나님의 인식의 틀은 믿음입니다. 율법은 정형이 있고, 손에 잡히기 때문에 처음부터 따르기가 쉽고 끝이 보이는 것 같지만, 믿음은 어떠한 정형도 없고, 손에 잡히지도 않고, 그래서 마음 내키는 대로 쉽게 따르면 되지만 결코 끝도 보이지 않고 갈수록 오리무중, 안개 속에 빠져 들어갑니다.

그렇지만 하나님은 우리에게 믿음에 이르는 가장 손쉬운 방법을 주셨는데 그것은 "……믿음은 들음에서 나며 들음은 그리스도의 말씀으로 말미암았느니라"(롬 10 : 17)고 하셨습니다. 그리스도의 말씀을 듣는 것이 믿음에 이르는 길입니다. 이 말씀을 듣고서 마음으로 예수님을 주로 시인하고 입으로 시인함으로써 구원에 이르는 것입니다(롬 10 : 9-10).

교회의 설교말씀을 통해서 들려지는 그리스도의 말씀을 듣고, 이것을 마음으로 수용하여 시인하고, 그리고 사람들 앞에서 입으로 시인하는 것입니다. 입으로 말하는 것입니다. "나는 예수님을 믿는 사람이다. 나는 구원 받은 사람이다. 나는 옛날의 내가 아니다."

최근에 「빵 가게 찰리의 슬프고도 즐거운 나날들」이라는 책을 읽었습니다. 물론 소설입니다. 이 소설은 IQ 70의 지능을 가진 찰리가 대학의 연구용으로 선발되어 뇌 수술한 뒤에 IQ가 185로 상승함으로써 겪는 즐겁고도 슬픈 일들이 벌어지다가, 다시 IQ가 내려옴으로써 그 옛날 아무것도 몰랐던 시절로 되돌아왔고, 친구도 생기고 즐거움도 되찾았다는 내용입니다.

IQ가 70밖에 되지 않았을 때에는 빵 가게의 동료들이 주인의 돈을 살짝 훔치는 죄를 지을지라도 그래도 자신에게 따뜻하게 대해주는 동료들이었지만, IQ가 높아지니까 이들의 비리가 보이고, 그로 인하여 마음의 갈등이 생기고, 동료들과 갈등이 생겨서 빵 가게에서 쫓겨나고 말았습니다. IQ가 높아지니까 자신을 실험하여 논문을 발표하는 대학의 교수들의 논리가 얼마나 엉터리인가를 알게 되어, 논문발표장에서 빠져나와 세상을 떠들썩하게 만들었습니다. 그 결과는 숨는 것이었습니다.

기독교인이라는 것은 무엇입니까? IQ가 굳이 높을 필요가 없습니다. 다 보이지 않더라도 볼 수 없고 또한 볼 필요도 없기 때문에 그대로 만족하면서 지내는 것입니다. 그러면 주위의 사람들이 나를 해치지 않을 것이라는 확신이 생깁니다. 그러나 IQ가 높아져서 내가 스스로 해결하려고 하니까 주위의 사람들이 다 적이 되고, 하루도 마음 편할 날이 없었고, 즐거움도 없었습니다.

유대인들은 IQ가 높은 사람들입니다. 그리하여 항상 자신들의 힘으로 하나님을 알 수 있고, 하나님은 이러한 분이시라고 규정지을 수 있고, 이것만 다하면 그 다음은 틀림없이 구원이라는 등으로, 유대인의 방식에 따르면 머리가 높으면 다 해결할 수 있습니다. 그래서 할례를 행하고, 안식일을 지키고, 통곡의 벽에 가서 기도하고, 돼지고기를 먹지 않습니다. 이들에게는 하나님의 말씀을 들을 필요가 없습니다. 하나님의 말씀을 해석한 전통을 지키면 됩니다.

조은태 씨는 유대인들이 세계경제를 주도한 증거로 금세기 최고의 갑부들 중 유대인이 대다수를 차지하며, 경제분야의 노벨상 수상자들 중에서 65%가 유대인이었으며, 20세기 세계적인 학자들을 전공별로 분류해 학문을 주도한 학자들을 축소하니 모두 유대인들이었다고 말합니다. 이렇게 유대인들이 축복 받은 7가지 이유는 하나님을 경외함, 쉴 때는 쉬기, 성별된 생활, 예배의 생활화, 지혜를 위한 기도, 정결한 마음, 올바른 물질관을 가지고 살아가기 때문이라고 했습니다.

그럼에도 불구하고 오늘 성경은 유대인들에 대하여 "기록된 바 하나님이 오늘까지 그들에게 혼미한 심령과 보지 못할 눈과 듣지 못할 귀를 주셨다 함과 같으니라"(롬 11 : 8)고 했으며, "또 다윗이 이르되 그들의 밥상이 올무와 덫과 거치는 것과 보응이 되게 하시옵고 그들의 눈은 흐려 보지 못하고 그들의 등은 항상 굽게 하옵소서 하였느니라"(롬 11 : 9-10)라고 했습니다.

신념은 자기 굳히기라는 고집일 때가 많습니다. 신념은 나라는 끈을 놓지 않으려고 몸부림치는 요동일 때가 많습니다. 그리하여 곁길로 가면서도 바른길로 간다고 큰소리치는 자기 세뇌일 수 있습니다. 실제로 우리 주변에 그러한 사람을 많이 보았습니다. 유대인들처럼 신념에 차서 "우리가 나서지 않으면 안 된다."라는 자기도취적인 신념은 곧바로 히틀러를 만들었고, 박정희를 만들었고, 지금도 비슷한 유형의 사람들을 만들어 내고 있습니다.

그렇지만 기독교인은 어떠한 사람입니까? IQ가 낮아야 합니다. 아니, 높은 IQ를 낮추려고 노력하는 사람들입니다. 아는 것이 하나도 없는 멍청한 사람들입니다. 그래서 모든 것을 알고, 모든 것을 가지고, 모든 것을 할 수 있는 그분 하나님께 맡기고 신뢰하는 것입니다.

기독교인은 비록 우리의 IQ가 70밖에 되지 않아도, 비록 유대인들이 자신들의 IQ가 185라고 큰소리쳐도, 우리는 IQ가 1,850이신 분이 계시다는 것을 알고 있습니다. 그래서 IQ 185가 안다고 큰소리치면서 새로운 이론을 내놓아도 우리는 놀라지 않습니다.

다만 우리는 IQ 185보다도 훨씬 더 높은 그분께서 하시는 일에 대하여 항상 입을 벌리고 혀를 내두르면서 알 수 없다, 모르겠다는 표현으로써 신비라고 말하게 됩니다. 신비라는 말은 깊고, 넓고, 풍부하고, 측량할 수 없고, 찾을 수 없다는 표현입니다(롬 11 : 33). 하나님은 감추어져 계시는 분이시므로 그래서 우리는 그분 앞에 머리를 숙이고, 절을 하면서 예배라는 정중한 절차로 대하는 것입니다. 이것이 기독교인이 되는 길이고, 이것이 기독교인으로 살아가는 길입니다.

그리하여 욥이 너무나도 힘들고 어려운 상황에 처해 있었을 때에 처음에는 부인이 옆에서 "……그래도 자기의 온전함을 굳게 지키느냐 하나님을 욕하고 죽으라"(욥 2 : 9)고 윽박질렀을 때에도 욥은

"……우리가 하나님께 복을 받았은즉 화도 받지 아니하겠느냐 하고 이 모든 일에 욥이 입술로 범죄하지 아니하니라"(욥 2 : 10)고 하였습니다. 그러다가 욥이 너무나도 힘들고 어려워서 한두 번 하나님께 말대답하였다가 크게 깨닫고서 "보소서 나는 비천하오니 무엇이라 주께 대답하리이까 손으로 내 입을 가릴 뿐이로소이다 내가 한 번 말하였사온즉 다시는 더 대답하지 아니하겠나이다"(욥 40 : 4-5)라고 하였습니다.

기독교인이 된다는 것은 무엇입니까? 그것은 어린아이가 할아버지, 할머니, 그리고 부모들의 무릎에 앉아 읽어 주는 동화책을 들으면서 무한한 상상의 세계로 들어가는 것과 같습니다. 하나님께서는 우리에게 엄청난 신비의 세계에 대한 동화책을 읽어 주고 계시면서 우리가 그 신비의 세계에서 상상의 날개를 펴기를 바랍니다.

여러분과 저의 손에 있는 이 말씀은 우리의 머리로 이해되지도 않고, 이해되어져서도 안 되는 책입니다. 우리의 작은 그릇으로는 도저히 담을 수 없기 때문에, IQ 185의 머리로는 이해할 수 없기 때문에 알 필요도 없고 알 수도 없는 것이라고, 그래서 존재 가치가 없는 것이라고 결론 내려서는 안 됩니다.

기독교인이 되는 길은 이것입니다. 로마서 10 : 17에서 "그러므로 믿음은 들음에서 나며 들음은 그리스도의 말씀으로 말미암았느니라"고 하였기 때문에 교회에 다니면서 하나님의 말씀을 듣는 것입니다. 자꾸 듣고 또 들으면 이해가 됩니다. 믿음이 생기지 않는 것은 듣는 것이 부족하기 때문입니다. 듣고 들어서 어느 정도 가득 차게 되면, 그 다음으로는 하나둘씩 이해되기 시작합니다.

일단 이해가 되면 그 다음으로 마음속에서 인정하고, 동의하고, 수긍하게 됩니다. '그렇다, 그랬구나, 이것이구나!' 저는 왜 하나님께서 실족한 어린아이를 연자맷돌에 달아 강물에 빠뜨려 죽이라고 하셨는지 알 수 없어서, 듣고, 고민하고, 묻고 했었습니다. 그러다가 깨달았습니다. 제가 예수님을 믿는 사람인데 제가 제대로 믿지 못하는 것을 저를 아는 불신자가 보았다면, 그 사람은 예수님을 믿는 놈들이나 우리나 별로 다르지 않다고 술자리에서 떠들어 댈 것입니다. 그러면 그 술자리에 있었던 몇 사람은 이 소리를 지속적으로 옮기게 될 것입니다. 이 상황에서 믿는 사람이 실수를 할 수도 있고 또한 실수하였다가 회개함으로써 용서를 받으니까 믿는 사람은 그것으로 끝이지만, 그분의 실수를 보고 예수님을 믿을 마음이 없어졌던 최초의 한 사람으로 인하여 수많은 사람이 결국 예수님을 못 믿게 됨으로써 최초로 실족하였던 한 사람을 없애라고 하였던 것으로 결론 내렸습니다. 그리고 이어서 그렇기 때문에 "너로 인하여 다른 사람이 실족하게 되는 일이 없도록 스스로 조심하라. 다른 사람을 배려하라."는 말씀으로 받아들였던 것입니다.

이렇게 하나님의 말씀을 읽고, 듣고, 생각하게 되면 어느 날 이해가 되고, 그 말씀이 마음에 와 닿습니다. 그리하여 나를 되돌아보게 되고, 하나님을 더욱 알게 되고, 찬양하게 됩니다. 그리고 이렇게 깨달은 사실을 입으로 시인하면서 증거합니다. "사람이 마음으로 믿어 의에 이르고 입으로 시인하여 구원에 이르느니라"(롬 10 : 10).

욥도 하나님의 참모습을 아는 데에는 많은 시간과 아픔과 고통이 있었습니다. 그는 다 잃고서 그 다음에 비로소 자신의 입을 손으로 가릴 수 있었습니다. 기독교인으로 사는 것은 항상 아쉬움과 그리움이 남아 있어서, 이 채워지지 않은 부분에서 나오는 열정이 우리로 하여금 하나님을 더욱더 신뢰하게 만들고, 의지하게 만들어 줍니다.

하나님은 알면서도 알 수 없는 분이시고, 만지면서도 만져지지 않는 무형이시고, 이해되면서도 여전히 알 수 없는 무한한 지혜와 지식이시고, 하나님은 내 옆에, 아니 내 속에 계시면서도 여전히 저 멀리 손에 잡히지 않는 곳에 계시고, 하나님은 보이시면서도 보이지 않으시는 안개와 구름 속에 계십니다. 그래서 우리는 하나님께 대해서는 오로지 신뢰와 확신만 가질 수 있습니다. 그 하나님이 여러분과 함께하실 것입니다.

제11~16장

은혜/ 선택/ 남은 자

유럽을 여행한 사람들의 말에 의하면 다른 나라를 다 관광한 다음에 이탈리아를 가라고 합니다. 그리고 바티칸은 가장 마지막에 가라고 합니다. 바티칸 가운데에서도 성 시스틴 성당의 천장에 미켈란젤로가 그린 천지창조는 무엇을 의미합니까? 미켈란젤로가 성 시스틴 성당의 천지창조 벽화를 4년에 걸쳐서 완성하고 밖으로 나와서 태양의 밝은 빛을 보고서 "하나님은 이렇게 아름다운 태양과 자연을 만드시고도 아무런 사인도 하지 않았는데 나는 조그마한 벽화 하나 그리고서 이름을 남기려 하다니……." 하고서 안으로 들어가 자신의 사인을 지웠다고 합니다. 그리고 그때 이후로는 작품에 서명을 남기지 않았다고 합니다.

미켈란젤로가 사인을 하지 않은 것은 오늘 본문에서는 '미리 아신 자들', '은혜로 택함을 받은 자', 그리고 '남은 자' 등의 표현입니다. 이 부분은 사람의 머리로는 하나님의 깊은 뜻을 도저히 헤아려 알 수 없다는 외침인 것입니다.

2,000년 전의 사도 바울이나 500년 전의 미켈란젤로나 다 같이 무한히 노력하고, 고민하였던 사람들입니다. 그리고 우리는 그 사람들을 오늘에 이르러서는 천재라고 합니다. 그 사람들이 참으로 천재였는지는 알 수 없으나 한 가지 분명한 것은 노력하는 사람들이었다는 것입니다. 알기 위하여, 더 깊이 들어가기 위하여 무한히 노력하였지만, 결국에는 나 자신의 노력은 하나님 앞에 비하면 아무것도 아니라고 깨달았을 때에 나오는 탄성이 바울에게는 '은혜로'였고 미켈란젤로에게는 '사인을 하지 않은 것'이었던 것입니다.

오늘날 교회에서 가장 흔하게 사용하는 단어 가운데 하나가 '은혜로'이지만, 이 단어를 빈번하게 모든 상황에 사용함으로써 마치 공기처럼 그 값을 모를 지경이 되고 말았습니다. 그러나 가장 좋은 것이기에, 누구에게나, 언제나 있어야 하기 때문에 가장 값싸게, 아니 값없이 공급되는 것이기도 합니다.

21세기를 살아가는 기독교인들에게 오늘 본문에서 바울은 "여러분, 저는 일생 동안 고민하면서 살았던 사람입니다. 여러분, 저는 예수님을 더 깊이 알려고 찾고 찾았지만 예수님의 깊이는 결국 알 수 없었습니다. 그래서 저는 '깊도다, 넓도다, 누가 헤아려 알 수 있으랴.'라고 탄식했습니다. 제가 이렇게 넋두리를 했다고 해서 체념했다는 뜻은 아니고 넓고 깊은 뜻을 노력을 통해서 알았다는 뜻입니다. 따라서 여러분은 저를 천재라고 말하겠지만, 천재는 노력하는 사람을 말하는 것입니다. 여러분도 저처럼 예수님을 찾고 찾으면 천재가 될 수 있습니다."라고 말하는 것입니다.

최근에 홍성욱 그리고 이상욱 씨 등이 쓴 「뉴턴·아인슈타인 : 우리가 몰랐던 천재들의 창조성」이라는 책을 읽었습니다. 그 책에서 말하려는 내용은 이것입니다. 뉴턴은 선배들의 저작을 꼼꼼히 반복 학습하고 동시대 학자들과 긴밀히 교류했습니다. 사과사건이 만유인력 법칙의 단서가 되었지만, 그 법칙을 완성하기까지는 20년이나 걸렸습니다. 아인슈타인은 오히려 공부를 잘하는 편에 속했습니다. 분명한 것은 그가 타의 추종을 불허하는 압도적 두뇌의 소유자가 아니었다는 사실입니다. 두 사람에게서 공통적인 것이 있다면 끈질기고도 집요하게 문제를 물고 늘어지는 집중력과 인내심이라고 이 책은 말합니다.

그러므로 천재라는 말은 뛰어난 기억력이나 이해력을 지닌 사람을 부르는 말이라기보다는 집중력과 인내력으로 문제를 해결함으로써 과학적 창조성을 드러낸 사람들에게 씌우는 영광스러운 별명입니다. 천재는 누구입니까? 노력을 통하여 자신이 별것이 아니라는 사실을 알게 된 사람들입니다. 노력하는 사람들에게 붙여 주는 별명이 천재입니다. 이러한 의미에서 누구나 천재가 될 수 있습니다.

오늘 본문에서 사도 바울이 고민하는 것은 하나님의 고유한 행동양식입니다. 엄청난 희생을 들여서 선택하신 이스라엘을 하나님께서 왜 버리셨는가라는 이중적인 행동입니다. 여기에 본인이 이스라엘 사람으로 태어났다는 사실입니다. 이해되지 않는 이중성의 모순을 바울은 오늘 본문에서 '미리 아시고', '은혜로', '선택하시고', '남은 자'라는 단어로 집약시켜서 말합니다.

아주 가볍고 쉽게 사용한 단어들이지만, 바울은 이 단어들 속에 자신의 수십 년의 고민을 집약시켜서 누구든지 쉽게 알 수 있게 되기를 바랐습니다. 사람은 누구입니까? 하나님의 지식과 지혜의 풍성함 앞에서는 바보가 되는 것입니다. 그것을 '미리 아시고'라고 했습니다. 사람이 제아무리 발버둥치면서 노력해도, 사람이 제아무리 많은 돈을 벌어도, 톨스토이의 「바보 이반」에서 말하듯이 사람에게 필요한 땅은 자기가 묻힐 구멍에 불과하다는 사실을 깨닫고 하는 말이 "은혜로 살았구나!"라는 절규입니다. 바울은 자신이 저주를 받아 그리스도에게서 끊어질지라도 자신의 형제 곧 골육이 구원 얻기를 원하지만(롬 9 : 3) 자신의 형제들이 끝까지 예수님을 인정하지 않는 모습에서 그가 깨달은 것은 인간의 한계, 인간 노력과 수고의 한계, 중보기도의 한계입니다. 그때에 사용하는 단어가 '선택하시고' 입니다. 그렇다면 하나님께서 미리 아시고, 은혜로, 선택하여 준 사람을 무엇이라고 부릅니까? '남은 자'라고 합니다.

하나님의 구원역사에는 다수(多數)가 아니라 소수(小數)가 필요했습니다. 그것은 창세기의 역사에서부터 지금까지도 마찬가지입니다. 성경의 기록은 무엇입니까? 우리가 모세를 위대한 인물로 말하는 이유가 무엇입니까? 이스라엘의 역사를 구원의 계보라는 단어로 재해석하였기 때문입니다. 사도행전에 의하여 스데반 집사가 순교하기 직전에 행한 설교가 바로 이스라엘 역사를 처음부터 예수님까지 '구원의 역사'로 재해석하면서 설명하는 것이었습니다(행 7장).

그렇습니다. 이스라엘의 역사는 항상 다수에서 소수로 집약되어 왔습니다. 많은 사람이 아니라 한두 사람이 필요했습니다. 기드온에게는 30,000명이 아니라 300명이 필요했습니다. 1880년대에 무디(D. L. Moody)는 미국의 헤르몬 산에서 "금세기 안에 온 지구를 복음화하자."라는 구호를 내걸고 대학생 여름수련회를 개최하였는데 "하나님이여, 우리에게 100명을 주시옵소서."라고 기도했습니다.

남은 자는 누구입니까? 남은 자는 천재들입니다. 남은 자는 고민하고 노력하는 사람들입니다. 남은 자는 자의적 결단에 의하여 스스로 손해 보는 쪽을 택할 줄 아는 의지의 사람들입니다. 남은 자는 다윗처럼 물맷돌만 있어도 골리앗을 대적하러 나갈 만큼 무모한 사람들입니다. 남은 자는 기드온처럼 30,000명을 버리고 300명을 선택할 줄 아는 사람들입니다. 남은 자는 창과 칼이 아니라 횃불과 나팔을 무기로 믿고 따르는 사람들입니다.

남은 자들은 다른 사람들에게 잘 보이려고 노력하는 것이 아니라 하나님께 잘 보이려고 노력하는 사람입니다. 스스로 정한 기준에 만족할 때까지 끊임없이 노력하고 도전하는 내적인 내기로 스스로를 훈련하는 사람들입니다. 그렇기 때문에 남은 자는 혼자 있어도 매우 바쁘고 할 일이 많은 사람들입니다. 남은 자는 목표를 향하여 끊임없이 도전하는, 노력하는 사람들입니다.

이렇게 노력하고 도전하고 내기를 걸면서 살아가는 사람이라야 '하나님의 은혜로 값없이'라는 말을 할 수 있는 것입니다. 특히 이 단어는 성 어거스틴이 가장 즐겨 인용하고 설명하였던 구절입니다. 값없이, 공짜로, 거저 받았다는 이 표현은 엄청나게 많은 값을 치를 때에 가능한 것입니다. 많은 것을 잃어버렸을 때에 비로소 깨닫게 되는 것이 은혜입니다.

로마의 성 시스틴 성당과 바울 성당, 그리고 베드로 성당의 의미는 무엇입니까? 그것은 중세 시대의 하나님 인식이었습니다. 다시 말하여 하늘에 계신 하나님이 이제는 땅 위로 내려오셔서 사람의 손으로 지은 집 안에 임재하신다는 표현인 것입니다. 그렇기 때문에 하늘의 하나님의 궁전과 맞먹는 동일한 아름다운 집을 지어야 했던 것입니다. 그리고 미켈란젤로의 벽화는 그 집에 계시는 하나님의 사역을 찬양하는 찬사였던 것입니다. "당신께서 이렇게 훌륭한 일을 하셨기 때문에 오늘 우리가 이렇게 존재하게 되었나이다."

미켈란젤로는 이 상황에서 사람의 손으로 할 수 있는 일이 겨우 이것뿐임을, 사람의 손으로 하나님의 일을 말하려는 것 자체가 모순이라는 것을 깨달았던 유일한 사람이라고 할 수 있습니다. 아니, 중세의 교황들은 하나님을 대신한다고 큰소리쳤지만 미켈란젤로는 "아니오!"라고 외쳤던 것입니다. 그리하여 "나는 비록 돈을 받고 당신들의 요구에 따라 벽화를 그렸지만, 하나님은 이 집 안에 계시지 않습니다."라고 외쳤던 것입니다. 그것이 사인을 하지 않은 것입니다.

하나님은 사람의 손안에 계시지 않습니다. 하나님은 하나님이고 사람은 사람입니다. 하나님과 사람의 너무나도 현격한 차이를 사도 바울은 오늘 본문에서 미리 아시고, 은혜로, 선택하시고, 남은 자를 통해서 역사를 이어 가신다고 했으며, 미켈란젤로는 사인을 하지 않은 것으로 표현했던 것입니다.

여러분, 천재는 보통 이상의 노력을 통해서 사람이 별것이 아니라고 깨달은 사람을 지칭하는 것입니다. 천재는 아무리 사람이 날

고뛰어도 도토리 키 재기에 불과하다는 것을 깨닫고 탄식하는 사람을 지칭하는 말입니다. 사람은 사람이고 하나님은 하나님이시기 때문에 사람으로서는 하나님의 하시는 일을 이해할 수 없다는 것을 아는 사람을 천재라고 합니다.

이러한 의미에서 여러분과 제가 하나님을 진실되게 믿는다면 다 천재입니다. 다 남은 자입니다. 하나님께서는 지금도 자신의 참모습을 아는 소수의 남은 자를 통해서 이 땅의 역사를 이루어 가고 계십니다.

관용과 자기 완성

한겨레 신문의 주필 가운데 한 사람인 홍세화 씨가 쓴 「파리의 운전사」라는 책에서 프랑스와 대한민국 사회의 큰 차이점을 '똘레랑스'(tolerans), 영어로는 '탈러랜스'(tolerance)라고 했습니다. 관용이란 무엇을 말합니까? 여러 민족이 살아가는 복잡한 사회가 문제를 일으키지 않고 함께 사는 원칙을 관용이라고 했습니다. 즉, 자신의 몫을 충실하게 해냄으로써 다른 사람의 하는 몫을 간섭하지 않는 것입니다. 자신의 사상이나 주의를 강요하지 않고, 논리를 통하여 설득하려 하고, 사상이 다르다고 해서 미워하지 않고, 또한 자기와 같은 사상을 가지라고 강요하지 않는 것입니다. 이것이 자유이고 똘레랑스입니다.

그러나 이러한 똘레랑스의 배경에는 운전사로서 일을 제대로 한다는 전제가 깔려 있으며, 자신의 일을 제대로 하지 않을 때에는 다른 사람의 간섭을 받는 것입니다. 따라서 관용이란 다른 사람을 용서하고, 인정한다는 말과 함께 자신의 몫을 충실히 한다는 책임의 완성이 들어 있는 것입니다. 자신의 몫을 완성한다는 대전제 아래 사회의 관계가 형성되어 있기 때문에 자신의 몫을 완성하는 한 똘레랑스가 허용됩니다.

오늘 본문 1~2절에서 우리의 몸을 거룩하고, 하나님이 기뻐하시고, 합당한 예배가 되게 하라고 했습니다. 그리고 이어서 너희들이 이 세대에게 일치되지 말고, 마음(정신 : mentis)을 새롭게(개혁 : renovatione) 함으로 변화를 받아, 하나님의 뜻이 무엇이며, 무엇이 하나님이 좋아하시는 것이며, 무엇이 하나님을 기뻐하시게 하는 것이며, 무엇이 완전한 것인지 분별하도록(시험하도록) 하라고 했습니다.

그리고 이어서 3~8절에 이르는 지체이론을 말합니다. 3절에서 자기에게 나눠 주신 믿음의 분량대로 지혜롭게 생각하라고 말한 다음에 곧바로 4~8절까지 각자가 맡은 몫을 충실히 하라고 합니다.

이 세상에서 우리가 맡은 일을 자신의 몫에 따라 충실되게 하는 것이 곧바로 영적인 예배이며, 이 예배를 드리는 방법은 자신이 하나의 큰 몸의 지체라는 생각으로 자신의 몫을 완성시키는 것입니다. 다시 홍세화 씨의 말을 빌리자면 똘레랑스는 관용이지만 그 관용의 이면에는 자신의 몫을 성실하게 이행한다는 책임이 따르는 것입니다.

이것이 곧바로 에덴동산의 법칙입니다. 하나님은 아담과 하와에게 에덴동산을 주시고 생육하고, 번성하고, 정복하고, 지배하고, 다스리는 똘레랑스가 있었지만, 이 똘레랑스는 선악과를 따 먹지 않음으로써 지켜질 수 있었습니다. 인간, 즉 피조물이라는 한계를 넘어가지 않을 때에 가능했습니다. 에덴에서의 똘레랑스는 한계 내에 머무를 때에 정의이고 적법이지만 한계를 넘어서면 불의이고 불법입니다.

여기에서 우리는 "나의 자유는 나의 책임을 다함으로써 가능하다."는 대원칙을 발견하는 것입니다. 에덴에서의 자유도 나의 책임을 다할 때에 가능했습니다. 오늘 본문 3절에서 "……마땅히 생각할 그 이상의 생각을 품지 말고 오직 하나님께서 각 사람에게 나눠 주신 믿음의 분량대로 지혜롭게 생각하라"고 말합니다.

성경은 하나님 한 분이 가부장제도의 호주처럼 맨 정점에 계시지만, 그분은 물론 궁극적으로 자신에게 우리 모두가 굴복할 것을 강요하시지만, 그것도 어디까지나 자발적인 것이어야지 강요에 의한 것이 아니었습니다. 그리하여 우리에게 오늘도 2절에서 말한 것처럼 "……하나님의 선하시고 기뻐하시고 온전하신 뜻이 무엇인지 분별하도록 하라"고 했습니다.

여러분과 저는 맡은 일을 하면서 하나님의 뜻을 분별하는 자유로움을 가지고 있으며 동시에 자신이 맡은 일을 100% 완성한다는 책임도 가지고 있습니다. 이것이 하나님의 관용, 허용, 즉 똘레랑스입니다. 그리고 하나님은 똘레랑스를 우리에게 은사라는 일로 주셨고, 그 은사를 잘 해낼 수 있는 방법까지 주셨던 것입니다.

예언하는 일은 믿음의 분수대로, 섬기는 일이면 섬기는 일로, 가르치는 자면 가르치는 일로, 권위 하는 자면 권위 하는 일로, 구제하는 자는 성실함으로, 다스리는 자는 부지런함으로, 긍휼을 베푸는 자는 즐거움으로 하라고 했습니다.

우리는 모두 다 하나님으로부터 일을 맡은 자들로서 동등한 권리와 일을 가지고 있습니다. 그러나 우리가 하는 일은 서로 다 다릅니다. 이러한 의미에서 우리는 서로 다른 자들입니다. 이러한 의미에서 우리는 각각 똘레랑스가 있지만, 동시에 그 똘레랑스를 지키기 위해서 자신만의 다른 일을 성실히 해야 하는 책임과 의무가 있습니다.

그렇기 때문에 우리는 자신의 일이나 사상을 다른 사람에게 강요하지 않아야 합니다. 이것이 평등사회입니다. 이것이 하나님께서 원하시는 달란트를 가지고 성실하게 자신의 몫을 해내는 자유로운 사회입니다. 이것이 서로 다른 것들이 하나로 통합하여 완전한 사회를 이루는 '다양성의 조화'입니다. 하나님은 이것을 위해서 각자에게 일을 주셨던 것입니다.

오늘 성경에서 말하는 사회는 각자가 받은 달란트로 100%의 결과를 낳기 위하여 성실하게 일하는 사회를 말하는 것입니다. 그렇기 때문에 사도 바울은 예수님을 위하여 성실하게 일한 다음에 "내가 내 몸을 쳐 복종하게 함은 내가 남에게 전파한 후에 자신이 도리어 버림을 당할까 두려워함이로다"(고전 9 : 27) 때문이라고 말했던 것입니다. 자신에게 주어진 똘레랑스를 누리기 위해서는 내 몫을 성실하게 감당해야 했으므로, 바울은 자신을 상하게 할 수밖에 없었습니다. 내 자신을 치는 일, 상하게 하는 일은 곧바로 '눈 아래를 치는 일, 눈을 쳐서 검게 물들게 하는 일'입니다. 이것을 라틴어 성경에서는 "괴롭게 하다."(castigo)라고 표현했습니다.

이것은 신앙의 외향적인 총화로서의 사회가 신앙의 내향적인 완성으로서의 개체 위에 이룩된다는 것입니다. 따라서 개체완성이 우주완성인 것입니다. 그리고 개체완성은 자신을 괴롭게 치는 내면적 고통을 통하여 이루어지는 것입니다.

솔직히 우리가 사는 사회에서 한계를 넘어가지 않기가 그렇게 쉽지 않습니다. 자신의 들보보다는 남의 티가 먼저 보이는 것이 사실이고, 현실이고, 아무리 피하려 해도 피할 수 없는 현실입니다. 그렇기 때문에 오늘 본문에서는 각자의 달란트를 정하셨고, 그것을 해내기 위한 방법을 말하였던 것입니다.

예언하는 일은 믿음의 분수대로, 섬기는 일이면 섬기는 일로, 가르치는 자면 가르치는 일로, 권위 하는 자면 권위 하는 일로, 구제하는 자는 성실함으로, 다스리는 자는 부지런함으로, 긍휼을 베푸는 자는 즐거움으로 해야 합니다.

자신에게 주어진 일을 성실하게 하는 것은 100%의 결과를 가져오도록 일하는 것입니다. 자신의 일이 100%가 될 때까지 포기하지 않고 열심히 일하는 사람이 있기 때문에 이 사회는 서로 관용할 수 있는 것입니다.

다시 말하지만 우리가 사는 이 사회가 외면적으로 총체적인 관용과 조화를 이루기 위해서는 우선 각자가 내면적으로 스스로를 완성시켜야 하는 것입니다. 이 방법을 사도 바울은 '기쁨'이라는 단어로 표현했습니다. 사도 바울은 빌립보 교인들에게 자신이 감옥에 있으면서도 항상 기뻐하라고 했고, 기뻐하는 방법으로 "너희 관용을 모든 사람에게 알게 하라"고 빌립보서 4 : 5에서 말합니다.

여기에서 사용하는 관용이란 헬라어 '에피에이케스'(ἐπιεικής)는 '양보하다'(yielding), '부드럽다'(gentle), '친절하다'(kind)의 뜻을 가지고 있습니다. 라틴어 성경에서는 '모테스티아'(modestia)라고 하였는데 이것은 영어의 '겸손'(modesty), 즉 '허황, 자랑스러움으로부터 벗어난 것'(freedom from vanity, boastfulness)라고 했습니다. 관용이란 상대방에게 양보하고, 친절하고, 부드럽게 대하는 태도입니다. 더 나아가서 헛된 꿈이나 자랑으로부터 벗어나는 것입니다. 이렇게 되기 위해서는 주님께서 곧 가까이 오시리라는 기대를 가져야 합니다. 주님의 임박한 재림을 늘 생각하면서 살아갈 때에 세상의 모든 욕심으로부터, 헛된 꿈으로부터, 자랑으로부터 벗어날 수 있고, 또한 포기할 수 있는 것입니다.

한 마디로 요약한다면, 주님의 재림을 생각하면서 우리의 모든 것을 포기하고 헛된 욕망이나 자랑으로부터 자유함을 얻을 때, 그때에 이르러서야 비로소 참된 관용이 가능해지는 것입니다. 바로 이러한 태도에서 초대교회는 상호 간의 유무상통이라는 정신을 일구어 냈던 것입니다. 여러분, 만일 예수님께서 오늘 저녁에 재림하신다고 한다면 나의 재산이, 나의 명예가, 나의 지식이, 나의 꿈이, 나의 취미가, 나의 아내와 자식이 나와 무슨 상관이 있겠습니까? 그래서 바울은 그토록 힘들여서 달성하였던 모든 세상적인 업적을, 로마의 시민권을, 율법에 대한 지식을 버렸던 것입니다.

우리가 이 세상에서 다 덮어 주고, 눈감아 주고, 보아도 보지 않은 것처럼, 들어도 듣지 않은 것처럼 살아가는 것은 관용이 아닙니다. 관용은 보다 더 적극적인 것입니다. 하늘에 대한 소망을 잃지 않는 것입니다. 자신의 몫을 철저하게 파악하고 실천하려는 노력인 것입니다. 관용은 자신의 달란트가 무엇이며 또한 얼마인가를 아는 자만이 실천할 수 있는 덕입니다. 관용은 자기완성을 향하여 꾸준히 노력하는 자에게 허락되는 기독교인의 아름다움입니다. 우리 모두 이 관용의 덕을 완성할 수 있기를 바랍니다.

이 시대를 알라

지난 19세기와 20세기를 우리는 크게 근대(modern)라고 부릅니다. 이 시기에 농업과 수산업에 의존하던 사회구조가 공업과 기업사회로 바뀌게 되었습니다. 공업생산이 대량화되고, 대량생산된 제품을 팔기 위해서 조직화하고, 체계화하고, 규격화, 획일화하였습니다. 이러한 근대화의 가장 대표적인 모습이 독일 사람들이었습니다. 기계를 규격화시키고, 사람까지 규격화시켜서 지구상의 모든 인종을 게르만 유형으로 통일시키려 했습니다.

그렇지만 제2차 세계대전이 끝나고 서구 유럽과 미국 등지에서 근대화가 가져다주었던 것에 대하여 많은 회의를 품기 시작하면서 근대화 이후의 새로운 가치를 말하기 시작했으며, 우리는 지금 그 새로운 시대에 접어들었습니다. 이것을 근대 이후 시대(post-modern)라고 합니다.

근대 이후 시대를 살아가는 사람들에게는 과거 근대 시대의 생활모습이 없어졌습니다. 정숙, 단정, 통일, 획일 등의 모습이 사라졌습니다. 개인의 특성, 취미, 기호 등을 강조하기 시작했습니다. 패션도 큰 회사에서 동일하게 하지 못하고 개인이 자기의 취향에 맞게 살아갑니다. 회사의 사원들도 개인 사무실을 원하고, 그 사무실의 공간을 자기의 개성에 맞게 꾸며 나갑니다. 여러분이 의식하지 못하는 사이에 텔레비전이나 상품 등이 이러한 근대 이후 시대를 반영하고 있으며, 그 시대 속에서 우리도 살고 있습니다.

그뿐 아닙니다. 우리의 신앙생활도 마찬가지입니다. 현재 우리 교회가 가고 있는 교회의 형태는 다분히 근대 이후 시대입니다. 획일성을 거부하고 개성을 강조하고 있습니다. 형식보다는 내용을 강조하고, 더불어 살면서도 자신만의 개인 생활을 더욱 중요시합니다. 화려하고 대중성 있는 대형 텔레비전보다는 의미 있는 소형 텔레비전을 찾는 것도 이러한 변화의 증거입니다.

진정한 의미의 신앙인들이란 이렇게 모든 것이 시대의 변화에 따라 바뀌어 가지만 그 가운데에서도 바뀌어서는 안 될 어떤 기준을 찾아서 충실하려고 노력하는 사람들입니다. 기독교 신앙인이란 시대의 변화에 적응하지 못하고 한쪽으로 밀려나는 저변인 집단(marginal persons)이 아니라, 우리가 사는 시대의 의미를 말씀에 기초하여 찾으려고 고민하고 노력하는 사람들을 말합니다.

최근에 우리가 전쟁을 치르면서 자주 듣는 소리가 회교 근본주의자, 원리주의자 등의 표현입니다. 근본주의(fundamentalism)는 획일성과, 단일성, 통일성을 강조하는 대표적인 사람들입니다. 그리하여 자신들과 뜻을 달리하는 사람들은 모두 다 적으로 간주합니다. 기독교에도 이러한 근본주의가 있습니다. 특히 한국의 기독교는 미국에서 발달한 근본주의 신앙관에 기초한 선교사들로부터 뿌리가 내려졌기 때문에 아주 편협하고 외골수적인 신앙으로 성장해 왔습니다.

세상과 교회의 관계에서 교회는 천국이고 구원이지만, 세상은 지옥이고 마귀 자식들만 사는 곳이라고 생각합니다. 그러므로 세상은 내가 그 안에서 생활하면서도 끝까지 거부해야 할 세계입니다. 이러한 신앙관은 다양성을 인정하지 않기 때문에 자기네와 다르면 끝까지 거부합니다.

이번에 전쟁을 치른 후세인과 부시는 둘 다 근본주의자입니다. 한쪽은 회교 근본주의자이고 다른 한쪽은 미국에, 그것도 미국의 남쪽에 남아 있는 기독교 근본주의자입니다. 다 같이 다양성을 거부하고 획일성과 통일성, 단일성을 강조하기는 마찬가지입니다. 이들에게는 '너와 내가 함께'라는 개념은 없고, '너와 나 가운데 하나만'만 있습니다.

예수님께서도 제자들과 최후의 만찬을 드시는 식탁 자리에서 "내가 비옵는 것은 그들을 세상에서 데려가시기를 위함이 아니요 다만 악에 빠지지 않게 보전하시기를 위함이니이다"(요 17 : 15)라고 말씀하셨습니다. 세상의 '악에 빠지지 않도록' 그리고 '세상에 속하지 않는 것'이 곧바로 오늘 본문에서 말씀하시는 '이 세대를 본받지 않는 것'입니다.

그렇다면 어떻게 해야 세상을 본받지 않을 수 있습니까? 오늘 본문에서는 "마음을 새롭게 함으로 변화를 받으라"고 합니다. 오늘 본문은 '너희들이 변화되어'라고 말씀하십니다. 바꾸어 말하면 헬라어에서는 '형체가 다시 갖추어 져서'라는 뜻이고 라틴어에서는 '이 형체에서 저 형체로 건너가서'라는 뜻으로 쓰여 있습니다.

그런데 이렇게 바뀔 수 있는 것은 '마음의 갱신을 통하여'라고 했습니다. 즉, 우리의 마음이 '위로 올라가서'(헬) 그리고 '다시 새롭게 됨으로써'(라)라고 말하고 있습니다. 우리의 마음이 아래에 속한 것들을 바라보지 않고 위에 속한 것을 바라보게 되는 것이 곧바로 '마음을 새롭게 하는 것'(마음을 갱신하는 것)입니다.

바울은 골로새서에서 지속적으로 "……그리스도와 함께 다시 살리심을 받았으면 위의 것을 찾으라……"(골 3 : 1), "위의 것을 생각하고 땅의 것을 생각하지 말라"(골 3 : 2)고 말씀하시다가 3 : 5에서는

"그러므로 땅에 있는 지체를 죽이라 곧 음란과 부정과 사욕과 악한 정욕과 탐심이니 탐심은 우상숭배니라"고 선언합니다. 그러고 나서 10절에서 새사람을 입을 수 있는 방법으로 "새사람을 입었으니 이는 자기를 창조하신 이의 형상을 따라 지식에까지 새롭게 하심을 입은 자니라."고 합니다.

하나님의 형상을 좇으면 지식이 새롭게 되고, 이렇게 하나님의 형상을 좇아 지식이 새롭게 되면 마음이 새롭게 되고, 마음이 새롭게 되면 우리가 변화된다고 합니다.

다시 말씀드리지만, 근대 시대는 크고, 화려하고, 아름답게 등을 명제로 내걸면서 개인의 희생을 요구하였지만, 성경은 이러한 것은 지도자의 명예를 드러내는 것이며 따라서 하나님의 영광을 빼앗는 행위가 되는 것입니다. 중요한 것은 근대 후기 시대의 정신처럼 우리 각 개인이 이 땅에서 이름을 내려고 노력하기보다는 각 개인이 하나님의 형상을 좇아 지식에까지 새롭게 되는 것입니다. 각 개인 하나하나가 하나님의 형상을 좇아가는 다양성, 복수성이 드러나기 때문에 무너지고 흩어질 것 같지만, 결국은 하나님의 형상이라는 공통분모가 있기 때문에 개체성을 뛰어넘어 조화를 이루어 갈 것입니다.

오늘 본문 2절에서는 우리의 마음이 변화를 받는 이유가 "하나님의 선하시고, 기뻐하시고, 온전하신 뜻을 분별하기 위함이다."라고 말합니다. 여기에서 가장 중요한 단어가 '분별하다'(δοκιμάζω) 인데 이 단어는 '시험하다'(put to the test), '검토하다'(examine), '승인한다'(approve)는 것입니다. 다시 말하여 내가 검증을 통하여 인정하게 된다는 것입니다. 결국은 하나님의 뜻을 아는 것입니다.

근대 시대에서는 하나님의 뜻이 큰 교회 목회자의 음성을 통하여 전달된다고 보았습니다. 그래서 큰 교회는 실력 있고 은혜 있고 영력 있는 목회자를 모시고서 많은 사람이 한꺼번에 집합적으로 하나님의 뜻을 목회자의 설교와 입을 통하여 들었습니다.

그렇지만 오늘 본문에서도 그랬듯이, 근대 후기 시대에는 자기 자신이 직접 '분별해야'(검증해야) 합니다. 그리고 분별하는 주체도 교회의 목회자가 아니라 '바로 나 자신'이어야 합니다. 내가 직접 분별할 수 있는 것이 곧바로 새로운 시대의 요구사항입니다.

우리가 살아가는 이 시대는 각 개인의 개성을 강조하는 사회입니다. 즉, 나름대로 각 개인이 하나님과 자신과의 관계를 설정하고 형성하여 가는 것입니다. 목회자에게 의존하는 것이 아니고, 개인의 특성에 맞게 형성해 가는 것입니다. 이렇게 개인의 신앙을 형성해 가는 과정에서 누구나 필수적으로 거치는 단계가 "믿음의 분량대로"(3절) 입니다.

모든 사람에게는 성장의 속도가 있습니다. 이 속도를 인정하게 되면 우리는 곧바로 조화를 이룰 수 있습니다. 이 속도는 옆에서 지켜볼 수는 있어도 도와줄 수는 없습니다. 속도조절은 전적으로 각 개인에게 있는 고유한 노력의 결과입니다. 그러므로 여러분, 느리다고, 빠르다고, 곁길로 간다고 탓할 것도 아니고, 말할 것도 아닙니다.

미국에서 공부하는 황현제와 남편 전희천 두 분 전도사가 다 같이 포스트모더니즘을 주제로 공부하고 있습니다. 그런데 이 두 사람이 하는 말이 중앙보다는 지방을, 통사보다는 인물사·교회사를 강조하고, 전통적인 가치를 존중하기보다는 새로운 가치를 찾아보려고 노력하는 등의 시도가 포스트모더니즘이라고 합니다. 그렇게 볼 때에, 지금까지 여러분과 저는 알지 못하는 사이에 우리 시대에 어울리는 신앙생활 형태를 꾸려 왔습니다.

확실히 시대가 바뀌었습니다. 이 시대의 흐름을 파악하는 것은 신앙의 당연한 의무이지만, 이 세대를 본받는 것은 신앙의 타락입니다. 확실히 미국에 거주하는 교포들은 지금으로부터 20~30년 전의 과거지향적인 근대적인 사고에 젖어 있었습니다. 그 대표적인 사례가 박조준 목사가 은퇴한 후 LA에 와서 개척교회를 시작했는데, 곧바로 1,000명이 모이는 대형교회를 시작하게 되었습니다. 아직도 독점적인 사고, 최고로 앞서 간다는 사고에 젖어서 개인, 개인의 주체성과 독자성을 말하는 사람들은 다 무너져 가고 말았습니다. 그러나 이러한 교회는 머지않아 시대에 뒤진 교회가 되고 말 것입니다.

저희 교회도 마찬가지입니다. 우리는 한 사람 한 사람이 직접 하나님과 만나도록 노력하고, 고민하고, 애쓰는 교회입니다. 누가 시켜서가 아니라 본인이 직접 노력하는 교회입니다. 그러한 의미에서 우리는 이 시대를 앞서 가는 교회이고 이 시대에 부합된 교회입니다. 비록 선택과 책임이 나에게 있다고 할지라도, 바로 그 점 때문에 우리는 선택된 신앙인으로 살아가게 될 것입니다.

세상을 본받지 말라

최근에 황대권 씨가 쓴 책 중에 「산야초 이야기」와 「그래 어디 땅이 받아 줍디까?」라는 제목의 책이 있습니다. 그런데 이러한 책들의 기본적인 흐름은 사람이 자연과 하나가 되어서 자연의 흐름에 따라 사는 삶을 이야기하고 있습니다. 그렇다면 자연과 더불어 살면서 소위 말하는 사회적인 삶에서 약간 초월하면서 사는 것이 세상을 본받지 말라는 말인지 생각해 봅니다.

그런가 하면 오래전부터 있었던 일이지만 '도시산업선교회'라는 명칭의 인권선교회가 있었고, 최일도 목사처럼 청량리에서 성매매 지역 사람들을 상대로 한 목회자도 있고, 전우섭 목사처럼 동두천에서 성매매 여성, 미군 기지촌 여성, 마약중독자, 에이즈 환자, 동성애자, 성전환자, 그 밖의 각종 사회의 하층을 헤매던 사람들과 함께 목회하면서 생활하시는 분도 있습니다. 이들은 세상을 떠나서 목회하는 것이 아니라 세상 속에서 가장 세상적인 사람들을 대상으로 목회하고 있습니다.

그렇지만 우리들 대다수의 기독교인은 하루 세끼 식사와 자신의 할 일을 찾아서 나가고 들어오고 또한 가정생활을 꾸려 가는 소위 말하는 평범한 삶을 유지하고 있습니다. 그리하여 변화도 없는 것 같고 남들보다 뒤떨어진 듯한 느낌을 가지면서 살아가고 있습니다.

이러한 세 종류의 삶과 신앙의 태도를 놓고 우리는 어떠한 유형이 세상을 본받지 말라는 말씀을 가장 크게 실천하고 있는가라고 생각해 봅니다. 그러나 우리로서는 어느 하나에 집착할 수도 없을 것 같고, 그렇다고 해서 이 세 가지를 다 실천하면서 살 수도 없습니다.

우리는 그 해답을 예수님의 삶과 생활에서 찾을 수 있습니다. 예수님께서는 변화산 위에 초막을 짓고 이곳에서 살자고 요청하던 제자들에게 저 아래로 내려가자고 했습니다. 그리고 실제로 예수님께서는 당시 유대 사회에서 가장 버림받은 천민들과 가깝게 지내셨습니다. 그러면서도 예수님은 큰 기적을 일으켜서 백성들로부터 환호를 받으실 때마다 조용하게 한적한 곳에서 기도하시고, 밤새 기도하시곤 했습니다. 동시에 예루살렘 성전의 제사장들과 지도자들을 향하여는 독사의 새끼라고 욕설을 퍼부으면서 채찍을 만드셔서 성전을 청소했습니다.

광주의 최흥종 목사님도 마찬가지였습니다. 그분에게는 예수님과의 뜨거운 만남도 있고, 사회복지적인 배려도 있고, 인권운동도 있고, 정치적인 참여도 있고, 노동운동도 있고, 농촌운동도 있었습니다. 이러한 모든 것 아래에 가장 두텁게 자리한 것이 바로 예수님과의 영적인 만남이었습니다. 사람이 사람의 힘으로 일하는 것이 아니라 하나님의 힘으로 일할 때에 가능했던 것입니다.

성경에서는 "이 세상이나 세상에 있는 것들을 사랑하지 말라 누구든지 세상을 사랑하면 아버지의 사랑이 그 안에 있지 아니하니 이는 세상에 있는 모든 것이 육신의 정욕과 안목의 정욕과 이생의 자랑이니 다 아버지께로부터 온 것이 아니요 세상으로부터 온 것이라"

(요일 2 : 15-16)고 말합니다. 이 말대로 한다면 그리스도인은 세상의 그 어느 것도 만질 수도 없고 따를 수도 없고 그저 산속에 들어가서 자연과 더불어 살라는 의미로 받아들여지기도 합니다. 실제로 이스라엘에서는 산속에서 나름대로 공동체를 만들어 하나님의 말씀에 전념하고, 정결의식을 실행하기 위하여 매일같이 목욕하고, 그리하여 생활 속에서 더러움을 씻어 보려고 무던히도 애썼던 사람들이 있었습니다. 이들을 교회 역사에서는 에세네파(Essene)라고 부릅니다.

오늘 본문에서 "이 세대를 본받지 말고 너희 몸을 영적인 예배로 드리라"는 말씀의 뜻은 무엇입니까? 여기에서 말하는 세대는 그 무엇보다도 시간(time)의 뜻으로 쓰이다가 세상(cosmos)의 뜻과 일치되게 사용되었습니다.

여기에서 가장 먼저 알아야 할 것은 세대 혹은 세상은 하나님의 피조세계라는 것입니다. 그렇기 때문에 이 세상도 결코 악하거나 나쁜 것이거나 필요 없는 것이 아니라는 사실입니다. 하나님께서 에덴동산을 만드시고 그 안에 아담과 하와를 만드셔서 살게 하셨고, 이들에게서 자녀들이 태어남으로써 이 세대는 시작되었습니다.

그리하여 이 세상을 뜻하는 '오이쿠메네'(oikumene)는 헬라어 집(οἶκος)과 율법(νόμος)의 합성어입니다. 그러니까 이 세상의 시초는 집, 가정입니다. 이 가정이 확대되어 집단이 되고, 국가가 되었습니다. 그렇지만 우리가 아는 대로 가장 작은 기초였던 가정으로부터 사람을 죽이는 일이 생겼습니다. 그리고 그 원인은 경쟁 → 비교 → 시기 → 원망 → 분노 → 살인이라는 과정으로 이어졌습니다. 한국의 전통적인 흥부와 놀부는 무엇을 말하고 있습니까? 형제들 사이의 비교는 결국 형제의 정을 끊어 놓는다는 것을 말합니다. 비교는 자신의 위치를 아는 심리적 관찰이지만 이 단계를 넘어서게 되면 살인이라는 엄청난 결과로 이어지곤 합니다.

그래서 성경은 이 세상에게 너희들을 일치시키지 않도록 하라고 권면하는 것입니다. 오늘 본문에서 '본받다'라는 단어로 사용된

'수스케마티조'(συσχηματίζω)는 '어떤 것을 본받아 형태를 갖다, 혹은 주조된다'(form or mold after something, be formed like), '일치하게 된다'(be conformed to), '지도를 받다'(be guided by)라는 뜻을 가지고 있습니다.

그렇다면 이 세상과 우리의 통전적인 몸(σώμα)을 일치시키지 않는 길은 무엇입니까? 다시 말하지만 예수님 시대의 에세네파, 중세나 오늘날의 은둔수도사와 같이 살라는 것입니까? 아니면 한적한 시골에 은거하면서 한부(閑夫) 혹은 농부(農夫)로 하늘 보고 물 마시며 채소를 먹으면서 살아가라는 말입니까? 접촉을 피하는 길만이 우리를 보호할 수 있는 길입니까?

그러나 예수님께서 보여 주신 모범은 무엇입니까? 예수님은 오병이어의 기적을 베푸신 다음에 사람들이 자신을 잡아 임금 삼으려는 줄 아시고 산으로 가서 혼자서 밤이 맞도록 기도하였습니다. 오병이어의 엄청난 기적과 한적한 산에서의 기도는 어울리지 않는 짝입니다.

성령의 은사가 많은 사람들이 다른 사람들에게 자신의 은사로써 병을 치료해 주고, 귀신을 쫓아내 주는 등 선행을 베푼 다음에 곧바로 한적한 곳에 가서 다시 힘을 재충전하기 위하여 하나님과 은밀한 교제의 시간을 갖곤 합니다.

외적인 표현과 내적인 재충전입니다. 영어에서는 자동차의 기름을 넣는 것을 그냥 '기름 넣다'라는 한국말 어법과는 다르게 재급유(refueling)라는 단어로 사용합니다. 이것이 더욱더 논리적인 표현입니다. 기름통에 기름이 있었다가 자동차를 가게 하는 데 사용함으로써 고갈되었기 때문에 다시 채워 넣는 것입니다.

여러분과 저의 기름통은 한 번 급유하면 다시 재급유할 필요가 없는 것입니까? 예수님께서도 이 세상에서 자신의 영적인 에너지를 쏟아 내서 신유, 축귀, 오병이어 등의 효과가 나타난 다음에 곧바로 산으로 가셔서 하나님과 깊은 사귐의 시간을 가지면서 재급유하였던 것입니다.

이러한 영적 에너지의 재급유를 오늘 본문에서는 영적인 예배라고 했습니다. 특히 여기에서 영적이라는 헬라어 '로기켄'(λογικὴν)는 '이성적인'(rational) 그리고 '합리적인'(spiritual)이라는 두 단어로 상호 사용할 수 있습니다. 그러니까 가장 논리적이며 합리적인 것이 또한 가장 영적인 것이 될 수도 있습니다. 영적이라고 해서 논리와 합리성을 떠나서 신비적이고 기괴하다는 말이 아닙니다. 영적인 사람은 다른 사람에게 충분한 논리적 설득력을 가진 사람이라는 것입니다. 예수님은 가장 영적인 존재이시면서도 가장 논리적이고 합리적이었습니다. 영성과 합리성은 하나로 있는 것입니다.

여기에서 영적인 것이 무엇인가를 새롭게 생각하게 됩니다. 이미 말씀 드린 대로 전우섭 목사는 동두천에서 성매매 여성, 미군 기지촌 여성, 마약중독자, 에이즈 환자, 동성애자, 성전환자, 그 밖의 각종 사회의 하층을 헤매던 사람들과 함께 목회하기 때문에 이들을 바꾸어 줄 수 있는 방법을 모색하였습니다. 상담도 해 주고, 고충도 들어주고, 포주들의 억압에서 풀어 주기도 했습니다. 그러나 이것들이 이 사람들의 삶을 근본적으로 바꾸어 놓지 못했습니다.

이분들의 대다수는 어렸을 때에 부모가 헤어지고, 친척 할머니 혹은 고아원에 맡겨졌다가 각종 학대를 이기지 못하고 뛰쳐나와서 사춘기를 방황하다가 점점 더 사회의 밑바닥으로 빠져 들기 시작하였다는 것입니다. 그러면서 사회에 대한 분노, 부모에 대한 분노, 자신들로서는 어쩔 수 없는 한계상황, 이러한 것들에 대한 분노가 자아를 망가뜨림으로써 반항하였던 것입니다.

이들을 영적으로 위로하고 치유할 수 있는 힘은 저 높은 하나님으로부터, 저 전능하신 하나님으로부터 오는 것이고, 그것도 내가 먼저 하나님으로부터 이 능력을 부여 받을 때에 가능했습니다.

그리하여 이러한 비정상적인 사람들과 가장 세속적인 언어와 몸짓을 사용하면서 산다는 것이 문제가 아니라 내가 얼마나 하나님의 영적인 에너지로 가득 차 있느냐가 문제였습니다. 가장 악한 생활을 하였던 사람들이기에 목회자는 가장 영적인 에너지로써 대처할 수밖에 없었던 것입니다. 문제는 내가 어느 곳에 있느냐, 내가 어떠한 사람인가의 문제가 아니라 내가 하나님으로부터 영적인 에너지를 한량없이, 언제든지 공급 받느냐에 달려 있었습니다.

하나님으로부터 영적인 에너지를 공급 받는 사람은 하나님의 방법으로 생각할 수 있고 행동할 수 있기 때문에 가장 논리적이며 동시에 가장 영적인 것입니다. 다시 말하자면 하나님께서는 천지를 말씀으로 창조하셨고 "하나님이 보내신 이는 하나님의 말씀을 하나니 이는 하나님이 성령을 한량없이 주심이니라"(요 3 : 34)고 했습니다. 하나님을 사랑하는 자에게 하나님께서는 '말씀'이시고, 그 말씀에 따라서 사는 사람이 가장 말씀적인 사람, 즉 가장 영적이며 동시에 가장 합리적인 사람입니다.

이렇게 사는 사람이 곧바로 이 세상을 본받지 않는 사람, 즉 세상과 자신을 일치시키지 않는 사람입니다. 우리가 세상과 일치시키지 않으려고 무던히 노력하는 삶, 즉 하나님의 '말씀'에 따라서 말씀적인 삶을 살려고 노력하는 것이 곧바로 하나님께 대하여 영적인 예배를 드리면서 사는 삶입니다.

여기에서 예배라는 단어 '라트레이아'(λατρεία)는 헬라어의 어원적으로는 '보답'(reward), '임금'(wages)에서 왔습니다. 그리하여 '고용인'(hireling), '종'(servant)을 의미합니다. 따라서 예배라는 단어의 주된 의미는 '보답을 바라고 일하다, 혹은 봉사하다'(to work or serve for reward)로 사용되다가 '어떠한 보상을 바라지 않고 봉사하는 것'(to render services, to serve with no thought of reward)을 의미하게 되었습니다. 이 단어를 라틴어에서는 그대로 가져와서 '라트로'(latro)라고 하였는데, '고용된 하인 혹은 돈으로 산 용병, 강도, 해적'(a hired servant or a mercenary soldier, robber, freebooter) 등의 뜻을 지니고 있는 것입니다.

어찌 되었거나 하나님께 우리의 몸으로써 봉사하면 그것이 곧 바로 하나님께 드리는 희생 제사가 됩니다. 그리고 이렇게 하기 위해서는 우리가 지속적으로 하나님의 말씀을 접촉하고 또한 하나님으로부터 말씀을 받아야 합니다. 이렇게 되면 우리가 비록 어떠한 보상이나 답례를 원하고 그렇게 한 것은 아닐지라도 하나님께서는 결코 우리를 빈손으로 돌려보내지는 않으실 것입니다. 하나님께서 우리에게 가득 채워 주실 것입니다. 아니, 후히 되어 누르고 흔들어 넘치도록 채워 주실 것입니다(눅 6 : 38). 이러한 의미에서 우리는 예배드리는 자이며 동시에 하나님의 천국창고를 도둑질하는 강도입니다.

여러분, 하나님의 천국은 침노하는 자가 빼앗는다(마 11 : 12)고 했습니다. 우리는 천국을 침노하여 빼앗음으로써 하나님께 거룩한 예배를 드리는 것입니다. 그러므로 여러분, 주어진 삶의 현장에서 도망가지 말고 말씀이신 하나님을 따라 가장 말씀적인 생각을 하십시오. 이것이 가장 영적인 삶입니다. 이렇게 될 때에 천국은 여러분에게 빼앗김을 당할 것입니다.

선으로 악을 이기라

최근 한국 문단에서 한글을 가장 아름답게 구사하여 한글의 연금술사로 등장한 작가 김훈 씨는 신문사 기자로 오래 일하다가 그만두고 1999년 가을부터 2000년 여름까지 자전거를 타고서 전국을 누비면서 「자전거 여행」이라는 여행기를 썼습니다. 이 책에서 김훈 씨는 이렇게 말합니다.

> 갈 때의 오르막이 올 때에는 내리막이다. 모든 오르막과 모든 내리막은 땅 위의 길에서 정확하게 비긴다. 오르막과 내리막이 비기면서 다 가고 나서 돌아보면 길은 결국 평탄하다. 그래서 자전거는 내리막을 그리워하지 않으면서 오르막을 오를 수 있다.

우리가 사는 인생은 왜 선과 악이 공존할까요? 어항 속의 금붕어가 오래 살게 하기 위해서는 주인이 거머리 하나를 넣어 주어야 한다고 합니다. 여수에서 서울까지 오는 활어 운반차 기사는 한 마리 큼직한 고기를 넣어 주어야 활어들이 잡혀 죽지 않으려고 부지런히 움직여서 살아 있는 활어로 서울에 도착한다고 합니다.

하나님은 선이시지만 인간은 악을 자초하였습니다. 그러나 인간들에게는 오히려 타락이 행복이었나 봅니다. 선과 행복이 지속적으로 이어졌다면 사람들은 어항 속의 금붕어처럼, 활어 차 속의 고기들처럼 곧 죽게 될 터인데도 마냥 행복해 하면서 자족하였을 것이니까요. 그래서 타락은 곧바로 하나님을 진정한 마음으로 찾게 해 주는 행복한 반환점이었던 것입니다. 이 비밀을 일찍이 깨달은 성 어거스틴은 "오, 행복한 타락이여!"(O felix culpa)라고 오히려 반겼던 것입니다.

악을 미워해야 하겠지만 받아들임으로써 악을 선으로 승화시키는 사람은 악으로써 하늘나라를 맛보면서 살아가는 행복한 사람입니다. 행복은 선과 악을 구별하지 않습니다. 행복은 역경과 행운을 구분하지 않습니다. 진정한 승리는 승리한 가운데에서 자신을 이기는 사람입니다. 이 사람은 두 번 이기는 것입니다. 반대로 역경 가운데에서 실망하는 사람은 두 번 지는 것입니다. 그러므로 어려울 때 원망하거나 좌절하거나 원수를 원수로 갚는 사람은 두 번 지는 사람들입니다.

여수 애양원에 가면 거의 다 70세가 넘어 노동력을 상실한 한센병자들이 많습니다. 이들은 모든 면에서 아주 불행한 사람들입니다. 이들이 불행하다는 것은 설교나 글이나 모든 것에 자신들의 이름이나 얼굴이나 삶이 남는 것을 거부하는 데서 역력히 알 수 있습니다. 그렇지만 이들이 불행하고, 시간이 더디 가고, 삶에 보람이 없고 의미를 상실해 가는 것 같지만, 이들이 삶을 행복하게 보낼 수 있는 비결이 있었습니다.

즉, 지루한 시간을 하나님의 말씀인 성경을 읽음으로써 보람을 찾다가 어느 날 실명하게 됨으로써 성경도 볼 수 없게 되었습니다. 그리하여 또다시 삶이 암흑 속으로 빠져 들기 시작할 때에 한 사람이 성경을 암송하기 시작했습니다. 그랬더니 눈으로 읽을 때보다도 말씀이 더 깊이 박히고 살아서 움직이기 시작했습니다. 말씀을 외우니 시간도 더 빠르게 지나갔습니다. 하루가 매우 바쁘게 지나기 시작했습니다. 그리고 이제는 말씀이 빛으로 다가와 어두워 가는 영혼을 더 밝게 비춰 주었습니다. "오, 행복한 실명이여!"(O felix caecare)라고 말하게 되었습니다. 따지고 보면 오르막과 내리막은 지나고 나서 돌아보면 결국 평탄한 길입니다.

그리하여 오늘 본문에서는 "너희를 박해하는 자를 축복하라 축복하고 저주하지 말라"(14절)고 했습니다. '박해하다'라는 단어의 헬라어 '디오콘타스'(διώκοντας)는 '서두르다'(hasten), '뒤쫓다'(run after), '몰아가다'(drive out) 등의 의미를 지니고 있습니다. 그리고 라틴어 '페르세퀴엔티부스'(persequentibus)는 통과하다라는 접두어 '페르'(per)와 '따르다'라는 '세쿠오르'(sequor)의 합성어로서 꿰뚫어서 '따르게 하다'라는 의미로 해석할 수 있습니다. 비록 이렇게 우리에게 할지라도 오히려 좋은 말로 하라고 합니다. 왜냐하면 오르막길과 내리막길은 뒤돌아서 보면 다 비긴 것이고 평탄한 것이기 때문입니다.

그래서 우리를 내리막길로 몰아낸 사람들을 언젠가 너희들도 내리막길로 가야 된다고 끌고 함께 내려갈 것이 아닙니다. 그러한 일들은 다 하나님께서 알아서 해 주실 것이기 때문에 여러분의 깨끗한 손에 더러운 것을 묻힐 필요가 없습니다. 성경은 무엇을 말합니까? 잠언 16 : 4에서 "여호와께서 온갖 것을 그 쓰임에 적당하게 지으셨나니 악인도 악한 날에 적당하게 하셨느니라"고 했습니다. 또한 잠언 11 : 8에서는 "의인은 환난에서 구원을 얻으나 악인은 자신의 길로 가느니라"고 하였습니다. 참으로 그렇습니다.

이스라엘 역사에서 아합이 하나님을 거역하면서 온갖 우상숭배와 악한 짓을 다 행하였습니다. 이 당시의 상황을 선지자 아모스는 이렇게 지적했습니다. "여호와께서 이와 같이 말씀하시되 이스라엘의 서너 가지 죄로 말미암아 내가 그 벌을 돌이키지 아니하리니 이는 그들이 은을 받고 의인을 팔며 신 한 켤레를 받고 가난한 자를 팔며 힘없는 자의 머리를 티끌 먼지 속에 발로 밟고 연약한 자의 길을 굽게 하며 아버지와 아들이 한 젊은 여인에게 다녀서 내 거룩한 이름을 더럽히며 모든 제단 옆에서 전당 잡은 옷 위에 누우며 그들의 신전에서 벌금으로 얻은 포도주를 마심이니라"(암 2 : 6-8). 이러한 아합의 잘못을 또다른 악인 예후를 통하여 멸하시는데 아합의 아내 이세벨의 죽은 시체는 개들이 먹고, 바알 신전은 화장실로 변하고, 그의 아들 70명의 목이 잘려서 바구니에 담기고, 바알의 제사장들은 몰살을 당했습니다.

그래서 사람이 내리막길에 있을 때에는 어떻게 해야 합니까? 그 시간은 자신을 돌이켜 보는 반성의 시간이며 동시에 새 출발을 위한 준비의 시간인 것입니다. 그리하여 전도서 7 : 14에서는 "형통한 날에는 기뻐하고 곤고한 날에는 되돌아보아라……"라고 했습니다.

나이가 들면서 시간이 화살같이 빠르게 지난다고 말하는 사람이 있습니다. 그렇지만 다른 한편에서는 시간이 거북이처럼 가지 않는다는 사람도 있습니다. 수술을 끝내고 새벽이 오기까지의 고통스러운 회복의 시간을 맞이한 사람들, 군대에서 기합을 받는 사람들, 혼자서 자식들을 그리워하면서 사는 홀로된 부모들, 감옥에 있는 죄수들 등이 그렇습니다. 그렇다면 시간이 화살같이 지난다는 것은 그만큼 할 일이 있고, 그만큼 건강하다는 것이며, 동시에 그만큼 의미 있는 일에 시간을 투자하고 있다는 것을 말하는 것입니다. 이것도 또한 "오, 행복한 바쁨이여!"(O felix festinare)라고 말해야 할 것입니다.

여러분, 내리막길에서 춥고 캄캄합니까? 그렇다면 새로운 일을 찾아보시기 바랍니다. 최근에 「야생초 이야기」라는 책이 인기입니다. 그 책의 저자는 학생운동하다가 좌경으로 몰려서 감옥에 갇혔습니다. 날마다 동일하게 반복되는 지겨움의 연속 속에서 그래도 그에게 희망은 창 너머로 피어나는 야생화였습니다. 끈질긴 생명력을 지닌 잡초가 담벼락의 척박한 환경에서 자라서 꽃을 피우고 시들었다가 이듬해 다시 자라기 시작했습니다. 그래서 황대권 씨는 야생초를 관찰하면서 자연연구가, 생명살리기운동가로 변신하였습니다.

그리하여 그는 「산야초 이야기」라는 책도 쓰게 되었습니다. 이제는 사람을 죽이는 것이 아니라 음식을 잘못 먹어서 결국 병들어 죽어 가는 사람들을 야생초로 살리는 사람이 되었습니다. 이것이 "아무에게도 악을 악으로 갚지 말고 모든 사람 앞에서 선한 일을 도모하라"(17절)는 말씀이며 동시에 "서로 마음을 같이하며 높은 데 마음을 두지 말고 도리어 낮은 데 처하며 스스로 지혜 있는 체하지 말라"(16절)는 말씀을 실천하는 것입니다.

그리하여 김지하 시인이 "금관의 예수"라는 시를 쓰면서 저항시인, 민중시인으로 출발하였다가 이제는 생명살리기운동에 앞장 선 환경전문가로 거듭 태어났던 것입니다. 정치라는 높은 데에서 환경이라는 낮은 데로 내려감으로써 선으로 악을 이기고 자연으로서 인간을 이길 수 있었습니다.

이분들이 매우 바쁘게 시간을 보내는 비결은 높은 데 마음을 두지 않고 도리어 낮은 데 처하면서 사람을 살리는 데 마음을 쏟았기 때문입니다. 눈을 돌리면 시간을 바쁘게 보내면서 시간 가는 줄 모르게 살 수 있습니다. 내가 무엇을 할 수 있느냐가 아니라 내가 어떠한 마음을 갖느냐에 따라서 시간은 빨리 가기도 하고 더디 가기도 합니다.

형통한 날에는 날(fly) 수 있지만 곤고한 날에는 기어야 합니다. 곤고한 날에는 어두움을 사랑해야 합니다. 곤고한 날에는 지루함을 사랑하면서 시간의 여유를 느껴야 합니다. 병이 들 때에 아픔을 겪는 것이 오히려 건강하게 되는 길이라고 의사들은 말합니다. 병이 들지 못하도록 사람이 인위적으로 손을 쓰면 결국 몸은 한꺼번에 무너져 내리고 말 것입니다.

여러분, 생각을 바꾸면 시간이 바쁘고 아플 여유가 없습니다.

애양원의 한센병자들에게는 있는 것이라곤 시간입니다. 실명하였을 뿐만 아니라 노인이 된 이들에게는 시간밖에는 달리 있는 것이 없습니다. 그런데 이들이 성경을 암송하기 시작하면서부터 시간이 바쁘게 지나가기 시작했습니다. 하루가 짧았습니다. 가만히 앉아 있어도 할 일이 많아졌습니다.

시간의 많고 적음은 내 마음의 생각이 넓으냐 혹은 좁으냐에 달려 있습니다. 시간은 태양이 날라 주고 가져가는 것이 아니라 내 마음이 태양을 운반하면서 살아가는 것입니다.

우리가 사는 세상에서 '완벽'이란 단어는 추상적인 개념으로는 존재하지만 사실 현실에서 존재하지 않습니다. 하나님의 아들이신 예수님에게도 험담이 따라다녔고, 사도 바울과 베드로도 마찬가지였습니다. 사랑의 순교자인 손양원 목사도 예외는 아니었습니다.

이러한 의미에서 사람이 산다는 것은 완벽한 삶을 의미하는 것이 아닙니다. 끊임없는 험담과 비난이 교차하는 가운데 비교적 깨끗하게, 비교적 죄를 적게 지으면서, 비교적 적게 원망을 들으면서 사는 것입니다. 우리는 이렇게 불완전함을 즐기면서 살아감으로써 "할 수 있거든 너희로서는 모든 사람과 더불어 화목하라"(18절)는 것처럼 사는 것이며 "악에게 지지 말고 선으로 악을 이기라"(21절)는 말씀으로 사는 것입니다.

우리는 원망과 험담을 들으면서 살아가기 때문에 사랑과 칭찬의 위대한 힘을 알 수 있습니다. 찬양의 위대함을 알 수 있습니다. 최근에 「칭찬은 고래도 춤추게 한다」라는 책이 나왔습니다. 최근에 YMCA는 "남의 말을 좋게 합시다."를 표어로 정하여 전국적인 캠페인으로 삼았습니다.

옳지 않은 길로 가는 사람을 보면 걱정해 주어야 합니다. 출발점의 순수함을 잃고 목표를 향하여 물불을 가리지 않는 사람을 걱정해 주어야 합니다. 오늘 성경 말씀에 의하면 "숯불을 그 머리에 쌓아 두라."고 했습니다. 숯불이라고 번역하였지만 그냥 '불'입니다. 사막의 추운 밤기운에 감기 걸리지 않도록 불을 피워 따뜻하게 해 주는 것이 결국에는 이기는 것입니다.

나를 해롭게 하는 사람을 오히려 걱정해 주고 기도해 주기 때문에 내 마음이 편하고 안정되어 이기는 것이고, 하나님으로부터 칭찬을 받으니까 이기는 것이고, 원수가 뉘우치지 않다가 결국에 스스로 무너지면 그것이 내 것이 되기 때문에 이기는 것이고, 혹시 원수가 깨닫고 뉘우치게 되면 또한 나에게 돌아오기 때문에 이기는 것입니다. 김훈 씨는 이렇게 말합니다.

> 오르막길 체인의 끊어질 듯한 마디마디에서, 기어의 톱니에서, 뒷바퀴 구동축 베어링에서 생의 신비는 반짝이면서 부서지고 새롭게 태어나서 흐르고 구른다. 땅 위의 모든 길을 다 갈 수 없고 땅 위의 모든 산맥을 다 넘을 수 없다 해도, 살아서 몸으로 바퀴를 굴려 나아가는 일은 복되다.

지금도 여러분은 오르막길에서 자전거를 타고서 체인이 끊어질 듯한 고통을 느끼고, 기어의 톱니가 삐거덕거리고, 구동축 베어링에서 부서지는 소리가 날 정도로 고통스러울지라도 움직이면서 바퀴를 돌리는 한 생의 신비는 살아 있는 것입니다.

여러분, 우리의 삶은 내리막길과 오르막길이 정확하게 비깁니다. 그래서 내리막길의 한가로움을 생각하면서 오르막길에 땀을 흘릴 필요는 없습니다. 오르막길에서는 당연히 고통스럽고 땀을 흘려야 하지만, 내리막길에서는 여유로운 휘파람을 불면서 가면 그만입니다. 결국에는 오르막길과 내리막길이 다 비기고, 선과 악도 다 비기고 아니 선이 악에게 승리하고, 모든 길은 결국에는 평탄해질 것이기 때문입니다. 이것이 선으로 악을 이기는 승리의 삶입니다.

권력과 섬김

종교사회학자들은 초대교회가 로마라는 사회에서 어떻게 뿌리를 내리게 되었는가에 대하여 매우 흥미롭게 이야기합니다. 첫 번째 단계는 종말적 공동체로 시작하여 많은 사람이 몰려듭니다. 이 단계에는 느슨한 관용의 기간이 필요하다고 합니다. 두 번째는 박해의 과정을 거치면서 내부적 순수성을 확보하고, 정체성을 분명히 하고 결속력을 강화합니다. 세 번째는 내부적으로 이단이 발생하여 자체적인 이론을 강화하여 새롭게 출발하게 됩니다.

오늘 본문은 첫 번째 단계에 관한 언급입니다. 다시 말하여 기독교가 로마 사회에 진입할 당시에 로마에는 각종 신비주의(mystery religion)가 있었으며 동시에 종말론을 말하는 종교와 사람들이 많았습니다. 그래서 기독교는 로마에서 이미 허용한 유대교의 한 종파로서 특히 종말론을 강조하는 것으로 인정되었던 것입니다. 다시 말하여 느슨한 관용의 시기에 기독교는 로마의 서민사회와 귀족들 가운데에서 힘에 밀려난 사람들을 포용했습니다.

이 첫 번째 단계에서 가장 중요한 것이 추종자들의 도덕적 가치입니다. 다시 말하여 로마 사회에 도덕적 문란을 일으켜서는 안 되는 것입니다. 당시 로마 사회가 성적으로 타락하였을지라도 로마 지도자들이 부르짖는 것은 도덕적 엄정성이었습니다. 그렇기 때문에 이 부분을 어길 때에는 본보기로 처벌을 받을 수도 있었습니다.

한국에 기독교가 처음 들어와서 한국 사회에 정착할 수 있었던 이유가 여러 가지 있지만 그 가운데에서 한 가지 빼놓을 수 없는 것이 기독교에서 말하는 도덕적 엄정성이었습니다. 이것은 유교가 말하여 온 예(courtesy)가 조선조 말엽에 이르러서는 땅에 떨어졌고 백성들로부터 호응을 얻지 못하였다는 것을 말해 줍니다. 이 시기에 기독교는 조선사회의 도덕적 대안(moral alternative)이었던 것입니다. 춘원 이광수는 1917년에 「야소교가 조선에 준 은혜」라는 글에서 은혜를 8가지로 언급하는데, 그 가운데에서 두 번째가 "도덕의 진흥이외다."라고 말합니다.

> 관리는 회뢰(賄賂)와 사곡(私曲)과 폭학(暴虐)을 공행(公行)하고 인민은 주색에 침륜(沉淪)하며 아동까지도 도박에 탐하며 노예를 매매하며 만인이 일야(日夜)로 생각하는 것이 악뿐이오, 일언(一言)하면 생활에 아무 이상이 없고, 도덕적 표준이 없도록 타락하였소. …… 이렇게 혼돈하고 음악(淫惡)한 사회에 일조의 생활의 이상과 도덕의 권위를 준 것은 야소교였소. 주색을 금하고, 사기를 금하고, 인생의 매매를 금하고, 상제(上帝)를 배(拜)하며, 선을 추구하여 청순하고 이상 있는 생활의 신 방식을 준 것은 실로 야소교였소……."

이 과정을 거쳐서 하나의 종교로 새로운 지역에서 뿌리를 내리기 시작하면 곧바로 추종자들은 종교인이며 동시에 사회인으로서 어떻게 살아야 할 것인가를 결정해야 합니다. 다시 말하여 신흥종교가 어떤 지역에서 뿌리를 내리기까지의 과정에서 그리고 그 이후에 해당 지역의 정치적 지도자 혹은 권세자들과 어떠한 관계를 가져야 하는가를 말하는 것입니다.

이 부분을 오해한 사람들은 권력 혹은 권세를 무조건 악한 것으로 간주하여 도망하거나 도피하는 사람이 있고, 혹은 오늘 본문을 자의적으로 해석하여 권력과 권세도 하나님의 일이라고 생각하여 권력을 잡으려는 사람도 있습니다.

권력자들과 부딪히지 않을 수 있는 가장 빠른 방법은 도피공동체를 이루는 것입니다. 다시 말하여 산이나 외딴 곳에 숨어서 나름대로의 생활공동체를 만들어 가는 것입니다. 예수님 시대에 세례 요한이 속하였던 에세네파 사람들처럼, 중세로부터 현재에 이르기까지의 가톨릭 봉쇄수도회처럼, 그리고 청학동에 모여든 일심교(一心敎)라는 종교단체처럼 사람 사는 마을에 내려와 살면서도 세상의 방법을 거부하는 수도공동체를 이루는 것입니다. 중세의 '어거스틴파 수도회' 그리고 한국의 이현필의 '동광원'이 그러합니다.

이 사람들은 "이 세상이나 세상에 있는 것들을 사랑하지 말라 누구든지 세상을 사랑하면 아버지의 사랑이 그 안에 있지 아니하니 이는 세상에 있는 모든 것이 육신의 정욕과 안목의 정욕과 이생의 자랑이니 다 아버지께로부터 온 것이 아니요 세상으로부터 온 것이라 이 세상도 그 정욕도 지나가되 오직 하나님의 뜻을 행하는 자는 영원히 거하느니라"(요일 2 : 15-17)는 말씀에 따라서 사는 것입니다.

그렇다고 해서 세상이라는 큰 세계에서 벗어날 수는 없습니다. 자기네들이 만든 공동체도 또다른 세상이기 때문입니다. 세상이라는 '오이쿠메네'는 집과 율법의 합성어입니다. 이 단어가 영어에서는 '이코노미'(economy)가 되었으며, 요즈음 생태학 '이컬러지'(ecology)가 되기도 합니다. 여기에서 중요한 것은 세상과 교회가 둘로 있는 것이 아니라 하나라는 사실이며, 다 같이 하나님의 피조세계에 포함되어 있는 것입니다. 선하신 하나님께서 만드셨으므로 세상도 선하고, 그 세상을 다스릴 사람도 하나님께서 만드셨기 때문에 선한 것입니다. 그리하여 세상이 나쁘다고 말하는 것은 그 세상을 만드신 하나님이 나쁘다고 욕하는 것입니다.

여기에서 세상을 어떻게 다스릴 것이며, 누가 다스릴 것입니까? 즉, "누가? 어떻게?"라는 질문이 대두되는 것입니다. 누가 참 다스리는 자입니까?

오늘 본문에서는 참으로 의미 있는 단어가 사용되고 있습니다. "모든 사람은 권력에게 예속하라."는 삼인칭 명령법으로 사용하곤 합니다. 그런데 사람을 모든 인간(anthropos)이라고 하지 않고 정신 혹은 영혼을 의미하는 '푸쉬케'(ψυχή : anima)라고 한 것은 무슨 뜻일까요? 다시 말하여 이것은 몸으로 살아가는 삶이 비굴하게 예속된 것을 말하는 것이 아니라 권력에게 정신적으로 아래 있다는 것을 의미합니다.

그런데 여기에서 권세라는 단어가 중요합니다. 어떠한 것이 권세입니까? '엑수시아'(ἐξουσία)라는 단어는 '밖으로'(ἐχ)라는 전치사와 '본질'(οὐσία)이라는 의미를 지닙니다. 다시 말하여 본질로부터 나온 것이라야 권세 혹은 권위가 될 수 있다는 것입니다. 그렇다면 본질은 무엇입니까? 창조자에게 있는 것입니다. 그리고 그 다음으로 "권세는 하나님께로 나지 않음이 없나니"라고 했습니다.

권력을 쥔 사람은 다 하나님이 보내신 존재라는 말로 해석하면 자의적, 임의적 해석이 되어 그들을 하나님처럼, 혹은 하나님 같은 존재로 받들어야 된다는 뜻으로 비약하게 됩니다. 그런데 사람이 하나님 같은 존재가 될 수 없기 때문에 권세자는 누구입니까? 4절과 6절에서 하나님의 사역자라고 했습니다. 그리고 그 사람이 하는 일이란 "너에게 선한 것이다.", "너에게 선한 것을 이루려는 목적으로 있는 자이다." 이러한 사람을 우리는 8절에서 말한 것처럼 두려워하고 또한 존경하는 것입니다.

권력자는 하나님은 같은 존재로서 너 위에서 군림하는 존재가 아니라 하나님께서 우리를 섬기고 봉사하는 것처럼 사람들에게 선을 이루려는 목적을 가지고 봉사하는 자들을 권력자 혹은 권세자 혹은 권력이라고 말합니다. 이것을 어기면 폭군이 되는 것이고, 그러한 폭군은 하나님께서 또다른 악한 존재를 통하여 언제나 제거시키는 것입니다.

그러므로 우리는 두 가지 시민권을 가지고 살아가는 이중적 존재입니다. 이 세상의 시민권과 천국 시민권을 복수로 가지고 살아갑니다(빌 3 : 20). 그러므로 기독교인들이 자신들의 주 목적인 하나님을 잘 섬기는 삶을 살 때에 가장 힘 있는 존재, 즉 권세자가 되는 것입니다. 그리고 그 다음에는 이 세상에 살면서 평범한 소시민으로서 국세를 바치고, 공세를 바치면서 세상의 지도자들과 더불어 살아가는 것입니다. 우리나라에 들어온 개신교는 초기에 세례 받을 사람에게 엄청난 것을 요구했습니다.

> 첫째는 개종 동기의 순수성을 확인하고,
> 둘째는 교회에서 집행하는 모든 공예배에 빠짐없이 참석하고,
> 셋째는 가정에서 아침·저녁으로 예배를 드리고,
> 넷째는 전도하여 3~4명을 교회로 인도하고,
> 다섯째는 지방회에서 혹은 선교회에서 운영하는 성경학교에 참석하여 한글을 배우고 한글로 성경을 읽을 수 있어야 하고,
> 여섯째는 술, 담배, 마약을 금하고,
> 일곱째는 첩이 없어야 하고,
> 여덟째는 제사를 폐하여야 하고,
> 아홉째는 개종 후 삶의 변화를 지역인들에게 확인하였다.

이상의 9가지를 지켰을 때에는 교회와 기독교가 한국 사회에서 힘이 있었습니다. 가만히 있어도 권세가 있었고 사람들이 자발적으로 많이 개종하였습니다. 그러나 어느 날부터 기독교는 섬기는 자가 아니라 군림하는 자가 되었으며, 한국 사회에서 미운 오리새끼처럼 행동하기 시작했습니다.

이번 선거에서도 그렇습니다. 왜 정치인들이 교회를 그렇게 찾

아다닙니까? 로마 가톨릭은 선거 입후보자들의 방문을 거절한다고 방문거절 안내문을 붙이기도 했습니다. 권력과 결탁하거나 야합하였던 사람들은 세상을 본받는 삶을 살았던 사람들입니다(약 1 : 27). 그러므로 경건한 사람이고 할 수 없습니다.

1998년도에 발행된 「해방 후 한국 종교의 특성과 변화」라는 자료에 의하면 1945~1995년까지 개신교는 19.1배의 증가를 보인 반면에 로마 가톨릭은 24.1배의 증가를 보였습니다. 그리고 1997년 5월 18일자 「문화일보」에 의하면 천주교 신자 556명을 상대로 한 「교회의 한국화」라는 설문조사에서 호감 가는 종교를 묻는 질문에 불교가 64%, 유교는 41%, 그리고 개신교는 28.2%였습니다. 호감이 가지 않는 종교로는 무속이 89.9%, 천도교 82.5% 그리고 개신교는 71.8%였습니다.

천주교인들이 개신교에 대하여 이렇게 달갑지 않은 반응을 보인 이유는 개신교의 사회적 봉사와 참여의 부족에 기인하며, 개신교의 폐쇄성과 타 종교에 대한 호전성이라고 말하고 있습니다.

이제는 여러분과 제가, 그리고 한국교회가 한국 시민사회의 일원으로서 교회를 섬기듯 이 사회를 섬기는 것이 곧 선교라는 것을 알아야 합니다. 자신이 소속된 직장이나 단체에서 성실하게 일하고 봉사하고 섬기는 것이 선교의 초석이라는 것을 알아야 합니다.

다행히도 오늘날 교회는 사회봉사에 대한 의식을 새롭게 하고 있습니다. 감리교신학대학 종교사회학 교수인 이원규는 1994년에 펴낸 「한국교회의 현실과 전망」이라는 책에서 교회의 기능을 선교적(25.3%), 교육적(25.6%), 친교적(5.9%), 봉사적(43.2%)으로 대답하였음을 지적하였다. 그리고 교회의 재정여유분 활용방안에 관하여 교회건물 확충(0.9%), 교육관·수양관 건축(4.1%), 교회 프로그램 강화(8.5%), 교회 안 불우이웃 돕기(17.7%), 고아원·양로원 등 사회복지시설 보조(18.4%), 개척교회 설립(5.4%), 농촌교회 보조(14.9%), 빈민구제(27.5%) 기타(2.5%)로 대답함으로써 사회봉사 활동에 66.6%의지지도를 나타냈다는 데서 희망을 찾을 수 있습니다.

여러분과 저는 구원의 확실한 바탕 위에 서 있습니다. 권력자들에게 권력이 무엇인지를 말해 줄 수 있습니다. 그리고 내 자신이 권력이 무엇인지도 알게 되었습니다. 이 사회를 봉사하면서 섬기는 삶이야말로 곧 하나님의 일을 하는 것입니다. 사회봉사적이며 사회참여적인 삶은 비록 구원의 전제조건은 될 수 없을지라도, 교회가 한국사회에서 지속적으로 존속할 수 있는 필수조건이라는 데 인식을 같이해야 합니다. 여러분이 소속된 가정에서, 직장에서, 단체에서 섬기는 자로, 봉사하는 자로, 일꾼으로 사십시오. 그러면 하나님의 일꾼이 되어 이 땅을 다시 하나님의 '오이쿠메네'로 바꿀 수 있을 것입니다.

자다가 깰 때라

최근에 끝난 국회의원 선거에서 한나라당과 민주당이 패배하였는데 그 이면에는 새로운 시대의 흐름을 읽을 수 있는 눈이 약하였기 때문이라고 분석하는 사람이 많습니다. 선거권을 가진 소위 말하는 P세대들(passion, participation, paradigm-shifter)의 성향은 집에서 한두 자녀로 자라서 하고 싶은 것은 다 해 보았고, 먹고 싶은 것 다 먹어 보았고, 말하고 싶은 것 다 말하고 자란 아이들인데 이 아이들에게 옛것에 대한 향수를 호소하였으니 불가능하였던 것입니다.

최근에 끝난 선거의 상황을 오늘 본문은 그대로 말해 주는 듯합니다. 다시 말하여 이 시기 혹은 시대에 해당되는 본문의 단어 '카이로스'(καιρός, tempus, time)는 고대 희랍 시대로부터 '결정적인 순간'(decisive moment)를 의미하여 '전쟁을 위한 출항하기에 좋은 시기' 등으로 사용하여 왔습니다. 그리고 신약성서에서는 '(신이 정해 준) 기회'(the 〈divinely given〉 opportunity)를 의미를 지닌 '운명적인 그리고 결정적인 정점'(fateful and decisive point)라고 함으로써 이 단어는 '신이 결정한'(divinely ordained)이라는 의미를 강조하여 왔던 것입니다. 그런데 이 시기를 읽어 낼 수 있는 특별한 능력의 철학자 혹은 지혜자가 필요한 것이 아니라 보통 사람도 다 볼 수 있고 알 수 있다는 의미의 단어 '에이도테스'(εἰδότες, scientes)를 사용하였습니다. 신의 뜻을 헤아리는 특별한 지혜를 가진 사람이 아니라 볼 수 있는 눈이 있고 또한 이성을 지닌 사람이라면 누구든지 알 수 있다는 의미의 단어입니다.

그렇다면 이 시기를 어떻게 보아야 하고 알아야 합니까? 이 시기는 모든 사람이 잠(ὕπνός, somnus, sleep)에서 일으킴을 받을 시간(ὥρα, hora, hour)입니다. 희랍 신화에서는 잠의 신 '휘프노스'(ὑπνός)는 죽음의 신 '싸나토스'(θάνατος)와 쌍둥이 형제 신으로서 신들과 인간들 사이에서 다 같이 힘을 발휘하였으며, 심지어는 최고의 신 '제우스'(zeus)까지도 잠들게 할 수 있었습니다.

잠이란 단어가 신약성서 시대에서는 잠을 자면서 환상을 보는 사람들, 잠에 취해서 볼 것을 제대로 보지 못하는 사람들, 꿈꾸면서 헛것에 취해 있는 사람들, 믿음의 진리를 보지 못하고 또한 자유방임주의에 빠져서 부도덕한 음란 행위를 일삼는 사람들을 지칭하는 은유적인 묘사로 사용하여 왔습니다.

오늘 본문은 우리에게 이 시대에 인식을 먼저 확고히 한 다음에 세 가지 일을 하라고 합니다. 첫 번째는 어두움의 일을 벗고 빛의 갑옷으로, 두 번째는 낮과 같이 단정히 행하기 위하여 방탕과 술 취하지 말고, 음란과 호색과 쟁투와 시기하지 말고, 세 번째는 예수님으로 덧입고 정욕을 위한 육신의 일을 계획하지 말라고 선언합니다.

고대 로마인들은, 어거스틴이 살았던 354~430년 사이의 로마인들도 모두 다 마찬가지였습니다. 아침에 일어나 공공 목욕탕에 가서 몸을 담그고, 목욕이 끝나면 목욕탕 위층에 기둥만 있고 바람이 잘 통하는 토론장에서 몸을 식히면서 잡담을 하고, 그 다음 아침이 끝나면 다시 토론장에 모여서 무슨 일로 하루를 즐길 수 있는가를 연구하다가 좋고 맛있는 음식점 이야기, 서커스 이야기, 사냥 이야기를 나누고 재판하는 것을 구경하며 시간을 보냈습니다. 이 과정에서 빼놓을 수 없는 것이 음담패설이고, 온갖 육체적 즐거움에 관한 것들이었습니다.

어거스틴은 17살의 나이로 371년에 산골 타가스테에서 카르타고라는 화려한 도시에 와서 가장 먼저 정신을 못 차리고 빠진 것이 연극이었습니다. 그 다음에는 환락가의 여성들이었습니다. 그리하여 그때로부터 이름을 밝히지 않은 한 여성과 동거하기 시작하여 15년을 살았습니다. 그러면서 스스로 밝히기를 "정욕의 수도꼭지를 결혼이라는 바다에서 잠글 수 있었다."라고 하였습니다.

로마인들 가운데에서 그래도 가장 도덕적인 삶을 살았다고 말할 수 있는 어거스틴이 스스로 이렇게 고백한 것처럼 로마는 방탕(κώμος : orgies, 디오니시우스를 기념하는 축제 행진 후 갖는 쾌활한 식사 혹은 만찬)하지 말 것과 술 취하지(μέθη : ebrietatio : 술에 취하여 퍼짐.) 말 것을 당부합니다. 항상 소산, 소실, 낭비, 난봉, 방탕을 의미하는 도덕적 해이(dissipation)와 성적 부도덕성(κοίτη:cubilibus : bed, marriage-bed, sexual intercourse, sexual immorality), 호색(ἀσέλγεια: impudictium : debauchery, licenti- ousness, indecent conduct)하지 말 것을 부탁하였으며, 특히 재판정에 이르는 쟁투(ἔρις : constestatio : strife, discord, dissension)와 시기(ζῆλος : aemulatio : zeal, ardor, jealousy, envy)하지 말 것을 부탁하였습니다.

따라서 우리가 조심하고 염려해야 할 것은 우리 시대가 이러한 시대에 가까이 와 있다는 것입니다. 아니, 과거의 영화에 잠들어서 현실을 보지 못하는 구세대들이 이렇다는 것입니다. 이러한 사람들은 다 잠들어 있는 사람들이고 동시에 죽어 있는 사람들입니다.

여기로부터 깨어나는 길은 무엇입니까? 그것은 새로운 인식이며 깨달음입니다. 그것은 동시에 전통적인 신앙의 가치로부터의 깨어남을 의미하는 것입니다. 찌들리고 못살았던 가난과 식민지인이라는 차별대우 등을 좋은 머리와 열심으로 고급 관료 시험에 합격하여 높은 자리로 보상 받는 것이 신앙이라고 착각하는 잘못된 신앙관으로부터의 자유와 해방을 의미합니다.

어거스틴의 어머니는 열화와 같이 기도하는 사람이었습니다. 그러나 그 어머니의 기도가 얼마나 잘못되어 있는가는 아들에 대한 간섭으로 밝혀졌습니다. 어거스틴이 국립수사학대학의 교수가 되었을 뿐만 아니라 황제의 문서작성관이 됨으로써 만인의 부러움을 살 정도가 되자, 어머니는 지금까지 15년 동안 함께 동거하였던 여성과 헤어지게 했습니다. 그리고 새롭게 약혼한 여성은 귀족의 딸로서, 많은 재산의 상속권을 가진 13살의 한 소녀였습니다.

이러한 사고를 가진 사람들은 잠자는 사람입니다. 잠이란 무엇을 의미하였을까요? 어리석은 자들의 행위를 나타내는 은유(metaphor for the conduct of fools)입니다. 그래서 죽음입니다. 성경은 무엇이라고 합니까? "살았으나 죽었느니라." 살았으나, 숨쉬고 있으나 죽은 것이나 마찬가지입니다.

그래서 이 시기를 바로 보고, 나 자신을 바로 보고 잠에서 깨어나야 합니다. 잠은 우리를 가상의 세계에서 헤매게 하고, 헛것을 참으로 알게 합니다. 잠에서 아무리 많은 음식을 먹어도 배부르지 않은 것과 같습니다.

이제는 우리가 잠에서 깨어나 생명을 되찾을 때가 되었습니다. 이때는 모든 사람이 다 볼 수 있고 알 수 있습니다. 이번 선거에서 보듯이 젊은이들이, 새 시대를 이어 갈 젊은이들이 그렇게 실망스러운 존재만은 아니라는 것을 알았습니다.

오늘 말씀에서 잠을 깨우는 약은 '주 예수 그리스도로 옷 입는 것'이라고 말합니다. 지중해 연안의 로마인들은 뜨거운 태양으로 인해서 집까지 달아오르기 때문에 거리에 분수대를 많이 만들어 서늘하게 했습니다. 그리고 집이 달아올라서 잠을 잘 수 없기 때문에 해가 진 뒤에도 집이 식을 때까지 거리에 나와 시원한 그늘 밑에서 쉬면서 시간을 보내야 했습니다. 때문에 노점식당, 카페 등의 문화가 발달했으며, 동시에 밤의 노래(serenade)가 발달하였던 것입니다. 부유한 가문이라면 집안에 목욕탕 혹은 수영장을 두고서 몸을 물에 담그고 살았으며 동시에 집안에서는 남자들이 아래만 가리고 있다가 밖에 나갈 때에는 토가(Toga)를 걸쳤습니다.

그래서 오늘 본문에서는 잠에서 깨울 수 있는 약은 토가를 걸치는 것이 아니라 '예수 그리스도로 옷 입는 것'이라고 분명하게 말합니다. 주 예수로 옷 입는 일은 오늘날에도 필수적인 일입니다.

예수님으로 옷 입는 일은 무엇입니까? 이 시대에 대한 인식으로부터 시작해야 합니다. 구름이 일면 비가 온다는 것을 아는 것만큼 이 시대를 읽을 수 있습니다. 이제는 변해야 합니다. 새 시대에 어울리는 새 옷을 입어야 합니다. 그 옷은 바로 여러분의 삶의 변화와 함께 일어나는 것입니다.

어거스틴은 세속적인 삶을 살았지만 그 내면에는 항상 진리에 대한 추구로 가득하였습니다. 특히 「수도자 성 안토니우스」에 관한 책을 읽으면서 많은 것을 생각하였습니다. 왜 부유한 사람이 모든 재산을 버리고 사막의 황무지로 들어가서 온갖 고통을 겪으면서 혼자 살았을까? 로마의 화려한 삶과 황무지의 삶을 비교하면서 자신이 추구하였던 것들에 대한 회의와 의심을 하기 시작하였습니다. 이것이 예수님으로 옷 입은 첫 번째 변화입니다.

어거스틴은 그 다음으로 성경을 읽으려 하였는데 너무나도 모순이 많았습니다. 구약의 하나님의 잔인함과 폭력성 그리고 신약의 예수님의 순진함과 나약성은 모순이었습니다. 그리고 신앙이 깊고 기도에 소문이 난 어머니의 이중적인 생활에 어거스틴은 머리가 흔들렸습니다. 그러다가 어머니가 다니던 밀라노 대 교회의 성 앰브로스의 설교를 통해서 구약의 하나님과 신약의 예수님이 하나라는 것을 알았고, 구약의 제반 사건이 예수님을 지칭하는 것임을 알았습니다. 그래서 그는 성경을 읽었습니다. 이것이 두 번째 변화입니다. 이 교회생활은 오래 지속되어야 합니다.

그러다가 문득 기독교의 신비를 접하게 되었습니다. 순교로 죽은 성 게르바시우스(St. Gerbasius)의 유해를 발굴하고 그 유해를 만진 병자의 병이 낫는 것을 보게 되었습니다. 머리로는 도저히 이해되지 않는 현상에서 그는 기독교의 신비를 접하게 되었습니다. 그리고 어느 날 카씨키아쿰(Cassiciacum)의 별장에서 제자들과 공부하다가 "책을 들어서 읽어라."라는 음성을 듣고 읽은 내용이 오늘 본문입니다.

여러분의 삶에도 기적이 찾아올 것입니다. 예레미야 29 : 12~13에서는 "너희는 내게 부르짖으며 내게 와서 기도하면 내가 너희들의 기도를 들을 것이요 너희가 온 마음으로 나를 구하면 나를 찾을 것이요 나를 만나리라"고 하십니다. 여러분, 이제는 예수님으로 옷 입기 위하여 예수님을 전심으로 찾으시고, 그 예수님을 어거스틴처럼 기적으로 만나시기 바랍니다. 그때에 여러분의 삶은 극적으로 변화될 것입니다. 아니, 새로운 삶으로 거듭 태어날 것입니다. 이것이 잠에서 깨어나는 것입니다. 자다가 깹시다. 그리고 내 인생의 첫 새벽을 맞이합시다.

비판과 비교

한국인의 특징을 말하는 가운데 '백의민족', '한 핏줄' 등의 표현이 있습니다. 선교사들도 평양의 장대재 고개에 있는 교회(장대현)로 평양성의 2,000여 명의 교우들이 주일날이면 하얀 옷을 입고 예배하러 다니는 모습이 그림과 같았다고 회고하였습니다. 광주에서도 1904년 12월 25일 크리스마스 예배를 드리기 위하여 하얀 옷을 입은 사람들이 양림동 배유지 선교사 댁으로 올라오는 모습이 그림과 같았다고 말합니다. 이렇게 한국인들은 하나로 통일되기를 유난히 좋아합니다. TV에서 선전하면 모두 다 그 물건을 사게 되는 것도 그러한 특성을 이용한 것 같습니다.

일본도 마찬가지입니다. 특히 일본인들은 섬나라이기 때문에 영주의 지시에 따라 자기의 분수에 맞게 살아가는 것을 현(賢)으로 간주할 정도로 통일성, 획일성을 좋아하는 나라입니다. 이렇게 볼 때 한국과 일본은 민족의 성향조차도 비슷한 점이 있습니다.

최근 이와 같은 일본의 분위기에서 자신의 독창성을 잃지 않고 연구를 거듭하였다가 2002년 노벨 화학상을 수상한 다나카 고이치라는 사람의 자서전이 나왔습니다. 그 책에서 이 사람은 독창성에 대해서 말합니다. 스웨덴 노벨 박물관장인 스반테 린퀴스트(Svante Lindqvist) 씨는 지난 100년 동안의 노벨상 수상자들을 분석한 독창성에 대해서 "용기, 도전, 불굴의 의지, 조합, 새로운 시점, 장난기, 우연, 노력, 순간적인 번뜩임" 등 9가지를 열거했다고 합니다. 그러고 나서 "이러한 창조성은 어떠한 환경에서 나오는가?"에 대해서 이렇게 말하였습니다. "집중(인구밀도), 다양한 재능, 커뮤니케이션, 네트워크, 격식을 따지지 않는 회합의 장소, 쉬운 왕래, 자원, 자유, 경쟁(업적에 대한 압박), 카오스(조직의 불안정한 상태)" 등 10가지를 꼽았다고 합니다.

그렇다면 우리는 통일성과 획일성이 사회의 주류를 이룬 가운데에서 개인의 개별성이나 독창성을 어떻게 살리면서 살아가야 합니까? 어떻게 보면 여러분과 저는 통일성보다는 독창성을 더 좋아하는 성격의 사람들이고, 더욱더 중요한 것은 그것을 실천할 수 있는 의지력과 용기가 있는 사람들입니다.

오늘 본문에서 바울은 비슷한 주제를 말하고 있습니다. 로마의 식도락 문화와 방탕한 생활환경에서 기독교인들은 음식문화와 성문화를 구별하였습니다. 그리고 그것이 알려지면서 로마의 지식층들로부터 높은 호응도가 있었습니다. 그리하여 기독교인들은 더욱더 음식문화와 성문화를 차별화시켜 나갔습니다. 이 단계에 이르자 기독교인이라면 누구나 어떤 음식은 먹어야 하고 먹지 말아야 하고, 어떠한 형태의 성관계는 허용되고 허용되지 않는지 등이 발전하였습니다.

그러자 기독교인들 내부에서 문제가 생겼습니다. 자신들의 차별화된 음식문화와 성문화를 따르지 못한 사람을 기독교인 사회에서 제거해야 된다는 목소리가 높아지게 되었고 또한 이를 당연시 여기게 된 것입니다. 그렇게 함으로써 더욱더 문제가 된 것은 공동체 분열의 싹이 트고 있었던 것입니다. 바울은 걱정하면서 문제해결의 핵심을 말하고 있습니다.

우리가 얼마나 하나님 중심으로 사는가, 내가 하나님과의 관계에서 과연 부족함이 없는가, 내가 하나님 앞에 서는 마지막 날에 과연 자신이 있는가? 다시 말하여, 종말론적인 인식을 가지고 오늘 하루하루의 삶에서 하나님과 어떠한 관계를 가지고 있는가에 대하여 신경 쓸 일이지 다른 사람의 먹는 것과 마시는 것, 믿음의 과다에 대해서는 참견하지 말라는 것입니다.

신학생들이 신학대학에 입학해서 구약개론을 배우는 과정에서 거의 예외 없이 모세 5경이 모세의 저작이 아니라 후대 다윗이나 솔로몬 시절에 이르러 편집한 것이라는 강의를 들으면 그만 화들짝 놀라서 가슴이 두근거리기도 하고, 어떤 학생은 이렇게 믿음이 없는 곳에서는 더 이상 배울 수 없다고 해서 타 신학교로 옮기기도 하고, 어떤 학생은 교수님이 저렇게 하고서도 구원을 받을 수 있는가 걱정하면서 기도해 주는 사람도 있습니다.

저도 언젠가 목포에서 평신도들을 대상으로 한 특강에서 동일한 일을 경험하였습니다. 강의 중 성경의 글자적 오류에 대하여 언급하였더니 한 사람이 어찌나 반발하고, 반대하고, 억지를 부리던지 한 30분간 이야기를 해도 말이 통하지 않아서 제가 지고 말았을 뿐만 아니라 강의 전체의 분위기가 참으로 썰렁해지고 말았습니다. 그 사람으로서는 신앙을 가진 지 얼마 되지 않은 상태에서 이러한 이야기를 들었으므로 놀랄 만했을 것입니다.

이러한 현상은 왜 반복되는가 되돌이켜 생각해 보면 그때는 아직 내 속에 든 것이 없어서 다 자기 기준에 따라 판단하였던 결과입니다. 자기의 기준이 얼마나 객관성과 정당성을 지니느냐에 대해서는 물을 사이도 없이 우리는 자기의 기준에 맞지 않으면 그만 틀린 것으로 간주해 버리는 모순을 범하고 살아가는 것이 우리 인간의 한계입니다.

어떻게 보면 조금 아는 사람은 많이 아는 것처럼 떠들고 다니지만 많이 아는 사람은 말하기가 무서워서 조용하게 입 다물고 살아가는 것 같습니다. 그래서 우리 사회는 그 정도의 수준에 있는 사람들끼리 서로 대화하면서 받아들이는 것 같습니다.

따라서 사도 바울이 어떤 사람은 모든 것을 다 먹을 수 있고 어떤 사람은 연약하여 채소만 먹어야 한다고 말하면서 서로 "왜 너는 그것을 먹느냐?"라고 말하지 말라는 것입니다. 한 단계에서 다음 단계로 높아지기 위해서는 이러한 과정을 거치는 것 같습니다.

자기의 상태를 파악과 좌절 → 노력 → 일정상태에 도달 → 자기만족 → 타인비판 → 더 높은 벽 인식 → 좌절과 재도전이라는 과정을 반복하면서 우리는 조금씩 위로 향하여 나갈 수 있고, 바울이 말한 대로 모든 것을 먹을 만한 믿음의 분량으로 성장합니다.

신앙의 초기단계에서는 일반적인 통일성과 획일성의 상태에 도달하기조차 힘들고 어렵습니다. 다시 말하여 술·담배의 금지, 주일날 다른 일을 제치고 교회 다니기를 최우선으로 삼기, 가급적 오락행위를 금하기 등은 신앙의 단계에 입문하는 과정에서 매우 힘들고 어려운 훈련입니다.

이 단계에 이르게 되면 자신도 비로소 흰옷을 입고 교회에 다니는 색깔의 통일이 되었기 때문에 안심할 수 있지만 이때로부터 더욱 조심해야 할 것이 있습니다. 그것은 자신과 다른 색깔의 옷을 입고 신앙생활하는 사람들을 이상한 눈으로 보는 것입니다. '왜 저 사람은 나와 다른 색깔의 옷을 입었을까?'를 먼저 생각하기보다는 다른 옷을 입은 것만 지적하게 되는 것입니다.

통일성 안에서의 평안함은 우리가 너무나도 오랫동안 길들여져 온 현상입니다. 그래서 우리는 다양성과 개별성과 차별성을 좋아합니다. 조금 제 잘난 멋에 사는 것처럼 보일지 몰라도 우리는 이것을 더욱 귀하게 여깁니다. 다만 "그러므로 너희의 선한 것이 비방을 받지 않게 하라"(롬 14 : 16)는 말씀에 유념하면서 "네게 있는 믿음을 하나님 앞에서 스스로 가지고 있으라 자기가 옳다 하는 바로 자기를 정죄하지 아니하는 자는 복이 있도다"(롬 14 : 22)라고 했습니다.

다양성과 개별성과 차별성은 이 두 말씀에 따라서 지켜져야 합니다. 그렇게 된다면 다나카 고이치가 인용한 대로 자유로운 대화의 분위기가 형성되고, 그 가운데에서 새로운 독창성과 창조성을 얻을 수 있기 때문입니다. 이러한 분위기의 제일 좋은 것은 '수용적 태도'입니다. 수용적 태도는 많은 다양성을 받아들여서 결국 동질성으로 승화시키지만 배타적 태도는 자신의 것을 날카롭게 함으로써 다른 사람의 개별성과 차별성을 찌르기 때문에 결국 저변인(margin)으로 전락하여 도태되고 배격되어 없어지는 것입니다.

다양성과 개별성과 차별성은 매우 좋은 것이지만 우월감에 사로잡혀서는 안 됩니다. 전북 김제의 "학성강당"의 훈장이신 김수연 옹을 찾았습니다. 이분은 퇴계학파의 학맥을 이어 가는 우리 시대의 한학자입니다. 그 아들이 또한 강의를 전담하고 있는데 김용옥 등의 이야기가 나오자 "뱃속에 든 것이 있어야 말하지 뱃속에 든 것이 없는 사람들, 그 사람들 자기 이름 석자도 못 써요!"라고 일언지하에 잘라 버렸습니다.

김용옥이 똑똑한 것은 알지만 그에게는 우월성이 너무 강해서 다른 사람의 감정을 건드리는 실수를 범하곤 합니다. 차별성이 우월성으로 발전하여 다른 사람을 건드리지만 않는다면 독창성으로 가는 지름길이기 때문에 그것은 매우 좋은 것입니다.

사도 바울은 오늘 본문을 통하여 차별성을 가지면서도 공동체의 통일성을 유지할 수 있는 방법으로 종말론적인 각성을 말하고 있습니다. 다시 말하여 통일성이든 차별성이든 너희들이 결국 "음식으로 말미암아 하나님의 사업을 무너지게 하지 말라……"(롬 14 : 20)는 것입니다. 진리 논쟁으로 인하여 교회를 분열시켜서 하나님의 사업을 중단시키지 말라는 것입니다.

나는 고기를 먹고 포도주를 마시는 것이 신앙의 문제가 되지 않기 때문에 얼마든지 모든 것을 다 먹을 수 있지만, 나의 행동으로 인하여 신앙의 후퇴가 초래될 수 있는 사람이 주변에 있다면 눈치 보면서 살아야 한다는 말입니다. 그렇습니다. "하나님 나라는 먹는 것과 마시는 것이 아니요 오직 성령 안에 있는 의와 평강과 희락이라"(롬 14 : 17).

그러면서도 다른 한편으로는 과연 내가 하나님 앞에 서는 날 "나의 모든 것을 직고하리라."고 했습니다. 우리가 하나님께 자신에 대해서 스스로 그 이유를 말할 날이 있을 것입니다. 하나님께 이유를 설명해야 할 날이 온다고 생각해 보십시오. 그날에 부끄럽지 않게 되도록 오늘 하루하루 나에게 주어진 날들을 살아가라고 합니다.

그날에 하나님께 부끄럽지 않기 위하여 우리 주위에서 일어나는 모든 일에 대해서 비판과 비교보다는 수용하는 태도로 받아들이시기 바랍니다. 조금은 혼란스럽고 걱정이 될지라도 다 그러한 과정을 거치면서 깨닫고 성장하는 것입니다. 자기 기준, 자기가 정한 틀에 따라서 비판하고 비교하고 집어넣기보다는 수용적인 태도를 지님으로써 더욱더 많은 사람들을 구원으로 이끌게 될 것입니다.

너 자신을 알라

2002년도에 일본인으로서는 12번째로 한 회사의 가장 평범한 사원이 오로지 대학을 졸업한 학사학위 소지자가, 그것도 전공과 다른 분야에서 종사하는 사람이 노벨 화학상을 수상하였다는 말씀을 드렸습니다. 그런데 더욱 놀라운 것은 노벨 화학상 수상자가 대학교수로의 제안을 거절하고 다니던 회사의 사원으로서 다시 내려가서 실험과 연구에 몰두하기를 원하였습니다. 그의 변은 의외로 간단했습니다. "나는 일을 좋아하는 사람입니다."

> 노벨상을 수상하고 나서 나라에서 훈장을 받고, 대학에서 명예박사학위를 받고, 명예시민으로 위촉되고, 여러 대학의 객원교수가 되는 등 직함이 꽤나 늘었다. 다만 나는 대학에서 일을 하기에는 전문지식이 부족하고, 물건을 만드는 것을 워낙 좋아하기 때문에 앞으로도 계속 기업에 몸담으려 한다. 즐거운 작업 현장을 떠나기는 싫으니 박사학위를 딸 생각도 없다. 이것저것 실험하면서 새로운 발견을 할 수 있는 지금의 일이 즐겁다.

사람이 자신의 개성, 기호, 성향, 그리고 이것들을 종합해서 해야 할 일을 결정할 수 있다면 그러한 사람은 자기를 아는 사람이고, 자기 분수를 지킬 수 있는 사람입니다. 일본에서는 이것을 현(賢)이라고 하고 서양에서는 이것은 지혜(知慧)라고 합니다.

사도 바울은 어떠한 사람이었을까요? 그는 개인적으로는 항상 긍정적인 사고를 하는 사람이었습니다. 주어진 환경이나 조건을 항상 밝게, 희망적으로 보았습니다. 그러면서도 주위의 어려운 처지에 있는 사람들을 배려했습니다. 이 일을 추진하면서 자신이 욕을 먹을지라도, 실제로 지중해 연안의 교회로부터 구제금을 걷어서 예루살렘 교우들에게 전달하는 과정에서 횡령이라는 누명을 썼다고 해도 과감하게 실행하였습니다. 그렇기 때문에 사도 바울은 유대교에 있을 때에도 앞서 가는 사람이었던 것입니다.

그리고 그에게는 주어진 일이라면 뿌리까지 파야 직성이 풀리는 약간의 완벽주의적 성격이 있었습니다. 유대교에 있을 때에는 예수쟁이를 잡아 죽여야 속이 풀렸고, 기독교인이 되었을 때에는 땅 끝까지(서바나) 복음을 전파해야 할 일이 다 끝난 것으로 보았습니다.

그러면서도 다른 사람이 복음을 전해서 교회를 세운 곳은 손도 대지 않으려는 독립성 혹은 개척정신이 있었습니다. 좋게 말해서 독립성 혹은 개척정신이라고 하지만 나쁘게 말하면 자기주장이 센 사람이었습니다.

소크라테스로부터 오늘의 다나카 고이치라는 사람에 이르기까지, 그리고 오늘 본문의 사도 바울에서 동일한 것을 찾을 수 있다면 그것은 "자신을 안다."는 사실입니다. 자신이 누구인가를 알고서 여기에 하나님으로부터 받은 사명감까지 포함시켜서 하나의 위대한 삶을 일구어 낸 것입니다.

소크라테스는 위대한 철학자였고 사도 바울은 좋은 가문적 배경과 학문적 수업을 받고 현실적인 정치에서도 성공적인 사람이었지만, 이들 두 사람에게서 찾아볼 수 있는 공통점은 현실안주 혹은 현재적 정체(停滯)에 불만을 가졌다는 것입니다. 이 불만을 해소하기 위하여 내면적으로는 고민하고 외면적으로는 체제와 제도에 도전하였던 것입니다.

바울이 더욱 그랬습니다. 긍정적 사고로 공동체의 우수성을 선전하고 동시에 공동체의 유대감을 가지고 선두와 후미를 어우르는 조절자로서 역할을 함으로써 상하좌우로부터 칭찬을 받았지만, 바울은 항상 더 나은 것을 추구하는 사람이었습니다. 그에게는 주어진 현재를 항상 개선하려는 개혁적인 사고, 독창적인 사고가 있었으며, 이것 때문에 고민하면서 살았기 때문에 하나님께서 다마스커스로 가는 길에서 그를 기적으로 불렀던 것입니다. 다시 말하여 그가 새사람으로 바뀐 것은 그 이전까지의 본인의 내면적 투쟁이 전혀 없이 맹목적인 추종과 현실적 안주자로 행동하다가, 예기치 않게 다메섹 도상에서 변화를 받고 새사람이 되었다는 것이 아닙니다.

주어진 하나의 체제 안에서 주어진 과제를 충실히 이행함으로써 그 체제 안에서 인정을 받을지라도 그것을 부단히 개선하려는 내면적 불만족으로 가득 찬 사람이 소크라테스이고, 바울이고, 다나카 고이치라는 사람입니다. 그리하여 이러한 부류의 사람들은 주어진 현실을 항상 긍정적으로 보고 희망적으로 보면서도 그 이면에는 늘 개선을 향한 날카로운 비판력, 약간의 불만족이 있었던 사람들입니다.

그렇기 때문에 바울은 기독교로 개종한 이후에 자신의 할 일이 무엇인가를 알았는데 그것은 '이방인을 위한 일꾼'이었습니다. 소크라테스는 아테네 시민의 무지를 깨우는 예언자였습니다. 다나카 고이치는 대학교수보다는 회사의 평범한 사원으로서 연구에 몰두하기를 원하였던 사람입니다.

독창성은 어디에서 나옵니까? 현재적으로 하는 일과 전혀 다른 일을 하고 자신의 개성과 전혀 다른 일을 함으로써 얻어지는 것이 아니라 자신이 가장 잘할 수 있는 일을 하는 과정에서 새것이 나온다는 사실입니다. 그렇기 때문에 개혁이나 개선은 혁명적인 것이 아니라 점전적인 진보에 의해서 가능합니다.

사도 바울은 유대교인에서 기독교인으로 전환되었습니다. 그렇다고 해서 하루아침에 완전한 기독교인이 되는 것은 아닙니다. 마치 유대교의 가정환경에서 태어나 어릴 적부터 회당에 다니면서 토라를 배웠듯이 기독교인이 되는 과정도 하루아침에 되는 것이 아닙니다.

오늘날 한국교회에서 참으로 우스꽝스러운 현상은 조직깡패, 가수 등 아주 세상적인 삶을 살았던 사람들이 부흥강사의 집회에 참석하여 은혜를 받은 후 곧바로 간증한다고 다니면서 사람들을 현혹하는 것입니다. 이런 현상이 받아들여지기로 하였다면 사도 바울은 초기 기독교에서 얼마나 큰 호응을 일으켰겠습니까? 그러나 초기 기독교인들은 그렇지 않았습니다. 아니, 바울은 그렇지 않았습니다.

그는 다메섹과 아라비아의 사막, 그리고 고향 다소(Tarsus)에서 13년을 조용하게 지낸 다음에 비로소 대중 앞에 나타났습니다. 초기 기독교는 성령의 기적이 다소 활발하게 나타남으로써 약간 가벼운 맛이 없지 않았으나, 지도자들은 하룻밤 사이에 바울을 지도자로 받아들이지는 않았습니다.

한 사람의 삶에서 일어나는 변화는 첫 번째 단계에서 두 번째 단계로 이행하는 과정에서 상당히 버린 시간, 허(虛)의 시간이 있어야 합니다. 이것은 결코 버린 것이 아닙니다. 바울에게는 13년이라는 세월이었지만, 이 기간에 바울은 하나님과 대면하고, 자신의 내면을 파악하고, 가족들로부터 조롱과 비웃음을 샀습니다. 예수님에게도 공생애 3년을 위해서 30년이라는 버린 시간이 필요했습니다.

이렇게 버린 것 같은 시간을 살아가는 과정에서 새로운 눈이 생깁니다. 저희 대학에서도 학생들 가운데 타 대학의 교수도 있고, 변호사도 있고, 선생도 있고, 군인도 있고, 직장인도 있는데 이 사람들이 개인적으로는 다 같이 지도자이지만 새로운 일을 하기 위해서는 학생이라는 신분으로 낮아져서 버린 것 같은 시간을, 아주 아깝게 느껴지는 시간을 보내야 합니다.

이 버려야 할 시간을 버리지 않고 그 기간을 충실하고 야무지게 보내려는 사람은 오래가지 못합니다. 저와 함께 신학대학에서 공부하였던 한 선배가 있었는데 서울대학교 대학원까지 나온 사람으로서 예수님을 믿고 곧바로 은혜로 개척교회를 시작해서 벌써 70~80명 모았습니다. 그래서 신학교에 목사가 되기 위해 왔습니다. 그래서 그는 신학생 때부터 목회자였습니다. 그러나 그는 신학생이라는 버린 것 같은 시간을 충실하게 지내지 못하여 지금 목회가 아주 힘듭니다. 가장 선두주자였는데 지금은 저 하위로 처지고 말았습니다.

바울이 지중해 연안을 자기 집처럼 두루 다니면서 교회를 세울 수 있었던 것은 바로 이 버린 시간, 허의 시간을 13년이나 보냈기 때문에 가능하였고, 바로 이 버린 시간으로 인해서 완벽함을 추구할 수 있었던 것입니다. 그렇기 때문에 여러분이나 저에게서 버린 시간은 결코 허송세월이 아닙니다. 여러분, 논에 물을 대려면 처음에는 상당히 많은 물을 부어야 합니다. 그것이 아깝다고 붓기를 중단하면 지금까지 부었던 물만 소비하고 맙니다.

생텍쥐페리가 프랑스 군의 비행사로서 아프리카 사막에서 조난당하여 목마름과 졸음으로 죽어 갈 때에 하나의 생각을 했습니다. '내가 죽으면 나를 찾는 사람들을 실망시킬 것이다. 그러니 수색대를 실망시켜서는 안 된다.'는 생각을 함으로써 조난에서 구원을 받았습니다. 이것이 그의 일생에서 생각의 대전환을 가져오게 함으로써 「어린왕자」라는 책을 남기게 된 것입니다.

여러분에게 버린 시간은 죽은 시간, 없는 시간이 아닙니다. 그 시간은 마른 논에 물대기입니다. 얼마나 많은 양의 시간이 필요한지는 지금까지 여러분이 하나님을 몰랐던 시간과 비례해서 생각하십시오. 최소한 그 시간은 필요할 것입니다. 사도 바울 같은 사람도 13년이 필요했으니 말입니다.

군대생활이나 공무원 생활에서 가장 큰 장점은 시킨 대로 하면

탈이 없다는 안정이지만 가장 큰 단점은 개인의 독창성을 살릴 수 없다는 것입니다. 바울이 유대교에서 느꼈던 것도 이것이었을 것입니다. 유대교에서 최고의 지위에까지 오르자 어느 날 답답하였습니다. 그래서 유대교를 저해하는 기독교인들을 죽이는 일에 앞장섰던 것입니다.

바꾸어 말하면 바울은 남들이 다 하는 일에, 남들이 이룩해 놓은 일을 그대로 이어받아서 자리를 지키다가 후배에게 다시 비켜 주는 그러한 사람이 되기 싫다는 것이었습니다. 그래서 바울은 "그리스도의 복음을 편만하게 전하였다."고 말하고 이어서 "남의 터 위에 건축하지 아니하려 함이라."고 했습니다(19-20절).

다나카 고이치 씨도 자신이 실험을 하는 과정에서 물론 일반적으로 통용되는 방법이 있지만 그 방법에는 만족하지 못하고 나름대로의 새로운 방법을 창안해 냈습니다. 다른 사람의 방법을 원용하였지만 그 방법에 철저하게 의존하지는 않았습니다.

바울은 언제나 개척자의 정신으로, 오늘 우리가 하는 말로 한다면 '맨 땅에 헤딩'하면서 살았습니다. 하나를 이룩해서 그것을 공들여 크게 하기보다는 언제나 새로운 곳에서 새 사람을 만나서 새롭게 시작한 다음에 어느 정도 이룩되면 또다시 시작할 수 있는 곳으로 떠나는 자세로 살았습니다. 이것이 여행자의 정신이고, 개척자의 정신이고, 신앙인의 삶의 자세입니다.

바울은 요즈음 용어로 스릴(thrill)을 즐기는 사람이었습니다. 스릴은 정체성(stagnation), 즉 썩는 것과는 정반대입니다. 스릴은 동요와 두려움이지만 정체성은 고요함을 의미합니다. 원래 정체성이란 단어는 라틴어 '스타그노'(stagno)에서 유래되었는데, 이 단어는 "물이 흘러서 강을 이룬다. 그리하여 이제는 흐르지 않기 때문에 잠이 온다. 약하게 되었다." 등의 뜻을 지니고 있습니다.

사도 바울은 이 정신을 이미 터득한 사람이었고 또한 이러한 성향의 사람이었습니다. 그리하여 언제나 흐르는 물이 되려고 했던 것입니다. 여러분과 저는 새로운 세계를 이루기 위하여 내가 가장 잘 하는 일에 더욱더 정진해야 합니다. 모르고 자신 없는 일보다는 잘 하는 일에 시간을 두 배로 투자해야 합니다. 그리고 개척정신과 실험 정신으로 도전하는 것입니다. 해 보는 것입니다. 다나카 고이치처럼 장난기가 발동하여 시약을 잘못되게 섞었을지라도 우연히 기적이 일어날 수 있는 것입니다.

이 세상은 자신의 세계에 충실하면서도 새로운 것을 발견하려는 불만족의 사람, 다른 사람과는 다르게 하려는 개성이 센 사람, 자기의 일이 끝날 때가지 집념과 고집이 센 사람, 자기주장이 센 사람에게서 가능합니다. 여러분의 삶이 사도 바울을 닮아서 무엇인가 독창성을 이루어 내시기를 바랍니다.

새로움과 변화로

미국의 경제학파 가운데 클레어몽트(claramont) 대학교의 피터 드러커(Peter Drucker) 교수가 단연 선두에 있습니다. 그는 오스트리아의 교수 아버지와 의사 어머니 사이에서 태어나 미국으로 건너와 노스캐롤라이나 대학교의 교수를 지낸 다음 경영학을 전공하여 MBA 과정을 신설하여 미국 경제계와 전 세계 경제계의 큰 지도자가 되었습니다.

최근에 그가 말한 내용 가운데 우리를 놀라게 하는 것은 오늘의 IT 산업에 대한 분석입니다. 그는 옛날 굴뚝 산업사회에서는 윗사람이 지식이 더 많았지만 요즈음 IT 산업사회에서는 윗자리에 있는 사람이 아는 지식이 더 없다는 사실입니다. 그래서 윗자리에 있는 사람이 열린 자세로 끊임없이 배우지 않으면 지도자의 자리에 앉을 수 없다는 것입니다. 그리하여 피터 드러커는 "호기심이 없는 날부터 늙는다."라고 하였으며 또한 "나의 죽는 날은 곧바로 은퇴 날이다."라고 하면서 90에 가까운 나이에도 열심히 일하고 있습니다.

요사이 자살이 인구감소의 5번째 이유가 되었으며, 특히 20~

30대 젊은이들이 자살률이 높다는 사실에 놀라고 있습니다. 왜 젊은 이들이 자살합니까? 그들은 스스로 일을 만들지 못하기 때문입니다. 진정한 의미의 전문가가 되지 못하고 어설픈 지식상태로 만족하기 때문에 다른 사람의 지도자가 되지 못하여 직업을 얻지 못하는 것입니다. 미켈란젤로는 그림을 그리면서 틀린 곳이 있으면 고치고 또 고치곤 했습니다. 그러자 제자가 틀린 것을 아는 사람도 없고 또한 그것을 보는 사람도 없는데 왜 그렇게 세심한 곳까지 고치는데 시간과 정열을 소비하느냐고 묻자, "야, 이놈아! 바로 내가 안다."라고 대답하였던 것입니다. 완벽을 향한 정열, 최고를 향한 도전, 이것이야말로 오늘날을 살아가는 사람들의 자세입니다.

요한복음 4장에 등장하는 수가 성 우물가의 여인은 젊음을 무기로 살았지만 너무나도 무료했습니다. 그녀는 점점 더 늙어 가는 자신의 몸을 보면서 더욱더 무료함을 느꼈을 것입니다. 자신의 주변에 있는 동갑내기 여인들이 자녀를 키운 다음에 새로운 삶을 일구어 나가는 것을 보면서 더욱더 자괴감을 느꼈을 것입니다. 이제는 여성들로부터 완전히 따돌림을 받아서 정규적인 물 긷는 시간에 참여할 수조차 없었습니다. 이 여인은 자신이 사는 사회로부터 따돌림을 받아서 무료함과 자괴감이 절정에 이르렀습니다. 이제는 터질 것 같고 무너질 것 같은 자신을 보면서 무엇인가 새로운 돌파구를 찾아야 할 즈음에 이르렀던 것입니다.

우물가의 여인이 느끼는 하루하루는 더 이상 생산성에 참여하지 못하는 자신의 삶에 대한 매우 큰 불만으로 가득 차 있었습니다. 그런대로 몸매와 예쁨을 유지할 수 있었을 때에는 5번 남편을 바꿀 수 있었지만 이제는 다 지난 이야기일 뿐 그녀에게는 과거의 이야기로만 남았습니다. 앞날이 없고 과거의 달콤한 추억이 생각과 대화의 많은 분량을 차지하게 되는 날에는 김훈이 "내일이 새로울 수 없으리라는 확실한 예감에 사로잡히는 중년의 가을은 난감하다."라고 표현한 것과 동일한 상태에 빠지게 될 것입니다.

사람들이 생활하는 과정에서 가장 필요한 것은 시간의 귀중성과 일의 성실성, 이 두 가지입니다. 이 두 가지를 빠뜨리고 생활하면 그 공간이 가정이든지 직장이든지 본인의 마음에는 항상 허전함이 있습니다. 남의 눈들이 의식됩니다. 그리하여 스스로에게 만족하지 못하고 불안할 수밖에 없습니다. 이러한 사람들에게는 허무한 반복만 남을 것입니다. 그리하여 이러한 상태를 어떤 시인은 이렇게 보았습니다.

작은 풀꽃이 무심히 피고 지는 것을
너희들은 보고 또 보았으리라
배고프면 밥 먹고
졸리우면 잠자는 것
땅에 발을 딛고 사는 것이
허공에 외줄 타는 것보다 더 어려운 까닭을
이제는 뉘에게 물어볼까
내일을 다시 꿈꾸고 사는 것들은
너희들은 드러나지 않은 상처를 껴안고
눈물은 입으로 절망은 눈으로 노래하는 것밖에 없더라
새는 날개로 날아다니지만
너희들은 주기도문의 꿈 밖을 헛날고 있더라

김종철 "떠도는 섬"

이제는 날 수 있는 날개도 없어서 주기도문을 암송하지만 그것마저도 힘없는 반복에 그치고 말았습니다. 이러한 시간이 가까웠다는 것을 안 우물가의 여인은 무엇인가 새로운 돌파구를 찾아 헤맸던 것입니다. 이제는 몸부림치는 잠 없는 밤을 새롭게 맞이해야 합니다. 젊은 날 사춘기의 열정이 있던 그때보다도 더욱더 처절하게 암흑으로 덮여 있는 앞날을 상상하면서 밝은 새날을 향한 몸부림이 있어야 합니다. 그 몸부림으로 인하여 몸과 마음이 흐트러질지라도 이제는 놓칠 수 없는 마지막 기회인줄 알고 도전해야 합니다. 부끄러움을 뒤로 하고 우물가로 물 길러 가는 여인처럼, 부끄러움을 몰라야 합니다. 얼굴에 있는 잔주름과 하얀 머리카락을 잊고, 마음대로 움직여지지 않는 다리와 허리를 부둥켜안고 생명수를 찾아서, 활력수를 찾아서 우물가로 나가야 합니다,

김훈은 나이 50세에도 풍륜이라고 명칭한 자전거를 타고 일 년 반 동안 전국을 누볐습니다. 왜 그랬을까요? 글을 써서 먹고사는 그의 삶, 매일같이 반복되는 동일한 하루의 삶, 저녁이며 선·후배와 어울려 인생을 논하고, 정치를 꾸짖고, 집에 돌아와 몇 줄 적다가 잠드는 동일한 생활의 반복 속에서 늘어나는 잔소리와 신경질은 자신에 대한 불만을 해소하려는 투사에 불과하였던 것입니다. 그리하여 스스로 만족할 수 있는 글을 적기 위해서 자신의 몸 안으로 길이 들어오는 고통을 겪음으로써 새로운 것을 찾았던 것입니다.

새로운 것은 자신에 대한 부정으로부터 출발합니다. 나를 부정하는 것은 곧바로 나를 긍정하는 것입니다. 무슨 새것을 찾으려고 멀리 산속으로 들어갈 것이 아니라, 비행기와 호텔에 투숙하면서 세계 유명 관광지를 돌아볼 것이 아니라, 나의 내면의 세계로 여행해야 합니다. 나를 데리고 자전거 위에 앉힌 다음에 땀에 젖은 등판과 터질 듯한 가슴과 허파를 쓰다듬으면서 찾아야 합니다.

우리는 지난 여름에 제주도 분재예술원에 다녀왔습니다. 그때에 왜 분재는 오래 사는지 아느냐는 질문을 받았습니다. 그 대답은 오히려 간단했습니다.

> "분갈이를 하면 나무가 '니가 이제 나를 죽이는구나.' 하며 살기 위해 가는 뿌리를 막 내리게 됩니다. …… 그런데 사람은 무엇을 잘라주어야 할까요? 이 질문에 사람들은 신체 일부분을 없애야 한다거나 욕심을 없애야 한다고 말씀하십니다. 그런데 다른 한편으로 생각해 보면 욕심이 없는 사람은 발전을 못할 수도 있습니다. 사람도 2~3년에 한 번 정도 자기의 굳은 생각, 고정관념을 잘라 주면 오래 살 수 있지 않을까요? 그러나 이것만으로 이해하기 어렵습니다. 분재는 반드시

물을 주어야 합니다. 그런데 분갈이를 할 때쯤, 즉 뿌리가 화분에 꽉 차 있는 상태인지도 모르고 물을 주면 어떻게 될까요? 배수가 안 되고 물이 고여서 뿌리가 썩게 됩니다. 그래서 나 자신도 가정도 기업도 국가도 분갈이 안 하면 죽게 됩니다"(성범영, 「생각하는 정원」, p. 100).

생각을, 고정관념을 바꾸어야 합니다. 뿌리가 화분에 가득 차 있는데 물만 주면 썩어서 죽습니다. 하나의 생각과 직업과 일이 지속적으로 성장하지 못하면, 2~3년마다 한 번씩 분갈이해 주지 않으면, 부어 주는 물을 지속적으로 받아들이다 보면, 숨 쉴 틈 없이 가득 찬 뿌리로 인하여 질식하고 맙니다. 생각을 바꾸는 것은 분갈이와 같습니다.

중세 시대에 한 수도원이 쇠락해 가면서 그렇게 많이 찾아오던 순례객들도 뜸해졌습니다. 그리하여 서로에게 책임이 있다며 불평이 쌓였습니다. 내부적으로 부흥방안을 제아무리 찾아도 답이 없었습니다. 그러던 어느 날 한 랍비가 수도원에 묵게 되어서 방안을 문의하였더니 "여러분 가운데 구세주가 있습니다."라고 대답했습니다. 그러자 수도사들의 태도가 달라졌습니다.

"토마스는 모든 일에 참을성이 많은 것을 보니 그가 구세주일 것이야.", "피터는 아무리 어려운 일도 성실히 하니까 그가 구세주일 것이야.", "폴은 항상 웃어! 기쁨이 충만하니까 그가 구세주일 것이야."

수도사들은 서로가 서로를 칭찬함으로써 모든 사람이 다 구세주가 될 수 있다고 생각하게 되었습니다. 서로 먼저 상대방을 높임으로써 수도원의 분위기는 좋아졌습니다. 그러자 이 소문이 나기 시작하고 다시 순례객들이 찾아와서 옛날의 부흥을 회복했습니다.

얼마 전 이리 신광교회를 방문했습니다. 그 목사님이 설교에 대해서 이런저런 이야기를 하다가 "나는 설교가 상상력이라고 생각합니다."라고 말했습니다. 그렇습니다. 좋은 설교란 무한한 상상력의 결과입니다. 생각을 바꾸는 것은 상상력의 결과이며, 이러한 상상력이 풍부한 사람은 늙지 않습니다. 피터 드러커가 말한 대로 죽는 날이 은퇴하는 날이 될 것입니다.

사도 바울은 어떠한 사람입니까? 그는 꿈꾸는 자였습니다. 그는 죽는 날까지 자신이 맡은 일을 가장 완벽하게 수행하였으면서도 그것을 미완성으로 여기면서 불만을 보였던 사람입니다. 그는 남들이 했던 방식이 아닌 자신만의 독특한 방법으로 일하기 위해서 새로운 일터를 찾아서 개척하는 정신으로 살았던 개척자입니다. 그는 고생을 마다하지 않는 황무지 정신을 가진 사람이었습니다. 그래서 남의 터 위에 집을 세우지 않고, 이방인의 사도로서 힘들고 어려운 곳을 찾았던 사람입니다.

생각을 바꾸면 일이 눈에 보입니다. 최근에 세상을 바꾼 아이디어라는 책이 나왔습니다. 이 책에서 저자는 기원전 3,000년으로부터 2,000년에 이르기까지 세상을 바꾼 178가지의 아이디어를 이야기합니다. 그 가운데에서도 "나는 생각한다. 그런고로 나는 존재한다."(ogito ergo sum)라는 대명제를 이야기합니다. 자신의 존재를 생존으로 보지 않고 생각하는 것으로 보았습니다. 이 아이디어는 성 어거스틴이 "만일 내가 실수한다면 나는 존재한다."(si fallor, sum)라고 말한 데서 시작했던 것입니다.

여러분과 저는 언제든지 생각을 바꿀 수 있습니다. 그러면 멀리 있는 미래가 보입니다. 우물가의 여인은 반복과 무료함을 예수님으로 인해 벗어나 새로움을 찾았습니다. 이제 우리는 '내일이 새로울 수 없으리라는 확실한 예감에 사로잡힐' 나이에 이르렀습니다. 그렇다고 우리의 가을이 난감할 수는 없습니다. 무의미한 반복으로 무료함을 달래는 사람이 되어서는 안 됩니다. 생각을 바꾸고, 상상력을 키우고, 화분을 분갈이함으로써 바울처럼 저 멀리 있는 스페인을 꿈꾸면서 살아야 할 것입니다.

이제는 할 일이 없어서

칭기즈칸은 "성을 쌓는 자는 망하고 길을 여는 자는 흥한다."라고 말하였습니다. 칭기즈칸은 몽고제국을 세우고 이제는 성을 높고 크게 쌓고서 여유를 즐길 단계에 이르렀지만 그는 새롭게 길을 열어서 동쪽으로는 한국, 서쪽으로는 러시아를 거쳐서 핀란드와 헝가리까지 점령했습니다.

칭기즈칸은 몽고인들을 앞에 서서 끌고 가는 지도자였습니다. 왕이라고 뒤에서 자신의 안전을 지키는 현실주의자가 아니라 전쟁터의 최일선에서 친히 싸우는 개척자였습니다. 그렇기 때문에 일생동안 그에게는 할 일이 있었고, 이러한 점에서는 행복한 사람이었습니다.

오늘 칭기즈칸보다도 1,200년 전에 살았던 동일한 유형의 선배인 바울을 소개하려고 합니다. 그가 2,000년이 지난 지금에 이르기까지 전 세계의 수많은 교회에서 그렇게 많이 이야기되고 또한 수많은 신학자들이 그의 단어 하나하나의 의미를 생각해 가면서 논란을 거듭하는 것은 무엇입니까? 그에게는 첫째로 하나님께 대한 죄송한 마음, 자신의 어리석음으로 인하여 실수하였던 일에 대한 송구스러움, 부끄러운 마음, 스스로에게 대한 한탄스러움 등이 빚진 자의 심정으로 승화되었던 것입니다. 이렇게 승화된 마음이 일에 대한 열정으로 나타났던 것입니다. 둘째로 열정이 있으면 보입니다. 그 당시 평균 연령이 35~40세에 불과하던 시대에 60세의 나이라면 거의 특수한 사례인 상황에서 그는 스페인까지 가서 일을 해야 한다는 것이 보였습니다. 그에게는 "예루살렘과 온 유대와 사마리아까지 복음을 전하라."는 예수님의 마지막 선교위임을 직접 듣지는 못하였어도 바로 이 위임을 실천한 사람이었습니다. 직접 들은 자라고 자부심만 내세우던 사람들이 아니라 "나는 빚진 자입니다."라고 고개를 숙였던 열정의 사람이었습니다. 또한 바울은 평생 동안 예루살렘이라는 성안에서 편안함을 즐기거나 주님을 묵상하면서 내면적 성숙을 기다리지 않고 온 땅을 발로 밟고 다니면서 길을 여는 사람이었습니다.

이것은 오늘날에도 필요한 사항입니다. 여러분에게는 하나님과 예수님께 대한 빚진 자의 마음이 필요합니다. 그분에게 다 갚을 수 없는 빚이 있다는 것을, 그분이 여러분을 아들이라는 무상의 값을 지불하고 샀다는 것을, 그리하여 우리는 자유자가 아니라 팔린 자 라는 의식이 있어야 합니다. 그리고 이 의식이 빚을 갚아야 한다는 열정으로 표현되어야 합니다. 여러분, 그 빚을 갚기 위해서 부지런히 길을 여십시오. 남들이 더 이상 할 일이 없다고 생각할 때에 바로 그곳에서 새로운 길을 찾으십시오. 열정이 있으면 보입니다.

빌립보서 3 : 5~6에 의하면 바울의 신상명세서가 나오는데, 바울은 가말리엘의 문하에서 가장 정통한 유대의 율법을 배웠으며, 스스로 율법에 흠이 없는 자라고 말할 정도로 성장했습니다. 갈라디아서 1장에 의하면 그리스도를 만난 후 아라비아 사막에서 가서 3년 동안 준비하고 다시금 그의 고향 다소에서 10년을 보낸 후 14년째 되던

해에 예루살렘에 갔다고 했습니다.

부르심을 곧바로 일의 시작으로 생각하는 사람이 있기도 합니다. 사도들 가운데 상당수는 그러했습니다. 그러나 그분들보다는 바울을 항상 언급하고 말하는 것은 만남과 부르심 이후 그는 13년이라는 시간 동안 야인생활을 하였기 때문입니다.

13년이라는 철저한 버린 시간, 사막의 고독과 가족들의 냉대 속에서 온갖 육체적 고통과 심리적 모욕과 아픔을 이겨 내면서 하나님과 예수님을 다시 배우고, 묵상하고, 사귀었기 때문에 그는 사울에서 바울이 될 수 있었던 것입니다. 큰 자에서 가장 작은 자로, 위대한 자에서 부족한 자로, 그래서 만물의 찌끼 같은 저 아래로 내려갔던 것입니다.

이것입니다. 바울은 샘을 깊이깊이 판 사람입니다. 13년이라는 긴 시간 샘을 팠기 때문에 그리스도를 만난 후 14년째부터 죽는 날까지 퍼 쓸 수 있는 물을 가지고 있었습니다. 하나님을 위하여 일하려는 자는 샘 파는 기간이 길어야 합니다. 깊은 샘을 욕심내야 합니다. 이현필 선생의 사부였던 이세종 선생은 제자들에게 "파라. 파라. 깊이 파라. 설 파면 너 죽는다."라고 했습니다.

그러나 바울은 이렇게 깊은 샘을 팠다고 해서 샘 파는 일을 중지하는 것이 아닙니다. 그는 항상 부족을 느끼면서, 자신의 샘에서 파내는 물의 양에 따라서 항상 염려하는 마음에서 "내가 이미 얻었다 함도 아니요 온전히 이루었다 함도 아니라 오직 내가 그리스도 예수께 잡힌 바 된 그것을 잡으려고 달려가노라 형제들아 나는 아직 내가 잡은 줄로 여기지 아니하고 오직 한 일 즉 뒤에 있는 것은 잊어버리고 앞에 있는 것을 잡으려고 푯대를 향하여 그리스도 예수 안에서 하나님이 위에서 부르신 부름의 상을 위하여 달려가노라"(빌 3 : 12-14)고 했습니다.

열심히 준비된 자, 깊은 샘을 판 자는 물을 길어 낼수록 부족을 느끼지만 준비가 없는 자는 이만하면 족하다고 생각합니다. 하나님의 일에서 부족을 느끼지 못하는 사람은 하나님을 향한 열정이 부족한 사람입니다. 그만큼 하나님께 대한 빚을 적게 느끼는 사람입니다. 우리가 하나님께 빚진 자임에도 불구하고 하나님은 우리가 느끼는 빚의 양만큼 오히려 우리에게 빚을 느끼십니다. 그러므로 여러분, 하나님께 가장 큰 빚을 졌다고 느끼는 사람은 그만큼 하나님으로부터 받게 될 것입니다.

바울은 하나님께 대한 빚진 자의 심정을 하나님을 향한 열정으로 승화시켜서 하나님께 진 빚을 갚으려고 하였기 때문에 다른 사람들이 "이 정도 했으면 됐다."라고 안주한 곳에서 빈틈을 보았습니다.

열정이 있는 사람은 눈이 좋은 사람입니다. 저 멀리 스페인과 일루리곤에 있는 사람들이 보였습니다. 열정이 있는 사람은 귀가 좋은 사람입니다. 저 멀리에서 외치는 자들의 소리가 들렸습니다. 열정은 앞에 있는 벽을 녹여 버리는 뜨거움입니다. 열정은 모든 곳을 통하게 합니다. 열정은 항상 길을 열게 하였습니다. 그리하여 바울은 다른 사람이 세운 터가 있는 곳은 넘보지 않고 남의 터가 없는 황무지를 좋아했습니다.

열정은 황무지를 좋아하고 또한 개척하는 마음입니다. 황무지를 옥토로 바꾸어서 질 좋은 곡식을 생산할 수 있다는 것은 경험한 사람만이 아는 비밀입니다. 황무지는 바람이 세고, 짜고, 덥고, 온갖 들짐승이 자유롭게 들락거리지만, 그렇기 때문에 쉴 틈이 없고 그렇기 때문에 더욱더 깨어 있어야 하는 것입니다. 열정이 있는 사람은 이렇게 각성을 좋아합니다. 열정이 있는 사람은 항상 밤잠을 설치면서 새벽이 오기를 기다리는 사람입니다.

이렇게 길을 열어 가는 바울은 우선 '나 자신'부터 살폈습니다. 하나님의 일이기 때문에 소홀히 할 수 없었고 그리하여 치밀한 계획을 세웠습니다. 본인이 유대인으로 태어나서 희랍의 문화권에서 성장하였으며, 로마의 시민권을 가지고 있었던 특권을 감안하여 유대인의 회당이 있는 도시를 택해서 자신의 선교의 거점으로 삼았으며,

그러한 도시들은 다 같이 헬레니즘 문호가 꽃핀 곳으로서 언어와 문화적 공감대가 있었으며, 로마의 행정관이 파견된 곳이어서 신변상 안전을 보장 받을 수 있는 곳이었습니다.

바울은 "내게 능력 주시는 자 안에서 내가 모든 것을 할 수 있느니라"(빌 4 : 13)고 말하였지만, 이 말은 무모한 도전이 아니라 자신의 처지를 깨닫고, 자신의 귀중함을 깨닫고, 자신의 맡은 일의 소중함을 깨닫는 데서 비롯되는 '자아인식'이었지, '자기기만'은 아닙니다.

바울은 자신이 누구인가를 알았고, 자신의 학식, 배경, 특권, 그리고 자라난 환경 등으로 인하여 이방인 전도에 더욱 적합하다고 판단하여 그쪽으로 전력투구했습니다. 바울은 자신의 장점을 살린 사람이지, 단점을 장점으로 바꾸려고 부단히 노력하였던 사람은 아닙니다. 경영의 성과는 어디에서 나옵니까? 장점을 더욱더 살리는 것입니다. 그리하여 철저한 자신의 파악과 파악된 그 장점을 100% 살리는 것이 최대의 성과를 가져옵니다.

우리는 신앙이라는 이름으로, 하나님께서 우리에게 주신 본래적인 성격, 성향, 기질, 재능 등을 무시하고 전혀 다른 일을 잘할 수 있을 것으로 생각한다면 그것은 신앙이라는 우상을 갖는 것입니다. 신앙이라는 요술방망이로 사술을 부려서 사람들을 현혹하려는 것입니다. 우리는 믿는 자에게는 능치 못할 일이 없다는 무모한 신앙으로 예수님처럼 물 위를 걸을 자격이 없는 것입니다. 신앙은 사람을 하나님으로 만드는 것이 아니라 사람을 더욱 사람 되게 하는 것입니다. 신앙은 철저한 인간 파악입니다.

그러므로 여러분의 자라난 환경, 나의 공부, 나의 실력, 나의 신앙과 양심, 나의 취미와 자질 등은 앞으로 나의 할 일을 결정짓는 중요한 잣대들입니다. 바울은 이러한 사람이었습니다.

바울은 중년에 기독교로 개종한 사람이기 때문에 개종 이전에 버린 시간을 개종 이후의 남은 시간에 보충해야 했기 때문에 그리고 그리스도를 만난 후 또다시 13년의 시간을 버렸기 때문에, 자신이 활동할 수 있는 남은 시간을 2배 혹은 3배로 활용해야 했습니다. 그리하여 바울이 빚을 갚아 가는 남은 시간을 아끼면서 살았습니다. 에베소서 5 : 15~16에서 "……지혜 있는 자같이 하여 세월을 아끼라……"고 하였습니다. 바울에게는 순간순간이 귀했습니다. 한순간이라도 큰 목표와 계획에서 벗어나지 않도록 시간의 최대 효과를 얻어야 했습니다.

아무리 큰일이라도 조각 시간들을 소비하면 성사되지 않습니다. 철학자 니체(Friedrich Nietzche)는 시간의 귀중함을 아는 사람이 초인(Ubermensch)이라고 했습니다. 시간이란 하나님께서 창조의 넷째 날 우리에게 만들어 주신 최대의 선물이며, 한 번 지나가면 다시 되돌아오지 않는 귀중한 재산입니다. 시간은 단 한 번만 사용할 수 있는 유일회성(唯一回性)의 선물입니다. 시간은 가장 귀하면서 가장 천한 선물이기 때문에 쓰는 사람에 의하여 보배가 되기도 하고 돼지에게 던진 진주가 되기도 합니다.

하루를 귀하게, 한 시간을 귀하게, 한순간을 귀하게 여기면서 살았던 바울이기에 아그립바 왕 앞에서 재판 받는 환경에서도 "바울이 이르되 말이 적으나 많으나 당신뿐만 아니라 오늘 내 말을 듣는 모든 사람도 다 이렇게 결박된 것 외에는 나와 같이 되기를 하나님께 원하나이다 하더라"(행 26 : 29)고 말했습니다. 이것은 때를 얻든지 못 얻든지 전도한다는 자신의 의지를 실천한 것입니다.

저는 일생 동안 잊을 수 없는 두 분의 노인을 만났습니다. 그 가운데 한 분은 제가 부산에서 회사생활할 때 만났던 이름도 모르는 어떤 노인입니다. 제가 부산의 국제시장에서 버스를 기다리는데 어떤 노인이 한 손에 지팡이를 쥐고 다른 한 손에는 허름한 시장바구니를 들고서 내 앞으로 다가왔습니다. 나는 돈을 달라는 것으로 알고서 귀찮다는 표정을 지으면서 뒤로 물러섰습니다. 그랬더니 또다시 내 앞으로 다가와서 빙그레 웃으면서 그 허름한 시장바구니에서 전도지를 꺼내시면서 "예수 믿으세요."라고 했습니다. 그때 저는 부산의 한 교회의 집사였습니다.

저는 그때 놀랐습니다. '나도 저 나이기 되어서 지팡이를 짚고 다닐 때까지 이름도 모르는 한 젊은이에게 예수 믿으라고 전도지를 건넬 수 있을까?'라고 생각하니 온몸에 전기가 오는 것 같았습니다. '나도 저 나이가 되도록 열정이 살아 있을까?', '과연 우리가 믿는 예수님이 저 나이가 되도록 사람의 열정을 식지 않게 할 것인가?' 온갖 생각을 하면서 부끄러운 마음으로 버스를 타고 집으로 오는 내내 눈물을 흘렸습니다.

여러분, 우리의 삶이 지속되는 한 지팡이를 짚고서 걸음이 불편할 때까지 젊은이들에게 예수님을 믿으라고 전도할 수 있습니까? 아직도 청년 때처럼 무모하게 도전하는 것처럼 할 수 있을까요? 오늘 바울은 본문에서 이렇게 말합니다. "이제는 이 지방에서 할 일이 없다." 자신이 맡은 일을 오죽이나 열심히 그리고 완벽하게 했으면 이제는 이 지방에서 더 이상 할 일이 없다고 했을까요?

그래서 바울은 부러운 노인입니다. 자신이 맡은 일의 100% 완벽성을 기하고 이어서 또다시 새롭게 개척할 수 있는 황무지를 찾았던 사람입니다. 그는 끝없는 도전의 사람이었기 때문에 그에게는 나이가 없었습니다. 그래서 가장 행복한 사람이었습니다.

여러분의 삶도 바울처럼 마지막까지 성을 쌓고 성안에 안주하지 말고 길을 개척하면서 여는 사람이 되십시오. 항상 앞에 서서 안내하는 사람이 되십시오. 그리하여 죽는 날까지 할 일이 끊어지지 않기를 바랍니다.

너희들이 있어서

인류의 역사에서 동양과 서양은 전혀 다른 별개의 세계였으며 상호 간의 이해가 아주 없었습니다. 그러다가 알렉산더의 아버지 필립 대왕이 도시국가(polis)로 살던 희랍을 통일시킴으로써 제국(empire)이 성립되고, 그 아들 알렉산더는 동양을 점령함으로써 세계(cosmopolis)를 건설하였습니다. 이 과정에서 중요한 매체는 도로건설과 빈번한 이동, 즉 통신이었습니다. 알렉산더는 세계 곳곳에 자신의 나라를 건설하고 통치자(viceroy)를 보내서 자신을 대신하여 통치하게 하였으며, 특히 피정복 민족과 정복자와의 관계를 국제결혼이라는 수단으로써 허물고 서로 형제라는 인식을 갖게 하였습니다.

우리 한국의 역사에서 볼 때에 1950년대 말까지만 하더라도 씨족과 혈연 중심의 한 지역에서 삶이 시작하여 1960년대 산업사회로 접어들면서 고속도로가 생기고, 교통과 이동이 번잡해짐으로써 사람들의 만남과 관계가 지역성을 넘어서기 시작하여 동서가 하나로 가까워지기 시작하였습니다. 그러다가 최근에 이르러 한국은 통신분야에서 세계에서 가장 빠르게 발전하는 나라가 됨으로써 세계화를 성취해 냈습니다.

오늘 본문에 의하면 사도 바울이 복음을 전하러 다닐 수 있었던 중요한 것은 세계화 혹은 국제화라는 중요한 과업을 성취할 수 있었기 때문입니다. 그 당시 지중해 연안의 세계에서 유대인들 사이에서는 밀려드는 외세를 감당하기 위하여 대원군의 쇄국정책처럼 편협한 유대주의에 빠져 있었을 때에 하나님은 외국에서 태어난 유대인 바울을 통해서 복음의 세계화라는 대 과업을 성취하게 하였습니다. 그리고 그의 무기는 다양한 문화와 민족과 접하면서 살았던 유년시절부터의 경험으로써 타 문화, 타 언어, 타 종교에 대한 이해를 가지고 자신의 신앙을 전해 나갈 수 있었던 것입니다.

바울을 바울 되게 한 것은 국제화 혹은 세계화를 이룩해 낼 수 있었던 그의 준비였으며 동시에 곳곳에서 만난 수많은 사람과의 인맥이었습니다. 바울은 요즈음 용어로 역마살이 박힌 떠돌이 전도자였으며, 그렇기 때문에 가는 곳마다 아는 사람이 생겼고, 그들과 맺은 신앙의 관계가 승화되면서 복음의 세계화를 이룩해 낼 수 있게 하였던 것입니다.

오늘 본문은 예수님께서 고생하는 사도 바울이 마케도니아에서 전도할 때에 큰 대적과 훼방을 받아 참지 못하고 옷을 떨면서 "……너희 피가 너희 머리로 돌아갈 것이요……"(행 18 : 6)라고 욕을 하였지만, 그 밤중에 하나님은 바울에게 "내가 너와 함께 있으매 어떤 사람도 너를 대적하여 해롭게 할 자가 없을 것이니 이는 이 성중에 내 백성이 많음이라 하시더라"(행 18 : 10)고 말씀하신 것을 생각나게 합니다.

저도 이곳저곳을 많이 다녀 본 사람 가운데 하나이지만, 느끼는 것은 자신이 좋은 사람이면 좋은 사람을 만나고 자신이 나쁜 사람이면 나쁜 사람을 만난다는 사실입니다. 그래서 "끼리끼리 어울린다."는 옛 속담이 너무나도 정확한 판단이라는 것을 알 수 있습니다.

그리고 어디를 가든지 자신을 도와 줄 사람이 있고 해롭게 할 사람이 있다는 것입니다.

이기풍 목사가 1908년 2월 20일경에 목포에서 출항하여 도중에 파도를 만나 추자도에서 지내다가 44일이 지난 4월 초순경에 오늘날의 제주시 제주항(산지포)에 도착했습니다. 그랬는데 누구 하나 맞이해 주는 사람이 없었고, 육지에서 예수님을 전하러 왔다고 하자 제주도 도민들이 돌세례를 가하기 시작했습니다. 왜냐하면 1901년 이재수의 난, 혹은 신축교난으로 인하여 천주교인들에 대한 악감이 아직도 크게 남아 있었기 때문입니다. 이러한 때에 이기풍 목사는 제주 사람으로부터 병에 걸려서 서울 세브란스 병원에서 치료를 받는 동안에 예수를 믿게 된 김재원이란 사람을 만났고, 이어서 김행권, 홍순흥 등을 만나서 도착 후 2개월이 지나 오늘날 제주시 옛 목사관(출신청)에서 기도회를 가질 수 있었습니다.

한번은 서울에서 LA에 도착했는데 가방이 나오지 않았습니다. 1주일이 지났는데도 소식이 없어서 어쩔 수 없이 멤피스로 떠났습니다. 비행기 옆 좌석에 부부가 탔는데 이런저런 이야기를 나누었고, 그 부부가 자기 집에서 자면 어떻겠느냐고 했습니다. 큰 아들이 저와 같은 나이였는데 그분은 아메리칸 에어라인의 멤피스 공항 회계 감사관(comptroller)으로 그곳 감리교회의 장로였습니다. 그 이후로 멤피스에 갈 경우에는 꼭 그분 댁에서 지냈습니다.

이러한 경험은 베네수엘라의 카라카스 공항에서부터 호텔에 투숙할 때까지 도와주었던 영국인들, 자메이카에 가기 위해서 뉴욕 공항에서 만났던 갈보리복음교회(Calvary Gospel Assembly)의 복음성가 가수와 그녀의 남편 등 무수히 많은 사람들을 예기치 않은 상태에서 만날 수 있었고 그 사람들과 더불어 좋은 복음의 대화를 나누기도 했습니다.

오늘 바울은 복음을 전하러 다녔던 곳마다 하나님께서 준비해 두신 좋은 사람들을 만나게 해 주셨고, 그 사람들은 바울에게는 그

도시의 '성령의 처음 익은 열매'였습니다.

오늘 본문에서 바울은 켄크레아(Chencrea) 교회의 뵈뵈를 로마 교회 앞으로 소개하면서 그녀는 교회의 일꾼(집사)인 '디아코노스'(diakonos, ministra)라고 한 다음에 그녀가 자신에게 얼마나 큰 힘이 되었는가를 말합니다. 사도행전 18장에 의하면 바울은 1년 6개월을 고린도에서 머물면서 예수님을 전하였는데 사람들이 대적하고 훼방하고, 심지어는 유대인들이 일제히 일어나 재판자리에 끌고 가기까지 했습니다. 이러한 억울한 일을 당한 후 바울은 18 : 18에서 시리아로 가기 위해서 고린도를 떠나 동쪽으로 10km 즈음에 위치한 항구도시 겐그레아로 갔으며 그곳에서 "……바울이 일찍이 서원이 있었으므로 겐그레아에서 머리를 깎았더라"고 했습니다.

바울에게는 겐그레아가 결심의 도시였습니다. 그 도시에 세운 교회에서 일꾼으로 봉사한 사람이 바로 뵈뵈라는 여자 성도였습니다. 그런데 바울은 뵈뵈를 보호자(προστάτις)라고 했습니다. 이 단어는 특히 '여성 보호자'(protectress), '후원자'(patroness), '조력자'(helper)라고 번역했습니다. 보호자라는 뜻은 무엇입니까? 앞에서 '매장해 준다', '흙으로 덮어 준다'(cover), '감추어 준다'(hide, conceal), '지붕이 된다'(roof), '천장이 된다'(ceiling)는 뜻을 가지고 있습니다.

이뿐만 아니라 라틴어 성경에서는 '네코티움'(negotium : negotiator)라고 했습니다. 요즈음은 이 용어가 약간 저평가되기도 하였지만 그 원래의 뜻은 '없다'(nec)와 '쉼'(otium)의 합성어로서 "쉼이 없다."라는 뜻입니다. 쉬지 않는 사람, 부지런히 일하는 사람이라고 했습니다.

여러분이나 제가 어떤 낯선 도시에 가서 전혀 새로운 예수님이라는 복음을 전하려 할 때에 그곳에 있는 사람들로부터 돌팔매를 당하거나 배척을 당하는데, 불현 한 사람이 나타나서 자신을 위해서 앞에서 막아 주고, 덮어 주고, 쉴 사이도 없이 일해 준다고 생각합시다.

그래서 우리는 걱정할 것 없습니다. 여러분과 저를 도와줄 사람이 꼭 있기 마련이고, 그 사람이 여러분과 저를 위해서 앞에서 덮어 주고, 감싸 주고, 쉬지 않고 일해 줄 것입니다. 하나님께서 그러한 사람을 꼭 준비해 주실 것입니다.

바울에게는 브리스길라와 아굴라가 있었습니다. 이 부부는 디아스포라 유대인으로서 본도(pontus) 출신이며 주후 41년 로마의 클라우디우스 황제의 유대인 축출령에 따라 로마에서 고린도로 이주해 온 부부였습니다. 이들은 바울과 같은 직업, 즉 장막 만드는 자였으므로 함께 천막을 만들어서 수입을 얻고, 그 돈으로 전도하였던 사람들입니다.

아굴라와 브리스길라에게는 고린도가 생소한 도시였고 그곳에서 아는 사람도 없었고 그리하여 허전한 마음으로 지낼 때에 동족인 바울이 예수님을 전함으로써 복음을 받아들인 사람입니다. 그래서 유대인에게는 변절자이고 따라서 출교당한 사람이 되었습니다.

이들 부부는 일생을 바울과 함께 보냈는데, 바울은 이 부부를 '동역자'라고 했으며 또한 '내 목숨을 위하여 자신의 목(숨)을 아끼지 않은 사람'이라고 했습니다. 복음이라는 큰 목적을 위하여 작은 것은 돌아보지 않았을 뿐만 아니라 자신의 목숨까지 기꺼이 내놓을 수 있었던 사람이었습니다.

선한 일을 위하여 자신의 목숨을 내놓을 수 있는 용기 있는 사람이 바로 브리스길라와 아굴라 부부였습니다. 여기에서 말하는 목숨은 다 같이 숨 쉬는 일과 연결되어 있습니다. 즉, 아굴라와 브리스길라는 바울이 하는 일이 하나님의 선한 일이라는 것을 인식하고서 자신의 목숨(earthly life, breath)까지 기꺼이 내놓을 수 있었고 또한 동시에 자신들의 생각과 마음(animus)까지 내놓을 수 있었던 사람들입니다.

브리스길라와 아굴라는 한마디로 바울에게 자신의 마음을 주었던 사람입니다. 마음을 주었기 때문에 더 나아가서 생명까지도 내놓으려는 각오가 있었던 사람입니다. 마음을 준다는 것은 생각이 같았다는 것을 의미합니다. 어떤 사람이 내 생각을 알아준다면, 어떤 사람이 내 마음을 알아준다면 우리는 기꺼이 우리의 재산과 물질뿐만 아니라 생명까지도 바칠 수 있습니다.

남원 출신 오북환이라는 목수가 동생 오동옥을 데리고 1935년에 광주 금정(남광주역에서 구시청에 이르는 새로운 길 : 1928년 개설)에서 서양가구점으로 크게 돈을 벌었습니다. 그러다가 우연히 가게에 장롱을 사러 왔던 타마자(J. V. N. Talmage) 선교사를 통하여 예수님을 알았습니다. 그리하여 이들은 사업을 접었는데, 타마자 선교사를 통하여 배운 예수님으로는 만족할 수 없어서 더 잘 믿을 수 있는 길이 무엇인지 궁리를 했습니다. 동생은 신학교로 가고 형은 다시 남원으로 가서 서재선 집사와 함께 농방을 경영하였습니다. 그러다가 이현필 선생의 소문을 듣고 편지를 보냈으며, 1942년에 이현필 선생이 남원에 와서 신사참배를 거부하는 소수의 무리들과 함께 예배를 드렸던 것입니다. 나중에 오북환 장로는 농방을 걷어치우고 전적으로 복음에 매달려서 동광원 원장이 되었습니다. 서재선 집사는 곡성 죽곡면에서 수도생활을 하다가 함평군 신광면에서 유기농사를 하면서 복음을 전하였으며, 그곳에서 전남대학교 농대 교수를 하다가 신앙수업을 받은 사람이 새마을 연수원 원장 김준 선생이었고, 서재선 집사의 아들이 서경원 국회의원입니다.

오복환, 서재선 등은 이현필에게 마음을 주었고, 그 가족들 전체가 동광원에서 일평생 살면서 예수님을 따랐으며, 이 운동이 오늘날의 동광원으로 이어졌던 것입니다.

한 사람이 다른 사람에게 마음을 주었을 뿐만 아니라 자신들의 목숨까지 다 내놓았습니다. 직업과 가업과 더불어서 가족까지도 다 내놓았습니다. 그리하여 지금도 동광원 식구들은 이현필 선생을 생각할 때마다 눈물을 지으면서 감사하는 마음으로 가득 차 있습니다.

언젠가 저희 교수님 가운데 한 분이 독일에서 교통사고를 당했는데 지나가는 사람들이 와서 "내가 증언해 주겠다. 당신은 잘못이 없다." 등으로 위로하면서 병원으로 가라고 했을 때 사고를 당한 사실보다는 이들이 옆에서 후원해 준다는 사실로 인해서 감격하였다고 합니다. 저희들도 제주도에서 교통사고를 당했을 때에 답답했는데 제주도 성안교회의 당회장이 친구이기 때문에 병원을 소개해 주어서 치료를 쉽게 받았고, 그리하여 우리는 사고를 낸 사람에게 아무런 보상도 받지 않고 합의해 줌으로써 그 사람이 풀려날 수 있었습니다.

이러한 때, 아는 사람이 얼마나 중요한지 모릅니다. 안다, 나를 인정해 주는 사람이 있다, 나를 대변해 줄 사람이 있다는 것은 고향에서 살아가는 데서 엄청난 재산입니다. 그런데 하물며 외국 땅에서, 그것도 아무도 모르는 땅에서 그러한 사람이 있다는 것은 얼마나 큰 재산인지 모릅니다.

여러분과 저에게 일생을 살아가면서 나를 보호해 주는 자와 나를 위해서 자신의 목숨을 내놓을 수 있는 사람이 있다고 한다면 얼마나 고맙고 감사한 일이겠습니까? 그것도 자신이 사는 좁은 세계가 아니라 이국 땅, 그리고 저 하늘나라에서라면 어떻겠습니까?

우리가 예수님을 믿으면서 산다는 것은 무엇입니까? 언젠가 우리가 하나님 앞에 서는 날 우리에게는 예수님이 우리의 보호자가 되시고 우리를 위해서 자신의 목숨을 내주신 분으로 계실 것입니다. 비록 우리가 죄로 인해서 완전하지는 못하다 할지라도 "만일 누가 죄를 범하여도 아버지 앞에서 우리에게 대언자가 있으니 곧 의로우신 예수 그리스도시라"(요일 2 : 1)는 말씀과 같이 우리를 위해서 대신 말하여 줄 사람이 있습니다.

나를 알아 주고 위해서 자신의 목숨을 내주는 사람이 있다는 것은 우리를 외롭게 하지 않습니다. 왜냐하면 그분께서 우리를 끝까지 지켜 주실 것이기 때문이며, 나를 대신해서 변론해 줄 것이기 때문입니다.

그리하여 하나님은 예수님을 우리에게 좋은 친구로 주셨습니다. 사람이 친구를 위하여 자기 목숨을 내주면 이에서 더 큰 사랑이 없다고 하였는데 바로 그분이 우리의 좋은 친구입니다. 예수님을 친구로 삼고 살아가는 사람에게는 영원한 대언자가 있을 것이며 결코 외롭지 않을 것입니다.

로마서 강해

초판인쇄 2007년 8월 10일
초판발행 2007년 8월 20일
지 은 이 차 종 순
펴 낸 이 박 노 원
펴 낸 곳 한국장로교출판사
주 소 110-470 / 서울특별시 종로구 연지동 135
전 화 (02) 741-4381~2 / 팩스 (02) 741-7886
영 업 국 (031) 944-4340 / 팩스 (02) 944-2623
등 록 No. 1-84(1951. 8. 3.)

ISBN 978-89-398-0654-2 / Printed in Korea
값 12,000원

편집과장 이현주
편집·교열 오현정
표지디자인 박인선